【战国】庄子【著】
刘乔周【主编】

庄子全集

恣肆汪洋的修心智慧

家藏御書房

最透彻、最实用、最好读的国学典藏。融汇古今名家批注、传承千年文化精华的国学经典

古吴轩出版社

【前言】

《庄子》

◎庄子其人

据《史记·老庄申韩列传》记载："庄子者，蒙人也，名周。周尝为蒙漆园吏。与梁惠王、齐宣王同时。其学无所不窥，然其要本归于老子之言。故其著书十余万言，大抵率寓言也。作《渔夫》、《盗跖》、《胠箧》以诋訿孔子之徒，以明老子之术。《畏累虚》、《亢桑子》之属皆空语无事实。然善属书离辞，指事类情，用剽剥儒、墨，虽当世宿学，不能自解免也。其言洸洋自恣以适己，故自王公大众不能器之。楚威王闻庄周贤，使使厚币迎之，许以为相。庄周笑谓楚使曰：'千金，重利；卿相，尊位也。子独不见郊祭之牺牛乎？养食之数岁，衣以文绣，以入太庙。当是之时，虽欲为孤豚，岂可得乎？子亟去，无污我！我宁游戏污渎之中自快，无为有国者所羁，终身不仕，以快吾志焉！'"

通过司马迁的史笔，再结合以其他史料的零星记载，更本之于《庄子》其书，我们大致可以得出庄子

◎庄子

的生平如下：

庄子（约前369—前286），姓庄，名周，字子休（一说子沐），宋国蒙（今安徽亳州蒙城）人。他是战国时期著名的思想家、哲学家、文学家，道家学派的代表人物，继承和发展了老子的哲学思想，为先秦庄子学派的创始人。他的学说涵盖了当时社会生活的方方面面，但根本精神仍然不背离老子的哲学。于是，后世将其与老子并称为“老庄”，称他们的哲学为“老庄哲学”。

庄子曾作过漆园吏，生活贫穷困顿，曾住在陋巷，编过草鞋，向监河侯借过粮食而遭委婉拒绝，但他却以一身傲骨持守清静无为。他鄙弃荣华富贵权势名利，力图在乱世之中保持独立的人格，追求逍遥无恃的精神自由的境界。庄子是在中国文学史和思想史上做出了十分重要贡献的人物之一，封建帝王对其尤为重视，唐开元二十五年诏号庄子为“南华真人”。庄子一生著书十余万言，书名《庄子》，又作《南华真经》，为道家经典之一。庄子的文章，想象力很强，具有浓厚的浪漫主义色彩，文笔变化多端，正所谓“意出尘外，怪生笔端”（刘熙载《艺概·文概》），具有浓厚的浪漫主义色彩，并采用寓言故事形式，富有幽默讽刺的意味，对后世文学语言有很大影响。其超常的想

象和变幻莫测的寓言故事，构成了庄子特有的奇特的想象世界，对后世文学有很大影响。堪称我国有文字记载的浪漫主义文学的发轫之作。同时在中国思想史上，他也是一个不能绕开的人物。

庄子的思想包含着朴素的辩证法思想。例如他认为“天道无为”，提倡无用，因而，他追求精神主体的自由，也提倡在形体上达到不需要信赖外物便能成就的自由境界，而这种境界如何达到呢——无为而为，安时处顺，他更认为人应当修身养性，德行厚重，生命自然自足丰厚等等。另外，庄子对于还令时人费解的宇宙自然和波云诡谲的社会、政治形势以及人类本身有着自己独特的认识。

庄子自然观的最高范畴是道，即“自然、无为、混沌、虚无”，构成庄子的思想体系的每一部分观点都可以说是从这一点上衍生开来的：大道是德行的根本，离开大道谈德行，便是欺世盗名；离开大道谈治国，则必劳民伤性。总之，离开大道，人便失去了立身之本，则齐家、治国、平天下更无从谈起了。

而庄子对精神自由的向往，则使庄子其人及其思想显示了无与伦比的魅力：“巧者劳而知者忧，无能者无所求，饱食而敖游，泛若不系之舟，虚而

敖游者也。”“子有大树，何不树之于无何有之乡，广漠之野，彷徨乎无为其侧，逍遥乎寝卧其下。”他追求无牵无挂、绝对自由的境界，便是这种“无待”——即无所凭借、无所依赖的境界，这样既全身远害，又能齐同死生。从而达到天人合一。

◎《庄子》其书

说起《庄子》的成书，或以为先秦时期就已成，但彼时，确切篇数已不可考；司马迁也只说庄子著述“十万余言”，未有明确的篇数，更无内、外、杂的分科；而汉代较为常见的为五十二篇十万言的版本，魏晋以降，庄学随着玄风的盛行也渐渐起来，多家学者对其进行笺注，但大都根据自己的理解对原篇进行了删改，从而出现了多种版本。现在我们常见的三十三篇本，便是郭象在原五十二篇本的基础上，吸收各家精华校订而成。因其广采各家学说、谋篇措句都更为精准，至于宋遂成为官方定本，流传至今。本书所本，便基于此。

《庄子》分“内篇”、“外篇”、“杂篇”三个部分，计三十三篇，一般认为

“内篇”的七篇肯定是出于庄子，或以为“外篇”十五篇为庄子的弟子们所写，或者庄子与他的弟子合写，无论如何，它反映的是庄子真实的思想无疑；“杂篇”十一篇的情形就要复杂些，应当是庄子学派或者后来的学者所写，有一些篇幅就认为肯定不是庄子学派所有的思想，如《盗跖》、《说剑》等。内篇最集中表现庄子哲学的是《齐物论》、《逍遥游》、《大宗师》等。名篇有《逍遥游》《齐物论》《养生主》等，《养生主》中的“庖丁解牛”尤为后世传诵。

庄子为文擅用“三言”：“寓言十九，重言十七，卮言日出，和以天倪。”（《庄子·寓言》）其中，“寓言”当指寄寓之言，“重言”为借重尊者言，而“卮言”当指自然无心之言，庄子自言其为文“以卮言为曼衍，以重言为真，以寓言为广。”（《天下》）而整部《庄子》则是“以谬悠之说，荒唐之言，无端崖之辞，明恣纵而不傥”为艺术手法之本的。

由庄子对“三言”的应用上，我们便不难理解《庄子》一书之所以变化诡谲、横无际涯、洸洋恣纵的原因了。再加上庄子善于运用“大”的意象：“北冥有鱼，其名为鲲，鲲之大不知其几千里也，化而为鸟，其名为鹏，鹏之背，亦不知其几千里也。”此是写巨鸟。“任公子为大钩巨缁，五十犗以为饵，蹲乎会稽，投竿东海，旦旦而钓，期年不得鱼。已而大鱼食之，牵巨钩，錎没而下，骛扬而奋鬐，白波若山，海水震荡，声侔鬼神，惮赫千里。任公子得若鱼，离而腊之，自制河以东，苍梧以北，莫不厌若鱼者。”此是写巨鱼。由如此气势磅礴的物象支撑起的文章，自然拥有与其物象一样广博、震慑人心的气质。

因而，鲁迅先生说过的“其文汪洋辟阖，仪态万方，晚周诸子之作，莫能先也”(《汉文学史纲要》) 确是的评。

而我们编著的《庄子全集》一书，是在参考了很多不同权威版本的《庄子》之后，精心编纂而成的，分为原文、注释、译文、古注、今论等几个部分，原文最大限度地减少了错讹；注释也取为广泛认可的，对于学术界的公案，则悉取之，或取合理之解释；译文保持直译，方便读者自行想象或者自己理解。另外，彩色印刷及美观大方的版式，带给您愉快的观感，装订精良，适合家庭收藏。由于编者水平有限，失当之处，敬请指正。

《庄子全集》阅读指南

- 全面完整、权威的国学大全集。
- 彩色插图及全文双色印刷，既保持经典本色，又保证轻松阅读。
- 装帧独特别致，雅俗共赏。

题　解

- 出现在每篇开头，点明每篇主旨，使您通晓文章大意。

原　典

- 遴选精编的完整版本，再现古书原汁原味风貌。

注　音

- 将生僻字单独标注音标。
- 将古今读音相异的字单独标注音标。

注　释

- 极具启发性，学习古文不可或缺的细致注释。

译　文

- 权威、准确、客观的白话译文，使您通晓古籍智慧，畅通无阻。

大宗师

第六

原典

颜回问仲尼曰：“孟孙才①，其母死，哭泣无涕，中心不戚，居丧不哀。无是三者，以善处丧盖②鲁国。固有无其实而得其名者乎？回壹③怪之。”

仲尼曰：“夫孟孙氏尽之矣，进④于知矣。唯简之而不得，夫已有所简矣。孟孙氏不知所以生，不知所以死；不知就先，不知就后；若化为物，以待其所不知之化已乎！且方将化，恶知不化哉？方将不化，恶知已化哉？吾特与汝，其梦未始觉者邪！且彼有骇形而无损心，有旦(dá)宅(zhà)⑤而无情死。孟孙氏特觉，人哭亦哭，是自其所以乃⑥。且也相与吾之耳矣，庸讵知吾所谓吾之乎？且汝梦为鸟而厉⑦乎天，梦为鱼而没于渊。不识今之言者，其觉者乎，其梦者乎？造适⑧不及笑，献⑨笑不及排，安排而去化，乃入于寥⑩天一。”

注释

①孟孙才：虚拟人名。②盖：覆盖。③壹：实在，确实。④进：超过。⑤旦宅：通“怛咤”，惊扰。⑥乃：如此。⑦厉：到达。⑧造：达到。适：快意。⑨献笑：从内心发出的笑容。⑩寥：寂寥，虚空。

译文

颜回请教孔子说：“孟孙才这个人，他的母亲死了，哭泣时没有一滴眼泪，心中不觉悲伤，居丧时也不哀痛。这三个方面没有任何悲哀的表现，可是却

汪洋恣肆的修心智慧

- 编排灵活，内容丰富，旁征博引的阅读延伸，具有很强的阅读趣味。
- 囊括古人注解和现代名家对国学精辟理解的经典。
- 实用的分析解读，帮您将国学智慧迅速转化为世事洞明的人生指南。

因善于处理丧事而名扬鲁国。难道真会有无其实而有其名的情况吗？颜回实在觉得奇怪。”

孔子说：“孟孙才处理丧事的做法确实是尽善尽美了，大大超过了懂得丧葬礼仪的人。人们总希望从简治丧却不能办到，而孟孙才已经做到从简办理丧事了。孟孙才不过问人因为什么而生，也不去探寻人因为什么而死；不知道趋赴生，也不知道靠拢死；他顺应自然的变化而成为他应该变成的物类，以期待那些自己所不知晓的变化！况且即将出现变化，怎么知道不变化呢？即将不再发生变化，又怎么知道已经有了变化呢！只有我和你呀，才是做梦似的没有一点儿觉醒的人呢！那些死去了的人惊扰了自身形骸却无损于他们的精神，犹如精神的寓所朝夕改变却并不是精神的真正死亡。唯独孟孙才觉醒，人们哭他也跟着哭，这就是他如此居丧的原因。况且人们交往总借助形骸而称述自我，又怎么知道我所称述的躯体一定就是我呢？而且你梦中变成鸟便振翅直飞蓝天，你梦中变成鱼便摇尾潜入深渊。不知道今天我们说话的人，算是醒悟的人呢，还是做梦的人呢？心境快适却来不及笑出声音，表露快意发出笑声却来不及排解和消泄，安于自然的推移而且忘却死亡的变化，于是就进入到寂寥虚空的自然而浑然成为一体。”

古注

郭象注：“梦之时自以为觉，则焉知今者之非梦耶，亦焉知其非觉耶？觉梦之化，无往而不可，则死生之变，无时而足惜也。

“所造皆适，则忘适矣，故不及笑也。排者，推移之谓也。夫礼哭必哀，献笑必乐，哀乐存怀，则不能与适推移矣。今孟孙常适，故哭而不哀，与化俱往也。

“安于推移而与化俱去，故乃入于寂寥而与天为一也。自此以上，至于子祀，其致一也。所执之丧异，故歌哭不同。”

今论

南怀瑾《庄子諵哗》：“真人对于人生是乐观的。‘崔乎’就是巍巍，高大之意，他虽然站在最高的位置，也有很高的成就，但不是为欲望驱使去做的，是为了天下，‘不得已而为之’，是‘不得已’去做的。”

古 注

- 精选古代名家批注，看古代大师讲解古文典籍。

今 论

- 精选当今名家解读，一书在手，博览众家风采。

目录

目录

内篇

逍遥游 第一

原典

北冥[1]有鱼，其名曰鲲(kūn)。鲲之大，不知其几千里也。化而为鸟，其名为鹏。鹏之背，不知其几千里也。怒而飞，其翼若垂天之云。是鸟也，海运则将徙于南冥。南冥者，天池也。

《齐谐》[2]者，志怪者也。谐之言曰："鹏之徙于南冥也，水击三千里，抟(tuán)扶摇[3]而上者九万里，去以六月息者也。"野马[4]也，尘埃也，生物之以息相吹也。天之苍苍，其正色邪？其远而无所至极邪？其视下也，亦若是则已矣。

且夫水之积也不厚，则其负大舟也无力。覆杯水于坳(ào)堂之上[5]，则芥为之舟；置杯焉则胶，水浅而舟大也。风之积也不厚，则其负大翼也无力，故九万里则风斯在下矣。而后乃今培[6]风，背负青天而莫之夭阏(è)[7]者，而后乃今将图南。

蜩(tiáo)与学鸠笑之曰："我决(xuè)[8]起而飞，抢(qiāng)榆枋[9]，时则不至，而控[10]于地而已矣，奚以[11]之九万里而南为？"适莽苍[12]者，三餐(cān)而反[13]，腹犹果然[14]；适百里者，宿[15]舂粮；适千里者，三月聚粮。之二虫[16]又何知？

小知不及大知(zhì)，小年不及大年。奚以知其然也？朝菌不知晦朔[17]，蟪(huì)蛄(gū)[18]不知春秋，此小年也。楚之南有冥灵[19]者，以五百岁为春，五百岁为秋；上古有大椿[20]者，以八千岁为春，八千岁为秋。而彭祖乃今以久特闻[21]，众人匹之，不亦悲乎？

汤之问棘也是已[22]："穷发[23]之北有冥海者，天池也。有鱼焉，其广数千里，未有知其修[24]者，其名曰鲲。有鸟焉，其名为鹏，背若太山[25]，翼若垂天之云；抟扶摇、羊角[26]而上者九万里，绝[27]云气，负青天，然后图南，且适南冥也。斥鴳(yàn)[28]笑之曰：‘彼且奚适也？我腾跃而上，不过数仞[29]而下，翱翔蓬蒿之间，此亦飞之至也。而彼且奚适也？’”此小大之辩[30]也。

故夫知效[31]一官、行(xìng)比[32]一乡、德合一君、而征[33]一国者，其自视也亦若此矣。而宋荣子犹然笑之。[34]且举世而誉之而不加劝，举世而非[35]之而不加沮，定乎内外之分，辩乎荣辱之境，斯已矣。彼其于世，未数(shuò)数(shuò)然[36]也。虽然，犹有未树也。

夫列子[37]御风而行，泠然[38]善也，旬有[39]五日而后反。彼于致福者，未数数然也。此虽免乎行，犹有所待者也。

若夫乘天地之正[40]，而御六气之辩[41]，以游无穷者，彼且恶(wū)乎待哉？故曰：至人无己，神人无功，圣人无名。

注释

①冥：通“溟”，大海。②齐谐：齐国记载诙谐怪异之事的书。③抟：环绕而上。扶摇：由地面急剧盘旋而上的暴风。④野马：春天林泽中的雾气浮动状如奔马，故名“野马”。⑤覆：倾倒。坳：凹处。⑥培：通“凭”，凭借。⑦夭阏：遏阻、阻拦。⑧决：通“翅”，迅疾的样子。⑨抢：突过。榆枋：两种树名。⑩控：投下，落下来。⑪奚以：何以。⑫适：去。莽苍：迷茫的郊野。⑬飡：通“餐”。反：通“返”。⑭犹：还。果然：饱的样子。⑮宿：一夜。⑯之：这。二虫：指上述的蜩与学鸠。⑰晦朔：一个月的最后一天和最初一天。⑱蟪蛄：即寒蝉。⑲冥灵：传说中的大龟，一说树名。⑳大椿：传说中的古树名。㉑彭祖：古代传说中年寿最长的人。以：凭。特：独。㉒棘：汤时的贤大夫。已：矣。㉓穷发：不长草木的地方。㉔修：长。㉕太山：大山。一说即泰山。㉖羊角：旋风，回旋向上如羊角状。㉗绝：穿过。㉘斥鴳：一种小鸟。㉙仞：古代长度单位，周制为八尺。㉚辩：通“辨”，辨别、区分的意思。㉛效：这里指胜任。㉜行：品行。比：比并。㉝而：能力。征：取信。㉞宋荣子：宋钘，宋国人，战国时期思想家。犹然：讥笑的样子。㉟非：批评。㊱数数然：急急忙忙的样子。㊲列子：郑国人，姓列名御寇，战国时期思想家。㊳泠然：轻盈美好的样子。㊴旬：十天。有：通“又”。㊵乘：遵循，凭借。正：本性。㊶御：顺着。六气：指阴、阳、风、雨、晦、明。辩：通“变”。

译文

北方的大海里有一条鱼叫做鲲，真不知道大到几千里，变化成为鸟而为鹏，鹏的脊背，真不知道长到几千里。当它奋起而飞的时候，那展开的双翅就像天边的云。这只鹏鸟，随着海上汹涌的波涛迁徙到南方的大海。南方的大海是个天然的大池。

水汇积不深，它浮载大船就没有力量。倒杯水在庭堂的低洼处，小小的芥草也可以给它当作船；而搁置杯子就粘住不动了，因为水太浅而船太大了。风聚积的力量不雄厚，它托负巨大的翅膀便力量不够。所以，鹏鸟高飞九万里，狂风就在它的身下，然后方才凭借风力飞行，背负青天而没有什么力量能够阻遏它了，然后才像现在这样飞到南方去。

小聪明赶不上大智慧，寿命短比不上寿命长。怎么知道是这样的呢？清晨的菌类不会懂得什么是晦朔，寒蝉也不会懂得什么是春秋，这就是短寿。楚国南边有叫冥灵的大龟，它把五百年当做春，把五百年当做秋；上古有叫大椿的古树，它把八千年当做春，把八千年当做秋，这就是长寿。可是彭祖到如今还是以年寿长久而闻名于世，人们与他攀比，岂不可悲可叹吗？

商汤询问棘的话是这样的："在那草木不生的北方，有一个很深的大海，那就是'天池'。那有一种鱼，它的脊背有好几千里，没有人能够知道它有多长，它的名字叫做鲲。有一种鸟，名字叫鹏，它的脊背像座大山，展开双翅就像天边的云。鹏鸟奋起而飞，翅膀拍击急速旋转向上的气流直冲九万里高空，穿过云气，背负青天，这才向南飞去，打算飞到南方的大海。斥鴳讥笑它说：'它打算飞到哪儿去？我奋力跳起来往上飞，不过几丈高就落了下来，盘旋于蓬蒿丛中，这也是我飞翔的极限了。而它打算飞到什么地方去呢？'"这就是小与大的不同了。

所以，那些才智足以胜任一个官职，品行合乎一乡人心愿，道德能使国君感到满意，能力足以取信一国之人的人，他们看待自己也像是这样哩。而宋荣子却讥笑他们。世上的人们都赞誉他，他不会因此越发努力，世上的人们都非难他，他也不会因此而更加沮丧。他清楚地划定自身与外物的区别，辨别荣誉与耻辱的界限，不过如此而已呀！宋荣子他对于整个社会，从来不急急忙忙地去追求什么。虽然如此，他还是未能达到最高的境界。

至于遵循宇宙万物的规律，把握"六气"的变化，遨游于无穷无尽的境域，他还仰赖什么呢！因此说，道德修养高尚的"至人"能够达到忘我的境界，精神世界完全超脱物外的"神人"心目中没有功名和事业，思想修养臻于完美的"圣人"从不去追求名誉和地位。

古注

王夫之注："多寡、长短、轻重、大小，皆非耦也。"

今论

南怀瑾《庄子諵哗》："一个人在年轻的时候，或修道还没有成功的时候，或者倒霉得没有办法的时候，就要‘沉潜’在深水里头，动都不要动。修到相当的程度，一变，就升华高飞了。我们至少要明白这个意义。”

原典

尧让天下于许由①，曰：“日月出矣，而爝（jué）火②不息；其于光也，不亦难乎？时雨③降矣，而犹浸灌；其于泽也，不亦劳乎？夫子立④而天下治，而我犹尸⑤之；吾自视缺然⑥，请致天下。”

许由曰：“子治天下，天下既已治也；而我犹代子，吾将为名乎？名者，实之宾⑦也；吾将为宾乎？鹪（jiāo）鹩（liáo）巢于深林，不过一枝；偃鼠⑧饮河，不过满腹。归休乎君，予无所用天下为！庖人虽不治庖，尸祝不越樽俎⑨而代之矣。”肩吾问于连叔曰⑩：“吾闻言于接舆⑪，大而无当（dàng），往而不反⑫。吾惊怖其言，犹河汉而无极也；大有迳庭，不近人情焉。”

连叔曰：“其言谓何哉？”

曰：“藐（miǎo）姑射（yè）⑬之山，有神人居焉。肌肤若冰雪，淖（chuò）约⑭若处子，不食五谷，吸风饮露，乘云气，御飞龙，而游乎四海之外；其神凝，使物不疵疠（lì）⑮而年谷熟。吾以是狂⑯而不信也。”

连叔曰：“然。瞽（gǔ）者无以与乎文章之观⑰，聋者无以与乎钟鼓之声。岂唯形骸有聋盲哉？夫知亦有之！是其言也犹时女也⑱。之人也，之德也，将旁礴万物以为一，世蕲（qí）⑲乎乱，孰弊弊焉⑳以天下为事！之人也，物莫之伤：大浸稽天而不溺㉑，大旱金石流，土山焦而不热。是其尘垢秕穅，将犹陶铸尧、舜者也，孰肯以物为事？”

宋人资章甫㉒而适诸越，越人断发文身㉓，无所用之。

尧治天下之民，平海内之政，往见四子㉔藐姑射之山，汾水之阳㉕，窅（yǎo）然丧（sàng）其天下焉。

注释

①尧：我国传说时代的圣明君主。许由：古代传说中的高士，隐于箕山。②爝火：炬火。③时雨：按时令季节及时降下的雨。④立：位，在位。⑤尸：庙中的神主，这里用其空居其位，虚有其名之义。⑥缺然：不足的样子。⑦宾：次要、附属。⑧偃鼠：鼹鼠。⑨尸祝：祭祀时主持祭祀的人。樽：酒器。俎：盛肉的器皿。⑩肩吾、连叔：皆为虚构的人物。⑪接舆：楚国的隐士，姓陆名通，接舆为字。⑫反：通“返”。⑬藐：遥远。姑射：传说中的山名。⑭淖约：柔弱、美好的样子。⑮疵疠：疾病。⑯狂：通“诳”，谎言。⑰瞽：盲。文章：花纹。

⑱时：通“是”。女：通“汝”。⑲蕲：祈求。⑳弊弊焉：忙忙碌碌、疲惫不堪的样子。㉑大浸：大水。稽：至。㉒资：贩卖。章甫：古代殷地人的一种礼帽。㉓断发：不蓄头发。文身：在身上刺满花纹。㉔四子：指王倪、啮缺、被衣、许由四人。㉕阳：指山南或水北。

译文

尧打算把天下让给许由，说：“太阳和月亮都已升起来了，可是小小的炬火还在燃烧不熄，它要跟太阳和月亮的光亮相比，不是很难吗？季雨及时降落了，可是还在不停地浇水灌地，如此费力的人工灌溉对于整个大地的润泽，不显得徒劳吗？先生如能居于国君之位天下一定会获得大治，可是我还空居其位；我自己越看越觉得能力不够，请允许我把天下交给你。”

许由回答说：“你治理天下，天下已经获得了大治，而我却还要去替代你，我将为了名声吗？‘名’是‘实’所派生出来的次要东西，我将去追求这次要的东西吗？鹪鹩在森林中筑巢，不过占用一棵树枝；鼹鼠到大河边饮水，不过喝满肚子。你还是打消念头回去吧，天下对于我来说没有什么用处啊！厨师即使不下厨，祭祀主持人也不会越俎代庖的！”

肩吾向连叔求教：“我从接舆那里听到谈话，大话连篇没有边际，一说下去就回不到原来的话题上。我十分惊恐他的言谈，就好像天上的银河没有边际，跟一般人的言谈差异甚远，确实是太不近情理了。”

连叔问：“他说的是些什么呢？”

肩吾转述道：“在遥远的姑射山上，住着一位神人，皮肤润白像冰雪，体态柔美如处女，不食五谷，吸清风饮甘露，乘云气驾飞龙，遨游于四海之外。他的神情那么专注，使得世间万物不受病害，年年五谷丰登。我认为这全是虚妄之言，一点也不可信。”

连叔听后说：“是呀！对于瞎子没法同他们欣赏花纹和色彩，对于聋子没法同他们聆听钟鼓的乐声。难道只是形骸上有聋与瞎吗？思想上也有聋和瞎啊！这话似乎就是说你肩吾的呀。那位神人，他的德行，与万事万物混同一起，以此求得整个天下的治理，谁还会忙忙碌碌把管理天下当回事！那样的人，外物没有什么能伤害他，滔天的大水不能淹没他，天下大旱使金石熔化、土山焦裂，他也不感到灼热。他所留下的尘埃以及瘪谷糠麸之类的废物，也可造就出尧舜那样的圣贤人君来，他怎么会把忙着管理万物当作己任呢！”

宋国有人贩卖帽子到南方的越国，越国人不蓄头发满身刺着花纹，用不着帽子。

尧治理好天下的百姓，安定了海内的政局，到姑射山上、汾水北面拜见四位得道的高士，不禁怅然若失，忘记了自己居于治理天下的地位。

古注

憨山德清注："观者似乎纵横洸洋自恣，而其中属意精密严整之不可当，即逍遥一篇，精意入神之如此。"

今论

南怀瑾《庄子諵哗》："其实这些高士、隐士走的就是'至人无己，神人无功，圣人无名'的路线。历史变乱到了极点，他们出来拨乱反正，等国家天下太平了，又一个个都溜掉。"

原典

惠子谓庄子曰[①]："魏王贻我大瓠（hú）之种[②]，我树之成，而实五石（dàn）。以盛水浆，其坚不能自举也。剖之以为瓢，则瓠落[③]无所容。非不呺（xiāo）[④]然大也，吾为其无用而掊（pǒu）[⑤]之。"

庄子曰："夫子固拙于用大矣！宋人有善为不龟（jūn）[⑥]手之药者，世世以洴（píng）澼（pī）[⑦]为事。客闻之，请买其方[⑧]百金。聚族而谋曰：'我世世为洴（píng）澼（pī），不过数金；今一朝而鬻（yù）[⑨]技百金，请与之。'客得之，以说（shuì）吴王。越有难，吴王使之将（jiàng），冬与越人水战，大败越人，裂地而封之。能不龟手一也，或[⑩]以封，或不免于洴澼絖（kuàng），则所用之异也。今子有五石之瓠，何不虑以为大樽，而浮于江湖，而忧其瓠落无所容？则夫子犹有蓬[⑪]之心也夫！"

惠子谓庄子曰："吾有大树，人谓之樗（chū）[⑫]。其大本拥肿而不中绳墨[⑬]，其小枝卷曲而不中规矩[⑭]，立之涂[⑮]，匠人不顾。今子之言大而无用，众所同去也。"

庄子曰："子独不见狸狌（shēng）[⑯]乎？卑身而伏，以候敖[⑰]者；东西跳梁[⑱]，不辟[⑲]高下；中于机辟[⑳]，死于罔罟（gǔ）[㉑]。今夫斄（lí）[㉒]牛，其大若垂天之云。此能为大矣，而不能执鼠。今子有大树，患其无用，何不树之于无何有之乡，广莫[㉓]之野，彷徨乎无为其侧，逍遥乎寝卧其下。不夭斤斧，物无害者，无所可用，安所困苦哉！"

注释

①惠子：宋国人，姓惠名施，庄子的朋友，为先秦名家代表。②魏王：即梁惠王。贻：赠送。瓠：葫芦。③瓠落：很大很大的样子。④呺：庞大而又中空的样子。⑤掊：砸破。⑥龟：通"皲"，皮肤受冻开裂。⑦洴：浮。澼：在水中漂洗。⑧方：药方。⑨鬻：卖，出售。⑩或：有的人。⑪蓬：草名，其状弯曲不直。⑫樗：一种高大的落叶乔木，但木质粗劣不可用。⑬大本：树干粗大。拥（擁）肿：今写作"臃肿"，这里形容树干弯曲、疙里疙瘩。中：符合。⑭规矩：即圆规和角尺。⑮塗：通"途"，道路。⑯狸：野猫。狌：

黄鼠狼。⑰敖：通“遨”，遨游。⑱跳梁：跳跃、窜越的意思。⑲辟：通“避”。⑳机辟：捕兽的机关陷阱。㉑罔：网。罟：网的总称。㉒斄：牦牛。㉓莫：大。

译文

惠子对庄子说：“魏王送我大葫芦种子，我将它培植起来后，结出的果实有五石容积。用大葫芦去盛水浆，可是它的坚固程度承受不了水的压力。把它剖开做瓢也太大了，没有什么地方可以放得下。这个葫芦不是不大呀，我因为它没有什么用处而砸烂了它。”

庄子说：“先生实在是不善于使用大东西啊！宋国有一善于调制不皲手药物的人家，世世代代以漂洗丝絮为职业。有个游客听说了这件事，愿意用百金的高价收买他的药方。全家人聚集在一起商量：‘我们世世代代在河水里漂洗丝絮，所得不过数金，如今一下子就可卖得百金，还是把药方卖给他吧。’游客得到药方，来游说吴王。正巧越国发难，吴王派他统率部队，冬天跟越军在水上交战，大败越军，吴王划割土地封赏他。能使手不皲裂，药方是同样的，有的人用它来获得封赏，有的人却只能靠它在水中漂洗丝絮，这是使用方法的不同。如今你有五石容积的大葫芦，怎么不考虑用它来制成腰舟，而浮游于江湖之上，却担忧葫芦太大无处可容？看来先生你还是心窍不通啊！”

惠子又对庄子说：“我有棵大树叫‘樗’。它的树干疙里疙瘩，不符合绳墨取直的要求，它的树枝弯弯扭扭，不适应规尺取材的需要。它虽生长在道旁，木匠却连看也不看。如此大而无用，大家都会鄙弃它的。”

庄子说：“先生你没看见过野猫和黄鼠狼吗？低着身子匍伏于地，等待那些出洞觅食或游乐的小动物。一会儿东，一会儿西，跳来跳去，一会儿高，一会儿低，上下蹿越，不曾想到落入猎人设下的机关，死于猎网之中。再有那斄牛，庞大的身体就像天边的云，它的本事可大了，不过不能捕捉老鼠。如今你有这么大一棵树，却担忧它没有用处。怎么不把它栽种在什么也没有生长的地方，栽种在旷野里，悠然自得地徘徊于树旁，优游自在地躺卧于树下。大树不会遭到刀斧砍伐，也没有什么东西会去伤害它。虽然没有派上什么用场，可是哪里又会有什么困苦呢？”

古注

郭象注：“夫大小之物，苟失其极，则利害之理均；用得其所，则物皆逍遥也。”

今论

南怀瑾《庄子諵哗》：“世界上的事物，本来就没有大小和好坏之分，一个人智量大，见地高，境界应用高，就能把一个不相干的小事情用来‘齐家治国平天下’。”

齐物论第二

原典

南郭子綦 (qí) 隐机而坐①，仰天而嘘，荅 (tà) 焉似丧其耦②。颜成子游立侍乎前③，曰："何居乎？形固可使如槁木，而心固可使如死灰乎？今之隐机者，非昔之隐机者也。"

子綦曰："偃，不亦善乎，而④问之也？今者吾丧我，汝知之乎？女闻人籁⑤，而未闻地籁，女闻地籁而未闻天籁夫！"子游曰："敢问其方。"

子綦曰："夫大块噫气⑥，其名为风，是唯无作，作则万窍怒呺 (háo)，而独不闻之翏翏 (liáo) 乎？山林之畏佳⑦，大木百围之窍穴，似鼻，似口，似耳，似枅 (jī)⑧，似圈，似臼，似洼者，似污⑨者。激者，謞 (xiào)⑩者，叱者，吸者，叫者，譹 (háo) 者，宎 (yǎo)⑪者，咬⑫者，前者唱于而随者唱喁⑬。泠风则小和，飘风则大和，厉风济则众窍为虚。而独不见之调调之刁刁乎？"

子游曰："地籁则众窍是已，人籁则比竹是已，敢问天籁。"

子綦曰："夫吹万不同，而使其自己也，咸其自取，怒者其谁邪？"

注释

①南郭子綦：楚人，居住南郭，故名。隐：凭倚。机：案几。②荅焉：形体不存在的样子。耦：匹对。③颜成子游：子綦的学生，姓颜名偃，字子游，死后谥成。④而：通"尔"。⑤籁：箫，这里泛指从孔穴里发出的声响。⑥大块：大地。噫气：吐气。⑦畏佳：亦作"嵔佳"，即嵬崔，山陵高峻的样子。⑧枅：柱头横木。⑨污：泥塘。⑩謞：形容箭头飞去的声响。⑪宎：深沉。⑫咬：鸟鸣声。⑬喁：风吹树动前后相和的声音。

译文

南郭子綦靠着几案而坐，仰首向天缓缓地吐着气，那离神去智的样子真好像精神脱出了躯体。他的学生颜成子游陪站在跟前说道："这是怎么啦？形体诚然可以使它像干枯的树木，精神和思想难道也可以使它像死灰那样吗？你今天凭几而坐，跟往昔凭几而坐的情景大不一样呢。”

子綦回答说：“偃，你这个问题不是问得很好吗？今天我忘掉了自己，你知道吗？你听见过‘人籁’却没有听见过‘地籁’，你即使听见过‘地籁’却没有听见过‘天籁’啊！”子游问：“我冒昧地请教它们的真实含义。”

子綦说：“大地吐出的气，名字叫风。风不发作则已，一旦发作整个大地上数不清的窍孔都怒吼起来。你独独没有听过那呼呼的风声吗？山陵上陡峭峥嵘的各种去处，百围大树上无数的窍孔，有的像鼻子，有的像嘴巴，有的像耳朵，有的像圆柱上插入横木的方孔，有的像圈围的栅栏，有的像舂米的臼窝，有的像深池，有的像浅池。它们发出的声音，像湍急的流水声，像迅疾的箭镞声，像大声的呵叱声，像细细的呼吸声，像放声叫喊，像嚎啕大哭，像在山谷里深沉回荡，像鸟儿鸣叫叽喳，真好像前面在呜呜唱导，后面在呼呼随和。清风徐徐就有小小的和声，长风呼呼便有大的反响，迅猛的暴风突然停歇，万般窍穴也就寂然无声。你难道不曾看见风儿过处万物随风摇曳晃动的样子吗？”

子游说：“地籁是从万种窍穴里发出的风声，人籁是从比并的各种不同的竹管里发出的声音。我再冒昧地向你请教什么是天籁。”

子綦说：“天籁虽然有万般不同，但使它们发生和停息的都是出于自身，发动者还有谁呢？”

古注

王夫之注：“论其‘比竹’，论者其吹者乎！人其‘比竹’，天其吹者乎！”

今论

南怀瑾《庄子諵哗》：“万物不齐有都是相对的，要想求证那个绝对的，那个形而下万物不齐后面的本体，那个形而上了无一物，了不可得的‘无何有之乡’，怎么求得呢？要达到真正的亡我。那么才可以谈《齐物论》。”

原典

大知闲闲，小知间间[①]；大言炎炎[②]，小言詹詹[③]。其寐也魂交[④]，其觉[⑤]也形开；与接为构[⑥]，日以心斗：缦[⑦]者，窖[⑧]者，密[⑨]者。小恐惴惴[⑩]，大恐缦缦[⑪]。其发若机栝（kuò）[⑫]，其司[⑬]是非之谓也；其留[⑭]如诅盟，其守胜之谓也。其杀[⑮]若秋冬，以言其日消也；其溺[⑯]之所为之，不可使复之也；其厌也如缄[⑰]，以言其老洫（xù）[⑱]也；近死之心，莫使复阳[⑲]也。喜怒哀乐，虑叹变，姚佚启态[⑳]。乐出虚，蒸成菌[㉑]。日夜相代乎前，而莫知其所萌。已乎，已乎！旦暮[22]得此，其所由以生乎！

非彼无我，非我无所取。是亦近矣，而不知其所为使。若有真宰[23]，而特不得其眹(zhèn)[24]，可行已信，而不见其形，有情[25]而无形。

百骸[26]、九窍、六藏，赅[27]而存焉，吾谁与为亲？汝皆说[28]之乎？其有私[29]焉？如是皆有为臣妾乎？其臣妾不足以相治乎？其递相为君臣乎？其有真君存焉？如求得其情与不得，无益损乎其真。

一受其成形，不亡以待尽。与物相刃相靡，其行尽如驰，而莫之能止，不亦悲乎！终身役役而不见其成功，苶然[30]疲役而不知其所归，可不哀邪！人谓之不死，奚益！其形化，其心与之然，可不谓大哀乎？人之生也，固若是芒[31]乎？其我独芒，而人亦有不芒者乎？

夫随其成心而师之，谁独且无师乎？奚必知代[32]而心自取者有之？愚者与有焉。未成乎心而有是非，是今日适越而昔至也。是以无有为有。无有为有，虽有神禹且不能知，吾独且奈何哉！

注释

①间间：明察细别的样子。②炎炎：言辞气盛。③詹詹：言语琐细。④魂交：神魂交接。⑤觉：睡醒。⑥构：通“构”，交合。⑦缦：通“慢”，疏怠迟缓。⑧窖：深沉。⑨密：谨严。⑩惴惴：恐惧不安的样子。⑪缦缦：神情沮丧的样子。⑫机：弩机，弩上的发射部位。栝：箭杆末端扣弦部位。⑬司：主。⑭留：守住。⑮杀：衰败。⑯溺：沉湎。⑰厌：闭塞。缄：束缚的绳索。⑱洫：败坏。⑲复阳：恢复生机。⑳姚：轻浮躁动。佚：奢华放纵。启：张狂。态：故作姿态。㉑蒸成菌：在暑热潮湿的条件下蒸腾而生各种菌类。㉒旦暮：昼夜，这里表示时间很短。㉓真宰：身心的主宰。㉔特：但。眹：通“朕”，端倪、征兆。㉕情：实。㉖百骸：众多骨节。㉗赅：齐备。㉘说：通“悦”。㉙私：偏爱。㉚苶然：疲倦困顿的样子。㉛芒：通“茫”，迷昧无知。㉜知代：懂得变化更替的道理。

译文

才智超群的人广博豁达，只有点小聪明的人则乐于细察、斤斤计较；合于大道的言论就像猛火烈焰一样气焰凌人，拘于智巧的言论则琐细无方、没完没了。他们睡眠时神魂交构，醒来后身形开朗；跟外界交接相应，整日里勾心斗角。有的疏怠迟缓，有的高深莫测，有的辞慎语谨。小的惧怕惴惴不安，大的惊恐失魂落魄。他们说话就好像利箭发自弩机快疾而又尖刻，那就是说是与非都由此而产生；他们将心思存留心底就好像盟约誓言坚守不渝，那就是说持守胸臆坐待胜机。他们衰败犹如秋冬的草木，这说明他们日益消毁；

他们沉缅于所从事的各种事情，致使他们不可能再恢复到原有的情状；他们心灵闭塞好像被绳索缚住，这说明他们衰老颓败，没法使他们恢复生气。他们欣喜、愤怒、悲哀、欢乐，他们忧思、叹惋、反复、恐惧，他们躁动轻浮、奢华放纵、情张欲狂、造姿作态。好像乐声从中空的乐管中发出，又像菌类由地气蒸腾而成。这种种情态日夜在面前相互对应地更换与替代，却不知道是怎么萌生的。算了吧，算了吧！一旦懂得这一切发生的道理，不就明白了这种种情态发生、形成的原因？

没有我的对应面就没有我本身，没有我本身就没法呈现我的对应面。这样的认识也就接近于事物的本质，然而却不知道这一切受什么所驱使。仿佛有“真宰”，却又寻不到它的端倪。可以去实践并得到验证，然而却看不见它的形体，真实的存在而又没有反映它的具体形态。

众多的骨节，眼耳口鼻等九个孔窍和心肺肝肾等六脏，全都齐备地存在于我的身体，我跟它们哪一部分最为亲近呢？你对它们都同样喜欢吗？还是对其中某一部分格外偏爱呢？这样，每一部分都只会成为臣妾似的仆属吗？难道臣妾似的仆属就不足以相互支配了吗？还是轮流作为君臣呢？难道又果真有什么“真君”存在其间？无论寻求到它的究竟与否，那都不会对它的真实存在有什么增益和损坏。

人一旦禀承天地之气而形成形体，就不能忘掉自身而等待最后的消亡。他们跟外界环境或相互对立、或相互顺应，他们的行动全都像快马奔驰，没有什么力量能使他们止步，这不是很可悲吗！他们终身承受役使却看不到自己的成功，一辈子困顿疲劳却不知道自己的归宿，这能不悲哀吗！人们说这种人不会死亡，这又有什么益处！人的形骸逐渐衰竭，人的精神和感情也跟着一块儿衰竭，这能不算是最大的悲哀吗？人生在世，本来就像这样迷昧无知吗？难道只有我才这么迷昧无知，而世人也有不迷昧无知的吗！

追随业已形成的偏执己见并把它当作老师，那么谁会没有老师呢？为什么必须通晓事物的更替并从自己的精神世界里找到资证的人才有老师呢？愚昧的人也会跟他们一样有老师哩。还没有在思想上形成定见就有是与非的观念，这就像今天到越国去而昨天就已经到达。这就是把没有当作有。没有就是有，即使圣明的大禹尚且不可能通晓其中的奥妙，我偏偏又能怎么样呢？

今论

南怀瑾《庄子諵哗》：“真正大智慧的人，他是有个范围的，有他的道德的标准。其寐也魂交，其觉也形开。‘其寐也’，睡着了，‘魂交’，‘魂’跟谁交呢？‘魂’跟气相交。气就是‘魄’，所以我们叫‘气魄’。”

原典

夫言非吹也。言者有言，其所言者特[1]未定也。果有言邪？其未尝有言邪？其以为异于𬨎(gòu)音[2]，亦有辩乎？其无辩乎？

道恶乎隐而有真伪？言恶乎隐而有是非？道恶乎往而不存？言恶乎存而不可？道隐于小成，言隐于荣华。故有儒墨之是非，以是其所非而非其所是。欲是其所非而非其所是，则莫若以明[3]。

物无非彼，物无非是。自彼则不见，自知则知之。故曰：彼出于是，是亦因彼。彼是，方生[4]之说也。虽然，方生方死，方死方生；方可方不可，方不可方可；因是因非，因非因是。是以圣人不由而照[5]之于天，亦因是也。是亦彼也，彼亦是也。彼亦一是非，此亦一是非。果且有彼是乎哉？果且无彼是乎哉？彼是莫得其偶[6]，谓之道枢。枢始得其环中，以应无穷。是亦一无穷，非亦一无穷也。故曰莫若以明。

以指[7]喻指之非指，不若以非指喻指之非指也；以马喻马之非马，不若以非马喻马之非马也。天地一指也，万物一马也。

可乎可，不可乎不可。道行之而成，物谓之而然。恶乎然？然于然。恶乎不然？不然于不然。恶乎可？可于可。恶乎不可？不可于不可。物固有所然，物固有所可；无物不然，无物不可。故为是举莛(tíng)[8]与楹(yíng)、厉[9]与西施、恢恑憰(guǐ)怪[10]，道通为一。

其分也，成也；其成也，毁也。凡物无成与毁，复通为一。唯达者知通为一，为是不用而寓诸庸[11]。庸也者，用也；用也者，通也；通也者，得也；适得而几矣。因[12]是已，已而不知其然，谓之道。劳神明为一而不知其同也，谓之朝三。何谓朝三？狙公[13]赋芧(xù)曰："朝三而暮四。"众狙皆怒。曰："然则朝四而暮三。"众狙皆悦。名实未亏而喜怒为用，亦因是也。是以圣人和之以是非而休乎天钧，是之谓两行[14]。

古之人，其知有所至矣。恶乎至[15]？有以为未始有物者，至矣，尽矣，不可以加矣。其次以为有物矣，而未始有封[16]也。其次以为有封焉，而未始有是非也。是非之彰也，道之所以亏也。道之所以亏，爱之所以成。果且有成与亏乎哉？果且无成与亏乎哉？有成与亏，故昭氏[17]之鼓琴也。无成与亏，故昭氏之不鼓琴也。昭文之鼓琴也，师旷之枝策也[18]，惠子之据梧也，三子之知几乎！皆其盛者也，故载之末年。唯其好之也，以异于彼；其好之也，欲以明之。彼非所明而明之，故以坚白[19]之昧终。而其子又以文之纶[20]终，终身无成。若是而可谓成乎？虽我亦成也。若

是而不可谓成乎？物与我无成也。是故滑疑[21]之耀，圣人之所图也。为是不用而寓诸庸，此之谓以明。

注释

①特：但。②诟音：刚刚破卵而出的鸟的叫声。③莫若以明：不如用其自然加以观察。④方生：并存。⑤照：观察。⑥偶：对，对立面。⑦指：组成事物的要素。⑧莛：草茎。⑨厉：皮肤溃烂。⑩恢：宽大。恑：奇变。憰：诡诈。怪：怪异。⑪为是不用：为了这个缘故不用固执己见。寓：寄托。诸：之于。庸：指平常之理。⑫因：顺应。⑬狙公：养猴子的人。芧：橡子。⑭两行：对立之双方。⑮至：造极，最高的境界。⑯封：界线。⑰昭氏：即昭文，以善于弹琴著称。⑱师旷：晋平公时的著名乐师。枝策：用如动词，用枝或策叩击拍节。⑲坚白：指石的颜色白而质地坚，但“白”和“坚”都独立于“石”之外。⑳纶：代指弹琴。㉑滑疑：纷乱的样子。

译文

说话辩论并不像是吹风。善辩的人辩论纷纭，他们所说的话也不曾有过定论。果真说了些什么吗？还是不曾说过些什么呢？他们都认为自己的言谈不同于雏鸟的鸣叫，真有区别，还是没有什么区别呢？

大道是怎么隐匿起来而有了真和假呢？言论是怎么隐匿起来而有了是与非呢？大道怎么会出现而又不复存在？言论又怎么存在而又不宜认可？大道被小小的成功所隐蔽，言论被浮华的词藻所掩盖。所以就有了儒家和墨家的是非之辩，肯定对方所否定的东西而否定对方所肯定的东西。想要肯定对方所否定的东西而非难对方所肯定的东西，那么不如用事物的本然去加以观察而求得明鉴。

各种事物无不存在它自身对立的那一面，各种事物也无不存在它自身对立的这一面。从事物相对立的那一面看便看不见这一面，从事物相对立的这一面看就能有所认识和了解。所以说：事物的那一面出自事物的这一面，事物的这一面亦起因于事物的那一面。事物对立的两个方面是相互并存、相互依赖的。虽然这样，刚刚产生随即便是死亡，刚刚死亡随即便会复生；刚刚肯定随即就是否定，刚刚否定随即又予以肯定；依托正确的一面同时也就遵循了谬误的一面，依托谬误的一面同时也就遵循了正确的一面。因此圣人不走划分正误是非的道路而是观察比照事物的本然，也就是顺着事物自身的情态。事物的这一面也就是事物的那一面，事物的那一面也就是事物的这一面。事物的那一面同样存在是与非，事物的这一面也同样存在正与误。事物果真存在彼此两个方面吗？事物果真不存在彼此两个方面的区分吗？彼此两个方面都没有其对立的一面，这就是大道的枢纽。抓住了大道的枢纽也就抓住了事物的要害，从而顺应事物无穷无尽的变化。“是”是无穷的，“非”也是无穷的。所以说不如用事物的本然来加以观察和认识。

用组成事物的要素来说明要素不是事物本身，不如用非事物的要素来说明事物的要素并非事物本身；用白马来说明白马不是马，不如用非马来说明白马不是马。整个自然界不论存在多少要素，但作为要素而言却是一样的，各种事物不论存在多少具体物象，但作为具体物象而言也都是一样的。

能认可吗？一定有可以加以肯定的东西方才可以认可；不可以认可吗？一定也有不可以加以肯定的东西方才不能认可。道路是行走而成的，事物是人们称谓而就的。怎样才算是正确呢？正确在于其本身就是正确的。怎样才算是不正确呢？不正确的在于其本身就是不正确的。怎样才能认可呢？能认可在于其自身就是能认可的。怎样才不能认可呢？不能认可在于其本身就是不能认可的。事物原本就有正确的一面，事物原本就有能认可的一面，没有什么事物不存在正确的一面，也没有什么事物不存在能认可的一面。所以可以列举细小的草茎和高大的庭柱，丑陋的癞头和美丽的西施，宽大、奇变、诡诈、怪异等千奇百怪的各种事态来说明这一点，从“道”的观点看它们都是相通而浑一的。

旧事物的分解，亦即新事物的形成，新事物的形成亦即旧事物的毁灭。所有事物并无形成与毁灭的区别，还是相通而浑一的特点。只有通达的人方才知晓事物相通而浑一的道理，因此不用固执地对事物作出这样那样的解释，而应把自己的观点寄托于平常的事理之中。所谓平庸的事理就是无用而有用；认识事物无用就是有用，这就算是通达；通达的人才是真正了解事物常理的人；恰如其分地了解事物常理也就接近于大道。顺应事物相通而浑一的本来状态吧，这样还不能了解它的究竟，这就叫做“道”。耗费心思方才能认识事物浑然为一而不知事物本身就具有同一的性状和特点，这就叫“朝三”。什么叫做“朝三”呢？养猴人给猴子分橡子，说：“早上分给三升，晚上分给四升。”猴子们听了非常愤怒。养猴人便改口说：“那么就早上四升晚上三升吧。”猴子们听了都高兴起来。名义和实际都没有亏损，喜与怒却各为所用而有了变化，也就是因为这样的道理。因此，古代圣人把是与非混同起来，优游自得地生活在自然而又均衡的境界里，这就叫物与我各得其所、自行发展。

古时候的人，他们的智慧达到了最高的境界。如何才能达到最高的境界呢？那时有人认为，整个宇宙从一开始就不存在什么具体的事物，这样的认识是最了不起，最尽善尽美，而无以复加了。其次，认为宇宙之始是存在事物的，可是万事万物从不曾有过区分和界线。再其次，认为万事万物虽有这样那样的区别，但是却从不曾有过是与非的不同。是与非的显露，对于宇宙万物的理解也就因此出现亏损和缺陷，理解上出现亏损与缺陷，偏私的观念也就因此形成。果真有形成与亏缺吗？果真没有形成与亏缺吗？事物有了形成与亏缺，所以昭文才能够弹琴奏乐。没有形成和亏缺，昭文就不再能够弹琴奏乐。昭文善于弹琴，师旷精于乐律，惠施乐于靠着梧桐树高谈阔论，这三位先生的才智可说是登峰造极了！他们都享有盛誉，所以他们的事迹得到记载并流传下来。他们都爱好自己的学问与技艺，因而跟别人大不一样；正因为爱好自己的学问和技艺，所以总希望能够表现出来。而他们将那些不该彰明的东西彰明于世，因而最终以石之色白与质坚均独立于石头之外的迷昧而告终；而昭文的儿子也继承其父亲的事业，终生没有什么作为。像这样就可以称作成功吗？那即使是我虽无成就也可说是成功了。像这样便不可以称作成功吗？外界事物和我本身就都没有成功。因此，各种迷乱人心的巧说辩言的炫耀，都是圣哲之人所鄙夷、摒弃的。所以说，各种无用均寄托于有用之中，这才是用事物的本然观察事物而求得真实的理解。

古注

郭象注：“夫有是有非者，儒墨之所是也；无是无非者，儒墨之所非也。”

今论

南怀瑾《庄子諵哗》：“这里讲，每一句话都有它的语意真实存在吗？‘其未尝有言邪？’真的存在吗？不一定。因为每一句话所谓的真实性，说了就说了，都是靠不住的。为什么呢？言语本身都是空洞的东西，说过了就没有。”

原典

今且有言于此，不知其与是类乎？其与是不类乎？类与不类，相与为类，则与彼无以异矣。虽然，请尝言之。有始也者，有未始有始也者，有未始有夫未始有始也者。有有也者，有无也者，有未始有无也者，有未始有夫未始有无也者。俄而[1]有无矣，而未知有无之果孰有孰无也。今我则已有谓矣，而未知吾所谓之其果有谓乎，其果无谓乎？

天下莫大于秋豪[2]之末，而大山为小；莫寿于殇（shāng）子[3]，而彭祖为夭。天地与我并生，而万物与我为一。既已为一矣，且得有言乎？既已谓之一矣，且得无言乎？一与言为二，二与一为三。自此以往，巧历[4]不能得，而况其凡乎！故自无适[5]有，以至于三，而况自有适有乎！无适焉，因是已。

夫道未始有封，言未始有常，为是而有畛(zhěn)也。请言其畛：有左有右，有伦有义[⑥]，有分有辩，有竞有争，此之谓八德。六合[⑦]之外，圣人存而不论；六合之内，圣人论而不议。春秋[⑧]经世先王之志，圣人议而不辩。故分也者，有不分也；辩也者，有不辩也。曰：何也？圣人怀[⑨]之，众人辩之以相示也。故曰：辩也者，有不见也。

夫大道不称，大辩不言，大仁不仁，大廉不嗛(qiān)[⑩]，大勇不忮(zhì)[⑪]。道昭而不道，言辩而不及，仁常而不成，廉清而不信，勇忮而不成。五者圆而几向方矣。故知止其所不知，至矣。孰知不言之辩、不道之道？若有能知，此之谓天府[⑫]。注焉[⑬]而不满，酌[⑭]焉而不竭，而不知其所由来，此之谓葆(bǎo)[⑮]光。

注释

①俄而：突然。②豪：通"毫"，细毛。③殇子：未成年而死的人。④历：历数，计算。⑤适：往，到。⑥伦：次序。义：仪，等别。⑦六合：天、地和东、西、南、北四方。⑧春秋：这里泛指古代历史。⑨怀：囊括于胸，不去分辨。⑩嗛：通"谦"，谦逊。⑪忮：伤害。⑫天府：指自然生成的府库。⑬注：注入。焉：讲作"于之"。⑭酌：舀取。⑮葆：藏，隐蔽。

译文

现在暂且在这里说一番话，不知道这些话跟其他人的谈论是相同的呢？还是不相同的呢？相同的言论与不相同的言论，既然相互间都是言谈议论，从这一意义说，不管其内容如何也就是同类的了。虽然这样，还是请让我试着把这一问题说一说。宇宙万物有它的开始，同样有它未曾开始的开始，还有它未曾开始的未曾开始的开始。宇宙之初有过这样那样的"有"，但也有个"无"，还有个未曾有过的"无"，同样也有个未曾有过的未曾有过的"无"。突然间生出了"有"和"无"，却不知道"有"与"无"谁是真正的"有"，谁是真正的"无"。现在我已经说了这些言论和看法，但却不知道我听说的言论和看法是我果真说过的言论和看法呢，还是果真没有说过的言论和看法呢？

天下没有什么比秋毫的末端更大，而泰山算是最小；世上没有什么人比夭折的孩子更长寿，而传说中年寿最长的彭祖却是短命的。天地与我共生，万物与我为一体。既然已经浑然为一体，还能够有什么议论和看法？既然已经称作一体，又还能够没有什么议论和看法？客观存在的一体加上我的议论和看法就成了"二"，"二"如果再加上一个"一"就成了"三"，以此类推，最精明的计算也不可能求得最后的数字，何况大家都是凡夫俗子！所以，从无到有，乃至推到“三”，又何况从“有”推演到“有”呢？没有必要这样地推演下去，还是顺应事物的本质吧。

所谓真理从不曾有过界线，言论也不曾有过定准，只因为各自认为只有自己的观点和看法才是正确的，这才有了这样那样的界线和区别。请让我谈谈那些界线和区别：有左有右，有序列有等别，有分解有辩驳，有竞比有相争，这就是所谓八类。天地四方宇宙之外的事，圣人总是存而不论；宇宙之内的事，圣人虽然细加研究，却不随意评说。至于古代历史上善于治理社会的前代君王们的记载，圣人虽然有所评说却不争辩。可知有分别就因为存在不能分别，有争辩也就因为存在不能辩驳。有人会说，这是为什么呢？圣人把事物都囊括于胸、容藏于己，而一般人则争辩不休夸耀于外，所以说，大凡争辩，总因为有自己所看不见的一面。

至高无上的真理是不必称扬的，最了不起的辩说是不必言说的，最具仁爱的人是不必向人表示仁爱的，最廉洁方正的人是不必表示谦让的，最勇敢的人是从不伤害他人的。真理完全表露于外那就不算是真理，逞言肆辩总有表达不到的地方，仁爱之心经常流露反而成就不了仁爱，廉洁到清白的极点反而不太真实，勇敢到随处伤人也就不能成为真正勇敢的人。这五种情况就好像着意求圆却几近成方一样。因此懂得停止于自己所不知晓的境域，那就是绝顶的明智。谁能真正通晓不用言语的辩驳、不用称说的道理呢？假如有谁能够知道，这就是所说的自然生成的府库。无论注入多少东西，它不会满盈，无论取出多少东西，它也不会枯竭，而且也不知这些东西出自哪里，这就叫做潜藏不露的光亮。

古注

憨山德清注：“此一节，结二圣人，欲人自悟，而忘其己是也。”

今论

南怀瑾《庄子諵哗》：“庄子说，假使你懂了最高处没有语言文字可以讲，一切言语思想所不能到达的道理，是‘不言之辩，不道之道’，没有各种的法则，也没有道理可讲形而上的道。”

原典

故昔者尧问于舜曰：“我欲伐宗、脍、胥敖[1]，南面[2]而不释然，其故何也？”舜曰：“夫三子者，犹存乎蓬艾之间。若[3]不释然，何哉？昔者十日并出，万物皆照，而况德之进[4]乎日者乎！”

啮(niè)缺[5]问乎王倪曰：“子知物之所同是乎？”曰：“吾恶乎知之！”

“子知子之所不知邪？”曰：“吾恶乎知之！”

"然则物无知邪？"曰："吾恶乎知之！虽然，尝试言之。庸讵[6]知吾所谓知之非不知邪？庸讵知吾所谓不知之非知邪？且吾尝试问乎女[7]：民湿寝则腰疾偏死[8]，鳅然乎哉？木处则惴慄恂惧[9]，猨猴然乎哉？三者孰知正处？民食刍豢[10]，麋鹿食荐[11]，蝍 (jí) 蛆 (jū) 甘带[12]，鸱 (chī) 鸦耆鼠[13]，四者孰知正味？猨猵 (biān) 狙 (jū)[14]以为雌，麋与鹿交，鳅与鱼游。毛嫱丽姬[15]，人之所美也，鱼见之深入，鸟见之高飞，麋鹿见之决骤[16]。四者孰知天下之正色哉？自我观之，仁义之端，是非之涂[17]，樊然殽 (xiáo) 乱[18]，吾恶能知其辩！"

啮缺曰："子不知利害，则至人固不知利害乎？"王倪曰："至人神矣！大泽焚而不能热，河汉沍 (hù) 而不能寒，疾雷破山飘风振海而不能惊。若然者，乘云气，骑日月，而游乎四海之外。死生无变于己，而况利害之端乎！"

注释

①宗、脍、胥敖：三个小国国名。②南面：古代帝王上朝理事总坐北朝南。③若：你。④进：胜过。⑤啮缺、王倪：虚拟的人物。⑥庸讵：怎么、哪里。⑦女：通"汝"。⑧偏死：偏瘫，即半身不遂。⑨惴、慄、恂、惧：都是恐惧、惧怕的意思。⑩刍豢：用草喂养，代指家畜。⑪荐：美草。⑫蝍蛆：蜈蚣。带：小蛇。⑬鸱：猫头鹰。耆：通"嗜"，嗜好。⑭猵狙：一种类似猿猴的动物。⑮毛嫱、丽姬：古代著名的美人。⑯决骤：快速奔跑。⑰涂：通"途"，道路，途径。⑱樊然：杂乱的样子。殽：这里讲作"淆"，混杂的意思。

译文

从前尧曾向舜问道："我想征伐宗、脍、胥敖三个小国，每当上朝理事总是心绪不宁，是什么原因呢？"舜回答说："那三个小国的国君，就像生存于蓬蒿艾草之中。你总是耿耿于怀心神不宁，为什么呢？过去十个太阳一块儿升起，万物都在阳光普照之下，何况你崇高的德行又远远超过了太阳的光亮呢！"

啮缺问王倪："你知道各种事物相互间总有共同的地方吗？"王倪说："我怎么知道呢！"

啮缺又问："你知道你所不知道的东西吗？"王倪回答说："我怎么知道呢！"

啮缺接着又问："那么各种事物便都无法知道了吗？"王倪回答："我怎么知道呢！虽然这样，我还是试着来回答你的问题。你怎么知道我所说的知道不是不知道呢？你又怎么知道我所说的不知道不是知道呢？我还是先问一问你：人们睡在潮湿的地方就会腰部患病甚至酿成半身不遂，泥鳅也会这样吗？人们住在高高的树木上就会心惊胆战、惶恐不安，猿猴也会这样吗？人、泥鳅、猿猴三者究竟谁最懂得居处的标准呢？人以牲畜的肉为食物，麋鹿食草芥，蜈蚣嗜吃小蛇，猫头鹰和乌鸦则爱吃老鼠，人、麋鹿、蜈蚣、猫头鹰和乌鸦这四类动物究竟谁才懂得真正的美味？猿猴把猵狙当作配偶，麋喜欢与鹿交配，泥鳅则与鱼交尾。毛嫱和丽姬，是人们称道的美人了，可是鱼儿见了她们深深潜入水底，鸟儿见了她们高高飞向天空，麋鹿见了她们撒开四蹄飞快地逃离。人、鱼、鸟和麋鹿四者究竟谁才懂得天下真正的美色呢？以我来看，仁与义的端绪，是与非的途径，都纷杂错乱，我怎么能知晓它们之间的分别！”

啮缺说:“你不了解利与害，道德修养高尚的至人难道也不知晓利与害吗？”王倪说：“进入物我两忘境界的至人实在是神妙不测啊！林泽焚烧不能使他感到热，黄河、汉水封冻了不能使他感到冷，迅疾的雷霆劈山破岩、狂风翻江倒海不能使他感到震惊。假如这样，便可驾驭云气，骑乘日月，在四海之外遨游，死和生对于他自身都没有变化，何况利与害这些微不足道的端绪呢！”

古注

憨山德清注：“此因上葆光之圣人，其心广大如天府，所谓圣人所图者，盖由工夫做到至处，乃如此耳。”

今论

南怀瑾《庄子諵哗》:“环境不同，感受就不同，教育环境的不同，思想观念也就不同，自己心理秉性也不同。有色盲的人，用正常眼睛看起来，不知道色盲的正常，还是我们的正常。等于我们到神经病医院，自己傻了，不知道他是神经病,还是我是神经病，搞不清了。神经病四面八方围到你的时候，搞了半天，发现我们是神经，他们是正常，你到了那个环境，分别不清了。”

原典

瞿鹊子问乎长梧子曰[1]：“吾闻诸夫子，圣人不从事于务，不就利；不违害，不喜求，不缘道[2]；无谓[3]有谓，有谓无谓，而游乎尘垢之外。夫子以为孟浪之言，而我以为妙道之行也。吾子以为奚若[4]？”

长梧子曰：“是黄帝之所听荧[5]也，而丘也何足以知之！且女亦大早计，见卵而求时夜，见弹而求鸮(xiāo)炙[6]。予尝为女妄言之，女以妄听之。奚旁日月，挟宇宙？为其吻合，置其滑涽(hūn)，以隶相尊。众人役役，圣人愚芚(chūn)，参万岁[7]而一成纯。万物尽然，而以是相蕴。予恶乎知说[8]生之非惑邪！予恶乎知恶死之非弱丧而不知归者邪！

“丽之姬，艾封人之子也。晋国之始得之也，涕泣沾襟，及其至于

王所，与王同筐床[9]，食刍豢，而后悔其泣也。予恶乎知夫死者不悔其始之蕲生乎！梦饮酒者，旦而哭泣；梦哭泣者，旦而田猎。方其梦也，不知其梦也。梦之中又占其梦焉，觉而后知其梦也。且有大觉而后知此其大梦也，而愚者自以为觉，窃窃然[10]知之。君乎、牧[11]乎，固哉！丘也与女，皆梦也；予谓女梦，亦梦也。是其言也，其名为吊诡[12]。万世之后而一遇大圣，知其解者，是旦暮遇之也！

“既使我与若[13]辩矣，若胜我，我不若胜，若果是也，我果非也邪？我胜若，若不吾胜，我果是也，而若果非也邪？其或是也，其或非也邪？其俱是也，其俱非也邪？我与若不能相知也，则人固受其黮（dǎn）[14]闇，吾谁使正之？使同乎若者正之？既与若同矣，恶能正之！使同乎我者正之？既同乎我矣，恶能正之！使异乎我与若者正之？既异乎我与若矣，恶能正之！使同乎我与若者正之？既同乎我与若矣，恶能正之！然则我与若与人，俱不能相知也，而待彼也邪？”

“何谓和之以天倪[15]？”

曰：“是不是，然不然。是若果是也，则是之异乎不是也亦无辩；然若果然也，则然之异乎不然也亦无辩。化声[16]之相待，若其不相待，和之以天倪，因之以曼衍[17]，所以穷年也。忘年忘义，振于无竟[18]，故寓诸无竟。”

注释

①瞿鹊子、长梧子：虚拟人名。②不缘道：不拘于道。③谓：说，言谈。④奚若：何如，怎么样。⑤听荧：疑惑不明。⑥鸮：一种肉质鲜美的鸟，俗名斑鸠。炙：烤肉。⑦参：糁糅。万岁：指古今事物。⑧说：通“悦”。⑨筐床：亦写作“匡床”，方正而又安适的床。⑩窃窃然：明察的样子。⑪牧：牧夫，用指所谓卑贱的人。⑫吊诡：奇特、怪异。⑬若：你，指瞿鹊子。我：指长梧子。⑭黮：昏暗不明的样子。⑮天倪：天然的分际。⑯化声：变化的声音。⑰因：顺应。曼衍：变化发展。⑱振：畅。竟：通“境”，境界、境地。

译文

瞿鹊子向长梧子问道：“我从孔夫子那里听到这样的谈论：圣人不从事琐细的事务，不追逐私利，不回避灾害，不喜好贪求，不因循成规，没说什么又好像说了些什么，说了些什么又好像什么也没有说，因而遨游于世俗之外。孔夫子认为这些都是轻率不当的言论，而我却认为是精妙之道的实践和体现。先生你认为怎么样呢？”

长梧子说：“这些话黄帝也会疑惑不解的，而孔丘怎么能够知晓呢！而且你也谋虑得太早，就好像见到鸡蛋便想立即得到报晓的公鸡，见到弹子便想立即获取烤熟的斑鸠肉。我姑且给你胡乱说一说，你也就胡乱听一听。怎么不依傍日月，怀藏宇宙？跟万物合为一体，置各种混乱纷争于不顾，把卑贱与尊贵都等同起来。人们总是一心忙于去争辩是非，圣人却好像十分愚昧无所觉察，糅合古往今来多少变异、沉浮，自身却浑成一体不为纷杂错异所困扰。万物全都是这样，而且因为这个缘故相互蕴积于浑朴而又精纯的状态之中。我怎么知道贪恋活在世上不是困惑呢？我又怎么知道厌恶死亡不是年幼流落他乡而老大还不知回归呢？

"丽姬是艾地封疆守土之人的女儿，晋国征伐丽戎时俘获了她，她当时哭得泪水浸透了衣襟。等她到晋国进入王宫，跟晋侯同睡一床而得宠为夫人，吃上美味珍馐，也就后悔当初不该那么伤心地哭泣了。我又怎么知道那些死去的人不会后悔当初的求生呢？睡梦里饮酒作乐的人，天亮醒来后很可能痛哭饮泣；睡梦中痛哭饮泣的人，天亮醒来后又可能在欢快地逐围打猎。正当他在做梦的时候，他并不知道自己是在做梦。睡梦中还会卜问所做之梦的吉凶，醒来以后方知是在做梦。人在最为清醒的时候方才知道他自身也是一场大梦，而愚昧的人则自以为清醒，好像什么都知晓什么都明了。君尊牧卑，这种看法实在是浅薄鄙陋呀！孔丘和你都是在做梦，我说你们在做梦，其实我也在做梦。上面讲的这番话，它的名字可以叫作奇特和怪异。万世之后假若一朝遇上一位大圣人，悟出上述一番话的道理，这恐怕也是偶尔遇上的吧！

"倘使我和你展开辩论，你胜了我，那么，你果真对，我果真错吗？我胜了你，我果真对，你果真错吗？难道我们两个人有谁是正确的，有谁是不正确的吗？难道我们两个人都是正确的，或都是不正确的吗？我和你都无从知道。而世人原本也都承受着蒙昧与晦暗，我们又能让谁作出正确的裁定？让观点跟你相同的人来判定吗？既然看法跟你相同，怎么能作出公正的评判！让观点跟我相同的人来判定吗？既然看法跟我相同，怎么能作出公正的评判！让观点不同于我和你的人来判定吗？既然看法不同于我和你，怎么能作出公正的评判！让观点跟我和你都相同的人来判定吗？既然看法跟我和你都相同，又怎么能作出公正的评判！如此，那么我和你跟大家都无从知道这一点，还会有人知道吗？"

"什么叫调和自然的分际呢？"

长梧子说："对的也就像是不对的，正确的也就像是不正确的。对的假如果真是对的，那么对的不同于不对的，这就不须去争辩；正确的假如果真是正确的，那么正确的不同于不正确的，这也不须去争辩。辩论中的不同言辞跟变化中的不同声音一样相互对立，就像没有相互对立一样，都不能相互作出公正的评判。用自然的分际来调和它，用无尽的变化来顺应它，还是用这样的办法来了此一生吧。忘掉死生忘掉是非，到达无穷无尽的境界，因此圣人总把自己寄托于无穷无尽的境域之中。”

古注

郭象注：“纯者，不杂者也。夫举万岁而参其变，而众人谓之杂矣，故役役然劳形怵心而去彼就此。”

今论

南怀瑾《庄子諵哗》：“佛学告诉我们，任何过程都有四个阶段：生、住、异、灭，我们的思想、感觉、年龄、身体，当一个钟头乃至一分钟前坐在这里的我，与此时坐在这里的我，已经不知道经过多少变化了。所以‘今我非故我’，现在的我已经不是前一分钟的我了。”

原典

罔两①问景曰：“曩 (nǎng) ②子行，今子止；曩子坐，今子起。何其无特操与？”景曰：“吾有待而然者邪？吾所待又有待而然者邪？吾待蛇蚹 (fù) ③蜩翼邪？恶识所以然？恶识所以不然？”

昔者庄周梦为胡蝶，栩栩然④胡蝶也，自喻⑤适志与！不知周也。俄然觉，则蘧蘧 (qú) 然⑥周也。不知周之梦为胡蝶与，胡蝶之梦为周与？周与胡蝶，则必有分矣。此之谓物化。

注释

①罔两：影子之外的微阴。②曩：以往，从前。③蚹：鳞皮。④栩栩然：欣然自得的样子。⑤喻：觉得。⑥蘧蘧然：惊惶的样子。

译文

影子之外的微阴问影子：“先前你行走，现在又停下；以往你坐着，如今又站了起来。你怎么没有自己独立的操守呢？”影子回答说：“我是有所依凭才这样的吗？我所依凭的东西又有所依凭才这样的吗？我所依凭的东西难道像蛇的蚹鳞和鸣蝉的翅膀吗？我怎么知道因为什么会是这样？我又怎么知道因为什么而不会是这样？”

过去庄周梦见自己变成蝴蝶，欣然自得地飞舞着的一只蝴蝶，感到多么愉快和惬意啊！不知道自己原本是庄周。突然间醒起来，他在惊惶不定之间方知原来自己是庄周。不知是庄周梦中变成蝴蝶呢，还是蝴蝶梦见自己变成庄周呢？庄周与蝴蝶那必定是有区别的，这就可叫做物我的交合与变化。

古注

郭象注："若待蛇蚹蜩翼，则无特操之所由，未为难识也。今所以不识，正由不待斯类而独化故耳。"

今论

南怀瑾《庄子諵哗》："'觉'就是悟道。大彻大悟以后，'觉梦双清'几乎接近了达到道的境界。"

养生主

第三

原典

吾生也有涯，而知也无涯。以有涯随无涯，殆已；已而为知者，殆而已矣！为善无近名，为恶无近刑。缘督以为经，可以保身，可以全生，可以养亲①，可以尽年。

注释

①养亲：指真君，即精神。

译文

我们的生命是有限的，而知识却是无限的。以有限的生命去追求无限的知识，势必体乏神伤。既然如此还在不停地追求知识，那可真是十分危险的了！做了世人所谓的善事却不去贪图名声，做了世人所谓的恶事却不至于面对刑戮的屈辱。遵从自然的中正之路并把它作为顺应事物的常法，这就可以护卫自身，就可以保全天性，就可以不给父母留下忧患，就可以终享天年。

古注

郭象注："夫生以养存，则养生者理之极也。若乃养过其极，以养伤生，非养生之主也。"

今论

南怀瑾《庄子諵哗》："所以知识越高，痛苦越深；学问越多，烦恼越大，这是我们深深体验到的。"

原典

庖丁为文惠君解牛，手之所触，肩之所倚，足之所履，膝之所踦(yǐ)①，砉(huà)然②向然，奏刀騞(huò)然③，莫不中(zhòng)音，合于《桑林》④之舞，乃中《经首》⑤之会。

文惠君曰："譆，善哉！技盖[⑥]至此乎？"庖丁释刀对曰："臣之所好者道也，进乎技矣。始臣之解牛之时，所见无非全牛者。三年之后，未尝见全牛也。方今之时，臣以神遇而不以目视，官[⑦]知止而神欲行。依乎天理[⑧]，批大郤(xì)[⑨]，导大窾(kuǎn)[⑩]，因其固然；枝经肯綮(qǐ)之未尝[⑪]，而况大軱(gū)[⑫]乎！良庖岁更刀，割也；族[⑬]庖月更刀，折也。今臣之刀十九年矣，所解数千牛矣，而刀刃若新发于硎(xíng)[⑭]。彼节者有间，而刀刃者无厚。以无厚入有间，恢恢[⑮]乎其于游刃必有余地矣，是以十九年而刀刃若新发于硎。虽然，每至于族[⑯]，吾见其难为，怵然[⑰]为戒，视为止，行为迟，动刀甚微。謋(huò)[⑱]然已解，如土委地。提刀而立，为之四顾，为之踌躇[⑲]满志，善刀而藏之。"

文惠君曰："善哉！吾闻庖丁之言，得养生焉。"

注释

①踦：用膝抵住。②砉然：皮肉分离的声音。③騞然：以刀快速割牛的声音。④《桑林》：传说中的殷商时代的乐曲名。⑤《经首》：传说中殷商时代的乐曲名。⑥盖：通"盍"，何。⑦官：器官。⑧天理：自然的纹理。⑨批：击。郤：通"隙"，指牛体筋腱骨骼间的空隙。⑩大窾：指牛体骨节间较大的空处。⑪枝：指支脉。肯：附在骨上的肉。綮：骨肉连接很紧的地方。⑫軱：大骨。⑬族：众。指一般的厨师。⑭硎：磨刀石。⑮恢恢：宽广。⑯族：指骨节、筋腱聚结交错的部位。⑰怵然：小心谨慎的样子。⑱謋：散开的样子。⑲踌躇：悠然自得的样子。

译文

厨师给文惠君宰杀牛牲，分解牛体时手接触的地方，肩靠着的地方，脚踩踏的地方，膝抵住的地方，都发出砉砉的声响，快速进刀时刷刷的声音，无不像美妙的音乐旋律，符合桑林舞曲的节奏，又合于经首乐曲的乐律。

文惠君说："嘻，妙呀！技术怎么达到如此高超的地步呢？"厨师放下刀回答说："我所喜好的是摸索事物的规律，比起一般的技术、技巧又进了一层。我开始分解牛体的时候，所看见的没有不是一头整牛的。几年之后，就不曾再看到整体的牛了。现在，我只用心神去接触而不必用眼睛去观察，眼睛的官能似乎停了下来而精神世界还在不停地运行。依照牛体自然的生理结构，劈击肌肉骨骼间大的缝隙，把刀导向那些骨节间大的空处，顺着牛体的天然结构去解剖；从不曾碰撞过经络结聚的部位和骨肉紧密连接的地方，何况那些大骨头呢！优秀的厨师一年更换一把刀，因为他们是在用刀割肉；普通的厨师一个月就更换一把刀，因为他们是在用刀砍骨头。如今我使用的这把刀已经十九年了，所宰杀的牛牲上千头了，而刀刃锋利得就像刚从磨刀石上磨过一样。牛的骨节乃至各个组合部位之间是有空隙的，而刀刃几乎没有什么厚度，用薄薄的刀刃插入有空隙的骨节和组合部位间，对于刀刃的运转和回旋来说那是多么宽绰而有余地呀，所以我的刀使用了十九年刀锋仍像刚从磨刀石上磨过一样。虽然这样，每当遇上筋腱、骨节聚结交错的地方，我看到难于下刀，为此而格外谨慎不敢大意，目光专注，动作迟缓，动刀十分轻微。牛体霍霍地全部分解开来，就像是一堆泥土堆放在地上。我于是提着刀站在那儿，为此而环顾四周，为此而踌躇满志，这才擦拭好刀收藏起来。”

文惠君说："妙啊，我听了厨师这一番话，从中得到养生的道理了。"

古注

王夫之注："天下之心知无涯而可以一二靡，终其身于忧患而不与忧患犄，无他，有经而已矣。"

原典

公文轩见右师①而惊曰："是何人也？恶乎介②也？天与，其人与？"曰："天也，非人也。天之生是使独也，人之貌有与也。以是知其天也，非人也。"泽雉十步一啄，百步一饮，不蕲③(qí)畜乎樊中。神虽王④，不善也。

老聃(dān)⑤死，秦失⑥吊之，三号而出。弟子曰："非夫子之友邪？"曰："然。""然则吊焉若此，可乎？"曰："然。始也吾以为其人也，而今非也。向⑦吾入而吊焉，有老者哭之，如哭其子；少者哭之，如哭其母。彼其所以会之，必有不蕲言而言，不蕲哭而哭者。是遁天倍情⑧，忘其所受，古者谓之遁天之刑⑨。适来，夫子时也⑩；适去，夫子顺也。安时而处顺，哀乐不能入也，古者谓是帝之县解⑪。"

指⑫穷于为薪，火传也，不知其尽也。

注释

①公文轩：宋国人。右师：官名。②介：独脚。③蕲：祈求，希望。④王：通"旺"，旺盛。⑤老聃：老子，楚人，姓李名耳。⑥秦失：亦写作"秦佚"，老聃的朋友。⑦向：刚才。⑧遁：逃避。倍：通"背"，违反。⑨刑：规范、道理。⑩适来：正当来世。夫子：指老聃。⑪帝：天帝。县：通"悬"，倒悬。⑫指：即脂，用以取光照物。

译文

公文轩见到右师大吃一惊，说："这是什么人？怎么只有一只脚呢？是天生只有一只脚，还是人为地失去一只脚呢？"右师说："天生成的，不是人为的。

老天爷生就了我这样一个形体，人的外观完全是上天所赋予的。所以知道是天生的，不是人为的。”沼泽边的野鸡走上十步才能啄到一口食物，走上百步才能喝到一口水，可是它丝毫也不会祈求畜养在笼子里。生活在樊笼里虽然不必费力寻食，即使精力十分旺盛，那也是很不快意的。

老聃死了，他的朋友秦失去吊丧，大哭几声便离开了。老聃的弟子问道：“你不是我们老师的朋友吗？”秦失说：“是的。”弟子们又问：“那么吊唁朋友像这样，行吗？”秦失说：“行。原来我认为你们跟随老师多年都是超脱物外的人了，现在看来并不是这样的。刚才我进入灵房去吊唁，有老年人在哭他，像做父母的哭自己的孩子；有年轻人在哭他，像做孩子的哭自己的父母。他们之所以会聚在这里，一定有人本不想说什么却情不自禁地诉说了什么，本不想哭泣却情不自禁地痛哭起来。如此喜生恶死是违反常理、背弃真情的，他们都忘掉了人是禀承于自然、受命于天的道理，古时候人们称这种做法就叫做背离自然的过失。偶然来到世上，你们的老师应时而生；偶然离开人世，你们的老师顺依而死。安于天理和常分，顺从自然和变化，哀伤和欢乐便都不能进入心怀。古时候人们称这样做就叫做自然的解脱，好像解除倒悬之苦似的。”

取光照物的烛薪终会燃尽，而火种却传续下来，永远不会熄灭。

古注

憨山德清注：“此言性得所养，而天真自全，则去来生死，了无拘碍。”

人间世第四

原典

颜回见仲尼[①]，请行。曰："奚之？"曰："将之卫。"曰："奚为焉？"曰："回闻卫君，其年壮，其行独；轻用其国，而不见其过；轻用民死，死者以国量乎泽若蕉，民其无如[②]矣。回尝闻之夫子曰：'治国去之，乱国就之，医门多疾'。愿以所闻思其则[③]，庶几其国有瘳(chōu)乎[④]！"

仲尼曰："嘻，若殆往而刑耳[⑤]！夫道不欲杂，杂则多，多则扰，扰则忧，忧而不救。古之至人，先存诸己而后存诸人。所存于己者未定，何暇至于暴人之所行！

"且若亦知夫德之所荡而知之所为出乎哉[⑥]？德荡乎名，知出乎争。名也者，相轧也；知也者，争之器也。二者凶器，非所以尽行也。

"且德厚信矼(qiāng)[⑦]，未达人气，名闻不争，未达人心。而强以仁义绳墨之言术[⑧]暴人之前者，是以人恶有其美也，命之曰菑(zāi)[⑨]人。菑人者，人必反菑之，若殆为人菑夫？且苟为悦贤而[⑩]恶不肖，恶用而求有以异？若唯无诏，王公必将乘人而斗其捷[⑪]。而目将荧[⑫]之，而色将平之，口将营之，容将形之，心且成之。是以火救火，以水救水，名之曰益多。顺始无穷，若殆以不信厚言，必死于暴人之前矣！

"且昔者桀杀关龙逢[⑬]，纣杀王子比干，是皆修其身以下伛(yù)拊[⑭]人之民，以下拂其上者也，故其君因其修以挤之。是好名者也。昔者尧攻丛枝、胥敖[⑮]，禹攻有扈[⑯]，国为虚[⑰]厉，身为刑戮；其用兵不止，其求实无已[⑱]。是皆求名实者也，而独不闻之乎？名实者，圣人之所不能胜也，而况若乎！虽然，若必有以[⑲]也，尝以语我来！"

注释

①颜回：孔子的弟子，鲁国人。仲尼：孔子。②如：往。③则：准则，办法。④庶几：也许可以。瘳：病愈。⑤殆：恐怕，大概。刑：遭受刑戮。⑥荡：

丧失，毁坏。所为：……的原因。⑦矼：坚实、笃厚。⑧术：通“述”，陈述。⑨菑：通“灾”，害。⑩而：你。⑪王公：指卫君。乘：趁。⑫荧：眩，迷惑。⑬桀：夏代最后一个国君，素以暴虐著称于史。关龙逄：夏桀时代的贤臣，因直言劝谏而被夏桀杀害。⑭伛拊：怜爱抚育。⑮丛枝、胥敖：帝尧时代的两个部落小国的国名。⑯有扈：古国名。⑰虚：通“墟”，废墟。⑱实：实利。已：止。⑲有以：有所依凭。

译文

颜回拜见老师仲尼，请求同意他出远门。孔子说：“到哪里去呢？”颜回回答：“打算去卫国。”孔子说：“去卫国干什么呢？”颜回说：“我听说卫国的国君，他正年轻，办事专断：轻率地处理政事，却看不到自己的过失；轻率地役使百姓使人民大量死亡，死人遍及全国不可称数，就像大泽中的草芥一样，百姓都失去了可以归往的地方。我曾听老师说：‘治理得好的国家可以离开它，治理得不好的国家却要去到那里，就好像医生门前病人多一样。’我希望根据先生的这些教诲思考治理卫国的办法，卫国也许还可以逐步恢复元气吧！”

孔子说：“嘻！你恐怕去到卫国就会遭到杀害啊！推行大道是不宜掺杂的，杂乱了就会事绪繁多，事绪繁多就会心生扰乱，心生扰乱就会产生忧患，忧患多了也就自身难保，更何况拯救国家。古时候道德修养高尚的至人，总是先使自己日臻成熟方才去扶助他人。如今在自己的道德修养方面还没有什么建树，哪里还有什么工夫到暴君那里去推行大道！

“你懂得道德毁败和智慧表露的原因吗？道德的毁败在于追求名声，智慧的表露在于争辩是非。名声是互相倾轧的原因，智慧是互相争斗的工具。二者都像是凶器，不可以将它推行于世。

“一个人虽然德行纯厚诚实笃守，可未必能和对方声气相通；一个人虽然不争名声，可未必能得到广泛的理解。而勉强把仁义和规范之类的言辞述说于暴君面前，这就好比用别人的丑行来显示自己的美德，这样的做法可以说是害人。害人的人一定会被别人所害，你这样做恐怕会遭到别人的伤害的呀！况且，假如说卫君喜好贤能而讨厌恶人，那么，哪里还用得着等待你去才有所改变？你果真去到卫国也只能是不向卫君进言，否则卫君一定会紧紧抓住你偶然说漏嘴的机会快捷地与你展开争辩。你必将眼花缭乱，而面色将佯作平和，你说话自顾不暇，表情将被迫顺从，内心也就姑且认同卫君的所作所为了。这样做就像是用火救火，用水救水，可以称之为错上加错。有了依顺他的开始，以后顺从他的旨意便会没完没了，假如你未能取信便努力进言，那么一定会死在这位暴君面前。

"从前，夏桀杀害了敢于直谏的关龙逢，商纣王杀害了力谏的叔叔比干，这些贤臣他们都十分注重自身的道德修养，而以臣下的地位抚爱人君的百姓，同时也以臣下的地位违逆了他们的国君，所以他们的国君就因为他们道德修养高尚而排斥他们，杀害了他们。这就是喜好名声的结果。当年帝尧征伐丛枝和胥敖，夏禹攻打有扈，三国的土地变成废墟，人民全都死尽，而国君自身也遭受杀戮，原因就是三国不停地使用武力，贪求别国的土地和人口。这些都是求名求利的结果，你偏偏就没有听说过吗？名声和实利，就是圣人也不可能超越，何况是你呢？虽然这样，你必定有所依凭，你就试着把它告诉我吧！"

古注

憨山德清注："养生主，乃不以世务伤生者，而其所以养生之功夫，又从经涉世故，以体验之。"

今论

南怀瑾《庄子諵哗》："轻用民死，死者以国量乎泽若蕉，民其无如矣。由于卫灵公正当壮年，壮年的人呀，有勇气，有冲劲，而智慧不够，经验不够，因此'轻用其国'。"

原典

颜回曰："端而虚，勉而一。则可乎？"曰："恶，恶可！夫以阳为充孔①扬，采色②不定，常人之所不违，因案③人之所感，以求容与④其心，名之曰日渐⑤之德不成，而况大德乎！将执而不化，外合而内不訾，其庸讵可乎！"

"然则我内直而外曲，成而上比。内直者，与天为徒。与天为徒者，知天子之与己皆天之所子。而独以己言蕲乎而人善之，蕲乎而人不善之邪？若然者，人谓之童子，是之谓与天为徒。外曲者，与人之为徒也。擎跽曲拳⑥，人臣之礼也，人皆为之，吾敢不为邪？为人之所为者，人亦无疵⑦焉，是之谓与人为徒。成而上比者，与古为徒，其言虽教，谪(zhé)之实也；古之有也，非吾有也。若然者，虽直而不病，是之谓与古为徒。若是则可乎？"仲尼曰："恶，恶可！大多政法而不谍⑧，虽固亦无罪。虽然，止是耳矣，夫胡可以及化！犹师心⑨者也。"

颜回曰："吾无以进矣，敢问其方。"仲尼曰："斋，吾将语若！有心而为之，其易邪？易之者，暤(hào)天⑩不宜。"颜回曰："回之家贫，唯不饮酒不茹荤者数月矣。如此，则可以为斋乎？"曰："是祭祀之斋，非心斋也。"回曰："敢问心斋。"仲尼曰："若一志，无听之以耳而听

之以心，无听之以心而听之以气！听止于耳，心止于符。气也者，虚而待物者也。唯道集虚⑪。虚者，心斋也。”

颜回曰：“回之未始得使⑫，实自回也；得使之也，未始有回也。可谓虚乎？”夫子曰：“尽矣。吾语若！若能入游其樊⑬而无感其名，入则鸣，不入则止。无门无毒（dòu）⑭，一宅⑮而寓于不得已，则几矣。绝迹易，无行地⑯难。为人使易以伪，为天使难以伪。闻以有翼飞者矣，未闻以无翼飞者也；闻以有知知者矣，未闻以无知知者也。瞻彼阕者⑰，虚室生白⑱，吉祥止止⑲。夫且不止，是之谓坐驰，夫徇耳目内通⑳，而外于心知㉑，鬼神将来舍，而况人乎！是万物之化也，禹舜之所纽㉒也，伏戏几蘧（qú）之所行终㉓，而况散焉者乎！”

注释

①孔：甚，很。②采色：指面部表情。③案：压抑，压制。④容与：放纵。⑤渐：浸渍，润泽。⑥曲拳：躬身屈体。⑦疵：诽谤。⑧大：太。政：通“正”，端正、纠正的意思。谍：妥当。⑨师心：师法自己的成心。⑩暤天：自然。⑪虚：指纯净、空明的境界。⑫得使：得到教诲。⑬樊：篱笆。⑭毒：假借为“窦”，与“门”同义。⑮一宅：心灵安于凝聚专一，全无杂念。⑯无行地：行走却不践地，喻指做了什么事都不留下痕迹。⑰瞻：望。阕：空明的境界。⑱虚室：空灵的精神世界。白：洁净，指什么也不存在的虚无的心理状态。⑲止止：意思是止于凝静的心境。⑳徇：通“殉”，丧。内通：向内通达。㉑外：这里是排除的意思。㉒纽：枢纽，关键。㉓伏戏、几蘧：传说时代的远古帝王。“伏戏”多写为“伏羲”。

译文

颜回说：“我外表端庄内心虚豁，勤奋努力终始如一，这样就可以了吗？”孔子说：“唉，这怎么可以呢！卫君刚猛暴烈盛气露于言表，而且喜怒无常，人们都不敢有丝毫违背他的地方，他也借此压抑人们的真实感受和不同观点，以此来放纵他的欲望。这真可以说是每日用道德来感化都不会有成效，更何况用大德来劝导呢？他必将固守己见而不会改变，表面赞同而内心里也不会对自己的言行作出反省，你那样的想法怎么能行得通呢？”

颜回说：“如此，那我就内心秉正诚直而外表俯首曲就，内心自有主见并处处跟古代贤人作比较。内心秉正诚直，这就是与自然为同类。跟自然为同类，可知国君与自己都是上天养育的子女，又何必把自己的言论宣之于外，这是希望得到人们的赞同，还是希望人们不予赞同呢？像这样做，人们就会称之为未失童心，这就叫跟自然为同类。外表俯首曲就的人，是跟世人为同类。

手拿朝笏躬身下拜，这是做臣子的礼节，别人都这样去做，我敢不这样做吗？做一般人臣都做的事，人们也就不会责难了吧，这就叫跟世人为同类。心有成见而上比古代贤人，是跟古人为同类。他们的言论虽然很有教益，指责世事才是真情实意。这样做自古就有，并不是从我才开始的。像这样做，虽然正直不阿却也不会受到伤害，这就叫跟古人为同类。这样做便可以了吗？”孔子说：“唉，怎么可以呢？太多的事情需要纠正，就是有所效法也会出现不当，虽然固陋而不通达也没有什么罪责。即使这样，也不过如此而已，又怎么能感化他呢！你好像是太执着于自己内心成见的人哩。”

颜回说：“我没有更好的办法了，冒昧地向老师求教方策。”孔子说：“斋戒清心，我将告诉你！如果怀着积极用世之心去做，难道是容易的吗？如果这样做也很容易的话，苍天也会认为是不适宜的。”颜回说：“我颜回家境贫穷，不饮酒浆、不吃荤食已经好几个月了，像这样，可以说是斋戒了吧？”孔子说：“这是祭祀前的所谓斋戒，并不是‘心斋。’”颜回说：“我请教什么是‘心斋’。”孔子说：“你必须摒除杂念，专一心思，不用耳去听而用心去领悟，不用心去领悟而用凝寂虚无的意境去感应！耳的功用只在于聆听，心的功用仅只在于跟外界事物交合。凝寂虚无的心境才是虚弱柔顺而能应待宇宙万物的，只有大道才能汇集于凝寂虚无的心境。虚无空明的心境就叫做‘心斋’。”

颜回说：“我不曾禀受过‘心斋’的教诲，所以确实存在一个真实的颜回；我禀受了‘心斋’的教诲，我便顿时感到不曾有过真实的颜回。这可以叫做虚无空明的境界吗？”孔子说：“你对‘心斋’的理解实在十分透彻。我再告诉你，假如能够进入到追名逐利的环境中遨游而又不为名利地位所动，卫君能采纳你阐明你的观点，不能采纳你就停止不说，不去寻找仕途的门径，也不向世人提示索求的东西，心思凝聚全无杂念，把自己寄托于无可奈何的境域，那么就差不多合于‘心斋’的要求了。一个人不走路容易，走了路不在地上留下痕迹就很难。受世人的驱遣容易伪装，受自然的驱遣便很难作假。听说过凭借翅膀才能飞翔，不曾听说过没有翅膀也能飞翔；听说过有智慧才能了解事物，不曾听说过没有智慧也可以了解事物。看一看那空旷的寰宇，空明的心境顿时独存精白，而什么也都不复存在，一切吉祥之事都消逝于凝静的境界。至此还不能凝止，这就叫形坐神驰。倘若让耳目的感观向内通达而又排除心智于外，那么鬼神将会前来归附，何况是人呢！这就是万物的变化，是禹和舜所把握的要领，也是伏羲、几蘧所遵循始终的道理，何况普通的人呢！”

古注

郭象注：“视听之所得者粗，故易欺也；至于自然之报细，故难伪也。”

今论

南怀瑾《庄子諵哗》："'好名者也'不是真的道德，还是不懂人生，不懂这个人世间。"

原典

叶（shè）公子高[①]将使于齐，问于仲尼曰："王使诸梁也甚重，齐之待使者，盖将甚敬而不急，匹夫犹未可动，而况诸侯乎！吾甚慄之。子常语诸梁也曰：'凡事若小若大，寡不道以欢成。事若不成，则必有人道之患[②]；事若成，则必有阴阳之患[③]。若成若不成而后无患者，唯有德者能之。'吾食也执粗而不臧[④]，爨（cuān）[⑤]无欲清之人。今吾朝受命而夕饮冰，我其内热与！吾未至乎事之情[⑥]，而既有阴阳之患矣；事若不成，必有人道之患。是两也，为人臣者不足以任之，子其有以语我来！"

仲尼曰："天下有大戒[⑦]二：其一，命也；其一，义也。子之爱亲，命也，不可解于心；臣之事君，义也，无适而非君也，无所逃于天地之间。是之谓大戒。是以夫事其亲者，不择地而安之，孝之至也；夫事其君者，不择事而安之，忠之盛也；自事其心者，哀乐不易施[⑧]乎前，知其不可奈何而安之若命，德之至也。为人臣子者，固有所不得已。行事之情而忘其身，何暇至于悦生而恶生！夫子其行可矣！

"丘请复以所闻：凡交，近则必相靡[⑨]以信，远则必忠之以言，言必或传之。夫传两喜两怒之言，天下之难者也。夫两喜必多溢美之言，两怒必多溢恶之言。凡溢之类妄，妄则其信之也莫[⑩]，莫则传言者殃。故法言[⑪]曰：'传其常情，无传其溢言，则几乎全'。且以巧斗力者，始乎阳[⑫]，常卒乎阴[⑬]，大至则多奇巧[⑭]；以礼饮酒者，始乎治，常卒乎乱，大至则多奇乐[⑮]。凡事亦然：始乎谅[⑯]，常卒乎鄙；其作始也简，其将毕也必巨。

"夫言者，风波也；行者，实丧也。夫风波易以动，实丧易以危。故忿设无由，巧言偏辞。兽死不择音，气息茀（bó）然[⑰]，于是并生心厉[⑱]。克核[⑲]大至，则必有不肖之心应之，而不知其然也。苟为不知其然也，孰知其所终！故法言曰：'无迁令，无劝成，过度益[⑳]也'。迁令劝成殆事，美成在久，恶成不及改，可不慎与！且夫乘物以游心，托不得已以养中[㉑]，至矣。何作为报也！莫若为致命[㉒]，此其难者！"

注释

①叶公子高：楚庄王玄孙尹成子。②人道之患：指国君的惩罚。③阴阳之患：指阴阳失调而造成的疾病。④臧：好，善。⑤爨：烧火做饭，此指烧

火之人。⑥情：真实。⑦大戒：指人生足以为戒的大法。⑧施：移动，影响。⑨靡：顺从。⑩莫：不，无。⑪法言：格言。⑫阳：公开的。⑬卒：终。阴：指暗地里使计谋。⑭大至：即"太至"，太过分。奇巧：诡计。⑮奇乐：放纵无度。⑯谅：取信，相互信任。⑰茀然：勃然，怒气勃然发作。⑱心厉：恶心，狠戾之心。⑲克核：苛责。⑳益：通"溢"，越轨，超越。㉑中：中气。㉒致命：传达君命。

译文

叶公子高将要出使齐国，他向孔子请教："楚王派我诸梁出使齐国，责任重大。齐国接待外来使节，总是表面恭敬而内心怠慢。平常老百姓尚且不易说服，何况是诸侯呢！我心里十分害怕。您常对我说：'事情无论大小，很少有不通过言语的交往可以获得圆满结果的。事情如果办不成功，那么必定会受到国君惩罚；事情如果办成功了，那又一定会忧喜交集酿出病害。事情办成功或者办不成功都不会留下祸患，只有道德高尚的人才能做到。'我每天吃的都是粗糙不精美的食物，烹饪食物的人也就无须解凉散热。我今天早上接受国君诏命到了晚上就得饮用冰水，恐怕是因为我内心焦躁担忧吧！我还不曾接触到事的真情，就已经有了忧喜交加所导致的病患；事情假如真办不成，那一定还会受到国君惩罚。成与不成这两种结果，做臣子的我都不足以承担，先生你大概有什么可以教导我吧！"

孔子说："天下有两个足以为戒的大法：一是天命，一是道义。做儿女的敬爱双亲，这是自然的天性，是无法从内心解释的；臣子侍奉国君，这是人为的道义，天地之间无论到什么地方都不会没有国君的统治，这是无法逃避的现实。这就叫做足以为戒的大法。所以侍奉双亲的人，无论什么样的境遇都要使父母安适，这是孝心的最高表现；侍奉国君的人，无论办什么样的事都要让国君放心，这是尽忠的极点；注重自我修养的人，悲哀和欢乐都不容易使他受到影响，知道世事艰难，无可奈何却又能安于处境、顺应自然，这就是道德修养的最高境界。做臣子的原本就会有不得已的事情，遇事要能把握真情并忘掉自身，哪里还顾得上眷恋人生、厌恶死亡呢？你这样去做就可以了！

"不过我还是把我所听到的道理再告诉你：大凡与邻近国家交往一定要用诚信使相互之间和顺亲近，而与远方国家交往则必定要用语言来表示相互间的忠诚。国家间交往的语言总得有人相互传递。传递两国国君喜怒的言辞，乃是天下最困难的事。两国国君喜悦的言辞必定添加了许多过分的夸赞，两国国君愤怒的言辞必定添加了许多过分的憎恶。大凡过度的话语都类似于虚构，虚构的言辞其真实程度也就值得怀疑，国君产生怀疑传达信息的使者就要遭殃。所以古代格言说：'传达平实的言辞，不要传达过分的话语，那么也就差不多可以保全自己了'。况且以智巧相互较量的人，开始时平和开朗，后来就常常暗使计谋，达到极点时则大耍阴谋、倍生诡计，按照礼节饮酒的人，开始时规规矩矩合乎人情，到后来常常就一片混乱大失礼仪，达到极点时则荒诞淫乐、放纵无度。无论什么事情恐怕都是这样：开始时相互信任，到头来互相欺诈；开始时单纯细微，临近结束时便变得纷繁巨大。

"言语犹如风吹的水波，传达言语定会有得有失。风吹波浪容易动荡，有了得失容易出现危难。所以愤怒发作没有别的什么缘由，就是因为言辞虚浮而又片面失当。猛兽临死时什么声音都叫得出来，气息急促喘息不定，于是迸发伤人害命的恶念。大凡过分苛责，必会产生不好的念头来应付，而他自己也不知道这是怎么回事。假如做了些什么而他自己却又不知道那是怎么回事，谁还能知道他会有怎样的结果！所以古代格言说：'不要随意改变已经下达的命令，不要勉强他人去做力不从心的事，说话过头一定是多余。'改变成命或者强人所难都是危险，成就一桩好事要经历很长的时间，坏事一旦做出悔改是来不及的。行为处世能不审慎吗！至于顺应自然而使心志自在遨游，一切都寄托于无可奈何以养蓄神智，这就是最好的办法。有什么必要在意回报！不如原原本本地传达国君所给的使命，这样做有什么困难呢？"

古注

王夫之注："天下皆不足为实之累，而实填其'生白'之'室'以迷闷而不知'吉祥'之'止'者，生死已尔，祸福已尔，毁誉已尔，口口已尔。"

今论

南怀瑾《庄子諵哗》："不管做人做事，成功或者失败，而没有后患的，只有大德的人能做到。"

原典

颜阖将傅卫灵公太子[1]，而问于蘧(qú)伯玉[2]曰："有人于此，其德天杀。与之为无方，则危吾国；与之为有方，则危吾身。其知适足以知人之过，而不知其所以过。若然者，吾奈之何？"

蘧伯玉曰："善哉问乎！戒之慎之，正女身也哉！形莫若就，心莫若和。虽然，之[3]二者有患。就不欲入[4]，和不欲出[5]。形就而入，且为颠为灭，为崩为蹶[6]。心和而出，且为声为名，为妖为孽[7]。彼且为婴儿，亦与之为婴儿；彼且为无町畦，亦与之为无町畦[8]；彼且为无崖[9]，亦与之为无崖。达之，入于无疵。

“汝不知夫螳螂乎？怒其臂以当车辙[10]，不知其不胜任也，是[11]其才之美者也。戒之，慎之！积伐而美者以犯之[12]，几[13]矣。汝不知夫养虎者乎？不敢以生物与之，为其杀之之怒也；不敢以全物与之，为其决之之怒也。时其饥饱，达[14]其怒心。虎之与人异类而媚养己者，顺也；故其杀者，逆也。

“夫爱马者，以筐盛矢[15]，以蜄(shè)盛溺[16]。适有蚊虻仆缘[17]，而拊[18]之不时，则缺衔毁首碎胸[19]。意有所至而爱有所亡，可不慎邪！”

注释

①颜阖：鲁国的贤人。傅：老师，这里作动词。②蘧伯玉：卫国的贤大夫。③之：这。④入：陷入。⑤出：超出，过于显露。⑥崩：毁坏。蹶：失败，挫折。⑦为妖为孽：招致灾祸。⑧町畦：田界。⑨无崖：指无边，没有约束。⑩怒：奋起。当：阻挡。⑪是：自恃。⑫积：长期不断地。伐：夸耀。而：你。⑬几：危险。⑭达：通晓、了解。⑮矢：通“屎”，指马粪。⑯蜄：大蛤，这里指蛤壳。溺：指马尿。⑰仆缘：附着。⑱拊：拍击。⑲缺衔：指咬断了勒口。首：辔头。胸：胸饰。

译文

颜阖将被请去做卫国太子的师傅，他向卫国贤大夫蘧伯玉求教：“如今有这样一个人，他的德行生就凶残嗜杀。跟他朝夕与共如果不符合法度与规范，势必危害自己的国家；如果合乎法度和规范，那又会危害自身。他的智慧足以了解别人的过失，却不了解别人为什么会出现过错。像这样的情况，我将怎么办呢？”

蘧伯玉说：“问得好啊！要警惕，要谨慎，首先要端正你自己！表面上不如顺从依就以示亲近，内心里不如顺其秉性暗暗疏导。即使这样，这两种态度仍有隐患。亲附他不要关系过密，疏导他不要心意太露。外表亲附到关系过密，会招致颠仆毁灭，招致崩溃失败。内心顺性疏导显得太露，将被认为是为了名声，也会招致祸害。他如果像个天真的孩子一样，你也姑且跟他一样像个无知无识的孩子；他如果同你不分界线，那你也就跟他不分界线。他如果跟你无拘无束，那么你也姑且跟他一样无拘无束。慢慢地将他的思想疏通引入正轨，便可进一步达到没有过错的地步。

“你不了解那螳螂吗？奋起它的臂膀去阻挡滚动的车轮，不明白自己的力量全然不能胜任，还自以为才高智盛很有力量。警惕呀，谨慎呀！经常夸耀自己的才智而触犯了他，就危险了！你不了解那养虎的人吗？他从不敢用活物去喂养老虎，因为他担心扑杀活物会激起老虎凶残的怒气；他也从不敢用整个的动物去喂养老虎，因为他担心撕裂动物也会诱发老虎凶残的怒气。知道老虎饥饱的时刻，通晓老虎暴戾凶残的秉性。老虎与人不同类却向饲养人摇尾乞怜，原因就是养老虎的人能顺应老虎的性子，而那些遭到虐杀的人，是因为触犯了老虎的性情。

“爱马的人，以精细的竹筐装马粪，用珍贵的蛤壳接马尿。刚巧一只牛虻叮在马身上，爱马之人出于爱惜随手拍击，没想到马儿受惊便咬断勒口、挣断辔头、弄坏胸络。意在爱马却失其所爱，能够不谨慎吗！”

古注

憨山德清注：“庄子全书，皆以忠孝为要名誉、丧失天真之不可尚者，独人间世一篇，则极尽其忠孝之实，一字不可易者，谁言其人不达世故，而恣肆其志耶？且借重孔子之言者，曷尝侮圣人哉？盖学，有方内、方外之分。”

今论

南怀瑾《庄子諵哗》：“古今中外，天下最成功的人，就是老实人。我常常说，你们不要玩手段啊，几百年来，人类历史的经验教训，玩聪明，玩手段，玩花样的，一个高过一个，哪一个都不笨，连小孩都不笨，聪明手段都比我们高明。”

原典

匠石之齐①，至于曲辕，见栎(lì)社树②。其大蔽数千牛，絜(xié)之百围③，其高临山，十仞而后有枝，其可以为舟者旁④十数。观者如市，匠伯⑤不顾，遂行不辍。弟子厌⑥观之，走及匠石，曰：“自吾执斧斤以随夫子，未尝见材如此其美也。先生不肯视，行不辍，何邪？”曰:“已矣，勿言之矣！散木⑦也，以为舟则沉，以为棺椁(guǒ)则速腐，以为器则速毁，以为门户则液樠(mán)⑧，以为柱则蠹(dù)。是不材之木也，无所可用，故能若是之寿。”

匠石归，栎社见梦⑨曰：“女将恶乎比予哉？若将比予于文木邪？夫柤(zhā)⑩梨橘柚果蓏(luǒ)⑪之属，实熟则剥，剥则辱；大枝折，小枝泄(yè)⑫。此以其能若其生者也，故不终其天年而中道夭，自掊击于世俗者也。物莫不若是。且予求无所可用久矣，几死，乃今得之，为予大用。使予也而有用，且得有此大也邪？且也若与予也皆物也，奈何哉其相⑬物也而几死之散人，又恶知散木！”

匠石觉而诊⑭其梦。弟子曰:“趣取无用，则为社何邪？”曰:“密⑮！若无言！彼亦直寄焉，以为不知己者诟厉⑯也。不为社者，且几有翦(jiǎn)乎！且也彼其所保与众异，而以义喻⑰之，不亦远乎！”

注释

①匠石：名叫石的匠人。之：往。②栎社树：意思是把栎树当作社神。③絜：用绳子计量周围。围：周长一尺。④旁：旁枝。⑤匠伯：工匠之长。这里指匠石。⑥厌：满足。⑦散木：指不成材的树木。⑧液樠：树脂渗出。⑨见梦：梦中会见。⑩柤：楂。⑪蓏：瓜类植物的果实。⑫泄：通"抴"，用力拉。⑬相：看待。⑭诊：通"畛"，告诉。⑮密：闭嘴。⑯诟厉：辱骂、伤害。⑰义：常理。喻：了解。

译文

匠人石去齐国，来到曲辕这个地方，看见一棵被世人当作神社的栎树。这棵栎树树冠大到可以遮蔽数千头牛，用绳子绕着量一量树干，足有数十丈粗，树梢高临山巅，离地面八十尺处方才分枝，用它来造船可造十余艘。观赏的人群像赶集似的涌来涌去，而这位匠人连瞧也不瞧一眼，不停步地往前走。他的徒弟站在树旁看了个够，跑着赶上了匠人石，说："自我拿起刀斧跟随先生，从不曾见过这样壮美的树木。可是先生却不肯看一眼，不住脚地往前走，为什么呢？"匠人石回答说："算了，不要再说它了！这是一棵什么用处也没有的树，用它做成船定会沉没，用它做成棺椁定会很快朽烂，用它做成器皿定会很快毁坏，用它做成屋门定会流脂而不合缝，用它做成屋柱定会被虫蛀蚀。这是不能取材的树，没有什么用处，所以它才能如此长寿。"

匠人石回到家里，梦见社树对他说："你将用什么东西跟我相提并论呢？你打算拿可用之木来跟我相比吗？那楂、梨、橘、柚都属于果树，果实成熟就会被打落在地，打落果子以后枝干也就会遭受摧残，大的枝干被折断，小的枝丫被拽下来。这就是因为它们能结出鲜美果实才苦了自己的一生，所以常常不能终享天年而半途夭折，自身招来了世俗人们的打击。各种事物莫不如此。而且我寻求没有什么用处的办法已经很久很久了，几乎被砍死，这才保全住性命，无用也就成就了我最大的用处。假如我果真是有用，还能够获得延年益寿这一最大的用处吗？况且你和我都是'物'，你这样看待事物怎么可以呢？你不过是几近死亡的没有用处的人，又怎么会真正懂得没有用处的树木呢！"

匠人石醒来后把梦中的情况告诉给他的弟子。弟子说："旨意在于求取无用，那么又做什么社树让世人瞻仰呢？"匠人石说："闭嘴，别说了！它只不过是在寄托罢了，反而招致不了解自己的人的辱骂和伤害。如果它不做社树的话，它还不遭到砍伐吗？况且它用来保全自己的办法与众不同，而用常理来了解它，可不就相去太远了吗！"

古注

憨山德清注："'不材之木'，无故而受伐者亦数数然。'无用之用'，亦用也，用斯危矣。"

今论

南怀瑾《庄子諵哗》："庄子的话，十有九都是寓言。"

原典

南伯子綦游乎商之丘[1]，见大木焉有异，结驷千乘，隐将芘（pí）其所藾（lài）[2]。子綦曰："此何木也哉？此必有异材夫！"仰而视其细枝，则拳曲而不可以为栋梁；俯而视其大根，则轴解[3]而不可以为棺椁；咶（shì）[4]其叶，则口烂而为伤；嗅之，则使人狂酲（chéng）[5]，三日而不已。

子綦曰："此果不材之木也，以至于此其大也。嗟乎神人，以此不材！"宋有荆氏[6]者，宜楸柏桑。其拱把[7]而上者，求狙猴之杙（yì）[8]者斩之；三围四围，求高名之丽[9]者斩之；七围八围，贵人富商之家求樿（shàn）傍[10]者斩之。故未终其天年，而中道之夭于斧斤，此材之患也。故解之以牛之白颡（sǎng）[11]者与豚之亢鼻者，与人有痔病者不可以适[12]河。此皆巫祝以知矣，所以为不祥也。此乃神人之所以为大祥也。

注释

①南伯子綦：人名。商之丘：即商丘。②芘：通"庇"，荫庇的意思。藾：荫蔽。③轴解：从木心向外裂开。④咶：舔。⑤酲：酒醉。⑥荆氏：地名。⑦拱：两手相合。把：一手所握。⑧杙：小木桩。⑨高名之丽：荣显高大之屋。⑩樿傍：由整块板做成的棺材。⑪解之：指祈祷神灵以消灾。颡：额。⑫适：沉入河中以祭神。

译文

南伯子綦在商丘一带游乐，看见长着一棵大得出奇的树，上千辆驾着四马的大车，荫蔽在大树树荫下歇息。子綦说："这是什么树呢？这树一定有特异的材质啊！"仰头观看大树的树枝，弯弯扭扭的树枝并不可以用来做栋梁；低头观看大树的主干，树心直到表皮旋着裂口并不可以用来做棺椁；用舌舔一舔树叶，口舌溃烂受伤；用鼻闻一闻气味，使人像喝多了酒，三天三夜还醒不过来。

子綦说："这果真是什么用处也没有的树木，以至长到这么高大。唉，精神世界完全超脱物外的'神人'，就像这不成材的树木呢！"宋国有个叫荆氏的地方，很适合楸树、柏树、桑树的生长。树干长到一两把粗，做系猴子的木桩的人便把树木砍去；树干长到三、四围粗，地位高贵名声显赫的人家寻求建屋的大梁便把树木砍去；树干长到七、八围粗，达官贵人富家商贾寻找整幅的棺木又把树木砍去。所以它们始终不能终享天年，而是半道上被刀斧砍伐而短命。这就是材质有用带来的祸患。因此古人祈祷神灵消除灾害，总不把白色额头的牛、高鼻折额的猪以及患有痔漏疾病的人沉入河中去用作祭奠。这些情况巫师全都了解，认为他们都是很不吉祥的。不过这正是“神人”所认为的世上最大的吉祥。

古注

憨山德清注：“此其所以无用，得以全身养生，以尽其天年也。此警世之意深矣。”

今论

南怀瑾《庄子諵哗》：“庄子告诉我们怎样处世做人，方法就是老子讲的三个字。“曲则全”，用现在的话讲，就是做人处世的艺术。”

原典

支离疏者①，颐隐于脐，肩高于顶，会撮②指天，五管③在上，两髀④为胁。挫针治𦈌(xiè)⑤，足以餬口；鼓筴播精⑥，足以食十人。上征武士，则支离攘臂⑦而游于其间；上有大役，则支离以有常疾不受功⑧；上与病者粟，则受三钟⑨与十束薪。夫支离其形者，犹足以养其身，终其天年，又况支离其德者乎？

注释

①支离疏：假托的人名。“支离”隐含形体不全的意思，“疏”隐含泯灭其智的意思。②会撮：发髻。③五管：五脏的穴位。④髀：大腿。⑤挫针：缝衣。𦈌：洗衣。⑥鼓：簸动。筴：小簸箕。播：扬去灰土与糠屑。⑦攘臂：捋起袖子伸长手臂。⑧功：当差。⑨钟：古代粮食计量单位，合六斛四斗。

译文

有个名叫支离疏的人，下巴隐藏在肚脐下，双肩高于头顶，后脑下的发髻指向天空，五官的出口也都向上，两条大腿和两边的胸肋并生在一起。他给人缝衣浆洗，足够糊口度日；又替人筛糠簸米，足可养活十口人。国君征兵时，支离疏捋袖扬臂在征兵人面前走来走去；国君有大的差役，支离疏因身有残疾而免除劳役；国君向残疾人赈济米粟，支离疏还领得三钟粮食十捆柴草。像支离疏那样形体残缺不全的人，还足以养活自己，终享天年，又何况是肢体残缺不全那样的人呢！

古注

郭象注：“神人无用于物，而物各得自用，归功名于群才，与物冥而无迹，故免人闲之害，处常美之实，此支离其德者也。”

原典

孔子适楚，楚狂接舆[①]游其门曰："凤兮凤兮，何如德之衰也！来世不可待，往世不可追也。天下有道，圣人成焉；天下无道，圣人生焉。方今之时，仅免刑焉。福轻乎羽，莫之知载；祸重乎地，莫之知避。已乎已乎。临人以德！殆乎殆乎，画地而趋！迷阳迷阳[②]，无伤吾行！郤(xì)曲郤(xì)曲[③]，无伤吾足。"

山木自寇也，膏火自煎也。桂[④]可食，故伐之；漆可用，故割之。人皆知有用之用，而莫知无用之用也。

注释

①楚狂接舆：楚国的隐士，相传姓陆名通，接舆为字。②迷阳：指荆棘。③郤曲郤曲：屈曲，指道路曲折难行。同行本为"吾行郤曲"，传写者误重"吾行"而误。④桂：树名，其皮可作香料。

译文

孔子去到楚国，楚国隐士接舆有意来到孔子门前，说："凤鸟啊，凤鸟啊！你怎么怀有大德却来到这衰败的国家！未来的世界不可期待，过去的时日无法追回。天下得到了治理，圣人便成就了事业；国君昏暗天下混乱，圣人也只得顺应潮流苟全生存。直到现在，才免于刑罚，幸福比羽毛还轻，而不知道怎么取得；祸患比大地还重，而不知道怎么回避。算了吧，算了吧！不要在人前宣扬你的德行！危险啊，危险啊！人为地划出一条道路让人们去遵循！遍地的荆棘啊，不要妨碍我的行走！曲曲弯弯的道路啊，不要伤害我的双脚！"

山上的树木皆因材质可用而自身招致砍伐，油脂烛火皆因可以燃烧照明而自取熔煎。桂树皮芳香可以食用，因而遭到砍伐；树漆因为可以派上用场，所以遭受刀斧割裂。人们都知道有用的用处，却不懂得无用的更大用处。

古注

憨山德清注："此人间世立意，初则以孔子为善于涉世之圣，故托言以发其端。意谓虽颜子之仁智，亦非用世之具，不免无事强行之过也。"

今论

南怀瑾《庄子諵哗》："归结起来告诉我们什么东西呢？三个字：守本分。"

德充符第五

原典

鲁有兀者王骀（tái）[1]，从之游者与仲尼相若。常季[2]问于仲尼曰：“王骀，兀者也。从之游者与夫子中分鲁[3]。立不教，坐不议；虚而往，实而归。固有不言之教，无形而心成[4]者邪？是何人也？”仲尼曰：“夫子，圣人也，丘也直后[5]而未往耳。丘将以为师，而况不若丘者乎！奚假鲁国！丘将引天下而与从之。”

常季曰：“彼兀者也，而王[6]先生，其与庸[7]亦远矣。若然者，其用心也独若之何？”仲尼曰：“死生亦大矣，而不得与之变，虽天地覆坠，亦将不与之遗[8]。审乎无假[9]而不与物迁，命物之化而守其宗也[10]。”常季曰：“何谓也？”仲尼曰：“自其异者视之，肝胆楚越也；自其同者视之，万物皆一也。夫若然者，且不知耳目之所宜，而游心乎德之和；物视其所一而不见其所丧，视丧其足犹遗土也。”

常季曰：“彼为己，以其知（zhì）得其心，以其心得其常心[11]，物[12]何为最之哉？”仲尼曰：“人莫鉴于流水而鉴于止水，唯止能止众止。受命于地，唯松柏独也，在冬夏青青；受命于天，唯舜独也正，幸能正生（xìng）[13]，以正众生。夫保始之征[14]，不惧之实；勇士一人，雄入于九军[15]。将求名而能自要[16]者，而犹若是，而况官[17]天地，府[18]万物，直寓六骸，象[19]耳目，一知之所知，而心未尝死者乎！彼且择日而登假（xiá）[20]，人则从是也。彼且何肯以物为事乎！”

注释

①兀者：断足之人。王骀：假托的人名。②常季：鲁国贤人，传说为孔子弟子。③中分鲁：占鲁国学生的一半。④无形而心成：指潜移默化。⑤直：只。后：落后。⑥王：超过。⑦庸：常人。⑧遗：失。⑨审：明悉。假：凭依。⑩命：

听命。宗：主旨。⑪常心：真常之心，即忘知忘觉，无思无虑的心境。⑫物：外物，这里指众多的门徒。⑬正生：端正自己。生：通“性”。⑭始：本初之态。征：迹象。⑮九军：天子六军，诸侯三军，合为九军。这里指千军万马。⑯要：求取。⑰官：主宰。⑱府：包藏。⑲象：表象。⑳假：通“遐”，高远。

译文

鲁国有个被砍掉一只脚的人，名叫王骀，可是跟从他学习的人却跟孔子的门徒一样多。孔子的学生常季向孔子问道：“王骀是个被砍去了一只脚的人，跟从他学习的人在鲁国却和先生的弟子相当。他站着不能给人教诲，坐着不能议论大事，弟子们却空怀而来，学满而归。难道确有不用言表的教导，身残体秽的人内心世界也能达到成熟的境界吗？这又是什么样的人呢？”孔子回答说：“王骀先生是一位圣人，我的学识和品行都落后于他，只是还没有前去请教他罢了。我将把他当作老师，何况学识和品行都不如我孔丘的人呢！何止鲁国，我将引领天下的人跟从他学习。”

常季说：“他是一个被砍去了一只脚的人，而学识和品行竟超过了先生，跟平常人相比相差就更远了。像这样的人，他运用心智是怎样与众不同的呢？”仲尼回答说：“死或生都是人生变化中的大事了，可是死或生都不能使他随之变化；即使天翻过来地坠下去，他也不会因此而丧失、毁灭。他通晓无所依凭的道理而不随物变迁，听任事物变化而信守自己的要旨。”常季说：“这是什么意思呢？”孔子说：“从事物千差万别的一面去看，邻近的肝胆虽同处于一体之中也像是楚国和越国那样相距很远；从事物都有相同的一面去看，万事万物又都是同一的。像这样的人，将不知道耳朵眼睛最适宜何种声音和色彩，而让自己的心思自由自在地遨游在忘形、忘情的浑同境域之中。外物看到了它同一的方面却看不到它因失去而引起差异的一面，因而看到丧失了一只脚就像是失落了土块一样。”

常季说：“他运用自己的智慧来提高自己的道德修养，他运用自己的心智去追求自己的理念。如果达到了忘情、忘形的境界，众多的弟子为什么还聚集在他的身边呢？”孔子回答说：“一个人不能在流动的水面照见自己的身影而是要面向静止的水面，只有静止的事物才能使别的事物也静止下来。各种树木都受命于地，但只有松树、柏树无论冬夏都郁郁青青；每个人都受命于天，但只有虞舜道德品行最为端正，幸而他们都善于端正自己的品行，从而能端正他人的品行。保全本初时的迹象，心怀无所畏惧的胆识；勇士只身一人，也敢称雄于千军万马。一心追逐名利而自我索求的人，尚且能够这样，何况那主宰天地，包藏万物，只不过把躯体当作寓所，把耳目当作外表，掌握了自然赋予的智慧所通解的道理，而精神世界又从不曾有过衰竭的人呢！他定将选择好日子升登最高的境界，人们将紧紧地跟随着他。他还怎么会把聚合众多弟子当成一回事呢！”

古注

憨山德清注：“此篇以德充符为名，首以介者王骀发挥，只在末后数语，便是实德内充，故符于外。而人多从之，非有心要人从之也。盖忘形骸、一心知，即佛说破分别我障也。能破分别我障，则成阿罗汉果，即得神通变化。今庄子但就人中，说老子忘形释智之功夫，即能到此境界耳。即所谓至人忘己也。此寓六骸、象耳目、一知之所知，即佛说假观，乃即世间出生死之妙诀，正予所谓修离欲禅也。”

原典

申徒嘉，兀者也，而与郑子产同师于伯昏无人①。子产谓申徒嘉曰：“我先出则子止，子先出则我止。”其明日，又与合堂同席而坐。子产谓申徒嘉曰：“我先出则子止，子先出则我止。今我将出，子可以止乎，其②未邪？且子见执政而不违③，子齐执政④乎？”

申徒嘉曰：“先生之门，固有执政焉如此哉？子而说子之执政而后人者也⑤？闻之曰：‘鉴明则尘垢不止，止则不明也。久与贤人处则无过。’今子之所取大者⑥，先生也，而犹出言若是，不亦过乎？”

子产曰：“子即若是矣，犹与尧争善，计子之德不足以自反邪？”申徒嘉曰：“自状⑦其过以不当亡者众，不状其过以不当存者寡。知不可奈何而安之若命，唯有德者能之。游于羿之彀（gòu）中，中央者，中地⑧也，然而不中者，命也。人以其全足笑吾不全足者多矣，我怫（bó）然⑨而怒；而适先生之所，则废然⑩而反。不知先生之洗我以善⑪邪？吾与夫子游十九年矣，而未尝知吾兀者也。今子与我游于形骸之内⑫，而子索我于形骸之外⑬，不亦过乎？”子产蹴（cù）然⑭改容更貌曰：“子无乃称⑮！”

注释

①郑子产：郑国的大政治家。伯昏无人：假托的人名。②其：抑或。③违：回避。④执政：子产曾是郑国执政大臣，故有此说。⑤说：通“悦。后人：瞧不起人。⑥大者：这里指广博精深的见识。⑦状：申辩。⑧中地：最易射中的地方。⑨怫然：勃然，发怒时盛气的样子。⑩废然：怒气消失的样子。⑪洗我以善：即以善洗我，用善道来教诲我。⑫形骸之内：精神世界。⑬形骸之外：指人的外在形体。⑭蹴然：恭敬不安的样子。⑮乃：仍。称：说。

译文

申徒嘉是个被砍掉了一只脚的人，跟郑国的子产同拜伯昏无人为师。子产对申徒嘉说：“我先出去，那么你就留下，你先出去，那么我就留下。”到了第二天，子产和申徒嘉同在一个屋子里，同在一条席子上坐着。子产又对申徒嘉说：“我先出去，那么你就留下，你先出去，那么我就留下。现在我将出去，你可以留下吗，抑或是不留下呢？你见了我这执掌政务的大官却不知道回避，你把自己看得跟我执政的大臣一样吗？”

申徒嘉说：“伯昏无人先生的门下，哪有执政大臣拜师从学的呢？你津津乐道执政大臣的地位把别人都不放在眼里吗？我听说：‘镜子明亮就没有尘垢停留在上面，尘垢能落在上面的镜子，必须不是明亮的镜子。长久地跟贤人相处便会没有过错。’你拜师从学追求广博精深的见识，正是先生所倡导的大道。而你竟说出这样的话，不是完全错了吗！”

子产说：“你已经如此形残体缺，还要跟唐尧争比善心，你估量你的德行，受过断足之刑还不足以使你有所反省吗？”申徒嘉说：“自个儿陈述或辩解自己的过错，认为自己不应当形残体缺的人很多；不陈述或辩解自己的过错，认为自己不应当形整体全的人很少。懂得事物之无可奈何，安于自己的境遇并视如命运安排的那样，只有有德的人才能做到这一点。一个人来到世上就像来到善射的后羿张弓搭箭的射程之内，中央的地方也就是最容易中靶的地方，然而却没有射中，这就是命。用完整的双脚笑话我残缺不全的人很多，我常常脸色陡变怒气填胸；可是只要来到伯昏无人先生的寓所，我便怒气消失回到正常的神态。真不知道先生用什么善道来洗刷我的呢？我跟随先生十九年了，可是先生从不曾感到我是个断了脚的人。如今你跟我心灵相通、以德相交，而你却用外在的形体来要求我，这不又完全错了吗？”子产听了申徒嘉一席话深感惭愧，脸色顿改而恭敬地说：“你不要再说下去了！”

古注

郭象注：“此章发挥圣人忘名，故以孔子为务虚名而不尚实德之人。故取人于规规是非、善恶之间，殊不知至人超乎生死之外，而视世之浮名为桎梏。盖未能忘死生、一是非，故未免落于世之常情耳。圣人则不以此为得也。”

原典

鲁有兀者叔山无趾，踵(zhǒng)①见仲尼。仲尼曰：“子不谨，前既犯患若是矣。虽今来，何及矣！”无趾曰：“吾唯不知务而轻用吾身，

吾是以亡足。今吾来也，犹有尊足者[②]存，吾是以务全之也。夫天无不覆，地无不载，吾以夫子为天地，安知夫子之犹若是也！”孔子曰:“丘则陋矣。夫子胡不入乎，请讲以所闻！”无趾出。孔子曰:“弟子勉之！夫无趾，兀者也，犹务学以复补前行之恶，而况全德[③]之人乎！”

无趾语老聃曰：“孔丘之于至人，其未邪？彼何宾宾以学子为[④]？彼且蕲(qí)以諔(chù)诡幻怪之名闻[⑤]，不知至人之以是为己桎(zhì)梏(gù)[⑥]邪？”老聃曰:胡不直使彼以死生为一条[⑦]，以可不可为一贯者，解其桎梏，其可乎？”无趾曰：“天刑之，安可解！”

注释

①踵：脚后跟。②尊足者：即“尊于足者”，是比脚更尊贵的东西，指道德。③全德：健全的道德修养。④宾宾：频频。学子：即学于子，向老聃请教。⑤蕲：求。諔诡：奇异。⑥桎梏：脚镣手铐。⑦一条：一致，一样的。

译文

鲁国有个被砍去脚趾的人，名叫叔山无趾，靠脚后跟走路去拜见孔子。孔子对他说：“你极不谨慎，早先犯了过错才留下如此的后果。虽然今天你来到了我这里，可是怎么能够追回以往呢！”叔山无趾说：“我只因不识事理而轻率作践自身，所以才失掉了脚趾。如今我来到你这里，还保有比双脚更为可贵的道德修养，所以我想竭力保全它。苍天没有什么不覆盖，大地没有什么不托载，我把先生看作天地，哪知先生竟是这样的人！”孔子说：“我孔丘实在浅薄。先生怎么不进来呢，请把你所知晓的道理讲一讲。”叔山无趾走了。孔子对他的弟子说：“你们要努力啊。叔山无趾是一个被砍掉脚趾的人，他还努力进学来补救先前做过的错事，何况道德品行乃至身形体态都没有什么缺欠的人呢！”

叔山无趾对老子说：“孔子作为一个道德修养至尚的人，恐怕还未能达到吧？他为什么不停地来向你求教呢？他还在祈求虚妄的名声能传扬于外，难道不懂得道德修养至尚的人总是把这一切看做是束缚自己的枷锁吗？”老子说：“让他把生和死看成一样，把可以与不可以看做是一样的，从而解脱他的枷锁，这样恐怕也就可以了吧？”叔山无趾说：“这是上天加给他的处罚，哪里可以解脱！”

古注

郭象注：“人之生也，理自生矣，直莫之为而任其自生，斯重其身而知务者也。若乃忘其自生，谨而矜之，斯轻用其身而不知务也，故五藏相攻于内而手足残伤于外也。”

今论

南怀瑾《庄子諵哗》："世上'全德之人'很少，形体全不算是完全一个人，做一个完全的人很难，不仅是外形的完全，还要精神的修养，内心道德学问的成就这才是'全德之人'。"

原典

鲁哀公问于仲尼曰："卫有恶人①焉，曰哀骀(tái)它(tuō)②。丈夫与之处者，思而不能去也。妇人见之，请于父母曰'与为人妻，宁为夫子妾'者，十数而未止也。未尝有闻其唱③者也，常和人而已矣。无君人之位以济④乎人之死，无聚禄以望人之腹⑤。又以恶骇天下，和而不唱，知不出乎四域⑥，且而雌雄⑦合乎前，是必有异乎人者也。寡人召而观之，果以恶骇天下。与寡人处，不至以月数，而寡人有意乎其为人也；不至乎期年，而寡人信之。国无宰，寡人传国焉。闷然⑧而后应。氾(fàn)然⑨而若辞，寡人丑乎，卒授之国。无几何也，去寡人而行，寡人恤焉若有亡也，若无与乐是国也。是何人者也？"

仲尼曰："丘也尝使于楚矣，适见㹠子食⑩于其死母者，少焉眴(shùn)若皆弃之而走⑪。不见己焉尔，不得类焉尔。所爱其母者，非爱其形也，爱使⑫其形者也。战而死者，其人之葬也不以翣(shà)资⑬；刖(yù)者之屦(jù)⑭，无为爱之；皆无其本矣。为天子之诸御⑮，不爪翦⑯，不穿耳；取⑰妻者止于外，不得复使。形全犹足以为尔，而况全德之人乎！今哀骀它未言而信，无功而亲，使人授己国，唯恐其不受也，是必才全而德不形者也。"

注释

①恶人：丑陋的人。②哀骀它：虚构的人名。③唱：倡导。④济：救助。⑤禄：俸禄，这里泛指财物。望：月满。这里指饱。⑥四域：四周的邻界。⑦雌雄：这里泛指妇女和男人。⑧闷然：神情淡漠的样子。⑨氾然：心不在焉的样子。氾，通"泛"。⑩㹠子：小猪。食：吃奶。⑪少焉：一会儿。眴若：惊惶的样子。走：跑。⑫使：主使，支配。⑬翣：棺材饰物。资：送。⑭刖：断足的刑罚。屦：鞋。⑮诸御：宫女及其嫔妃。⑯翦：通"剪"。⑰取：通"娶"。

译文

鲁哀公向孔子问道："卫国有个面貌十分丑陋的人，名叫哀骀它。男人跟他相处，常常想念他而舍不得离去。女人见到他便向父母提出请求，说'与其做别人的妻子，不如做哀骀它先生的妾’，这样的人已经十多个了而且还在增多。从不曾听说哀骀它倡导什么，只是常常附和别人罢了。他没有居于统治者的地位而拯救他人于临近败亡的境地，他没有聚敛大量的财物而使他人吃饱肚子。他面貌丑陋使天下人吃惊，又总是附和他人而从没首倡什么，他的才智也超不出他所生活的四周邻界，不过接触过他的人无论是男是女都乐于亲近他。这样的人一定有什么不同于常人的地方。我把他召来看了看，果真相貌丑陋足以惊骇天下人。跟我相处不到一个月，我便对他的为人有了了解；不到一年时间，我就十分信任他。国家没有主持政务的官员，我便把国事委托给他。他神情淡漠地回答，漫不经心又好像在加以推辞。我深感羞愧，终于把国事交给了他。没过多久，他就离开我走掉了，我内心忧虑像丢失了什么，好像整个国家没有谁可以跟我一道欢乐似的。这究竟是什么样的人呢？”

孔子说：“我孔丘也曾出使到楚国，正巧看见一群小猪在吮吸刚死去的母猪的乳汁，不一会又惊惶地丢弃母猪逃跑了。因为不知道自己的同类已经死去，母猪不能像先前活着时那样哺育它们。小猪爱它们的母亲，不是爱它的形体，而是爱支配那个形体的精神。战死沙场的人，他们埋葬时无须用棺木上的饰物来送葬，砍掉了脚的人对于原来穿过的鞋子，没有理由再去爱惜，这都是因为失去了根本。做天子的御女，不剪指甲不穿耳眼；婚娶之人只在宫外办事，不会再到宫中服役。为保全形体尚且能够做到这一点，何况德性完美而高尚的人呢？如今哀骀它他不说话也能取信于人，没有功绩也能赢得亲近，让人乐意授给他国事，还唯恐他不接受，这一定是才智完备而德不外露的人。”

原典

哀公曰：“何谓才全？”仲尼曰：“死生存亡，穷达贫富，贤与不肖毁誉，饥渴寒暑，是事之变，命①之行也；日夜相代乎前，而知不能规②乎其始者也。故不足以滑（gǔ）和③，不可入于灵府④。使之和豫通而不失于兑⑤，使日夜无隙而与物为春，是接而生时于心者也。是之谓才全。”

“何谓德不形？”曰：“平者，水停之盛也。其可以为法也，内保之而外不荡也。德者，成和⑥之修也。德不形者，物不能离也。”

哀公异日以告闵子⑦曰：“始也吾以南面而君天下，执民之纪⑧而忧其死，吾自以为至通矣。今吾闻至人之言，恐吾无其实，轻用吾身而亡其国。吾与孔丘，非君臣也，德友而已矣！”

注释

①命：自然，天命。②规：窥。③滑和：扰乱和顺的本性。④灵府：心灵。⑤兑：悦，欢乐。⑥成和：成就纯和。⑦闵子：人名，孔子的弟子。⑧纪：纲纪。

译文

鲁哀公问："什么叫做才智完备呢？"孔子说："死、生、存、亡，穷、达、贫、富，贤能与不肖，诋毁与称誉，饥、渴、寒、暑，这些都是事物的变化，都是自然规律的运行；日夜更替于我们的面前，而人的智慧却不能窥见它们的起始。因此它们都不足以搅乱本性的谐和，也不足以侵扰人们的心灵。要使心灵平和安适，通畅而不失怡悦，要使心境日夜不间断地跟随万物融会在春天般的生气里，这样便会接触外物而萌生顺应四时的感情。这就叫做才智完备。"

鲁哀公又问："什么叫做德不外露呢？"孔子说："均平是水留止时的最佳状态。它可以作为取而效法的准绳，内心里充满蕴含而外表毫无所动。所谓德，就是事得以成功、物得以顺和的最高修养。德不外露，外物自然就不能离开他了。"

有一天鲁哀公把孔子这番话告诉闵子，说："起初我认为坐朝当政统治天下，掌握国家的纲纪而忧心人民的死活，便自以为是最通达的了，如今我听到至人的名言，真忧虑没有实在的政绩，轻率作践自身而使国家危亡。我跟孔子不是君臣关系，而是以德相交的朋友呢。"

古注

憨山德清注："此章形容圣人之德，必须忘形全性，体用不二，内外一如，平等湛一，方为全功。故才全德不形，为圣人之极致。盖才全，则内外不二；德不形，则物我一如。此圣人之成功，所以德充之符也。故鲁君闻之，亦能忘分，感化而友于圣人也。"

今论

南怀瑾《庄子諵哗》："在古代，一个知识分子够不够标准，很大部分就看意气是否能平。而有道德却不形于外，比'意气平'的境界还要高。"

原典

闉(yīn)跂(qī)支离无脤(shèn)说(shuì)①卫灵公，灵公说(yuè)②之；而视全人，其脰(dòu)肩肩③。瓮㼜大瘿(yǐng)④说齐桓公，桓公说之；而视全人，其脰肩肩。故德有所长而形有所忘，人不忘其所忘而忘其所不忘，此谓诚忘。故圣人有所游，而知为孽，约为胶，德为接，工⑤为商。圣人不谋，恶用知？不斲(zhuó)⑥，恶用胶？无丧，恶有德？不

货，恶用商？四者，天鬻[7]也。天鬻者，天食也。既受食于天，又恶用人！有人之形，无人之情。有人之形，故群于人；无人之情，故是非不得于身。眇乎小哉，所以属于人也！謷(áo)[8]乎大哉，独成其天！

注释

①闉跂支离无脤：虚拟人物。曲足、伛背、无唇，形容形惨貌丑之人。说：游说。②说：通“悦”；喜欢。③脰：颈项。肩肩：细小的样子。④瓮盎大瘿：虚拟人物。颈下的瘤子大如瓮盎的人。⑤工：工巧。⑥斫：砍削。⑦天鬻：大自然的养育。⑧謷：高大的样子。

译文

一个跛脚、伛背、缺嘴的人游说卫灵公，卫灵公十分喜欢他，再看看那些体形完整的人，他们的脖颈实在是太细太细了。一个颈瘤大如瓮盎的人游说齐桓公，齐桓公十分喜欢他，再看看那些体形完整的人，他们的脖颈实在是太细太细了。所以，在德行方面有超出常人的地方而在形体方面的缺陷别人就会有所遗忘，人们不会忘记所应当忘记的东西，而忘记了所不应当忘记的东西，这就叫做真正的遗忘。因而圣人总能自得地出游，把智慧看作是祸根，把盟约看作是禁锢，把推展德行看作是交接外物的手段，把工巧看作是商贾的行为。圣人从不谋虑，哪里用得着智慧？圣人从不砍削，哪里用得着胶着？圣人从不感到缺损，哪里用得着推展德行？圣人从不买卖以谋利，哪里用得着经商？这四种作法叫做天养。所谓天养，就是禀受自然的饲养。既然受养于自然，又哪里用得着人为！有了人的形貌，不一定有人内在的真情。有了人的形体，所以与人结成群体；没有人的真情，所以是与非都不会汇聚在他的身上。渺小呀，跟人同类的东西！伟大呀，只有浑同于自然。

古注

郭象注：“既禀之自然，其理已足。则虽沈思以免难，或明戒以避祸，物无妄然，皆天地之会，至理所趣。必自思之，非我思也；必自不思，非我不思也。或思而免之，或思而不免，或不思而免之，或不思而不免。凡此皆非我也，又奚为哉？任之而自至也。”

原典

惠子谓庄子曰：“人故无情乎？”庄子曰：“然。”惠子曰：“人而无情，何以谓之人？”庄子曰：“道与之貌，天与之形，恶得不谓之人？”惠子曰：“既谓之人，恶得无情？”庄子曰：“是非吾所谓情也。吾所谓无情者，言人之不以好恶内伤其身，常因自然而不益[1]生也。”惠子曰：“不

益生，何以有其身？”庄子曰：“道与之貌，天与之形，无以好恶内伤其身。今子外乎子之神，劳乎子之精，倚树而吟，据槁梧而瞑（mián）②，天选③子之形，子以坚白④鸣！”

注释

①益：增添。②槁梧：枯槁的梧桐树。瞑：睡眠。③选：授予。④坚白：即坚白，战国时期名家的著名言论，它以石为喻，指石之白色与石之坚质都独立于“石”。

译文

惠子对庄子说：“人原本就是没有情的吗？”庄子说：“是的。”惠子说：“一个人假若没有情，为什么还能称作人呢？”庄子说：“道赋予人容貌，天赋予人形体，怎么能不称作人呢？”惠子说：“既然已经称作了人，又怎么能够没有情？”庄子回答说：“这并不是我所说的情呀。我所说的无情，是说人不因好恶，而致伤害自身的本性，常常顺任自然而不随意增添些什么。”惠子说：“不添加什么，靠什么来保有自己的身体呢？”庄子回答说：“道赋予人容貌，天赋予人形体，可不要因外在的好恶而致伤害了自己的本性。如今你外露你的心神，耗费你的精力，靠着树干吟咏，凭依几案闭目假寐。自然授予了你的形体，你却以‘坚’、‘白’的诡辩而自鸣得意！”

古注

王夫之注：“天下皆不足为实之累，而实填其‘生白’之‘室’以迷闷而不知‘吉祥’之‘止’者，生死已尔，祸福已尔，毁誉已尔，口口已尔。此八实者，填心之积也，古今之奉为师而不敢违者也。八者虚而天下蔑不虚矣，故物皆可游也。规规然念物之可畏而避之，物不胜避矣。物不胜避，而况天之生杀乎？‘何暇至于说生而恶死’？龙逢、比干所以与不材之木同至今存也。”

今论

南怀瑾《庄子諵哗》：“道德的充实，真正道德充实的人，才德学都全。才是天才，这个才在过去叫仙才。”

大宗师第六

原典

知天之所为，知人之所为者，至矣。知天之所为者，天而生也；知人之所为者，以其知之所知，以养其知之所不知，终其天年而不中道夭者：是知之盛也。虽然，有患。夫知有所待而后当，其所待者特未定也。庸讵知吾所谓天之非人乎？所谓人之非天乎？且有真人而后有真知。

何谓真人？古之真人不逆[①]寡，不雄成[②]，不谟士[③]。若然者，过而弗悔，当而不自得也。若然者，登高不慄，入水不濡，入火不热。是知之能登假[④]于道者也若此。古之真人，其寝不梦，其觉无忧，其食不甘，其息深深。真人之息以踵，众人之息以喉。屈服者，其嗌[⑤]言若哇。其耆[⑥]欲深者，其天机[⑦]浅。古之真人，不知说生，不知恶死；其出不䜣[⑧]，其入不距[⑨]；翛(xiāo)然[⑩]而往，翛然而来而已矣。不忘其所始，不求其所终；受而喜之，忘而复之，是之谓不以心捐[⑪]道，不以人助天。是之谓真人。若然者，其心志[⑫]，其容寂，其颡(sāng)頯(kuí)[⑬]；凄然似秋，暖然似春，喜怒通四时，与物有宜而莫知其极。

故圣人之用兵也，亡国而不失人心；利泽施乎万世，不为爱人。故乐通物，非圣人也；有亲，非仁也；天时，非贤也；利害不通，非君子也；行名失己，非士也；亡身不真，非役[⑭]人也。若狐不偕、务光、伯夷、叔齐、箕子、胥余、纪他、申徒狄[⑮]，是役人之役，适人之适[⑯]，而不自适其适者也。

古之真人，其状義(é)而不朋，若不足而不承；与乎其觚而不坚也[⑰]，张乎其虚而不华也；邴邴乎[⑱]其似喜乎，崔崔乎[⑲]其不得已乎！滀乎[⑳]进我色也，与乎止[㉑]我德也；厉乎其似世乎[㉒]！謷(áo)乎其未可制也；连乎[㉓]其似好闭也，悗(miǎn)乎[㉔]忘其言也。以刑为体，以礼为翼，以知

为时，以德为循。以刑为体者，绰乎其杀也；以礼为翼者，所以行于世也；以知为时者，不得已于事也；以德为循者，言其与有足者至于丘也，而人真以为勤行者也。故其好之也一，其弗好之也一。其一也一，其不一也一。其一与天为徒㉕，其不一与人为徒。天与人不相胜也，是之谓真人。

注释

①逆：针对，对付。②雄成：自恃成功。③谟：图谋、算计。士：通“事”。④假：至、达到的意思。⑤嗌：咽喉闭塞。⑥耆：通“嗜”，嗜好。⑦天机：自然的根器。⑧䜣：通“欣”。⑨距：通“拒”，拒绝。⑩翛然：自由自在的样子。⑪捐：“损”字之讹，损害。⑫志：“忘”字之误。⑬颡：额。頯：宽大的样子。⑭役：役使。⑮狐不偕、务光、伯夷、叔齐、箕子、胥余、纪他、申徒狄：皆人名。⑯适：安适，舒畅。⑰与乎：态度自然安闲的样子。觚：特立超群。坚：固执。⑱邴邴乎：安畅的样子。⑲崔崔乎：被迫行动的样子。⑳滀乎：水聚的样子。㉑止：归依。㉒厉：“广”字之误。世：通“大”。㉓连乎：绵邈深远的样子。㉔悗乎：心不在焉的样子。㉕徒：同类。

译文

知道自然的作为，并且了解人的作为，这就达到了认识的极点。知道自然的作为，是懂得事物出于自然；了解人的作为，是用他智慧所通晓的知识哺育、熏陶他智慧所未能通晓的知识，直至自然死亡而不中途夭折，这恐怕就是认识的最高境界了。虽然这样，还是存在忧患。人们的知识一定要有所依凭方才能认定是否恰当，而认识的对象却是不稳定的。怎么知道我所说的本于自然的东西不是出于人为呢，怎么知道我所说的人为的东西又不是出于自然呢？况且有了“真人”方才有真知。

什么叫做“真人”呢？古时候的“真人”，不倚众凌寡，不自恃成功雄踞他人，也不图谋琐事。像这样的人，错过了时机不后悔，赶上了机遇不得意。像这样的人，登上高处不颤栗，下到水里不会沾湿，进入火中不觉灼热。这只有智慧能通达大道境界的人方才能像这样。古时候的“真人”，他睡觉时不做梦，他醒来时不忧愁，他吃东西时不求甘美，他呼吸时气息深沉。“真人”呼吸凭借的是着地的脚根，而一般人呼吸则靠的只是喉咙。被人屈服时，言语就阻塞在喉前说不出来。那些嗜好和欲望太深的人，他们天生的智慧也就很浅。古时候的“真人”，不懂得喜悦生存，也不懂得厌恶死亡；出生不欣喜，入死不推辞；无拘无束地就走了，自由自在地又来了罢了。不忘记自己从哪儿来，也不寻求自己往哪儿去，承受什么际遇都欢欢喜喜，忘掉死生像是回到了自己的本然，这就叫做不用心智去损害大道，也不用人为的因素去帮助自然，这就叫“真人”。像这样的人，他的内心忘掉了周围的一切，他的容颜淡漠安闲，他的面额质朴端严，冷肃得像秋天，温暖得像春天，高兴或愤怒跟四时更替一样自然无饰，和外界事物合宜相称而没有谁能探测到他精神世界的真谛。

所以古代圣人使用武力，灭掉敌国却不失掉敌国的民心；利益和恩泽广施于万世，却不是为了偏爱什么人。乐于交往取悦外物的人，不是圣人；有偏爱就算不上是“仁”；伺机行事，不是贤人；不能看到利害的相通和相辅，算不上是君子；办事求名而失掉自身的本性，不是有识之士；丧失身躯却与自己的真性不符，不是能役使世人的人。像狐不偕、务光、伯夷、叔齐、箕子、胥余、纪他、申徒狄，这样的人都是被役使世人的人所役使，都是被安适世人的人所安适，而不是能使自己得到安适的人。

古时候的“真人”，神情巍峨而不矜持，好像不足却又无所承受；态度安闲自然、特立超群而不执着顽固，襟怀宽阔虚空而不浮华；怡然欣喜像是格外得高兴，一举一动又像是出自不得已。容颜和悦令人喜欢接近，与人交往德性宽和让人乐于归依，气度博大像是宽广的世界。高放自得从不受什么限制，绵邈深远好像喜欢封闭自己，心不在焉的样子又好像忘记了要说的话。把刑律当作主体，把礼仪当作羽翼，用已掌握的知识去等待时机，用道德来遵循规律。把刑律当作主体的人，那么杀了人也是宽厚仁慈的；把礼仪当作羽翼的人，用礼仪的教诲在世上施行；用已掌握的知识去等待时机的人，是因为对各种事情出于不得已；用道德来遵循规律，就像是说大凡有脚的人就能够登上山丘，而人们却真以为是勤于行走的人。所以说人们所喜好的是浑然为一的，人们不喜好的也是浑然为一的。那些同一的东西是浑一的，那些不同一的东西也是浑一的。那些同一的东西跟自然同类，那些不同一的东西跟人同类。自然与人不可能相互对立而相互超越，具有这种认识的人就叫做“真人”。

古注

憨山德清注：“古人所云：知之一字，众妙之门；知之一字，众祸之门。盖妙悟后，方是真知；有真知者，乃称真人，即可宗而师之也。然知天知人，即众妙之门也。虽然有患，即知之一字，众祸之门也。谓强不知以为知，恃强知而妄作，则返以知为害矣。此举世聪明之通病也。”

今论

南怀瑾《庄子諵哗》：“所以我们要把学问知识，用来求生命的那个本来。”

原典

死生，命[①]也，其有夜旦之常，天也。人之有所不得与[②]，皆物之情也。彼特以天为父，而身犹爱之，而况其卓[③]乎！人特以有君为愈乎己，而身犹死之，而况其真[④]乎！

泉涸，鱼相与处于陆，相呴[⑤]以湿，相濡[⑥]以沫，不如相忘于江湖。与其誉尧而非桀也，不如两忘而化[⑦]其道。夫大块[⑧]载我以形，劳我以生，佚我以老，息我以死。故善吾生者，乃所以善死也。

夫藏舟于壑，藏山于泽，谓之固矣。然而夜半有力者负之而走，昧[⑨]者不知也。藏小大有宜，犹有所遁。若夫藏天下于天下而不得所遁，是恒[⑩]物之大情也。特犯[⑪]人之形而犹喜之，若人之形者，万化而未始有极也，其为乐可胜计邪？故圣人将游于物之所不得遁而皆存。善妖[⑫]善老，善始善终，人犹效之，又况万物之所系而一化之所待乎[⑬]！

夫道，有情有信[⑭]，无为无形；可传而不可受，可得而不可见；自本自根，未有天地，自古以固存；神[⑮]鬼神帝，生天生地；在太极[⑯]之先而不为高，在六极[⑰]之下而不为深，先天地生而不为久，长于上古而不为老。狶(xī)韦氏[⑱]得之，以挈[⑲]天地；伏戏氏[⑳]得之，以袭[㉑]气母；维斗[㉒]得之，终古不忒[㉓]；日月得之，终古不息；堪(tè)坏(peī)[㉔]得之，以袭昆仑；冯夷[㉕]得之，以游大川；肩吾[㉖]得之，以处大山；黄帝得之，以登云天；颛(zhuān)顼(xū)[㉗]得之，以处玄宫；禺强[㉘]得之，立乎北极；西王母[㉙]得之，坐乎少广。莫知其始，莫知其终。彭祖得之，上及有虞，下及五伯[㉚]；傅说[㉛]得之，以相武丁，奄有天下，乘东维[㉜]，骑箕尾[㉝]，而比于列星。

注释

①命：这里指不可避免者。②与：参与。③卓：指天道。④真：真宰，指大道。⑤呴：吐气。⑥濡：沾湿。⑦化：熔解、混同。⑧大块：大地。⑨昧：愚昧的人。⑩恒：常有、固有的意思。⑪犯：通“范”，铸造。⑫妖：通“夭”，少，生命短。⑬系：从属。一化：一切变化。待：依靠。⑭情、信：真实、确凿可信。⑮神：这里是引出、产生的意思。⑯太极：派生万物的本原，即宇宙的初始。⑰六极：六合，指天地和四方。⑱狶韦氏：传说中的远古时代的帝王。⑲挈：提挈。⑳伏戏氏：即伏羲氏。㉑袭：沿袭。㉒维斗：北斗星。㉓忒：差错。㉔堪坏：昆仑山神。㉕冯夷：黄河河神。㉖肩吾：泰山之神。㉗颛顼：黄帝之孙，即帝高阳。㉘禺强：人面鸟身的北海之神。㉙西王母：古代神话中的女神。㉚五伯：旧指夏伯昆吾、殷伯大彭、豕韦、周伯齐桓、

晋文。㉛傅说：商朝贤相，辅佐高宗武丁。㉜东维：星名，在箕星、尾星之间。㉝箕、尾：星名，为二十八宿中的两个星座。

译文

死和生均非人为之力所能安排，犹如黑夜和白天交替那样永恒地变化，完全出于自然。有些事情人是不可能参与和干预的，这都是事物自身变化的实情。人们总是把天看作生命之父，而且终身爱戴它，何况那特立高超的“道”呢！人们还总认为国君是一定超越自己的，而且终身愿为国君效死，又何况应该被尊为大师的“道”呢？

泉水干涸了，鱼儿困在陆地上相互依偎，互相大口出气来取得一点湿气，以唾沫相互润湿，不如将过去江湖里的生活彻底忘记。与其赞誉唐尧的圣明而非议夏桀的暴虐，不如把他们都忘掉而融化混同于“道”。大地把我的形体托载，并且用生存来劳苦我，用衰老来闲适我，用死亡来安息我。所以，把我的存在看作好事的，也就因此而可以把我的死亡看作是好事。

将船儿藏在大山沟里，将渔具藏在深水里，可以说是十分牢靠了。然而半夜里有个大力士把它们连同山谷和河泽一块儿背着跑了，睡梦中的人们还一点儿也不知道。将小东西藏在大东西里是适宜的，不过还是会有丢失。假如把天下藏在天下里而不会丢失，这就是事物固有的真实之情。人们只要承受了人的形体便十分欣喜，至于像人的形体的情况，在万千变化中从不曾有过穷尽，那快乐之情难道还能够加以计算吗？所以圣人将生活在各种事物都不会丢失的环境里而与万物共存亡。以少为善以老为善，以始为善以终为善，人们尚且加以效法，又何况那万物所联缀、各种变化所依托的“道”呢！

“道”是真实而又确凿可信的，然而它又是无为和无形的；“道”可以感知却不可以口授，可以领悟却不可以面见；“道”自身就是本、就是根，还未出现天地的远古时代“道”就已经存在；它引出鬼帝，产生天地；它在太极之上却并不算高，它在六极之下不算深，它先于天地存在还不算久，它长于上古还不算老。韦氏得到它，用来统驭天地；伏羲氏得到它，用来调和元气；北斗星得到它，永远不会改变方位；太阳和月亮得到它，永远不停息地运行；堪坏得到它，用来入主昆仑山；冯夷得到它，用来巡游大江大河；肩吾得到它，用来驻守泰山；黄帝得到它，用来登上云天；颛顼得到它，用来居处玄宫；禺强得到它，用来立足北极；西王母得到它，用来坐阵少广山。没有人能知道它的开始，也没有人能知道它的终结。彭祖得到它，从远古的有虞时代一直活到五伯时代；傅说得到它，用来辅佐武丁，统辖整个天下，乘驾东维星，骑坐箕宿和尾宿，而永远排列在星神的行列里。

古注

憨山德清："此一节，形容真人虚心游世之状貌，如此之妙。言虽超世，而未尝越世；虽同人，而不群于人。此真知之实也。"

今论

南怀瑾《庄子諵哗》："老百姓只要安居乐业就好了，所有什么主义什么思想，都离不开这四个字。"

原典

南伯子葵问乎女偊（yǔ）曰①："子之年长矣，而色若孺子，何也？"曰："吾闻道矣。"南伯子葵曰："道可得学邪？"曰："恶！恶可！子非其人也。夫卜梁倚有圣人之才而无圣人之道②，我有圣人之道而无圣人之才，吾欲以教之，庶几其果为圣人乎！不然，以圣人之道告圣人之才，亦易矣。吾犹守③而告之，参日而后能外④天下；已外天下矣，吾又守之，七日而后能外物；已外物矣，吾又守之，九日而后能外生；已外生矣，而后能朝彻⑤；朝彻，而后能见独⑥；见独，而后能无古今；无古今，而后能入于不死不生。杀⑦生者不死，生生者不生。其为物，无不将也，无不迎也；无不毁也，无不成也。其名为撄（yīng）⑧宁。撄宁也者，撄而后成者也。"

南伯子葵曰："子独恶乎闻之？"曰："闻诸副墨之子，副墨之子闻诸洛诵之孙，洛诵之孙闻之瞻明，瞻明闻之聂许，聂许闻之需役，需役闻之于讴，于讴闻之玄冥，玄冥闻之参寥，参寥闻之疑始⑨。"

注释

①南伯子葵、女偊：均为虚拟人名。②卜梁倚：虚拟人名。圣人之道：指虚淡内凝的心境。圣人之才：指明敏的、外用的才质。③守：持守，修守。④外：遗忘。⑤朝彻：用早晨太阳初升时的清新明彻，喻指豁然彻悟。⑥独：指独立而不改的大道。⑦杀：灭除，含有摒弃、忘却之意。⑧撄：扰乱，⑨"副墨"、"洛诵"、"瞻明"、"聂许"、"需役"、"於讴"、"玄冥"、"参寥"、"疑始"等，均为假托的寓言人物之名。

译文

南伯子葵向女偊问道："你的岁数已经很大了，可是你的容颜却像孩童，这是什么缘故呢？"女偊回答："我得'道'了。"南伯子葵说："'道'可以学习吗？"女偊回答说："不！怎么可以呢！你不是可以学习'道'的人。卜梁倚有圣人明敏的才气却没有圣人虚淡的心境，我有圣人虚淡的心境却没有圣人明敏的才气，我想用虚淡的心境来教导他，恐怕他果真能成为圣人哩！

然而却不是这样，把圣人虚淡的心境传告具有圣人才气的人，应是很容易的。我还是持守着并告诉他，三天之后便能遗忘天下，既已遗忘天下，我又凝寂持守，七天之后能遗忘万物；既已遗忘外物，我又凝寂持守，九天之后便能遗忘自身的存在；既已遗忘存在的生命，而后心境便能如朝阳一般清新明彻；能够心境如朝阳般清新明彻，而后就能够感受那绝无所待的'道'了；既已感受了'道'，而后就能超越古今的时限；既已能够超越古今的时限，而后便进入无所谓生、无所谓死的境界。摒除了生也就没有死，留恋于生也就不存在生。作为事物，'道'无不有所送，也无不有所迎；无不有所毁，也无不有所成，这就叫做'撄宁'。撄宁，意思就是不受外界事物的纷扰，而后保持心境的宁静。"

南伯子葵又问："你偏偏是怎么得'道'的呢？"女偊又回答说："我从副墨（文字）的儿子那里听到的，副墨的儿子从洛诵（背诵）的孙子那里听到的，洛诵的孙子从瞻明（目视明晰）那里听到的，瞻明从聂许（附耳私语）那里听到的，聂许从需役（勤行不怠）那里听到的，需役从于讴（吟咏领会）那里听到的，于讴从玄冥（深远虚寂）那里听到的，玄冥从参寥（高旷寥远）那里听到的，参寥从疑始（迷茫而无所本）那里听到的。"

古注

憨山德清注："此一节，言圣人得此大道，不无所闻。盖从文字语言中，有所发明，以至动用周旋、讴吟咳唾之间，以合于玄冥，参于寥廓，以极于无始，至不可知之地。必如此深造实证而后已，如此殆非口耳而可得也，是乃可称大宗师。前来发明大道可宗，悟此大道者可称宗师，但未见其果有其人否耶？恐世人不信，将谓虚谈。故向下撰出子祀等，乃实是得道之人，以作证据。"

今论

南怀瑾《庄子諵哗》："一个人修养到这一步，'其心志'，他的心中没有烦恼没有妄想，精神专一。'其容寂'，你看他外表的容貌，好像很安静，内心的修养慢慢地影响他的外表，很清静，就是我们讲神仙菩萨那个样子。"

原典

子祀、子舆、子犁、子来[①]四人相与语曰："孰能以无为首，以生为脊，以死为尻（kāo）[②]，孰知死生存亡之一体者，吾与之友矣。"四人相视而笑，莫逆于心[③]，遂相与为友。

俄而子舆有病，子祀往问之。曰："伟哉夫造物者，将以予为此拘拘也！曲偻（lóu）发背[④]，上有五管[⑤]，颐隐于齐[⑥]，肩高于顶，句（gōu）

赘[⑦]指天。”阴阳之气有沴(lì)[⑧]，其心闲而无事，跰(pián)𨇤[⑨]而鉴于井，曰：“嗟乎！夫造物者又将以予为此拘拘也！”

子祀曰：“女恶之乎？”曰：“亡(wú)[⑩]，予何恶！浸假[⑪]而化予之左臂以为鸡，予因以求时夜；浸假而化予之右臂以为弹，予因以求鸮(xiāo)炙[⑫]。浸假而化予之尻以为轮，以神为马，予因以乘之，岂更驾哉！且夫得者，时也，失者，顺也；安时而处顺，哀乐不能入也。此古之所谓县解[⑬]也，而不能自解者，物有结之。且夫物不胜天久矣，吾又何恶焉？”

俄而子来有疾，喘喘然将死，其妻子环而泣之。子犁往问之，曰：“叱！避！无怛(dá)化[⑭]！”倚其户与之语曰：“伟哉造化！又将奚以汝为，将奚以汝适？以汝为鼠肝乎？以汝为虫臂乎？”

子来曰：“父母于子，东西南北，唯命之从。阴阳于人，不翅[⑮]于父母；彼近吾死而我不听，我则悍矣，彼何罪焉！夫大块载我以形，劳我以生，佚我以老，息我以死。故善吾生者，乃所以善吾死也。今之大冶[⑯]铸金，金踊跃曰‘我且必为镆铘[⑰]’，大冶必以为不祥之金。今一犯[⑱]人之形，而曰‘人耳人耳’，夫造化者必以为不祥之人。今一以天地为大炉，以造化为大冶，恶乎往而不可哉！”成然寐[⑲]，蘧(qú)然[⑳]觉。

注释

①子祀、子舆、子犁、子来：虚构的人名。②尻：指屁股。③莫逆于心：心照不宣。④曲偻：弯腰。发背：背骨外露。⑤五管：五脏的穴位。⑥颐：下巴。齐：通“脐”，肚脐。⑦句赘：发髻。⑧沴：凌乱。⑨跰𨇤：蹒跚，行步倾倒不稳的样子。⑩亡：通“无”。⑪浸：渐渐。假：假使。⑫鸮炙：烤熟的斑鸠肉。⑬县解：解其倒悬。⑭怛：惊扰。化：变化，这里指人之将死。⑮不翅：不啻，不止，何止。⑯大冶：熔炼金属高超的工匠。⑰镆铘：亦作“莫邪”，宝剑名。⑱犯：通“范”，铸造。⑲成然：安闲熟睡的样子。寐：睡着。⑳蘧然：自适的样子。

译文

子祀、子舆、子犁、子来四个人在一块谈论说：“谁能够把无当作头，把生当作脊柱，把死当作尻尾，谁能够通晓生死存亡浑为一体的道理，我们就可以跟他交朋友。”四个人都会心地相视而笑，心心相契却不说话，于是相互交往成为朋友。

不久子舆生了病，子祀前去探望他。子舆说：“伟大啊，造物者！把我变成如此曲屈不伸的样子！腰弯背驼，五脏穴口朝上，下巴隐藏在肚脐之下，肩部高过头顶，弯曲的颈椎形如赘瘤朝天隆起。”阴阳二气不和酿成如此灾害，可是子舆的心里却十分闲逸，好像没有生病似的，蹒跚地来到井边对着井水照看自己，说：“哎呀，造物者竟把我变成如此曲屈不伸！”

子祀说：“你讨厌这曲屈不伸的样子吗？”子舆回答：“没有，我怎么会讨厌这副样子！假令造物者逐渐把我的左臂变成公鸡，我便用它来报晓；假令造物者逐渐把我的右臂变成弹弓，我便用它来打斑鸠烤熟了吃；假令造物者把我的臀部变化成为车轮，把我的精神变化成骏马，我就用来乘坐，难道还要更换别的车马吗？至于生命的获得，是因为适时，生命的丧失，是因为顺应；安于适时而处之顺应，悲哀和欢乐都不会侵入心房。这就是古人所说的解脱了倒悬之苦。然而不能自我解脱的原因，则是受到了外物的束缚。况且事物的变化不能超越自然的力量已经很久很久，我又怎么能厌恶自己现在的变化呢？”

不久子来也生了病，气息急促将要死去，他的妻子儿女围在床前哭泣。子犁前往探望，说：“嘿，走开！不要惊扰他由生而死的变化！”子犁靠着门跟子来说话：“伟大啊，造物者！又将把你变成什么，把你送到何方？把你变化成老鼠的肝脏吗？把你变化成虫蚁的臂膀吗？”

子来说：“父母对于子女，无论东西南北，他们都只能听从吩咐调遣。自然的变化对于人，则不啻于父母；它使我靠拢死亡而我却不听从，那么我就太蛮横了，而它有什么过错呢！大地把我的形体托载，用生存来劳苦我，用衰老来闲适我，用死亡来安息我。所以把我的存在看作是好事，也因此可以把我的死亡看作是好事。现在如果有一个高超的冶炼工匠铸造金属器皿，金属熔解后跃起说‘我将必须成为良剑莫邪’，冶炼工匠必定认为这是不吉祥的金属。如今人一旦承受了人的外形，便说‘成人了成人了’，造物者一定会认为这是不吉祥的人。如今把整个浑一的天地当作大熔炉，把造物者当作高超的冶炼工匠，有什么不可以？”于是安闲地熟睡，又自适地醒过来。

古注

憨山德清注：“此一节，言真人真知，形本无形，今既适有形，则为生累。故真人视之如痈疮而不可爱，如影而不可执。”

今论

南怀瑾《庄子諵哗》：“《庄子》这本书代表了道家的思想，普通称为老庄，又称黄老之道，包括了兵家、法家等，乃至诸子百家的渊源都出自黄老。”

原典

子桑户、孟子反、子琴张[①]三人相与友，曰：“孰能相与于无相与，相为于无相为？孰能登天游雾，挠挑无极[②]，相忘以生，无所终穷？”

三人相视而笑，莫逆于心，遂相与为友。

莫然有间[③]而子桑户死，未葬。孔子闻之，使子贡往侍事[④]焉。或编曲，或鼓琴，相和而歌曰："嗟来[⑤]桑户乎！嗟来桑户乎！而[⑥]已反其真，而我犹为人猗[⑦]！"子贡趋而进曰："敢问临尸而歌，礼乎？"二人相视而笑曰："是恶知礼意！"

子贡反，以告孔子，曰："彼何人者邪？修行无有，而外其形骸，临尸而歌；颜色不变，无以命[⑧]之。彼何人者邪？"

孔子曰："彼，游方[⑨]之外者也；而丘，游方之内者也。外内不相及，而丘使女往吊之，丘则陋矣。彼方且与造物者为人，而游乎天地之一气。彼以生为附赘县疣（yóu）[⑩]，以死为决疣溃痈（yōng）[⑪]，夫若然者，又恶知死生先后之所在！假于异物，托于同体；忘其肝胆，遗其耳目；反覆终始，不知端倪；芒然彷徨乎尘垢之外，逍遥乎无为之业。彼又恶能愦（kuì）愦然[⑫]为世俗之礼，以观[⑬]众人之耳目哉！"

子贡曰："然则夫子何方之依？"孔子曰："丘，天之戮民也。虽然，吾与汝共之。"子贡曰："敢问其方。"孔子曰："鱼相造乎水，人相造乎道。相造乎水者，穿池而养给；相造乎道者，无事而生定[⑭]。故曰，鱼相忘乎江湖，人相忘乎道术。"子贡曰："敢问畸（jī）人[⑮]。"曰："畸人者，畸于人而侔（móu）[⑯]于天。故曰，天之小人，人之君子；人之君子，天之小人也。"

注释

①子桑户、孟子反、子琴张：庄子假托的人名。②挠挑：婉转循环。无极：太虚。③莫然有间：即"漠然"，指相交淡漠。④侍事：帮助办理丧事。⑤嗟来：犹如"嗟乎"。⑥而：通"尔"，你。⑦猗：感叹词，"啊"。⑧命：名，称述。⑨方：方域，指人类生活的空间。⑩县：通"悬"。疣：肉瘤。⑪决疣溃痈：毒疮化浓而破溃。⑫愦愦然：烦乱的样子。⑬观：显示。⑭生定：性情平静安适。生，通"性"。⑮畸人：即奇异的人，这里指不合于世俗的人。⑯侔：齐同。

译文

子桑户、孟子反、子琴张三人在一起谈话："谁能够相互交往于无心交往之中，相互有所帮助却像没有帮助一样？谁能登上高天巡游雾里，循环升登于无穷的太空，忘掉自己的存在，而永远没有终结和穷尽？"三人会心地相视而笑，心心相印于是相互结成好友。

过不多久子桑户死了，还没有下葬。孔子知道了，派弟子子贡前去帮助料理丧事。孟子反和子琴张却一个在编曲，一个在弹琴，相互应和着唱歌："哎呀，子桑户啊！哎呀，子桑户啊！你已经返归本真，可是我们还成为活着的人而托载形骸呀！”子贡听了快步走到他们近前，说：“我冒昧地请教，对着死人的尸体唱歌，这合乎礼仪吗？”二人相视笑了笑，不屑地说：“这种人怎么会懂得‘礼’的真实含意！”

子贡回来后把见到的情况告诉孔子，说：“他们都是些什么样的人呢？不看重德行的培养而无有礼仪，把自身的形骸置于度外，面对着死尸还要唱歌，容颜和脸色一点也不改变，没有什么办法可以用来称述他们。他们究竟是些什么样的人呢？”

孔子说：“他们都是些摆脱礼仪约束而逍遥于人世之外的人，我却是生活在具体的世俗环境中的人。人世之外和人世之内彼此不相干涉，可是我却让你前去吊唁，我实在是浅薄呀！他们正跟造物者结为伴侣，而逍遥于天地浑一的元气之中。他们把人的生命看作像赘瘤一样多余，他们把人的死亡看作是毒痈化脓后的溃破，像这样的人，又怎么会顾及死生优劣的存在！凭借于各个不同的物类，但最终寄托于同一的整体；忘掉了体内的肝胆，也忘掉了体外的耳目；无尽地反复着终结和开始，但从不知道它们的头绪；茫茫然彷徨于人世之外，逍遥自在地生活在无所作为的环境中。他们又怎么会烦乱地去炮制世俗的礼仪，而故意炫耀于众人的耳目之前呢！”

子贡说：“如此，那么先生将遵循什么准则呢？”孔子说：“我孔丘，乃是苍天所惩罚的罪人。即使这样，我仍将跟你们一道去竭力追求至高无上的‘道’。子贡问：“请问追求‘道’的方法。”孔子回答：“鱼争相投水，人争相求道。争相投水的鱼，掘地成池便给养充裕；争相求道的人，漠然无所作为便心性平适。所以说，鱼相忘于江湖里，人相忘于道术中。”子贡说：“再冒昧地请教‘畸人’的问题”。孔子回答：“所谓‘畸人’，就是不同于世俗而又等同于自然的人。所以说，自然的小人就是人世间的君子，人世间的君子就是自然的小人。”

古注

郭象注：“‘忘其所不忘’，而以殉形，则人知其妄。”

今论

南怀瑾《庄子諵哗》：“凡是上古的圣帝明王，无论为政为人，最顾忌的，便是隐士们的清议和轻视。”

原典

颜回问仲尼曰：“孟孙才[①]，其母死，哭泣无涕，中心不戚，居丧不哀。无是三者，以善处丧盖[②]鲁国。固有无其实而得其名者乎？回壹[③]怪之。”

仲尼曰："夫孟孙氏尽之矣，进[4]于知矣。唯简之而不得，夫已有所简矣。孟孙氏不知所以生，不知所以死；不知就先，不知就后；若化为物，以待其所不知之化已乎！且方将化，恶知不化哉？方将不化，恶知已化哉？吾特与汝，其梦未始觉者邪！且彼有骇形而无损心，有旦(dá)宅(zhà)[5]而无情死。孟孙氏特觉，人哭亦哭，是自其所以乃[6]。且也相与吾之耳矣，庸讵知吾所谓吾之乎？且汝梦为鸟而厉[7]乎天，梦为鱼而没于渊。不识今之言者，其觉者乎，其梦者乎？造适[8]不及笑，献笑[9]不及排，安排而去化，乃入于寥[10]天一。"

注释

①孟孙才：虚拟人名。②盖：覆盖。③壹：实在，确实。④进：超过。⑤旦宅：通"怛咤"，惊扰。⑥乃：如此。⑦厉：到达。⑧造：达到。适：快意。⑨献笑：从内心发出的笑容。⑩寥：寂寥，虚空。

译文

颜回请教孔子说："孟孙才这个人，他的母亲死了，哭泣时没有一滴眼泪，心中不觉悲伤，居丧时也不哀痛。这三个方面没有任何悲哀的表现，可是却因善于处理丧事而名扬鲁国。难道真会有无其实而有其名的情况吗？颜回实在觉得奇怪。"

孔子说："孟孙才处理丧事的做法确实是尽善尽美了，大大超过了懂得丧葬礼仪的人。人们总希望从简治丧却不能办到，而孟孙才已经做到从简办理丧事了。孟孙才不过问人因为什么而生，也不去探寻人因为什么而死；不知道趋赴生，也不知道靠拢死；他顺应自然的变化而成为他应该变成的物类，以期待那些自己所不知晓的变化！况且即将出现变化，怎么知道不变化呢？即将不再发生变化，又怎么知道已经有了变化呢！只有我和你呀，才是做梦似的没有一点儿觉醒的人呢！那些死去了的人惊扰了自身形骸却无损于他们的精神，犹如精神的寓所朝夕改变却并不是精神的真正死亡。唯独孟孙才觉醒，人们哭他也跟着哭，这就是他如此居丧的原因。况且人们交往总借助形骸而称述自我，又怎么知道我所称述的躯体一定就是我呢？而且你梦中变成鸟便振翅直飞蓝天，你梦中变成鱼便摇尾潜入深渊。不知道今天我们说话的人，算是醒悟的人呢，还是做梦的人呢？心境快适却来不及笑出声音，表露快意发出笑声却来不及排解和消泄，安于自然的推移而且忘却死亡的变化，于是就进入到寂寥虚空的自然而浑然成为一体。"

古注

郭象注："梦之时自以为觉，则焉知今者之非梦耶，亦焉知其非觉耶？觉梦之化，无往而不可，则死生之变，无时而足惜也。"

今论

南怀瑾《庄子諵哗》："'崔乎'就是巍巍，高大之意，他虽然站在最高的位置，也有很高的成就，但不是为欲望驱使去做的，是为了天下，'不得已而为之'，是'不得已'去做的。"

原典

意而子[1]见许由。许由曰："尧何以资[2]汝？"意而子曰："尧谓我：'汝必躬服[3]仁义而明言是非。'"许由曰："而奚来为轵[4]？夫尧既已黥(qíng)[5]汝以仁义，而劓(yì)[6]汝以是非矣，汝将何以游夫遥荡恣睢转徙之途乎[7]？"意而子曰："虽然，吾愿游于其藩[8]。"

许由曰："不然。夫盲者无以与乎眉目颜色之好，瞽者无以与乎青黄黼(fǔ)黻(fú)[9]之观。"意而子曰："夫无庄[10]之失其美，据梁[11]之失其力，黄帝之亡其知，皆在炉捶[12]之间耳。庸讵知夫造物者之不息我黥而补我劓，使我乘成[13]以随先生邪？"

许由曰："噫！未可知也。我为汝言其大略。吾师[14]乎！吾师乎！整[15]万物而不为义，泽及万世而不为仁，长于上古而不为老，覆载天地、刻雕众形而不为巧，此所游已。"

注释

①意而子：虚拟人名。②资：给予，教诲。③躬服：亲身实践，身体力行。④而：通"尔"。轵：通"只"，句末语气助词。⑤黥：古代的一种刑法，用刀在受刑人的额上刺刻，而后以墨涂之。⑥劓：古代的一种刑法，割去了受刑人的鼻子。⑦遥荡：逍遥放荡。恣睢：放任不拘。转徙：辗转变化。塗：通"途"，道路。⑧藩：藩篱，门户。⑨黼黻：古代礼服上绣制的花纹。⑩无庄：虚构的古代美人之名。⑪据梁：虚构的古代勇夫之名。⑫炉捶：冶炼锻打。⑬乘成：载着完整的身体。⑭师：宗师，指大道。⑮整：调和。

译文

意而子拜访许由。许由说："尧把什么东西给予了你？"意而子说："尧对我说：'你一定得亲身实践仁义并明白无误地阐明是非。'"许由说："你怎么还要来我这里呢？尧已经用'仁义'在你的额上刻下了印记，又用'是非'割下了你的鼻子，你将凭借什么游处于逍遥放荡、纵任不拘、辗转变化的道途呢？"意而子说："虽然这样，我还是希望能游处于如此的境域。"

许由说："不对。有眼无珠的盲人没法跟他观赏姣好的眉目和容颜，瞎子没法跟他赏鉴礼服上各种不同颜色的花纹。"意而子说："无庄不再打扮忘掉自己的美丽，据梁不再逞强忘掉自己的勇力，黄帝闻‘道’之后忘掉自己的智慧，他们都因为经过了‘道’的冶炼和锻打。怎么知道那造物者不会养息我受黥刑的伤痕和补全我受劓刑所残缺的鼻子，使我得以保全托载精神的身躯而跟随先生呢？”

许由说：“唉！这可是不可能知道的。我还是给你说个大概吧。‘道’是我伟大的宗师啊！把万物碎成粉末不是为了某种道义，把恩泽施于万世不是出于仁义，长于上古不算老，回天载地、雕创众物之形也不算技巧，这就进入‘道’的境界了。”

古注

王夫之注：“引而之于踵，至矣。虽至于‘寥天一’，不能舍此以为救也。”

今论

南怀瑾《庄子諵哗》：“戒律是一个道德的规范，对自己要求管理得很严格，就产生了法家的精神。”

原典

颜回曰：“回益[1]矣。”仲尼曰：“何谓也？”曰：“回忘仁义矣。”曰：“可矣，犹未也。”他日复见，曰：“回益矣。”曰：“何谓也？”曰：“回忘礼乐矣。”曰：“可矣，犹未也。”他日复见，曰：“回益矣。”曰：“何谓也？”曰：“回坐忘[2]矣。”仲尼蹴然[3]曰：“何谓坐忘？”颜回曰：“堕肢体，黜聪明，离形去知，同于大通，此谓坐忘。”仲尼曰：“同则无好也，化则无常[4]也，而果其贤乎！丘也请从而后也。”

注释

①益：增加。②坐忘：端坐静心而物我两忘。③蹴然：惊奇不安的样子。④无常：不执滞于常理。

译文

颜回说：“我进步了。”孔子问道：“你指的是什么？”颜回说：“我已经忘却仁义了。”孔子说:“好哇,不过还不够。”过了几天颜回再次拜见孔子,说:“我又进步了。”孔子问：“你的进步指的是什么？”颜回说：“我忘却礼乐了。”孔子说：“好哇，不过还不够。”过了几天颜回又再次拜见孔子，说：“我又进步了。”孔子问：“你的进步指的是什么？”颜回说：“我‘坐忘’了”。孔子惊奇不安地问：“什么叫‘坐忘’？”颜回答道：“毁废了强健的肢体，退除了灵敏的听觉和清晰的视力，脱离了身躯并抛弃了智慧，从而与大道浑同相通为一体，这就叫静坐心空物我两忘的‘坐忘’。”孔子说：“与万物同一就没有偏好，顺应变化就不执滞常理，你果真成了贤人啊！我作为老师也希望能跟随学习而步你的后尘。”

古注

王夫之注：“呜呼！知天之虚，知天之实者，古今鲜矣。”

今论

南怀瑾《庄子諵哗》：“这个宇宙间天地间，最有力量的是什么？在宗教家是上帝、神、佛，中国文化不讲这一套，中国文化把上帝、神、佛都用一个名称——造化，也叫变化。这是物理性的，没有宗教的外衣。”

原典

子舆与子桑友，而霖雨①十日。子舆曰：“子桑殆病②矣！”裹饭而往食之。至子桑之门，则若歌若哭，鼓琴曰：“父邪？母邪？天乎？人乎？”有不任其声而趋举其诗焉③。

子舆入，曰：“子之歌诗，何故若是？”曰：“吾思夫使我至此极者而弗得也。父母岂欲吾贫哉？天无私覆，地无私载，天地岂私贫我哉？求其为之者而不得也。然而至此极者，命也夫！”

注释

①霖雨：连绵不断地下雨。②病：饥饿。③任：堪。趋：急促。

译文

子舆和子桑是好朋友。连绵的阴雨下了十日，子舆说：“子桑恐怕已经困乏而饿倒。”便包着饭食前去给他吃。来到子桑门前，就听见子桑好像在唱歌，又好像在哭泣，而且还弹着琴：“是父亲呢？还是母亲呢？是天呢？还是人呢？”声音微弱好像禁不住感情的表达，急促地吐露着歌词。

子舆走进屋子说：“你歌唱的诗词，为什么像这样？”子桑回答说：“我在探寻使我达到如此极度困乏和窘迫的人，然而没有找到。父母难道会希望我贫困吗？苍天没有偏私地覆盖着整个大地，大地没有偏私地托载着所有生灵，天地难道会单单让我贫困吗？寻找使我贫困的东西可是我没能找到。然而已经达到如此极度的困乏，还是‘命’啊！”

古注

郭象注：“言物皆自然，无为之者也。”

今论

南怀瑾《庄子諵哗》：“中国传统文化，道家的观念，并没有把生死看得那么了不起，所以对于生死，叫‘物化’，也叫‘变化’。”

应帝王第七

原典

啮(niè)缺问于王倪①，四问而四不知。啮缺因跃而大喜，行以告蒲衣子②。

蒲衣子曰："而乃今知之乎？有虞氏不及泰氏③。有虞氏，其犹藏仁以要④人，亦得人矣，而未始出于非人⑤。泰氏，其卧徐徐⑥，其觉于于⑦，一⑧以己为马，一以己为牛；其知情⑨信，其德甚真，而未始入于非人。"

注释

①啮缺、王倪：虚拟人名。②蒲衣子：虚拟人名。③有虞氏：即虞舜。泰氏：指太昊，即伏羲氏。④要：交结。⑤非人：与人相对的外物。⑥徐徐：舒缓的样子。⑦于于：安闲的样子。⑧一：或。⑨情：真实，实在。

译文

啮缺向王倪求教，四次提问王倪四次都不能作答。啮缺于是跳了起来高兴极了，去到蒲衣子处把上述情况告诉给他。

蒲衣子说："你如今知道了这种情况吗？虞舜比不上伏羲氏。虞舜他心怀仁义以笼络人心，获得了百姓的拥戴，不过他还是不曾超脱出人为的物我两分的困境。伏羲氏他睡卧时宽缓安适，他觉醒时悠游自得；他听任有的人把自己看作马，听任有的人把自己看作牛；他的才思实在真实无伪，他的德行确实纯真可信，而且从不曾涉入物我两分的困境。"

古注

憨山德清注："庄子之学，以内圣外王为体用。如前逍遥游之至人、神人、圣人，即此所谓大宗师也。"

原典

肩吾见狂接舆。狂接舆曰："日中始①何以语女？"肩吾曰："告我君人者以己出经式义度，人孰敢不听而化诸②？"

狂接舆曰："是欺德[③]也；其于治天下也，犹涉海凿河而使蚊负山也。夫圣人之治也，治外[④]乎？正而后行[⑤]，确乎能其事者而已矣。且鸟高飞以避矰（zēng）弋[⑥]之害，鼷（yì）鼠深穴乎神丘之下以避熏凿之患[⑦]，而曾二虫之无知！"

注释

①日中始：虚拟人物。②诸：句尾助词，犹"乎"。③欺德：虚伪骗人的做法。④治外：治理外表。⑤正：指无为。行：指自然。⑥矰：系有丝绳用来弋射的短箭。弋：用丝绳系在箭上射飞鸟。⑦鼷鼠：小鼠。熏凿：指用烟熏和挖掘。

译文

肩吾拜会隐士接舆。接舆说："往日你的老师日中始用什么来教导你？"肩吾说："他告诉我，做国君的一定要凭借自己的意志来推行法度，人们谁敢不听从而随之变化呢？"

接舆说："这是欺诳的做法，那样治理天下，就好像徒步下海开凿河道，让蚊虫背负大山一样。圣人治理天下，难道去治理社会外在的表象吗？他们顺应本性而后感化他人，听任人们之所能罢了。鸟儿尚且懂得高飞躲避弓箭的伤害，老鼠尚且知道深藏于神坛之下的洞穴逃避熏烟凿地的祸患，而你竟然连这两种小动物本能也不了解！"

古注

憨山德清注："此上二节，言治天下不可以有心，恃知好为，以自居其功。若任无为，而百姓自化。"

原典

天根游于殷阳[①]，至蓼（liǎo）水[②]之上，适遭无名人[③]而问焉，曰："请问为[④]天下。"无名人曰："去！汝鄙人也，何问之不豫[⑤]也！予方将与造物者为人[⑥]，厌，则又乘夫莽眇之鸟[⑦]，以出六极之外，而游无何有之乡，以处圹（kuàng）埌（làng）[⑧]之野。汝又何帠（yì）[⑨]以治天下感予之心为？"又复问。无名人曰："汝游心于淡，合气于漠[⑩]，顺物自然而无容私焉，而天下治矣。"

注释

①天根：虚构人名。殷阳：虚拟地名。②蓼水：虚构水名。③无名人：虚构人名。④为：治理。⑤豫：愉快。⑥为人：为友。⑦莽眇之鸟：状如飞鸟的清虚之气。⑧圹埌：无边无际的样子。⑨帠："臬"字之误，即"寱"，说梦。⑩淡、漠：清静无为的境界。

译文

天根闲游殷山的南面，来到蓼水河边，正巧遇上无名人而向他求教，说："请问治理天下之事。"无名人说："走开，你这个见识浅薄的人，怎么一张口就让人不愉快！我正打算跟造物者结成伴侣，厌烦时便又乘坐那状如飞鸟的清虚之气，超脱于'六极'之外，而生活在什么也不存在的地方，居处于旷达无垠的环境。你又怎么能用梦呓般的所谓治理天下的话语来撼动我的心思呢？"天根再次提问。无名人说："你应处于保持本性、无所修饰的境界，交合形气于清静无为的方域，顺应事物的自然而没有半点儿个人的偏私，天下也就得到治理。"

古注

郭象注："其任性而无所饰焉则淡矣。漠然静于性而止。任性自生，公也；心欲益之，私也；容私果不足以生生，而顺公乃全也。"

今论

南怀瑾《庄子諵哗》："结论就是在我们的心里头，要用你自己的智能去做结论。"

原典

阳子居①见老聃，曰："有人于此，向疾强梁②，物彻疏明③，学道不倦。如是者，可比明王乎？"老聃曰："是于圣人也，胥易技系④，劳形怵心者也⑤。且也虎豹之文来田⑥，猨狙之便⑦，斄(lí)执之狗来藉。如是者，可比明王乎？"阳子居蹴然⑧曰："敢问明王之治。"老聃曰："明王之治，功盖天下而似不自己，化贷万物而民弗恃；有莫举名，使物自喜；立乎不测，而游于无有者也。"

注释

①阳子居：虚拟人物。②向疾：像回声那样迅疾敏捷。强梁：强干果决。③彻：洞彻。疏明：通达明敏。④胥：有才智的小官吏。易：掌管占卜的小官。系：系累。⑤劳形：使身体劳苦。怵：恐惧。⑥文：花纹。来：招来。田：打猎。⑦便：便捷。⑧蹴然：面容突然改变的样子。

译文

阳子居拜见老聃，说："倘若现在有这样一个人，他办事迅疾敏捷、强干果决，对待事物洞察准确、了解透彻，学'道'专心勤奋从不厌怠。像这样的人，可以跟圣哲之王相比而并列吗？"老聃说："这样的人在圣人看来，只不过就像聪明的小吏供职办事时为技能所拘系，劳苦身躯担惊受怕的情况。况且虎豹因为毛色美丽而招来众多猎人的围捕，猕猴因为跳跃敏捷，狗因为捕物迅猛而招致绳索的拘缚。像这样的动物，也可以拿来跟圣哲之王相比而并列吗？”阳子居听了这番话脸色顿改，不安地说：“冒昧地请教圣哲之王怎么治理天下。”老聃说：“圣哲之王治理天下，功绩普盖天下却又像什么也不曾出自自己的努力，教化施及万物而百姓却不觉得有所依赖；功德无量没有什么办法称述赞美，使万事万物各居其所而欣然自得；立足于高深莫测的神妙之境，而生活在什么也不存在的世界里。”

古注

郭象注：“夫明王皆就足物性，故人人皆云我自尔，而莫知恃赖于明王。”

今论

南怀瑾《庄子諵哗》：“得道的人在这个世间，是‘用心若镜’。‘菩提本无树，明镜亦非台。本来无一物，何处惹尘埃。’”

原典

郑有神巫曰季咸，知人之死生存亡、祸福寿夭，期以岁月旬日，若神。郑人见之，皆弃而走。列子见之而心醉[①]，归，以告壶子，曰：“始吾以夫子之道为至矣，则又有至焉者矣。”壶子曰：“吾与汝既其文，未既其实，而固得道与？众雌而无雄，而又奚卵焉！而以道与世亢[②]，必信，夫故使人得而相汝。尝试与来，以予示之。”

明日，列子与之见壶子。出而谓列子曰：“嘻！子之先生死矣！弗活矣！不以旬数矣！吾见怪焉，见湿灰[③]焉。”列子入，泣涕沾襟以告壶子。壶子曰：“乡[④]吾示之以地文，萌乎不震不正[⑤]。是殆见吾杜德机也[⑥]。尝又与来。”

明日，又与之见壶子。出而谓列子曰：“幸矣，子之先生遇我也！有瘳(chōu)[⑦]矣，全然有生矣！吾见其杜权[⑧]矣。”列子入，以告壶子。壶子曰：“乡吾示之以天壤[⑨]，名实不入，而机发于踵。是殆见吾善者机[⑩]也。尝又与来。”

明日，又与之见壶子。出而谓列子曰：“子之先生不齐[⑪]，吾无得而相焉。试齐，且复相之。”列子入，以告壶子。壶子曰：“乡吾示之以太冲[⑫]莫胜。是殆见吾衡气机[⑬]也。鲵桓之审为渊[⑭]，止水之审为渊，流水之审为渊。渊有九名，此处三焉。尝又与来。”

明日，又与之见壶子。立未定，自失而走。壶子曰：“追之！”列子追之不及，反，以报壶子曰：“已灭矣，已失矣，吾弗及已。”壶子曰：“乡

吾示之以未始出吾宗。吾与之虚而委蛇[15]，不知其谁何，因以为弟靡[16]，因以为波流[17]，故逃也。”

然后列子自以为未始学而归，三年不出。为其妻爨（cuàn）[18]，食[19]豕如食人。于事无与亲，雕琢复朴[20]，块然独以其形立。纷而封哉[21]，一以是终。

注释

①心醉：内心折服。②亢：通“抗”，较量。③湿灰：必死无疑。④乡：通“向”，刚才。⑤萌：疑通“茫”，“萌乎”即茫然。震：动。正：“止”字之误。⑥杜：闭塞。德机：生机。⑦瘳：病愈。⑧杜权：闭塞中有变化。⑨天壤：天地间的一丝生气。⑩善者机：一线生机。⑪齐：心迹稳定。⑫太冲：太虚。⑬衡气机：内气持平，应称生机，浑然凝一。⑭鲵：鲸鱼。桓：盘桓。审：通“沈”，深。⑮虚：无所执着。委蛇：随顺应变。⑯弟靡：颓废顺从。⑰波流：像水波一样逐流。⑱爨：烧火做饭。⑲食：饲养。⑳雕琢复朴：去雕琢，复归朴实。㉑纷：纷乱。封：守。

译文

郑国有个占卜识相十分灵验的巫师，名叫季咸，他知道人的生死存亡和祸福寿夭，所预卜的年、月、旬、日都准确应验，仿佛是神人。郑国人见到他，都担心预卜死亡和凶祸而急忙跑开。列子见到他却内心折服如醉如痴，回来后把见到的情况告诉老师壶子，并且说：“起先我总以为先生的道行最为高深，如今又有更为高深的巫术了。”壶子说：“我教给你的还全是道的外在的东西，还未能教给你道的实质，你难道就已经得道了吗？只有众多的雌性可是却无雄性，又怎么能生出受精的卵呢！你用所学到的道的皮毛就跟世人相匹敌，而且一心求取别人的信任，因而让人洞察底细而替你看相。你试着跟他一块儿来，把我介绍给他看看相吧。”

第二天，列子跟神巫季咸一道拜见壶子。季咸走出门来就对列子说：“呀！你的先生快要死了！活不了了，用不了十来天了！我观察到他临死前的怪异形色，神情像遇水的灰烬一样。”列子进到屋里，泪水弄湿了衣襟，伤心地把季咸的话告诉给壶子。壶子说：“刚才我将如同地表那样寂然不动的心境显露给他看，茫茫然既没有震动也没有止息，这样恐怕只能看到我闭塞的生机。试试再跟他来看看。”

第三天，列子又跟神巫季咸一道拜见壶子。季咸走出门来就对列子说：“幸运啊，你的先生遇上了我！症兆减轻了，完全有救了，我已经观察到闭塞的生机中神气微动的情况。”列子进到屋里，把季咸的话告诉给壶子。壶子说：“刚才我将天与地那样相对而又相应的心态显露给他看，名声和实利等一切杂念都排除在外，而生机从脚跟发至全身，这样恐怕已看到了我的一线生机。试着再跟他一块儿来看看。”

第四天，列子又跟神巫季咸一道拜见壶子。季咸走出门来就对列子说：“你的先生心迹不定，神情恍惚，我不可能给他看相。等到心迹稳定，再来给他看相。”列子进到屋里，把季咸的话告诉给壶子。壶子说：“刚才我把阴阳二气均衡而又和谐的心态显露给他看，这样恐怕看到了我内气持平、相应相称的生机。大鱼盘桓逗留的地方叫做深渊，静止的河水聚积的地方叫做深渊，流动的河水滞留的地方叫做深渊。渊有九种称呼，这里只提到了上面三种。试着再跟他一块儿来看看。”

第五天，列子又跟神巫季咸一道拜见壶子。季咸还未站定，就不能自持地跑了。壶子说：“追上他！”列子没能追上，回来告诉壶子，说：“已经没有踪影了，让他跑掉了，我没能赶上他。”壶子说：“起先我显露给他看的始终未脱离我的本源。我跟他随意应付，他弄不清我的究竟，于是我使自己变得那么颓废顺从，变得像水波逐流一样，所以他逃跑了。”

这之后，列子深深感到像从不曾拜师学道似的回到了自己的家里，三年不出门。他帮助妻子烧火做饭，喂猪就像侍侯人一样。对于各种世事不分亲疏没有偏私，过去的雕琢和华饰已恢复到原本的质朴和纯真，像大地一样木然忘情地将形骸留在世上。虽然涉入世间的纷扰却能固守本真，并像这样终生不渝。

古注

王夫之注：“天下皆‘未始出吾宗’者也，而眩于物之多有者，事至而輾然，事至而瞿然，事至而荧然，事至而的然，谓是芸芸者皆出吾宗之外者也。”

今论

南怀瑾《庄子諵哗》：“一切都归之于自然，天地生养了万物，生养了我的生命、我的肉体，最后都还归于天地，这是自然之理，没有什么了不起。”

原典

无为名尸①，无为谋府②；无为事任③，无为知主。体尽无穷，而游无朕④；尽其所受乎天，而无见得，亦虚而已。至人之用心若镜，不将不迎⑤，应而不藏，故能胜物而不伤。

注释

①尸：主。②谋府：出谋划策的地方。③任：负担。④无朕：不留下踪迹。⑤不将不迎：物来不迎，物去不留。

译文

不要成为名誉的寄托，不要成为谋略的场所；不要成为世事的负担，不要成为智慧的主宰。潜心地体验真源而且永不休止，自由自在地游乐而不留下踪迹；任其所能禀承自然，从不表露也从不自得，也就心境清虚淡泊而无所求罢了。修养高尚的“至人”心思就如同一面镜子，对于外物，是来者不迎去者不留，应合事物本身从不有所隐藏，所以能够反映外物而又不因此损心劳神。

古注

王夫之注：“夫天下未始出吾宗，而恒不自知。”

今论

南怀瑾《庄子諵哗》：“‘亦虚而已’，就是很空灵，很自然地在这个世界。”

原典

南海之帝为儵(shū)，北海之帝为忽，中央之帝为浑沌①。儵与忽时相与遇于浑沌之地，浑沌待之甚善。儵与忽谋报浑沌之德，曰：“人皆有七窍以视听食息，此独无有，尝试凿之。”日凿一窍，七日而浑沌死。

注释

①儵、忽、浑沌：“儵”和“忽”指急匆匆的样子，“浑沌”指聚合不分的样子，一指人为的，一指自然的，因此“儵”、“忽”寓指有为，而“浑沌”寓指无为。

译文

南海的大帝名叫儵，北海的大帝名叫忽，中央的大帝叫浑沌。儵与忽常常相会于浑沌之处，浑沌款待他们十分丰盛，儵和忽在一起商量报答浑沌的深厚情谊，说：“人人都有眼耳口鼻七个窍孔用来视、听、吃和呼吸，唯独浑沌没有，我们试着为他凿开七窍。”他们每天凿出一个孔窍，凿了七天浑沌也就死去了。

古注

郭象注：“忘贵贱也。唯所遇耳。去华取实。外饰去也。”

今论

南怀瑾《庄子諵哗》：“庄子就是那么幽默的，所以读《庄子》有时我们会读得笑的。你要学风趣的文章，就要学《庄子》。”

外篇

骈拇 第八

原典

骈(pián)拇枝指[①]，出乎性哉！而侈于德[②]。附赘县疣[③]，出乎形哉！而侈于性。多方[④]乎仁义而用之者，列于五藏哉！而非道德之正也。是故骈于足者，连无用之肉也；枝于手者，树无用之指也；多方骈枝于五藏之情者，淫僻[⑤]于仁义之行，而多方于聪明之用也。

是故骈于明者，乱五色，淫文章[⑥]，青黄黼(fǔ)黻(fú)之煌煌[⑦]非乎？而离朱[⑧]是已。多于聪者，乱五声[⑨]，淫六律[⑩]，金石丝竹黄钟大吕[⑪]之声非乎？而师旷[⑫]是已。枝于仁者，擢德塞性以收名声[⑬]，使天下簧鼓[⑭]以奉不及之法非乎？而曾、史[⑮]是已。骈于辩者，累瓦、结绳、窜句[⑯]，游心[⑰]于坚白同异之间，而敝跬[⑱]誉无用之言非乎？而杨、墨[⑲]是已。故此皆多骈旁枝之道，非天下之至正也。

注释

①骈拇：脚的大拇趾跟二趾连在一起。枝指：手大拇指旁多长出一指。②侈：多余。德：通“得”。③附赘县疣：附悬的赘瘤。④多方：多数人认为“多方”二字为衍文。⑤淫：过度。僻：过偏。⑥文章：错综而又华美的花纹和色彩。⑦黼黻：古代礼服上绣制的花纹。煌煌：光彩炫目的样子。⑧离朱：人名，亦作离娄，视力过人。⑨五声：五个基本音阶，古代音乐中以宫、商、角、徵、羽称之。⑩六律：古乐中六个标准音调，即黄钟、太簇、姑洗、蕤宾、夷则、无射。⑪金、石、丝、竹：各种乐器无不用金、石、丝、竹为原料，这里指五类乐器。黄钟、大吕：古代音调的名称。⑫师旷：晋平公时的著名乐师。⑬擢：拔，提举。塞：闭。⑭簧鼓：管乐和打击乐。⑮曾、史：曾参和史鳍。春秋时的贤人。⑯累瓦、结绳：比喻堆砌无用的词语。窜句：穿凿文句。⑰游心：驰骋心思。⑱敝跬：疲惫的样子。⑲杨、墨：杨朱和墨翟，战国时代的著名思想家。

译文

脚趾并生和枝指旁出，这是天生而成的吗？不过都多于常人之所得。附悬于人体的赘瘤，是出自人的形体吗？不过却超出了人天生而成的本体。采用多种方法推行仁义，并将其与五脏功能比列，却不是无所偏执的中正之道。所以，脚上双趾并生的，是连缀起无用的肉；手上六指旁出的，是多出了无用的手指；各种并生、旁出的多余的东西对于人天生的品性和欲念来说，好比迷乱而又错误地推行仁义，又象是脱出常态地使用人的听力和视力。

所以，超出本体的“多余”对于一个视觉明晰的人来说，难道不是搅乱五色、迷滥文彩、绣制出青黄相间的华丽服饰而炫人眼目吗？而离朱就是这样。超出本体的“多余”对于听觉灵敏的人来说，难道不是搅乱五音、混淆六律，岂不是搅混了金、石、丝、竹、黄钟、大吕的各种音调吗？而师旷就是这样。超出本体的“多余”对于倡导仁义的人来说，难道不是矫擢道德、闭塞真性来捞取名声，而使天下的人们争相鼓噪信守不可能做到的礼法吗？而曾参和史就是这样。超出本体的“多余”对于善于言辞的人来说，难道不是堆砌词藻，穿凿文句、将心思驰骋于“坚白”诡辩的是非之中，而艰难疲惫地罗列无数废话去追求短暂的声誉吗？而杨朱和墨翟就是这样。所以说这些都是多余的、矫造而成的不正之法，绝不是天下的至理和正道。

古注

郭象：“此数子皆师其天性，直自多骈旁枝，各自是一家之正耳。然以一正万，则万不正矣。故至正者不以己正天下，使天下各得其正而已。”

今论

方勇：“强调这些东西的多余，只是以此作比方来引出文章的批判中心，亦即‘仁义’。”

原典

彼正正[①]者，不失其性命之情。故合者不为骈，而枝者不为跂；长者不为有余，短者不为不足。是故凫[②]胫虽短，续之则忧；鹤胫虽长，断之则悲。故性长非所断，性短非所续，无所去忧也。意[③]仁义其非人情乎？彼仁人何其多忧也？

且夫骈于拇者，决[④]之则泣；枝于手者，龁(hé)[⑤]之则啼。二者，或有余于数，或不足于数，其于忧一也。今世之仁人，蒿目[⑥]而忧世之患；不仁之人，决性命之情而饕贵富[⑦]。故意仁义其非人情乎？自三代以下者，天下何其嚣嚣也？

且夫待钩(gōu)绳规矩而正者[8]，是削其性者也，待绳约[9]胶漆而固者，是侵其德[10]者也；屈折[11]礼乐，呴(xū)俞(yú)[12]仁义，以慰天下之心者，此失其常然[13]也，天下有常然。常然者，曲者不以钩，直者不以绳，圆者不以规，方者不以矩，附离[14]不以胶漆，约束不以缪索[15]。故天下诱然[16]皆生而不知其所以生，同焉皆得而不知其所以得。故古今不二，不可亏也，则仁义又奚连连如胶漆缪索而游乎道德之间为哉？使天下惑也！

注释

①正正："至正"之误。②凫：野鸭。③意：又作"噫"，感叹声。④决：裂析，分开。⑤龁：咬断。⑥蒿目：颇费解。⑦决：断，抛弃。饕：贪。⑧待：依靠。钩：木工划弧线的曲尺。⑨绳约：即绳索。⑩德：本性。⑪屈折：引申为周旋。⑫呴俞：抚爱。⑬常然：常态。⑭附离：依附。离，通"丽"。⑮缪索：绳索。⑯诱然：自然而然。

译文

那所谓的至理正道，就是不违反事物各得其所而又顺应自然的真情。所以说合在一块的不算是并生，而旁出枝生的不算是多余，长的不算是有余，短的不算是不足。因此，野鸭的小腿虽然很短，续长一截就有忧患；鹤的小腿虽然很长，截去一段就会痛苦。事物原本就很长是不可以随意截短的，事物原本就很短也是不可以随意续长的，这样各种事物也就没有必要去排除忧患了。噫！仁义恐怕不是人所固有的真情吧？那些倡导仁义的人怎么会有那么多担忧呢？

况且对于脚趾并生的人来说，分裂两脚趾他就会哭泣；对于手指旁出的人来说，咬断歧指他也会哀啼。以上两种情况，有的是多于正常的手指数，有的是少于正常的脚趾数，而它们对于所导致的忧患却是同一样的。如今世上的仁人，放目远视而忧虑人间的祸患；那些不仁的人，摒弃人的本真和自然而贪求富贵。噫！仁义恐怕不是人所固有的真情吧？而从夏、商、周三代以来，天下又怎么会那么喧嚣竞逐呢？

况且依靠曲尺、墨线、圆规、角尺而端正事物形态的，这是损伤事物本性的做法；依靠绳索、胶漆而使事物相互紧紧粘固的，这是伤害事物天然禀赋的做法；运用礼乐对人民生硬地加以改变和矫正，运用仁义对人民加以抚爱和教化，从而抚慰天下民心的，这样做也就失去了人的常态。天下的事物都各有它们固有的常态。所谓常态，就是弯曲的不依靠曲尺，笔直的不依靠墨线，正圆的不依靠圆规，端方的不依靠角尺，使离析的东西附在一起不依靠胶和漆，将单个的事物捆束在一起不依靠绳索。于是，天下万物都不知不觉地生长而不知道自己为什么生长，同样都不知不觉地有所得而不知道自己为什么有所得。所以古今道理并没有两样，不可能出现亏缺呀。那么仁义又为什么无休无止地像胶漆、绳索那样人为地夹在天道和本性之间呢？这就使天下人大惑不解了！

古注

郭象："夫物有常然，任而不助，则泯然自得而不自觉也。"

今论

方勇："旁生枝节般地造作仁义而加以应用，把它与五脏相配合，也只是滥用聪明的淫僻之行，绝非任性率真的自然之道。"

原典

夫小惑易方，大惑易性。何以知其然邪？自虞氏招仁义以挠天下也，天下莫不奔命于仁义，是非以仁义易其性与？故尝试论之，自三代以下者，天下莫不以物易其性矣。小人则以身殉利，士则以身殉名，大夫则以身殉家，圣人则以身殉天下。故此数子者，事业不同，名声异号，其于伤性以身为殉，一也。臧与谷①，二人相与牧羊而俱亡其羊。问臧奚事，则挟策②读书；问谷奚事，则博塞③以游。二人者，事业不同，其于亡羊均也。伯夷死名④于首阳之下，盗跖⑤死利于东陵之上。二人者，所死不同，其于残生伤性均也，奚必伯夷之是而盗跖之非乎！天下尽殉也：彼其所殉仁义也，则俗谓之君子；其所殉货财也，则俗谓之小人。其殉一也，则有君子焉，有小人焉。若其残生损性，则盗跖亦伯夷已，又恶取君子小人于其间哉！

注释

①臧与谷：家奴和童仆。②策：书简。③博塞：掷骰子。④伯夷：殷商末年的贤士。死名：为名而死。⑤盗跖：名跖，春秋末年著名的平民领袖。

译文

小的迷惑会使人弄错方向，大的迷惑会使人改变本性。凭什么知道是这样的呢？自从虞舜拿仁义为号召而搅乱天下，天下的人们没有谁不是在为仁义争相奔走，这岂不是用仁义来改变人原本的真性吗？现在我们试着来谈论一下这一问题。从夏、商、周三代以来，天下没有谁不借助于外物来改变自身的本性。平民百姓为了私利而牺牲，士人为了名声而牺牲，大夫为了家族而牺牲，圣人则为了天下而牺牲。所以这四种人，所从事的事业不同，名声也有各自的称谓，而他们用生命作出牺牲以损害人的本性，却是同一样的。臧与谷两个家奴一块儿放羊却都让羊跑了。问臧在做什么，说是在拿着书简读书；问谷在做什么，说是在玩投骰子的游戏。这两个人所做的事不一样，不过他们丢失了羊却是同样的。伯夷为了贤名死在首阳山下，盗跖为了私利死在东陵山上，这两个人，致死的原因不同，而他们在残害生命、损伤本性方面却是同样的。为什么一定要赞誉伯夷而指责盗跖呢！天下的人们都在为某种目的而献身：那些为仁义而牺牲的，世俗称他为君子；那些为财货而牺牲的，世俗称他为小人。他们为了某一目的而牺牲是同样的，而有的叫做君子，有的叫做小人。倘若就残害生命、损伤本性而言，那么盗跖也就是伯夷了，又怎么能在他们中间区分君子和小人呢！

古注

郭象："自三代以上，实有无为之迹。无为之迹，亦有为者之所尚也，尚之则失其自然之素。"

今论

方勇："庄子理想中的社会，摒弃了'违失性命之情'的宗法礼制，卸下了桎梏人心的礼教规范，复归于一片'常然'的天下。"

原典

且夫属其性乎仁义者，虽通如曾史，非吾所谓臧[1]也；属其性于五味，虽通如俞儿[2]，非吾所谓臧也；属其性乎五声，虽通如师旷，非吾所谓聪也；属其性乎五色，虽通如离朱，非吾所谓明[3]也。吾所谓臧者，非仁义之谓也，臧于其德而已矣；吾所谓臧者，非所谓仁义之谓也，任其性命之情而已矣；吾所谓聪者，非谓其闻彼也，自闻而已矣；吾所谓明者，非谓其见彼也，自见而已矣。夫不自见而见彼，不自得而得彼者，是得人之得而不自得其得者也，适人之适而不自适其适者也。夫适人之适而不自适其适，虽盗跖与伯夷，是同为淫僻也。余愧乎道德，是以上不敢为仁义之操，而下不敢为淫僻之行也。

注释

①臧：善，好的意思。②俞儿：相传为齐人，味觉灵敏，善于辨别味道。③明：视觉明晰、敏锐。

译文

况且，把自己的本性缀连于仁义，即使如同曾参和史鳝那样精通，也不是我所认为的完美；把自己的本性缀连于甜、酸、苦、辣、咸五味，即使如同俞儿那样精通，也不是我所认为的完善；把自己的本性缀连于五声，即使如同师旷那样通晓音律，也不是我所认为的聪敏；把自己的本性缀连于五色，即使如同离朱那样通晓色彩，也不是我所认为的视觉敏锐。我所说的完美，绝不是仁义之类的东西，而是比各有所得更美好罢了；我所说的完善，绝不是所谓的仁义，而是放任天性、保持真情罢了。我所说的聪敏，不是说能听到别人什么，而是指能够内审自己罢了。我所说的视觉敏锐，不是说能看见别人什么，而是指能够看清自己罢了。不能看清自己而只能看清别人，不能安于自得而向别人索求的人，这就是索求别人之所得而不能安于自己所应得的人，也就是贪图达到别人所达到而不能安于自己所应达到的境界的人。贪图达到别人所达到而不安于自己所应达到的境界，无论盗跖与伯夷，都同样是滞乱邪恶的。我有愧于宇宙万物本体的认识和事物变化规律的理解，所以就上一层说我不能奉行仁义的节操，就下一层说我不愿从事滞乱邪恶的行径。

古注

王夫之注："知仁之不远，知义之内，自奔其命而非奔仁义，伯夷以之馁而不怨，何啼泣之有哉！所恶于残生损性者，以其继之以啼泣也。"

今论

方勇："一些人靠仁义获取名利，一些人放弃正途去追求变了质的仁义，终身役役而不可得。"

马蹄第九

原典

马，蹄可以践霜雪，毛可以御风寒，龁（hé）[1]草饮水，翘足而陆[2]，此马之真性也。虽有义台路寝[3]，无所用之。及至伯乐，曰："我善治马。"烧之[4]，剔之[5]，刻之[6]，雒（luò）之[7]，连之以羁馽（zhí）[8]，编之以皁（zào）栈[9]，马之死者十二三矣。饥之，渴之，驰之，骤之，整之，齐之，前有橛（jué）[10]饰之患，而后有筴[11]鞭之威，而马之死者已过半矣。陶者曰："我善治埴（zhí）[12]，圆者中规，方者中矩。"匠人曰："我善治木，曲者中钩，直者应绳。"夫埴木之性，岂欲中规矩钩绳哉？然且世世称之曰"伯乐善治马"而"陶、匠善治埴、木"，此亦治天下者之过也。

注释

①龁：咬嚼。②陆：跳跃。③义台：即仪台，高台。路寝：正室。④烧之：烧红铁器灼炙马毛。⑤剔之：剪剔马毛。⑥刻之：凿削马蹄甲。⑦雒之：用烙铁留下标记。⑧羁：马络头。馽：绊马前足。⑨皁：马槽。栈：马棚。⑩橛：马嚼子。⑪筴：马杖，打马的工具。⑫埴：粘土。

译文

马，蹄可以用来践踏霜雪，毛可以用来抵御风寒，饿了吃草，渴了喝水，性起时扬蹄奋力跳跃，这就是马的天性。即使有高台正殿，对马来说没有什么用处。伯乐说："我善于管理马。"于是用烧红的铁器灼炙马毛，用剪刀修剔马鬃，凿削马蹄甲，烙制马印记，用络头和绊绳来拴连它们，用马槽和马床来编排它们，这样一来马便死掉十分之二三了。饿了不给吃，渴了不给喝，让它们快速驱驰，让它们急骤奔跑，让它们步伐整齐，让它们行动划一，前有马口横木和马络装饰的限制，后有皮鞭和竹条的威逼，这样一来马就死过半数了。制陶工匠说："我最善于整治黏土，我用黏土制成的器皿，圆的合乎圆规，方的应于角尺。”木匠说：“我最善于整治木材，我用木材制成的器皿，能使弯曲的合于钩弧的要求，笔直的跟墨线吻合。”黏土和木材的本性难道就是希望去迎合圆规、角尺、钩弧、墨线吗？然而人们还世世代代地称赞他们说，“伯乐善于管理马”，而“陶匠、木匠善于整治黏土和木材”，这也就是治理天下的人的过错啊！

古注

郭象：“有意治之，则不治矣。治之为善，斯不善也。”

今论

方勇：“庄子笔下的马悠然自得，颇有风骨，食草饮水，奔腾欢跃，活得自由自在。伯乐一来，真性皆失。”

原典

吾意善治天下者不然。彼民有常性①，织而衣，耕而食，是谓同德②；一而不党③，命曰天放④，故至德之世⑤，其行填填⑥，其视颠颠⑦。当是时也，山无蹊隧⑧，泽无舟梁⑨，万物群生，连属⑩其乡，禽兽成群，草木遂长⑪。是故禽兽可系羁而游，鸟鹊之巢可攀援而窥。夫至德之世，同与禽兽居，族与万物并⑫，恶乎知君子小人哉，同乎无知，其德不离；同乎无欲，是谓素朴。素朴而民性得矣。

及至圣人，蹩(bié)躠(xū)⑬为仁，踶(zhì)跂(qī)⑭为义，而天下始疑矣，澶(dàn)漫⑮为乐，摘僻⑯为礼，而天下始分矣。故纯朴不残，孰为牺(suō)尊⑰！白玉不毁，孰为珪璋⑱！道德不废，安取仁义！性情不离，安用礼乐！五色不乱，孰为文采！五声不乱，孰应六律！夫残朴以为器，工匠之罪也；毁道德以为仁义，圣人之过也！

注释

①常性：不变的本性。②同德：人类的共性。③党：偏私。④命：名，称作。天放：任其自然。⑤至德之世：道德最高尚的时代。⑥填填：稳重的样子。⑦颠颠：专一的样子。⑧蹊：小路。隧：穴道。⑨梁：桥。⑩连属：混同。⑪遂长：生长。⑫族：聚合。并：合。⑬蹩躠：步履艰难、勉力行走的样子。⑭踶跂：足跟上提、竭力向上的样子。⑮澶漫：放纵地逸乐。⑯摘僻：繁琐。⑰牺尊：雕刻精致的酒器。⑱珪璋：玉器。

译文

我认为善于治理天下的人就不是这样。黎民百姓有他们固有不变的本能和天性，织布而后穿衣，耕种而后吃饭，这就是人类共有的德行和本能。人们的思想和行为浑然一体没有一点儿偏私，这就叫做任其自然。所以道德最高尚的时代，人们的行动总是那么持重自然，人们的目光又是那么专一而无所顾盼。正是在这个年代里，山野里没有路径和隧道，水面上没有船只和桥梁，各种物类共同生活，人类的居所相通相连而没有什么乡、县差别，禽兽成群结队，草木随心地生长。因此禽兽可以用绳子牵引着游玩，鸟鹊的巢窠可以攀登上去探望。在那人类天性保留最完整的年代，人类跟禽兽同样居住，跟各种物类相互聚合并存，哪里知道什么君子、小人呢？人人都蠢笨而无智慧，人类的本能和天性也就不会丧失；人人都愚昧而无私欲，这就叫做“素”和“朴”。能够像生绢和原木那样保持其自然的本色，人类的本能和天性就会完整地留传下来。

等到世上出了圣人，勉为其难地去倡导所谓仁，竭心尽力地去追求所谓义，于是天下开始出现迷惑与猜疑。放纵无度地追求逸乐的曲章，繁杂琐碎地制定礼仪和法度，于是天下开始分离了。所以说，原本没被分割，谁还能用它雕刻为酒器！一块白玉没被破裂，谁还能用它雕刻出玉器！人类原始的自然本性不被废弃，哪里用得着仁义！人类固有的天性和真情不被背离，哪里用得着礼乐！五色不被错乱，谁能够调出文彩！五声不被搭配，谁能够应和六律！分解原木做成各种器皿，这是木工的罪过；毁弃人的自然本性以推行所谓仁义，这就是圣人的罪过！

古注

郭象：“足性而止，无吞夷之欲，故物全。”

今论

方勇：“在庄子看来，让马、埴和木失去真性的是伯乐、陶人和工匠，让百姓失去真性的是仁义礼乐。”

原典

夫马，陆居则食草饮水，喜则交颈相靡(mó)①，怒则分背相踶(dì)②。马知已此矣。夫加之以衡扼③，齐之以月题④，而马知介倪⑤、闉扼、鸷曼⑥、诡衔⑦、窃辔⑧。故马之知而态至盗者⑨，伯乐之罪也。夫赫胥氏⑩之时，民居不知所为，行不知所之，含哺⑪而熙，鼓腹而游，民能以此矣。及至圣人，屈折礼乐以匡天下之形，县跂⑫仁义以慰天下之心，而民乃始踶跂好知，争归于利，不可止也。此亦圣人之过也。

注释

①靡：通“摩”，触摸。②分背：背对着背。踶：踢。③衡：车辕前面的横木。扼：叉马颈的条木。④题：额。⑤介：独。倪：睨，侧目怒视之意。⑥鸷曼：

指马儿暴戾不驯。⑦诡衔：诡谲地想吐出口里的橛衔。⑧窃辔：偷偷地想脱出马络头。⑨态：能。盗：与人抗敌的意思。⑩赫胥氏：传说中的古代帝王。⑪哺：口里所含的食物。⑫县跂：空悬而不可企及。

译文

马生活在陆地上，吃草饮水，高兴时颈交颈相互摩擦，生气时背对背相互踢撞，马的智巧就只是这样了。等到后来把车衡和颈轭加在它身上，把配着月牙形佩饰的辔头戴在它头上，马就会侧目怒视，僵着脖子抗拒轭木，暴戾不驯，或诡谲地吐出嘴里的勒口，或偷偷地脱掉头上的马辔。所以，马的智巧竟能做出与人对抗的态度，这完全是伯乐的罪过。上古赫胥氏的时代，黎民百姓居处不知道做些什么，走动也知道去哪里，口里含着食物嬉戏，鼓着吃饱的肚子游玩，人们所能做的就只是这样了。等到圣人出现，矫造礼乐来匡正天下百姓的形象，标榜不可企及的仁义来慰藉天下百姓的心，于是人们便开始千方百计地去寻求智巧，争先恐后地去竞逐私利，而不能终止。这也是圣人的罪过啊！

古注

王夫之注："马不衔勒，将焉用马？木不斫治，将焉用木？不为牺尊，将焉用朴？不为珪璋，将焉用玉？不取仁义，将焉用道？'踶跂好知，争归于利'者，圣人之过，圣人尸之而不辞。"

今论

方勇："《马蹄》篇着重从物性受戕害的角度描述仁义对天下的害处，是宏观论述。"

胠箧第十

原典

将为胠(qū)箧、探囊、发匮(guì)之盗而为守备[1]，则必摄缄縢、固扃鐍(jué)[2]；此世俗之所谓知也。然而巨盗至，则负匮、揭[3]箧、担囊而趋；唯恐缄縢、扃鐍之不固也。然则乡[4]之所谓知者，不乃为大盗积者也？故尝试论之，世俗之所谓知者，有不为大盗积者乎？所谓圣者，有不为大盗守者乎？

何以知其然邪？昔者齐国，邻邑相望，鸡狗之音相闻，罔罟(gǔ)之所布[5]，耒耨(nòu)之所刺[6]，方二千余里。阖四竟之内[7]，所以立宗庙社稷，治邑、屋、州、闾、乡、曲[8]者，曷尝不法圣人哉？然而田成子[9]一旦杀齐君而盗其国，所盗者岂独其国邪？并与其圣知之法而盗之。故田成子有乎盗贼之名，而身处尧舜之安，小国不敢非，大国不敢诛，十二世[10]有齐国。则是不乃窃齐国并与其圣知之法，以守其盗贼之身乎？尝试论之，世俗之所谓至知者，有不为大盗积者乎？所谓至圣者，有不为大盗守者乎？

何以知其然邪？昔者龙逢[11]斩，比干剖，苌弘胣(chǐ)[12]，子胥靡[13]。故四子之贤而身不免乎戮。故跖之徒问于跖曰："盗亦有道乎？"跖曰："何适而无有道邪？夫妄意[14]室中之藏，圣也；入先，勇也；出后，义也；知可否，知也；分均，仁也。五者不备而能成大盗者，天下未之有也。"由是观之，善人不得圣人之道不立，跖不得圣人之道不行；天下之善人少，而不善人多，则圣人之利天下也少，而害天下也多。故曰：唇竭[15]而齿寒，鲁酒薄而邯郸围，圣人生而大盗起。掊[16]击圣人，纵舍盗贼，而天下始治矣！

注释

①胠：从旁打开。箧：箱子。探：掏。囊：口袋。发：打开。匮：通"柜"。②摄：打结，收紧。缄、縢：绳索。扃：插闩。鐍：琐钥。③揭：举。

④乡：通“向”，先前。⑤罔：渔网、鸟网。罟：网的总称。⑥耒：犁。耨：锄。刺：插入。⑦阖：全。竟：通“境”。⑧邑、屋、州、闾、乡、曲：古代不同行政区划的名称。⑨田成子：齐国大夫田常（陈恒），曾杀害齐简公夺取政权。后来田常的曾孙又废齐自立，仍称“齐”。⑩十二世：“世世”之误。⑪龙逢：夏桀时的贤人，为夏桀杀害。⑫苌弘：周灵王时的贤臣。胣：剖开肚腹掏出肠子。⑬子胥：即伍员，吴王夫差时被杀害。靡：通“糜”，腐烂。子胥死后被抛尸江中而腐烂。⑭妄意：凭空推测。⑮唇竭：嘴唇向外翻开。⑯掊：抨击。

译文

为了对付撬箱子、掏口袋、开柜子的小偷而做防范准备，必定要收紧绳结、加固插闩和锁钥，这就是一般人所说的聪明做法。可是一旦大强盗来了，就背着柜子、扛着箱子、挑着口袋快步跑了，唯恐绳结、插闩与锁钥不够牢固哩。既然是这样，那么先前所谓的聪明做法，不就是给大盗做好了积聚和储备吗？所以我曾试图讨论这种情况，世俗所谓的聪明人，有不替大盗积聚财物的吗？所谓的圣人，有不替大盗守卫财物的吗？

怎么知道是这样的呢？当年的齐国，邻近的村邑遥遥相望，鸡狗之声相互听闻，渔网所撒布的水面，犁锄所耕作的土地，方圆两千多里。整个国境之内，所有用来设立宗庙、社稷的地方，所有用来建置邑、屋、州、闾、乡、里各级行政机构的地方，何尝不是在效法古代圣人的做法！然而田成子一下子杀了齐国的国君，也就窃据了整个齐国。他所盗窃夺取的难道又仅仅只是那样一个齐国吗？连同那里各种圣明的法规与制度也一块儿劫夺去了。

所以盗跖的门徒问盗跖道：“做强盗也有规矩和准绳吗？”盗跖回答说：“到什么地方会没有规矩和准绳呢？凭空推测屋里储藏着什么财物，这就是圣明；率先进到屋里，这就是勇敢；最后退出屋子，这就是义气；能知道可否采取行动，这就是智慧；事后分配公平，这就是仁爱。以上五样不能具备，却能成为大盗的人，天下是没有的。”从这一点来看，善人不能通晓圣人之道便不能立业，盗跖不能通晓圣人之道便不能行窃；天下的善人少，而不善的人多，那么圣人给天下带来好处也就少，而给天下带来祸患也就多。圣人出现了因而大盗也就兴起了。抨击圣人，释放盗贼，天下方才能太平无事。

古注

郭象：“法圣人者，法其迹耳。夫迹者，已去之物，非应变之具也，奚足尚而执之哉！”

今论

方勇："庄子掊折仁义，诋斥圣智，始终是在论辩，让读者发现仁义圣智光芒之下的漏洞和危害，却没有提出他的解决方法。"

原典

夫川竭而谷虚，丘夷①而渊实。圣人已死，则大盗不起，天下平而无故②矣。圣人不死，大盗不止。虽重③圣人而治天下，则是重利盗跖也。为之斗斛④以量之，则并与斗斛而窃之；为之权衡⑤以称之，则并与权衡而窃之；为之符玺⑥以信之，则并与符玺而窃之；为之仁义以矫之，则并与仁义而窃之。何以知其然邪？彼窃钩⑦者诛，窃国者为诸侯，诸侯之门而仁义存焉。则是非窃仁义圣知邪？故逐于大盗、揭诸侯、窃仁义并斗斛权衡符玺之利者，虽有轩冕⑧之赏弗能劝，斧钺 (yuè)⑨之威弗能禁。此重利盗跖而使不可禁者，是乃圣人之过也。故曰：鱼不可脱于渊，国之利器不可以示人。彼圣人者，天下之利器也，非所以明天下也。

故绝圣弃知，大盗乃止；擿 (zhì)⑩玉毁珠，小盗不起；焚符破玺，而民朴鄙；掊斗折衡，而民不争；殚残⑪天下之圣法，而民始可与论议。擢乱六律，铄 (shuò) 绝竽瑟⑫，塞瞽旷⑬之耳，而天下始人含⑭其聪矣；灭文章⑮，散五采，胶离朱之目，而天下始人含其明矣。毁绝钩绳而弃规矩，攦工倕 (chuí)⑯之指，而天下始人有其巧矣。故曰：大巧若拙。削曾史之行，钳杨墨之口，攘⑰弃仁义，而天下之德始玄同矣。彼人含其明，则天下不铄矣；人含其聪，则天下不累⑱矣；人含其知，则天下不惑矣；人含其德，则天下不僻矣。彼曾、史、杨、墨、师旷、工倕、离朱、皆外立⑲其德，而以爚 (yuè)⑳乱天下者也，法之所无用也。

注释

①夷：平。②故：事故，变故。③重：重用。④斗斛：古代的两种量器，十斗为一斛。⑤权：秤锤。衡：秤杆。⑥符玺：古代用作凭证的信物。"符"由两半组成，合在一起以验明真伪。⑦钩：腰带钩。⑧轩冕：代指高官厚禄。⑨钺：大斧。⑩擿：掷。⑪殚：耗尽。残：毁坏。⑫铄：销毁。绝：折断。竽瑟：两种古乐器之名，这里泛指乐器。⑬瞽旷：即师旷。因其眼瞎，所以又叫他"瞽旷"。⑭含：保全。⑮文章：文彩，花纹。⑯工倕：传说中的能工巧匠。⑰攘：推开，排除。⑱累：忧患。⑲外立：在外表上树立，即对人炫耀之意。⑳爚：炫耀。

译文

溪水干涸山谷显得格外空旷，山丘夷平深潭显得格外充实。圣人死了，那么大盗也就不会再兴起，天下就太平而没有变故了。圣人不死，大盗也就不会中止。即使让整个社会都重用圣人治理天下，那么这也是让盗跖获得最大的好处。给天下人制定斗、斛来计量物品的多少，那么就连同斗斛一道盗窃走了；给天下人制定秤锤、秤杆来计量物品的轻重，那么就连同秤锤、秤杆一道盗窃走了；给天下人制定符、玺来取信于人，那么就连同符、玺一道盗窃走了；给天下人制定仁义来规范人们的道德和行为，那么就连同仁义一道盗窃走了。怎么知道是这样的呢？那些偷窃腰带环钩之类小东西的人受到刑戮和杀害，而窃夺了整个国家的人却成为诸侯，诸侯的门下仁义高悬，这不就是盗窃了仁义和圣智吗？所以，那些追随大盗，高居诸侯之位，窃夺了仁义以及斗斛、秤具、符玺之利的人，即使有高官厚禄的赏赐不可能劝勉，即使有行刑杀戮的威严不可能禁止。这些大大有利于盗跖而不能使他们禁止的情况，都是圣人的过错。因此说：鱼儿不能脱离深潭，治国的利器不能随便拿给人看。那些所谓的圣人，就是治理天下的利器，是不可以用来明示天下的。

所以，断绝圣人摒弃智慧，大盗就能中止；弃掷玉器毁坏珠宝，小的盗贼就会消失；焚烧符记破毁玺印，百姓就会朴实浑厚；打破斗斛折断秤杆，百姓就会没有争斗；尽毁天下的圣人之法，百姓方才可以谈论是非和曲直。搅乱六律，毁折各种乐器，并且堵住师旷的耳朵，天下人方能保全他们原本的听觉；消除纹饰，离散五彩，粘住离朱的眼睛，天下人方才能保全他们原本的视觉；毁坏钩弧和墨线，抛弃圆规和角尺，弄断工倕的手指，天下人方才能保有他们原本的智巧。因此说：“最大的智巧就好像是笨拙一样。”削除曾参、史鳍的忠孝，钳住杨朱、墨翟善辩的嘴巴，摒弃仁义，天下人的德行方才能混同而齐一。人人都保有原本的视觉，那么天下就不会出现毁坏；人人都保有原本的听觉，那么天下就不会出现忧患；人人都保有原本的智巧，那么天下就不会出现迷惑；人人都保有原本的秉性，那么天下就不会出现邪恶。那曾参、史鳍、杨朱、墨翟、师旷、工倕和离朱，都外露并炫耀自己的德行，而且用来迷乱天下之人，这就是圣治之法没有用的原因。

古注

王夫之注：“圣人，不可死者也；大盗，不可止者也。盗既不可止矣，圣人果不可死矣。知圣人之不可死，大盗之不可止，无可奈何而安之以道。犹将延颈举趾，指贤智为名以殉其私利而欲以止盗，其不为大乱也鲜矣。”

今论

方勇："其实，所谓'圣知'本身并不能给人们带来什么，人们窥伺达旦的是其背后的无上权力和财富。"

原典

子独不知至德之世乎？昔者容成氏、大庭氏、伯皇氏、中央氏、栗陆氏、骊畜氏、轩辕氏、赫胥氏、尊卢氏、祝融氏、伏牺氏、神农氏[①]，当是时也，民结绳而用之，甘其食，美其服，乐其俗，安其居，邻国相望，鸡狗之音相闻，民至老死而不相往来。若此之时，则至治已。今遂至使民延颈举踵[②]，曰："某所有贤者。"赢粮而趣之[③]，则内弃其亲，而外弃其主之事；足迹接乎诸侯之境，车轨结乎千里之外，则是上好知之过也。上诚好知而无道，则天下大乱矣！

何以知其然邪？夫弓、弩、毕、弋、机变之知多[④]，则鸟乱于上矣；钩饵、罔罟、罾(zēng)笱(gǒu)[⑤]之知多，则鱼乱于水矣；削格、罗落、罝(jū)罘(fú)之知多[⑥]，则兽乱于泽矣；知诈渐毒、颉滑坚白、解垢同异之变多[⑦]，则俗惑于辩矣。故天下每每[⑧]大乱，罪在于好知。故天下皆知求其所不知，而莫知求其所已知者；皆知非其所不善，而莫知非其所已善者，是以大乱。故上悖[⑨]日月之明，下烁[⑩]山川之精，中堕(huī)四时之施[⑪]，惴耎(ruǎn)[⑫]之虫，肖翘[⑬]之物，莫不失其性。甚矣，夫好知之乱天下也！自三代以下者是已，舍夫种种[⑭]之民，而悦夫役役之佞[⑮]，释[⑯]夫恬淡无为，而悦夫哼(tūn)哼[⑰]之意，哼哼已乱天下矣！

注释

①容成氏、大庭氏、伯皇氏、中央氏、栗陆氏、骊畜氏、轩辕氏、赫胥氏、尊卢氏、祝融氏、伏牺氏、神农氏：传说中的古代帝王或部落首领。②遂：竟。延颈：伸长脖颈。举踵：踮起脚跟。③赢：裹。趣：通"趋"，快步走。④毕：一种带柄的网。弋：系有丝绳可以回收的箭。⑤罾：用竿子支撑形如伞状的鱼网。笱：用作捕鱼的竹笼。⑥削：竹桩。格：木桩。罗落：用来关守野兽的网状篱笆。罝罘：捕兽的网。⑦渐毒：欺诈。颉滑：奸黠狡猾。解诟：言词诡曲。同异：战国名家的辩论题，认为事物的同与异是相对的，因而也就没有同异之别。⑧每每：即昧昧，昏昏的意思。⑨悖：遮掩。⑩烁：通"铄"，销解。⑪堕：通"隳"，毁坏。施：推移。⑫惴耎：蠕动的样子，这里指附地而生的小虫。⑬肖翘：飞在空中的小虫。⑭种种：淳朴的样子。⑮役役：钻营狡黠的样子。佞：巧言谄媚的小人。⑯释：放置，废弃。⑰哼哼：喋喋不休，不停地说教的样子。

译文

你唯独不知道那盛德的时代吗？从前容成氏、大庭氏、伯皇氏、中央氏、栗陆氏、骊畜氏、轩辕氏、赫胥氏、尊卢氏、祝融氏、伏牺氏、神农氏，在那个时代，人民靠结绳的办法记事，把粗疏的饭菜认作美味，把朴素的衣衫认作美服，把纯厚的风俗认作欢乐，把简陋的居所认作安适，邻近的国家相互观望，鸡狗之声相互听闻，百姓直至老死也互不往来。像这样的时代，就可说是真正的太平治世了。可是当今竟然达到使百姓伸长脖颈踮起脚跟说："某个地方出了圣人。"于是带着干粮急趋而去。家里抛弃了双亲，外边离开了主上的事业，足迹交接于诸侯的国境，车轮印迹往来交错于千里之外，而这就是统治者追求圣智的过错。统治者一心追求圣智而不遵从大道，那么天下必定会大乱啊！

怎么知道是这样的呢？弓弩、鸟网、弋箭、机关之类的智巧多了，那么鸟儿就只会在空中扰飞；钩饵、鱼网、鱼笼之类的智巧多了，那么鱼儿就只会在水里乱游；木栅、兽栏、兽网之类的智巧多了，那么野兽就只会在草泽里乱窜；伪骗欺诈、奸黠狡猾、言词诡曲、坚白之辩、同异之谈等等权变多了，那么世俗的人就只会被诡辩所迷惑。所以天下昏昏大乱，罪过就在于喜好智巧。所以天下人都只知道追求他所不知道的，却不知道探索他所已经知道的；都知道非难他所认为不好的，却不知道否定他所已经赞同的，因此天下大乱。所以对上而言遮掩了日月的光辉，对下而言消解了山川的精华，居中而言损毁了四时的交替，就连附生地上蠕动的小虫，飞在空中的蛾蝶，没有不丧失原有真性的。追求智巧扰乱天下，竟然达到如此地步！自夏、商、周三代以来的情况就是这样啊，抛弃那众多淳朴的百姓，而喜好那钻营狡诈的谄佞小人；废置那恬淡无为的自然风尚，喜好那喋喋不休的说教。喋喋不休的说教已经搞乱了天下啊！

古注

郭象："夫吉凶悔吝，生於动者也。而知之所动，诚能摇荡天地，运御群生，故君人者，胡可以不忘其知哉！"

今论

方勇："仁义圣智在我们心中原是有价值的东西，而在庄子那里却根本是不值得追求的，所以摒弃仁义圣智不仅因为要遏制大盗，也在于其本身的害处。"

在宥

第十一

原典

闻在宥（yòu）天下[1]，不闻治天下也。在之也者，恐天下之淫其性也；宥之也者，恐天下之迁其德也。天下不淫其性，不迁其德，有治天下者哉！昔尧之治天下也，使天下欣欣焉人乐其性，是不恬也；桀之治天下也，使天下瘁瘁[2]焉人苦其性，是不愉也。夫不恬不愉，非德也。非德也而可长久者，天下无之。

人大喜邪，毗（pí）[3]于阳；大怒邪，毗于阴。阴阳并毗，四时不至，寒暑之和不成，其反伤人之形乎！使人喜怒失位，居处无常，思虑不自得，中道不成章，于是乎天下始乔诘卓鸷[4]，而后有盗跖、曾史之行。故举天下以赏其善者不足，举天下以罚其恶者不给，故天下之大不足以赏罚。自三代以下者，匈匈[5]焉终以赏罚为事，彼何暇安其性命之情哉！

而且说[6]明邪，是淫于色也；说聪邪，是淫于声也；说仁邪，是乱于德也；说义邪，是悖于理也；说礼邪，是相[7]于技也；说乐邪，是相于淫也；说圣邪，是相与艺[8]也；说知邪，是相于疵（cī）[9]也。天下将安其性命之情，之八者，存可也，亡可也；天下将不安其性命之情，之八者，乃始脔（luán）卷㺃（cāng）囊[10]而乱天下也。而天下乃始尊之惜之，甚矣，天下之惑也！岂直[11]过也而去之邪，乃齐[12]戒以言之，跪坐以进之，鼓歌以儛[13]之，吾若是何哉！故君子不得已而临莅[14]天下，莫若无为。无为也而后安其性命之情。故贵以身于为天下，则可以托天下；爱以身于为天下，则可以寄天下[15]。故君子苟能无解其五藏，无擢[16]其聪明；尸居而龙见[17]，渊默而雷声[18]，神动而天随，从容无为而万物炊累[19]焉。吾又何暇治天下哉！

注释

①在宥天下：优游自在，宽容自得。②瘁瘁：忧愁。③毗：损伤。④乔诘：意不平。卓鸷：行不平。⑤匈匈：喧嚣。⑥说：通“悦”。⑦相：助。⑧艺：才能。⑨疵：毛病。⑩脔卷：拳曲而不展的样子。猃囊：扰攘纷争的样子。⑪直：止。⑫齐：通“斋”。⑬僊：舞。⑭莅：到，临。⑮故贵以身于为天下，……则可以寄天下：引用《老子》十三章文。⑯擢：显露。⑰尸：表示一动不动的样子。见：通“现”，显现。⑱渊默：意思是像深渊那么默默深沉。雷声：意思是撼人之力就像雷声隆隆。⑲炊：炊烟。累：游动的尘埃。

译文

只听说听任天下安然自在地发展，没有听说要对天下进行治理。听任天下自在地发展，是因为担忧人们超越了原本的真性；宽容不迫各得其所，是因为担忧人们改变了自然的常态。天下人不超越原本的真性，不改变自然的常态，哪里用得着治理天下呢！从前唐尧治理天下，使天下人欣喜若狂人人都为有其真性而欢乐，这就不安宁了；当年夏桀治理天下，使天下人忧心不已人人都为有其真性而痛苦，这就不欢快了。不安宁与不欢快，都不是人们生活和处世的常态。不合于自然的常态而可以长久存在，天下是没有的。

人们过度欢欣，定会损伤阳气；人们过度愤怒，定会损伤阴气。阴与阳相互侵害，四时就不会顺应而至，寒暑也就不会调和形成，这恐怕反倒会伤害自身吧！使人喜怒失却常态，居处没有定规，考虑问题不得要领，办什么事都半途失去章法，于是天下就开始出现种种不平，而后便产生盗跖、曾参、史鳝等各各不同的行为和作法。所以，动员天下所有力量来奖励人们行善也嫌不够，动员天下所有力量来惩戒劣迹也嫌不足，因此天下虽很大仍不足以用来赏善罚恶。自夏、商、周三代以来，始终是喋喋不休地把赏善罚恶当作当政之急务，他们又哪里有心思去安定人的自然本性和真情呢！

而且，喜好目明，这是沉溺于五彩；喜好耳聪，这是沉溺于声乐；喜好仁爱，这是扰乱人的自然常态；喜好道义，这是违反事物的常理；喜好礼仪，这就助长了繁琐的技巧；喜好音乐，这就助长了淫乐；喜好圣智，这就助长了技艺；喜好智巧，这就助长了琐细之差的争辩。天下人想要安定自然赋予的真情和本性，这八种做法，存留可以，丢弃也可以；天下人不想安定自然赋予的真情和本性，这八种做法，就会成为拳曲不伸、扰攘纷争的因素而迷乱天下了。可是，天下人竟然会尊崇它，珍惜它，天下人为其所迷惑竟达到如此地步！这种种现象岂只是一代一代地流传下来呀！人们还虔诚地谈论它，恭敬地传颂它，欢欣地供奉它，对此我将能够怎么样呢！

所以，君子不得已而居于统治天下的地位，那就不如一切顺其自然。顺其自然方才能使天下人保有人类自然的本性与真情。正因为这样，看重自身甚于看重统驭天下的人，便可以把天下交给他；爱护自身甚于爱护统驭天下之事的人，便可以把天下托付给他。也正因为这样，君子倘能不敞露心中的灵气，不表明自己的才华和智巧，那就会安然不动而精神腾飞，默默深沉而撼人至深，精神活动合乎天理，从容自如顺应自然而万事万物都像炊烟游尘那样自由自在。我又何须分出心思去治理天下啊！

古注

王夫之注："人心之动，有可知者，有不可知者。不可知者，人心之天也。治天下者，恒治其可知，而不能治其不可知。"

今论

吴健雄："树是可怜的，它永远站在原地，到了开花季节，它又被花占据着。它体会不到花在空中飞舞的曼妙，也体会不到飞花落地的快感。"

原典

崔瞿[①]问于老聃曰："不治天下，安藏[②]人心？"老聃曰："女慎无撄[③]人心。人心排下而进上[④]，上下囚杀，淖约柔乎刚彊[⑤]，廉刿(guì)[⑥]雕琢，其热焦火，其寒凝冰。其疾俛仰之间而再抚四海之外[⑦]，其居也渊而静，其动也县[⑧]而天。偾(fèn)骄[⑨]而不可系者，其唯人心乎！

"昔者黄帝始以仁义撄人之心，尧舜于是乎股无胈(bá)[⑩]，胫[⑪]无毛，以养天下之形，愁其五藏以为仁义，矜[⑫]其血气以规法度。然犹有不胜也，尧于是放讙(huān)兜于崇山[⑬]，投三苗于三峗[⑭]，流共工[⑮]于幽都，此不胜天下也。夫施(yì)及三王[⑯]而天下大骇矣，下有桀、跖，上有曾、史，而儒墨毕起。于是乎喜怒相疑，愚知相欺，善否相非，诞信相讥，而天下衰矣。大德不同，而性命烂漫矣；天下好知，而百姓求竭矣。于是乎釿(jīn)[⑰]锯制焉，绳墨杀焉，椎凿[⑱]决焉。天下脊脊[⑲]大乱，罪在撄人心。故贤者伏处大山嵁(kān)岩之下[⑳]，而万乘之君忧慄乎庙堂之上。今世殊死[㉑]者相枕也，桁(háng)杨者相推也[㉒]，刑戮者相望也，而儒墨乃始离跂攘臂乎桎梏之间[㉓]。意[㉔]，甚矣哉！其无愧而不知耻也甚矣！吾未知圣知之不为桁杨椄(jié)槢(xí)[㉕]也，仁义之不为桎梏凿枘[㉖]也，焉知曾史之不为桀跖嚆(hāo)矢[㉗]也！故曰'绝圣弃知而天下大治'。"

注释

①崔瞿：虚拟人名。②藏："臧"字之讹，善。③撄：扰乱。④排：排斥，

压抑。进：推进，提升。⑤淖约：柔弱美好的样子。彊：通“强”。⑥廉：借作“劆”，刺。刿：割。⑦疾：快速。抚：临。⑧县：通“悬”。⑨偾骄：骄矜不可禁。⑩股：大腿。胈：白肉。⑪胫：小腿。⑫矜：苦。⑬讙兜：人名，传说跟尧作对，被尧放逐。⑭三苗：帝尧时代的古国名，地处南方。三峗：山名，地处西北。⑮共工：帝尧的水官。⑯施：延续。三王：即夏、商、周三代。⑰斤：通“斤”，斧。⑱椎凿：刑具。⑲脊脊：相互践踏。⑳伏处：隐居。嵁岩：深谷。㉑殊死：斩首。㉒桁杨：加在被囚禁者颈上和脚上的刑具。相推：一个挨着一个。㉓离跂：奋力的样子。攘臂：举臂。桎梏：脚镣手铐。㉔意：通“噫”。㉕椄槢：连接脚镣或手铐的插木。㉖凿：孔。枘：榫头。㉗嚆矢：响箭。

译文

崔瞿子向老聃请教：“不治理天下，怎么能使人心向善？”老聃回答说：“你应谨慎而不要随意扰乱人心。人们的心情总是压抑便消沉颓丧，得志便趾高气扬，不过消沉颓丧或者趾高气扬都像是受到拘禁和伤害一样自累自苦，唯有柔弱顺应能软化刚强，端方而棱角外露容易受到挫折和伤害，情绪激烈时像熊熊大火，情绪低落时像凛凛寒冰。内心变化格外迅速，转眼间再次巡游四海之外，静处时深幽宁寂，活动时腾跃高天。骄矜不禁而无所拘系的，恐怕就只是人的内心活动吧！

“当年黄帝开始用仁义来扰乱人心，尧和舜于是疲于奔波而腿上无肉、胫上秃毛，用以养育天下众多的形体，满心焦虑地推行仁义，并耗费心血来制定法度。然而他还是未能治理好天下。此后尧将讙兜放逐到南方的崇山，将三苗放逐到西北的三峗，将共工放逐到北方的幽都，这些就是没能治理好天下的明证。延续到夏、商、周三代更是多方面地惊扰了天下的人民，下有夏桀、盗跖之流，上有曾参、史鳝之流，而儒家和墨家的争辩又全面展开。这样一来或喜或怒相互猜疑，或愚或智相互欺诈，或善或恶相互责难，或妄或信相互讥刺，因而天下也就逐渐衰败了。基本观念和生活态度如此不同，人类的自然本性散乱了；天下都追求智巧，百姓中便纷争迭起。于是用斧锯之类的刑具来制裁他们，用绳墨之类的法度来规范他们，用椎凿之类的肉刑来惩处他们。天下相互践踏而大乱，罪在扰乱了人心。因此贤能的人隐居于高山深谷之下，而帝王诸侯忧心如焚战栗在朝堂之上。当今之世，遭受杀害的人尸体一个压着一个，带着脚镣手铐而坐大牢的人一个挨着一个，受到刑具伤害的人更是举目皆然，而儒家墨家竟然在枷锁和羁绊中挥手舞臂地奋力争辩。唉，真是太过分了！他们不知心愧、不识羞耻竟然达到这等地步！我不知道那所谓的圣智不是脚镣手铐上用作连接左右两部分的插木，我也不明白那所谓的仁义不是枷锁上用作加固的孔穴和木拴，又怎么知道曾参和史鳝之流不是夏桀和盗跖的先导！所以说‘断绝圣人，抛弃智慧，天下就会得到治理而太平无事’。”

古注

王夫之注："若夫不可知者，无实焉有名？无象焉有法？无败焉有功？名法功之迹隐，故为侈天下者之所不事。"

今论

吴健雄："成败只在你，不该推卸责任，一切顺其自然吧。"

原典

黄帝立为天子十九年，令行天下，闻广成子在于空同之山[1]，故往见之。曰："我闻吾子达于至道，敢问至道之精。吾欲取天地之精，以佐五谷，以养民人。吾又欲官[2]阴阳，以遂[3]群生，为之奈何？"广成子曰："而所欲问者，物之质[4]也；而所欲官者，物之残[5]也。自而治天下，云气不待族而雨，草木不待黄而落，日月之光益以荒矣。而佞人之心翦翦者[6]，又奚足以语至道！"黄帝退，捐[7]天下，筑特室[8]，席[9]白茅，间居三月，复往邀[10]之。

广成子南首而卧，黄帝顺下风[11]，膝行而进，再拜稽首[12]而问曰："闻吾子达于至道，敢问，治身奈何而可以长久？"广成子蹶(guì)然[13]而起，曰："善哉问乎！来！吾语女至道。至道之精，窈窈冥冥[14]；至道之极，昏昏默默[15]。无视无听，抱神以静，行将至正。必静必清，无劳女形，无摇女精，乃可以长生。目无所见，耳无所闻，心无所知，女神将守形，形乃长生。慎女内，闭女外，多知为败。我为女遂于大明之上矣，至彼至阳之原也。为女入于窈冥之门矣，至彼至阴之原也。天地有官，阴阳有藏；慎守女身，物将自壮。我守其一以处其和[16]，故我修身千二百岁矣，吾形未常[17]衰。"黄帝再拜稽首，曰："广成子之谓天矣！"

广成子曰："来，余语女。彼其物无穷，而人皆以为有终；彼其物无测，而人皆以为有极。得无道者，上为皇而下为王；失吾道者，上见光而下为土。今夫百昌皆生于土而反于土，故余将去女，入无穷之门，以游无极之野。吾与日月参光，吾与天地为常。当我[18]，缗(mín)[19]乎！远我[20]，昏乎！人其尽死，而我独存乎！"

注释

①广成子：虚构的道教人物。空同：亦作崆峒，山名。②官：掌管。③遂：成就。④质：本质。⑤残：余剩。⑥佞人：谗谄的小人。翦翦：狭隘的样子。⑦捐：弃。⑧特室：别室。⑨席：铺。⑩邀：求。⑪下风：下方。⑫稽首：叩头至地。⑬蹶然：急遽的样子。⑭窈窈冥冥：深远昏暗的样子。⑮昏昏默默：晦暗沉寂的样子。⑯一：浑一，指道。和：指阴、阳调谐。⑰常：通"尝"。⑱当我：向着我而来。⑲缗：泯合。⑳远我：背着我而去。

译文

黄帝做了十九年天子，诏令通行天下，听说广成子居住在崆峒山上，特意前往拜见他。黄帝说："我听说先生已经通晓至道，冒昧地请教至道的精华。我一心想获取天地的灵气，用来帮助五谷生长，用来养育百姓。我又希望能主宰阴阳，从而使众多生灵遂心地成长，对此我将怎么办？"广成子回答说："你所想问的，是万事万物的根本；你所想主宰的，是万事万物的残留。自从你治理天下，天上的云气不等到聚集就下起雨来，地上的草木不等到枯黄就飘落凋零，太阳和月亮的光亮也渐渐地晦暗下来。然而谗谄的小人心地是那么偏狭和恶劣，又怎么能够谈论大道！"黄帝听了这一席话便退了回来，弃置朝政，筑起清心寂智的静室，铺着洁白的茅草，谢绝交往独居三月，再次前往求教。

广成子头朝南地躺着，黄帝则顺着下方，双膝着地匍匐向前，叩头着地行了大礼后问道："我听说先生已经通晓至道，冒昧地请教，修养自身怎么样才能活得长久？"广成子急速地挺身而起，说："问得好啊！来，我告诉给你至道。至道的精髓，幽深渺远；至道的至极，晦暗沉寂。什么也不看什么也不听，持守精神保持宁静，形体自然顺应正道。一定要保持宁寂和清静，不要使身形疲累劳苦，不要使精神动荡恍惚，这样就可以长生。眼睛什么也没看见，耳朵什么也没听到，内心什么也不知晓，这样你的精神定能持守你的形体，形体也就长生。小心谨慎地摒除一切思虑，封闭起对外的一切感官，智巧太盛定然招致败亡。我帮助你达到最光明的境地，直达那阳气的本原。我帮助你进入到幽深渺远的大门，直达那阴气的本原。天和地都各有主宰，阴和阳都各有府藏，谨慎地守护你的身形，万物将会自然地成长。我持守着浑一的大道而又处于阴阳二气调谐的境界，所以我修身至今已经一千二百年，而我的身形还从不曾有过衰老。"黄帝再次行了大礼叩头至地说："先生真可说是跟自然混而为一了！"

广成子又说："来，我告诉你。宇宙间的事物是没有穷尽的，然而人们却认为有个尽头；宇宙间的事物是不可能探测的，然而人们却认为有个极限。掌握了我所说的道的人，在上可以成为皇帝，在下可以成为王侯；不能掌握我所说的道的人，在上只能见到日月的光亮，在下只能化为土块。如今万物昌盛可都生于土地又返归土地，所以我将离你而去，进入那没有穷尽的大门，从而遨游于没有极限的原野。我将与日月同光，我将与天地共存。向着我而来，我无所觉察！背着我而去，我无所在意！人们恐怕都要死去，而我还独自留下来吗？”

古注

郭象：“失无穷之道，则自信于一变而不能均同上下，故俯仰异心。”

原典

云将[①]东游，过扶摇之枝而适遭鸿蒙[②]。鸿蒙方将拊髀[③]雀跃而游。云将见之，倘然[④]止，贽(zhì)然[⑤]立，曰：“叟何人邪？叟何为此？”鸿蒙拊髀雀跃不辍，对云将曰：“游！”云将曰：“朕[⑥]愿有问也。”鸿蒙仰而视云将曰：“吁！”云将曰：“天气不和，地气郁结，六气不调，四时不节。今我愿合六气之精以育群生，为之奈何？”鸿蒙拊髀掉头曰：“吾弗知！吾弗知！”云将不得问。

又三年，东游，过有宋之野而适遭鸿蒙。云将大喜，行趋而进曰：“天[⑦]忘朕邪？天忘朕邪？”再拜稽首，愿闻于鸿蒙。鸿蒙曰：“浮游，不知所求；猖狂[⑧]，不知所往。游者鞅掌[⑨]，以观无妄[⑩]。朕又何知！”云将曰：“朕也自以为猖狂，而民随予所往；朕也不得已于民，今则民之放[⑪]也。愿闻一言。”

鸿蒙曰：“乱天之经[⑫]，逆物之情，玄天[⑬]弗成；解兽之群，而鸟皆夜鸣；灾及草木，祸及止虫[⑭]，意，治人之过也！”云将曰：“然则吾奈何？”鸿蒙曰：“意，毒[⑮]哉！僊(xiān)僊[⑯]乎归矣。”云将曰：“吾遇天难，愿闻一言。”

鸿蒙曰：“意！心养[⑰]。汝徒[⑱]处无为，而物自化。堕尔形体，吐尔聪明，伦[⑲]与物忘，大同乎涬(xìng)溟[⑳]，解心释神，莫然[㉑]无魂。万物云云[㉒]，各复其根，各复其根而不知；浑浑沌沌[㉓]，终身不离；若彼知之，乃是离之。无问其名，无窥其情，物固自生。”云将曰：“天降朕以德，示朕以默；躬身求之，乃今也得。”再拜稽首，起辞而行。

注释

①云将：云的主帅。②扶摇：神木，一说飓风。鸿蒙：自然的元气，与

"云将"一样，均已拟人化，成为寓言中的人物。③拊：拍击。脾：通"髀"，大腿。④倘然：惊疑的样子。⑤贽然：站立不动的样子。⑥朕：我。⑦天：指鸿蒙。⑧猖狂：漫不经心地随意活动。⑨鞅掌：随意而自得。⑩无妄：真实。⑪放：通"仿"，依。⑫经：常规。⑬玄天：即指天。⑭止虫：即"豸虫"，一说为昆虫。⑮毒：害。⑯僊僊：通"仙"，轻扬的样子。⑰心养：养心。⑱徒：只。⑲伦：类。⑳涬溟：混混茫茫的自然之气。㉑莫然：无知的样子。㉒云云：众多的样子。㉓浑浑沌沌：淳朴无知。

译文

云将到东方巡游，经过神木扶摇的枝旁恰巧遇上了鸿蒙。鸿蒙正拍着大腿像雀儿一样跳跃游乐。云将见鸿蒙那般模样，惊疑地停下来，纹丝不动地站着，说："老先生是什么人呀！老先生你为什么这般动作？"鸿蒙拍着大腿不停地跳跃，对云将说："自在地游乐！"云将说："我想向你请教。"鸿蒙抬起头来看了看云将道："哎！"云将说："天上之气不和谐，地上之气郁结了，阴、阳、风、雨、晦、明六气不调和，四时变化不合节令。如今我希望调谐六气之精华来养育众生灵，对此将怎么办？"鸿蒙拍着大腿掉过头去，说："我不知道！我不知道！"云将得不到回答。

过了三年，云将再次到东方巡游，经过宋国的原野恰巧又遇到了鸿蒙。云将大喜，快步来到近前说："老先生忘记了我吗？老先生忘记了我吗？"叩头至地行了大礼，希望得到鸿蒙的指教。鸿蒙说："自由自在地遨游，不知道追求什么；漫不经心地随意活动，不知道往哪里去。游乐人纷纷攘攘，观赏那绝无虚假的情景，我又能知道什么！"云将说："我自以为能够随心地活动，人民也都跟着我走；我不得已而对人民有所亲近，如今却为人民所效仿。我希望能聆听您的一言教诲。"

鸿蒙说："扰乱自然的常规，违背事物的真情，整个自然的变化不能顺应形成。离散群居的野兽，飞翔的鸟儿都夜鸣，灾害波及草木，祸患波及昆虫。唉，这都是治理天下的过错！"云将问："这样，那么我将怎么办？"鸿蒙说："唉，你受到的毒害实在太深啊！你还是就这么回去吧。"云将说："我遇见你实在不容易，恳切希望能听到你的指教。"

鸿蒙说："唉！修身养性。你只须处心于无为之境，万物会自然地有所变化。忘却你的形体，废弃你的智慧，让伦理和万物一块儿遗忘。混同于茫茫的自然之气，解除思虑释放精神，像死灰一样木然的没有魂灵。万物纷杂繁多，全都各自回归本性，各自回归本性却是出自无心，浑然无知保持本真，终身不得背违；假如有所感知，就是背离本真。不要询问它们的名称，不要窥测它们的实情，万物本是自然地生长。”云将说：“你把对待外物和对待自我的要领传授给我，你把清心寂神的方法晓谕给我。我亲身探求大道，如今方才有所领悟。”叩头至地再次行了大礼，起身告别而去。

古注

郭象：“夫乘物非为迹而迹自彰，猖狂非招民而民自往，故为民所放效而不得已也。”

今论

吴健雄：“其实国家怎么能用治理呢？君主和平民一样平等地拥有这个国家。只有明白‘与百姓分享越多你就拥有越多’这个道理，你才能不被欲望算计。”

原典

世俗之人，皆喜人之同乎己，而恶人之异于己也。同于己而欲之，异于己而不欲者，以出乎众为心也。夫以出乎众为心者，曷常①出乎众哉！因众以宁，所闻不如众技众矣。而欲为人之国者，此揽②乎三王之利而不见其患者也。此以人之国侥倖也，几何侥倖而不丧人之国乎！其存人之国也，无万分之一；而丧人之国也，一不成而万有余丧矣。悲夫，有土者③之不知也。

夫有土者，有大物也。有大物者，不可以物；物而不物，故能物物④。明乎物物者之非物也，岂独治天下百姓而已哉！出入六合，游乎九州，独往独来，是谓独有⑤。独有之人，是谓至贵。

大人之教，若形之于影，声之于响⑥。有问而应之，尽其所怀，为天下配⑦。处乎无响，行乎无方。挈汝适复之挠挠⑧，以游无端；出入无旁⑨，与日无始；颂论⑩形躯，合乎大同，大同而无己。无己，恶乎得有有！睹有者，昔之君子；睹无者，天地之友。

注释

①曷常：何尝。②揽：把持，撮起。③有土者：国君。④物物：物使天下之物。⑤独有：不为外物所拘滞。⑥响：回声。⑦配：应答。⑧挈：提。适复：往返。挠挠：纷纷。⑨旁：依。⑩颂论：容颜、谈吐。

译文

世俗人都喜欢别人跟自己相同而讨厌别人跟自己不一样。希望别人跟自己相同，不希望别人跟自己不一样的人，总是把出人投地当作自己主要的内心追求。那些一心只想出人投地的人，何尝又能够真正超出众人呢！随顺众人之意当然能够得到安宁，可是个人的所闻总不如众人的技艺多才智高。希图治理邦国的人，必定是贪取夏、商、周三代帝王之利而又看不到这样做的后患的人。这样做是凭借统治国家的权力贪求个人的侥幸，而贪求个人的侥幸而不至于丧失国家统治权力的又有多少呢！他们中能够保存国家的，不到万分之一，而丧失国家的，自身非但一无所成还会留下许多祸患。可悲呀，拥有土地的统治者是何等的不聪明！

拥有土地的国君，必然拥有众多的物品。拥有众多的物品却不可以受外物所役使，使用外物而不为外物所役使，所以能够主宰天下万物。明白了拥有外物又能主宰外物的人本身就不是物，岂只是治理天下百姓而已啊！这样的人已经能往来于天地四方，游乐于整个世界，独自无拘无束地去，又自由自在地来，这样的人就叫做拥有万物而又超脱于万物。拥有万物而又超脱于万物的人，这就称得上是至高无尚的贵人。

至贵之人的教诲，就好像形躯对于身影，传声对于回响。有提问就有应答，竭尽自己所能，为天下人的提问作出应答。处心于没有声响的境界，活动在变化不定的地方，引领着人们往返于纷扰的世界，从而遨游在无始无终的浩渺之境。或出或进都无须依傍，像跟随太阳那样周而复始地没有尽头，容颜、谈吐和身形躯体均和众人一样，大家都是一样也就无所谓自身。无所谓自身，哪里用得着据有各种物象！看到了自身和各种物象的存在，这是过去的君子；看不到自身的各种物象的存在，这就跟永恒的天地结成了朋友。

古注

郭象：“欲为人之国者，不因众之自为而以己为之者，此为徒求三王主物之利而不见己为之患也。”

今论

吴健雄：“庄子并非鼓动君主荒废所有而去追求长生不老药，他的意思是说，对天下百姓，君主要把他们看作自己身体的一部分去疼惜。”

原典

贱而不可不任者，物也；卑而不可不因者，民也；匿而不可不为者，事也；粗而不可不陈者，法①也；远而不可不居者，义也；亲而不可不广②者，仁也；节而不可不积者③，礼也；中④而不可不高者，德也；一而不可不易者，道也；神而不可不为者，天也。故圣人观于天而不助，成于德而不累，出于道而不谋，会于仁而不恃⑤，薄⑥于义而不积，应于礼而不讳⑦，接于事而不辞，齐于法而不乱，恃于民而不轻，因⑧于

物而不去。物者莫足为也，而不可不为。不明于天者，不纯于德；不通于道者，无自而可。不明于道者，悲夫！

何谓道？有天道，有人道。无为而尊者，天道也；有为而累者，人道也。主者，天道也；臣者，人道也。天道之与人道也，相去远矣，不可不察也。

注释

①法：效法，这里指可以效法的言论。②广：扩大、推展。③节：礼仪。积：增多。④中：顺。⑤会：合符。恃：依靠。⑥薄：通“迫”，接近、靠拢的意思。⑦讳：回避。⑧因：循，遵从。

译文

低贱然而不可不听任的，是万物；卑微然而不可不随顺的，是百姓；不显眼然而不可不去做的，是事情；不周全然而不可不陈述的，是可供效法的言论；距离遥远但又不可不恪守的，是道义；亲近然而不可不扩展的，是仁爱；细末的小节不可不累积的，是礼仪；顺依其性然而不可不尊崇的，是德；本于一气然而不可不变化的，是道；神妙莫测然而不可不顺应的，是自然。所以圣人观察自然的神妙却不去帮助，成就了无瑕的修养却不受拘束，行动出于道却不是事先有所考虑，符合仁的要求却并不有所依赖，接近了道义却不积不留，应合礼仪却不回避，接触琐事却不推迟，同于法度而不肆行妄为，依靠百姓而不随意役使，遵循事物变化的规律而不轻率离弃。万事万物均不可强为，但又不可不为。不明白自然的演变和规律，也就不会具备纯正的修养；不通晓道的人，没有什么事情可以办成。不通晓道的人，可悲啊！

什么叫做道？有天道，有人道。无所事事无所作为却处于崇高地位的，这就是天道；事必躬亲有所作为而积劳累苦的，这就是人道。君王就是天道，臣下就是人道。天道跟人道比较，相差实在太远，不能不细加体察。

古注

王夫之注：“物各复根，其性自正；物固自生，其情自达；物莫自知，漠然而止其淫贼。”

今论

吴健雄：“庄子的高傲，不是自满，不是自负，不是自欺欺人。他的高傲是‘退一步高傲’，正如两个功力相当的人对某件物品拼个你死我活誓不罢休时一方却主动放弃，这种放弃就是一种解脱，这种解脱在对手眼中就是一种高傲。”

天地第十二

原典

天地虽大，其化均也①；万物虽多，其治一也；人卒②虽众，其主君也。君原于德而成于天，故曰，玄古之君天下③，无为也，天德而已矣。

以道观言④而天下之君正，以道观分⑤而君臣之义明，以道观能而天下之官治，以道汎⑥观而万物者应备。故通于天下者，德也；行于万物者，道也；上治人者，事⑦也；能有所艺者，技也。技兼⑧于事，事兼于义，义兼于德，德兼于道，道兼于天。故曰，古之畜⑨天下者，无欲而天下足，无为而万物化，渊静⑩而百姓定。《记》曰："通于一⑪而万事毕，无心得而鬼神服。"

注释

①化：变化。均：均衡。②人卒：百姓。③玄古：遥远的古代。君：统驭。④言：名，称谓。⑤分：职分。⑥汎：通"泛"。⑦事：指万事万物因其本性，各施其能。⑧兼：归向。⑨畜：养育。⑩渊静：深沉清静，不扰乱人心。⑪一：实指道。

译文

天和地虽然很大，不过它们的运动和变化却是均衡的；万物虽然纷杂，不过它们各得其所归根结底却是同一的；百姓虽然众多，不过他们的主宰却都是国君。国君管理天下要以顺应事物为根本而成事于自然，所以说，遥远的古代君主统驭天下，一切都出自无为，即顺其自然罢了。

用道的观点来看待称谓，那么天下所有的国君都是名正言顺的统治者；用道的观点来看待职分，那么君和臣各自承担的道义就分明了；用道的观念来看待才干，那么天下的官吏都尽职尽力；从道的观念广泛地观察，万事万物全都自得而又自足。所以，贯穿于天地的是顺应自得的"德"，通行于万物的是听任自然的“道”，善于治理天下的是各尽其能各任其事，能够让能力和才干充分发挥的就是各种技巧。技巧归结于事务，事务归结于义理，义理归结于顺应自得的“德”，“德”归结于听任自然的“道”，听任自然的“道”归结于事物的自然本性。”所以说，古时候养育天下百姓的统治者，无所追求而天下富足，无所作为而万物自行变化发展，深沉宁寂而人心安定。《记》这本书上说：“通晓大道因而万事自然完满成功，无心获取因而鬼神敬佩贴服。”

古注

郭象：“以德为原，无物不得。得者自得，故得而不谢，所以成天也。”

今论

方勇：“保持人的本心而做到不‘失性’，才是真正的顺应自然。”

原典

夫子[①]曰：“夫道，覆载万物者也，洋洋乎大哉！君子不可以不刳（kū）心[②]焉。无为为之[③]之谓天，无为言之[④]之谓德，爱人利物之谓仁，不同同之之谓大，行不崖异之谓宽[⑤]，有万不同之谓富。故执德之谓纪，德成之谓立，循[⑥]于道之谓备，不以物挫志之谓完。君子明于此十者，则韬乎其事心之大也[⑦]，沛乎其为万物逝[⑧]也。若然者，藏金于山，藏珠于渊，不利货财，不近贵富；不乐寿，不哀夭；不荣通，不丑穷；不拘一世之利以为己私分[⑨]，不以王天下为己处显[⑩]。显则明，万物一府，死生同状。”

夫子曰：“夫道，渊乎其居也，漻（liáo）[⑪]乎其清也。金石[⑫]不得，无以鸣。故金石有声，不考[⑬]不鸣。万物孰能定之！夫王德之人[⑭]，素[⑮]逝而耻通于事，立之本原而知通于神。故其德广，其心之出，有物采[⑯]之。故形非道不生，生非德不明。存形穷生，立德明道，非王德者邪！荡荡乎！忽然[⑰]出，勃然[⑱]动，而万物从之乎！此谓王德之人。视乎冥冥[⑲]，听乎无声。冥冥之中，独见晓[⑳]焉；无声之中，独闻和[㉑]焉。故深之又深而能物焉[㉒]，神之又神而能精焉[㉓]。故其与万物接也，至无而供其求，时骋而要其宿[㉔]；大小、长短、修远。”

注释

①夫子：即庄子。②刳心：掏空心胸。③无为为之：无所作为。④无为言之：行不言之教。⑤崖异：与众不同。宽：宽容。⑥循：顺。⑦韬：包容，蕴含。事心：建树之心。⑧逝：往。⑨拘：取。私分：私有。⑩王：称王。处显：居处显赫。⑪漻：清澈的样子。⑫金石：这里是借指用“金”和“石”所制成的钟、磬之类的器皿。⑬考：敲击。⑭王德之人：盛德之人。⑮素：朴质。

⑯釆：牵动。⑰忽然：无心的样子。⑱勃然：义同于“忽然”。⑲冥冥：幽暗的样子。⑳晓：明晓。㉑和：唱和。㉒能物焉：能主宰万物。㉓能精焉：能生出精气。㉔骋：驰骋，纵放。要：总，求。

译文

先生说：“道，是覆盖和托载万物的，多么广阔而盛大啊！君子不可以不敞开心胸排除一切有为的杂念。用无为的态度去做就叫做自然，用无为的态度去说就叫做顺应，给人以爱或给物以利就叫做仁爱，让各个不同的事物回归同一的本性就叫做伟大，行为不与众不同就叫做宽容，心里包容着万种差异就叫做富有。因此持守自然赋予的禀性就叫纲纪，德行形成就叫做建功济物，遵循于道就叫做修养完备，不因外物挫折节守就叫做完美无缺。君子明白了这十个方面，也就容藏了立功济物的伟大心志，而且像滔滔的流水汇聚一处似的成为万物的归往。像这样，就能藏黄金于大山，沉珍珠于深渊，不贪图财物，也不追求富贵；不把长寿看作快乐，不把夭折看作悲哀，不把通达看作荣耀，不把穷困看作羞耻；不把谋求举世之利作为自己的职分，不把统治天下看作是自己居处于显赫的地位。显赫就会彰明，然而万物最终却归结于同一，死与生也并不存在区别。”

先生还说：“道，它居处沉寂犹如幽深宁寂的渊海，它运动恒洁犹如明澈清澄的清流。金石制成钟、磬的器物不能获取外力，没有办法鸣响，所以钟磬之类的器物即使存在鸣响的本能，却也不敲不响。万物这种有感才能有应的情况谁能准确地加以认识！具有盛德而居于统治地位的人，应该是持守素朴的真情往来行事，而以通晓琐细事务为羞耻，立足于固有的真性而智慧通达于神秘莫测的境界。因此他的德行圣明而又虚广，他的心志即使有所显露，也是因为外物的探求而作出自然的反应。所以说，形体如不凭借道就不能产生，生命产生了不能顺德就不会明达。保全形体维系生命，建树盛德彰明大道，这岂不就是具有盛德而又居于统治地位的人吗？浩渺伟大啊！他们无心地有所感，他们又无心地有所动，然而万物都紧紧地跟随着他们呢！这就是具有盛德而又居于统治地位的人。道，看上去是那么幽暗深渺，听起来又是那么寂然无声。然而幽暗深渺之中却能见到光明的真迹，寂然无声之中却能听到万窍唱和的共鸣。幽深而又幽深能够从中产生万物，玄妙而又玄妙能够从中产生精神。所以道与万物相接，虚寂却能满足万物的需求，时时驰骋纵放却能总合万物成其归宿，无论是大还是小，是长还是短，是高还是远。”

古注

郭象：“忽，勃，皆无心而应之貌。”

今论

方勇："《天地》篇是将庄子的'无为'思想注入了'有为'的内核。"

原典

黄帝游乎赤水[1]之北，登乎昆仑之丘而南望，还归，遗其玄珠[2]。使知[3]索之而不得，使离朱[4]索之而不得，使喫诟[5]索之而不得也，乃使象罔[6]，象罔得之。黄帝曰："异哉！象罔乃可以得之乎？"

注释

①赤水：虚拟的水名。②玄珠：喻道。③知：虚拟人名。④离朱：人名，喻善于明察。⑤喫诟：虚拟人名。⑥象罔：虚拟人名。

译文

黄帝在赤水的北岸游玩，登上昆仑山巅向南观望，不久返回而失落玄珠。派才智超群的智去寻找未能找到，派善于明察的离朱去寻找未能找到，派善于闻声辩言的喫诟去寻找也未能找到。于是让无智、无视、无闻的象罔去寻找，而象罔找回了玄珠。黄帝说："奇怪啊！象罔方才能够找到吗？"

古注

王夫之注："为万物之所取定者，'大小长短修远'各有成数，无他，己所见者止于有形，因而存之；得之而喜，失之而怒，徇其成形，而不顾天下之然与不然，此古今之大病也。"

今论

方勇："只要能'无为'而顺应自然，就可以达到'有为'而天下大治。"

原典

尧之师曰许由，许由之师曰啮(niè)缺，啮缺之师曰王倪，王倪之师曰被衣[1]。

尧问于许由曰："啮缺可以配天乎？吾藉王倪以要[2]之。"

许由曰："殆哉圾[3]乎天下！啮缺之为人也，聪明叡(ruì)[4]知，给数以敏，其性过人，而又乃以人受天。彼审乎禁过，而不知过之所由生。与之配天乎？彼且乘人而无天，方且本身而异形[5]，方且尊知而火驰[6]，方且为绪使，方且为物絯(gāi)[7]，方且四顾而物应，方且应众宜，方且与物化而未始有恒。夫何足以配天乎？虽然，有族，有祖[8]，可以为众父[9]，而不可以为众父父。治，乱之率[10]也，北面之祸也，南面之贼也。"

注释

①许由、啮缺、王倪、被衣：均为人名。②要：邀请。③圾：通“岌”，危险。④叡：通“睿”，聪慧。⑤本身：以自身为本，把自我当作万物归向的中心。异形：改变万物固有的形迹。⑥火驰：像大火蔓延似地快速急骤，指急急忙忙地为求知和驭物而奔逐。⑦绫：拘束。⑧祖：初始之人。⑨父：这里指同族人中的首领，也可以理解为统领一方的官长。⑩率：先导。

译文

尧的老师叫许由，许由的老师叫啮缺，啮缺的老师叫王倪，王倪的老师叫被衣。

尧问许由说：“啮缺可以做天子吗？我想借助于他的老师来请他做天子。”

许由说：“恐怕天下也就危险了！啮缺这个人的为人，耳聪目明智慧超群，行动办事快捷机敏，他天赋过人，而且竟然用人为的心智去对应并调合自然。他明了该怎样禁止过失，不过他并不知晓过失产生的原因。让他做天子吗？他将借助于人为而抛弃天然，将会把自身看作万物归向的中心而着意改变万物固有的形迹，将会尊崇才智而急急忙忙地为求知和驭物奔走驰逐，将会被琐事所役使，将会被外物所拘束，将会环顾四方目不暇接地跟外物应接，将会应接万物而又奢求处处合宜，将会参预万物的变化而从不曾有什么定准。那样的人怎么能够做天子呢？虽然这样，有了同族人的聚集，就会有一个全族的先祖，就可以成为一方百姓的统领，却不能成为诸方统领的君主。治理天下，必将是天下大乱的先导，这就是臣子的灾害，国君的祸根。”

古注

郭象：“夫过生于听知，而又役知以禁之，其过弥甚矣。故曰，无过在去知，不在于强禁。”

今论

方勇：“庄子后学们并不反对‘有为’，也并不避讳‘王天下’，只是强调如何‘以无为而无不为’，如何‘不以王天下为己处显’。”

原典

尧观乎华[1]。华封[2]人曰：“嘻，圣人！请祝圣人。”“使圣人寿。”尧曰：“辞。”“使圣人富。”尧曰：“辞。”“使圣人多男子。”尧曰：“辞。”封人曰：“寿、富、多男子，人之所欲也。女独不欲，何邪？”尧曰：“多男子则多惧，富则多事，寿则多辱。是三者，非所以养德也，故辞。”

封人曰：“始也我以女为圣人邪，今然君子也。天生万民，必授之

职。多男子而授之职，则何惧之有！富而使人分之，则何事之有！夫圣人，鹑(chún)居而𫪩(kòu)食③，鸟行而无彰④；天下有道，则与物皆昌；天下无道，则修德就闲；千岁厌世，去而上僊(xiān)⑤；乘彼白云，至于帝乡；三患⑥莫至，身常无殃；则何辱之有！”封人去之。尧随之，曰：“请问。”封人曰：“退已！”

注释

①华：今陕西华县。②封：守护疆界的人。③鹑居：像鹌鹑那样没有固定的居所。𫪩食：靠天吃饭。④无彰：不留踪迹。⑤僊：通“仙”。⑥三患：寿、富、多男子所导致的多辱、多事和多惧。

译文

尧在华巡视。华地守护封疆的人说：“啊，圣人！请让我为圣人祝愿吧。”“祝愿圣人长寿。”尧说：“用不着。”“祝愿圣人富有。”尧说：“用不着。”“祝愿圣人多男儿。”尧说：“用不着。”守护封疆的人说：“寿诞、富有和多男儿，这是人们都想得到的。你偏偏不希望得到，为什么呢？”尧说：“多个男孩子就多了一层忧惧，多财物就多出了麻烦，寿命长就会多受些困辱。这三个方面都无助于培养无为的观念和德行，所以我谢绝你对我的祝愿。”

守护封疆的人说：“起初我把你看作圣人呢，如今竟然是个君子。苍天让万民降生人间，必定会授给他一定的差事。男孩子多而授给他们的差事也就一定很多，有什么可忧惧的！富有了就把财物分给众人，有什么麻烦的！圣人总是像鹌鹑一样随遇而安、居无常处，像待哺雏鸟一样觅食无心，就像鸟儿在空中飞行不留下一点踪迹；天下太平，就跟万物一同昌盛；天下纷乱，就修身养性趋就闲暇；寿诞千年而厌恶活在世上，便离开人世而升天成仙；驾驭那朵朵白云，去到天与地交接的地方；寿诞、富有、多男孩子所导致的多辱、多事、多惧都不会降临于我，身体也不会遭殃，那么还会有什么屈辱呢！”守护封疆的人离开了尧，尧却跟在他的后面，说：“希望能得到你的指教。”守护封疆的人说：“你还是回去吧！”

古注

郭象：“虽汤武之事，苟顺天应人，未为不间也。故无为而无不为者，非不间也。”

今论

方勇：“从现实的眼光来看，若事无大小，都以‘无为’处之，显然是不可行的，因此庄子后学们在无为的君主和有为的臣僚之间进行了严格的角色划分，理论上也区分了‘天道’和‘人道’与之相适应。”

原典

尧治天下，伯成子高[①]立为诸侯。尧授舜，舜授禹，伯成子高辞为诸侯而耕。禹往见之，则耕在野。禹趋就下风[②]，立而问焉[③]，曰："昔尧治天下，吾子立为诸侯。尧授舜，舜授予，而吾子辞为诸侯而耕。敢问，其故何也？"子高曰："昔尧治天下，不赏而民劝[④]，不罚而民畏。今子赏罚而民且不仁，德自此衰，刑自此立，后世之乱自此始矣。夫子阖[⑤]行邪？无落[⑥]吾事！"俋俋(yì)[⑦]乎耕而不顾。

注释

①伯成子高：虚拟人名。②下风：下方。③焉：用同于"之"。④劝：劝勉。⑤阖：通"盍"。怎么不的意思。⑥无：毋，不要的意思。落：荒废。⑦俋俋：用力耕地的样子。

译文

唐尧统治天下，伯成子高立做诸侯。尧把帝位让给了舜，舜又把帝位让给了禹，伯成子高便辞去诸侯的职位而去从事耕作。夏禹前去拜见他，伯成子高正在地里耕作。夏禹快步上前居于下方，恭敬地站着问伯成子高道："当年尧统治天下，先生立为诸侯。尧把帝位让给了舜，舜又把帝位让给了我，可是先生却辞去了诸侯的职位而来从事耕作。我冒昧地请问，这是为什么呢？"伯成子高说："当年帝尧统治天下，不须奖励而百姓自然勤勉，不须惩罚而人民自然敬畏。如今你施行赏罚的办法而百姓还是不仁不爱，德行从此衰败，刑罚从此建立，后世之乱也就从此开始了。先生你怎么不走开呢？不要耽误我的事情！"于是低下头去用力耕地而不再理睬。

古注

郭象："夫禹时三圣相承，治成德备，功美渐去，故史籍无所载，仲尼不能间，是以虽有天下而不与焉，斯乃有而无之也。"

今论

方勇："《天地》篇中所强调的'无为'是针对君主而言的，所谓'玄古之君天下，无为也，天德而已矣'，这种'天德'（即'天道'）并不排除治民的种种具体内容，只是强调在治民中尽量采取顺其自然的态度而已。"

原典

泰初[①]有无，无有无名；一[②]之所起，有一而未形。物得以生，谓之德；未形者有分，且然无间(jiàn)，谓之命；留[③]动而生物，物成生理[④]，谓之形；形体保神，各有仪则，谓之性。性修反德，德至同于初。同乃虚，

虚乃大。合喙[⑤]鸣；喙鸣合，与天地为合。其合缗缗[⑥]，若愚若昏，是谓玄德，同乎大顺[⑦]。

注释

①泰初：宇宙的初始。②一：混一的状态，指出现存在的初始形态。③留：滞静。④生理：生命和机理。⑤喙：鸟口。⑥缗缗：泯合无迹的样子。⑦大顺：指天下回返本真之后的自然情态。

译文

元气萌动、宇宙源起的太初一切只存在于“无”，而没有存在也就没有称谓；混一的状态就是宇宙的初始，不过混一之时，还没有具体的形状。万物从混一的状态中产生，这就叫做自得；未形成形体时禀受的阴阳之气已经有了区别，不过阴阳的交合却是如此吻合而无缝隙，这就叫做天命；阴气滞留阳气运动而后生成万物，万物生成生命的机理，这就叫做形体；形体守护精神，各有轨迹与法则，这就叫做本性。善于修身养性就会返归自得，自得的程度达到完美的境界就同于太初之时。同于太初之时心胸就会无比虚豁，心胸无比虚豁就能包容广大。混同合一之时说起话来就跟鸟鸣一样，说话跟鸟一样无别，则与天地融合而共存。混同合一是那么不露踪迹，好像蒙昧又好像是昏暗，这就叫深奥玄妙的大道，也就如同返回本真而一切归于自然。

古注

郭象：“一者，有之初，至妙者也，至妙，故未有物理之形耳。夫一之所起，起于至一，非起于无也。然庄子之所以屡称无于初者，何哉？”

今论

方勇：“《天地》篇中虽然强调‘无为’，但实际指向的却是‘有为’。”

原典

夫子[①]问于老聃曰：“有人治道若相放，可不可，然不然。辩者有言曰：‘离坚白若县寓[②]。’若是则可谓圣人乎？”老聃曰：“是胥易技系[③]、劳形怵心者也。执狸之狗成思[④]，猿狙之便自山林来。丘，予告若，而所不能闻与而所不能言。凡有首有趾无心无耳者众[⑤]，有形者与无形无状而皆存者尽无。其动止也，其死生也，其废起也，此又非其所以也。有治在人，忘乎物，忘乎天，其名为忘己。忘己之人，是之谓入于天。”

注释

①夫子：指孔丘。②县寓：高悬于天宇，清楚醒目。③胥：通“谞”，指具有一定智巧的小吏。易：改，指供职。④执狸之狗：善于捕捉狐狸（或

竹鼠）的狗。成思：指狗受到拘系而愁思。⑤有首有趾：头脚俱全，指业已成形。无心无耳，则指无知无闻。

译文

孔子向老聃请教："有人研修和体验大道却好像跟大道相背逆，把不能认可的看做是可以认可的，把不正确的认为是正确的。善于辩论的人说：'离析石的质坚和色白就好像高悬于天宇那样清楚醒目。'像这样的人可以称作圣人吗？"老聃说："这只不过是聪明的小吏供职时为技艺所拘系、劳苦身躯担惊受怕的情况。善于捕猎的狗因为受到拘系而愁思，猿猴因为行动便捷而被人从山林里捕捉来。孔丘，我告诉你，告诉给你听不见而又说不出的道理。大凡人有了头和脚等具体的形体而无知无闻的很多，有形体的人跟没有形体、没有形状的道并存的却完全没有。或是运动或是静止，或是死亡或是生存，或是衰废或是兴盛，这六种情况全都出于自然而不可能探知其所以然。倘若果真存在着什么治理那也是人们遵循本性和真情的各自活动，忘掉外物，忘掉自然，它的名字就叫做忘掉自己。忘掉自己的人，这就可以说是与自然融为一体。

古注

郭象："言有形者善变，不能与无形无状者并存也。故善治道者，不以故自持也，将顺日新之化而已。"

今论

方勇："'无为'是一种手段，'有为'才是根本目的。"

原典

将闾葂（miǔn）见季彻①曰："鲁君谓葂也曰：'请受教。'辞不获命，既已告矣，未知中否，请尝荐之。吾谓鲁君曰：'必服恭俭，拔出公忠之属而无阿私，民孰敢不辑②！'"季彻局局然③笑曰："若夫子之言，于帝王之德犹螳蜋之怒臂以当车轶（zhè）④，则必不胜任矣。且若是，则其自为处危⑤，其观台，多物将往，投迹者众。"

将闾葂覤覤然⑥惊曰："葂也汒⑦若于夫子之所言矣。虽然，愿先生之言其风也。"季彻曰："大圣之治天下也，摇荡民心，使之成教易俗，举灭其贼心⑧而皆进其独志，若性之自为，而民不知其所由然。若然者，岂兄尧舜之教民，溟涬（xìng）然弟之哉？欲同乎德而心居⑨矣。"

注释

①将闾葂、季彻：均为人名。②辑：和睦。③局局然：俯身而笑的样子。

④轶：通"辙"，车轮印。⑤自为处危：让自己处于高危的境地。⑥觑觑然：吃惊的样子。⑦汒：通"茫"。⑧贼心：伤害他人之心。⑨心居：心安。

译文

将闾葂拜见季彻说："鲁国国君对我说：'请让我接受你的指教。'我一再推辞可是鲁君却不答应。我已经对他说了，不知道对还是不对，请让我试着说给你听。我对鲁国国君说：'你必须躬身实行恭敬和节俭，选拔出公正、忠诚的臣子管理政务而没有偏护与私心，这样百姓谁敢不和睦！'"季彻听了后俯身大笑说："像你说的这些话，对于帝王的准则，恐怕就像是螳螂奋起臂膀企图阻挡车轮一样，必定不能胜任。况且像这样，那一定会把自己置于危险的境地。"

将闾葂吃惊地说："我对于先生的谈话实在感到茫然。虽然这样，还是希望先生谈谈大概。"季彻说："伟大的圣人治理天下，让民心放纵自由不受拘束，使他们在教化方面各有所成，在陋习方面各有所改，完全消除伤害他人的用心而增进自我教化的思想，就像本性在驱使他们活动，而人们并不知道为什么会是这样。像这样，难道还用得着尊崇尧舜对人民的教化，而看轻浑沌不分的状态吗？希望能同于天然自得而心境安定哩！就像那高高的观楼和亭台，众多事物必将归往，投向那里的人也必然很多。"

古注

郭象："夫志各有趣，不可相效也故因其自摇而摇之，则虽摇而非为也；因其自荡而荡之，则虽荡而非动也。故其贼心自灭，独志自进，教成俗易，闷然无迹，履性自为而不知所由，皆云我自然矣。"

今论

方勇："作者对于君臣万物的关注程度决不亚于儒家，不同之处仅在于儒家以'仁义'统率一切，而作者却认为应以无为无欲的'道'来统率一切。"

原典

子贡南游于楚，反于晋，过汉阴①，见一丈人方将为圃畦②，凿隧而入井，抱瓮而出灌，搰（kū）搰然③用力甚多而见功寡。子贡曰：有械于此，一日浸百畦，用力甚寡而见功多，夫子不欲乎？"为圃者卬④而视之曰："奈何？"曰："凿木为机，后重前轻，挈⑤水若抽。数如泆汤⑥，其名为槔（gāo）⑦。"为圃者忿然作色而笑曰："吾闻之吾师，有机械者必有机事⑧，有机事者必有机心⑨。机心存于胸中，则纯白⑩不备；纯白不备，则神生⑪不定；神生不定者，道之所不载也。吾非不知，羞而不为也。"子贡瞒然⑫惭，俯而不对。

有间，为圃者曰："子奚为者邪？"曰："孔丘之徒也。"为圃者曰："子非夫博学以拟圣，于于[13]以盖众，独弦哀歌以卖名声于天下者乎？汝方将忘汝神气，堕汝形骸，而庶几乎！而身之不能治，而何暇治天下乎！子往矣，无乏吾事！"

子贡卑陬（zōu）[14]失色，顼（xū）顼然[15]不自得，行三十里而后愈。其弟子曰："向之人何为者邪？夫子何故见之变容失色，终日不自反[16]邪！"

曰："始吾以为天下一人耳，不知复有夫人[17]也。吾闻之夫子，事求可，功求成。用力少，见功多者，圣人之道。今徒不然。执道者德全，德全者形全，形全者神全。神全者，圣人之道也。托生与民并行而不知其所之[18]，汒乎淳备哉[19]！功利机巧必忘夫人之心。若夫人者，非其志不之，非其心不为。虽以天下誉之，得其所谓，謷（ào）[20]然不顾；以天下非之，失其所谓，傥（tǎng）然[21]不受。天下之非誉，无益损焉，是谓全德之人哉！我之谓风波之民[22]。"

反于鲁，以告孔子。孔子曰："彼假修浑沌氏之术者也[23]；识其一，不知其二；治其内，而不治其外。夫明白入素[24]，无为复朴，体性抱神，以游世俗之间者，汝将固惊邪？且浑沌氏之术，予与汝何足以识之哉！"

注释

①汉阴：汉水的南岸。②丈人：古代对老年男子的通称。圃畦：菜园子。③搰搰然：用力的样子。④卬：通"仰"，抬起头。⑤挈：提。⑥数：频繁。泆：溢。⑦槔：桔槔，古代的提水工具。⑧机事：机动之事。⑨机心：机变之心。⑩纯白：纯粹素朴之性。⑪生：通"性"。⑫瞒然：羞惭的样子。⑬于于：夸诞的样子。⑭卑陬：惭愧的样子。⑮顼顼然：怅然如失不能自持的样子。⑯反：通"返"，恢复。⑰夫人：那个人。⑱托生：寄生在世上。所之：去到哪里。⑲汒：通茫。淳备：淳朴完备。⑳謷：通"傲"。㉑傥然：无动于衷的样子。㉒风波之民：容易被是非所牵动的人。㉓假修：借助和修养。浑沌氏：虚拟的人名，喻虚寂无为。㉔入素：达到纯白的境界。

译文

子贡到南边的楚国游历，返回晋国，经过汉水的南沿，见一老丈正在菜园里整地开畦，打了一条地道直通到井边，抱着水瓮浇水灌地，吃力地来来往往，用力甚多而功效甚少。子贡见了说："如今有一种机械，每天可以浇灌上百个菜畦，用力很少而功效颇多，老先生你不想试试吗？"种菜的老人抬起头来看着子贡说："应该怎么做呢？"子贡说："用木料加工成机械，后面重而前面轻，提水就像从井中抽水似的，快速犹如沸腾的水向外溢出一样，它的名字就叫做桔槔。”种菜的老人变了脸色讥笑着说：“我从我的老师那里听到这样的话，有了机械之类的东西必定会出现机巧之类的事，有了机巧之类的事必定会出现机变之类的心思。机变的心思存留在胸中，那么不曾受到世俗沾染的纯洁空明的心境就不完整齐备；纯洁空明的心境不完备，那么精神就不会专一安定；精神不能专一安定的人，大道也就不会充实他的心田。我不是不知道你所说的办法，只不过感到羞辱而不愿那样做呀。”子贡满面羞愧，低下头去不能作答。

隔了一会儿，种菜的老人说：“你是干什么的呀？”子贡说：“我是孔丘的学生。”种菜的老人说：“你不就是那具有广博学识并处处仿效圣人，夸诞矜持盖过众人，自唱自和哀叹世事之歌以周游天下卖弄名声的人吗？你要抛弃你的精神和志气，废置你的身形体骸，恐怕就可以逐步接近于道了吧！你自身都不善于修养和调理，哪里还有闲暇去治理天下呢！你走吧，不要在这里耽误我的事情！”

子贡大感惭愧神色顿改，怅然若失而不能自持，走出三十里外方才逐步恢复常态。子贡的弟子问道：“先前碰到的那个人是干什么的呀？先生为什么见到他面容大变顿然失色，一整天都不能恢复常态呢？”

子贡说：“起初我总以为天下圣人就只有我的老师孔丘一人罢了，不知道还会有刚才碰上的那样的人。我从我的老师那里听说，办事要寻求可行，功业要寻求成就。用的力气要少，获得的功效要多，这就是圣人之道。如今却竟然不是这样。持守大道的人德行才完备，德行完备的人身形才完整，身形完整的人精神才健全，精神健全方才是圣人之道。这样的人他们寄托形骸于世间跟万民生活在一起却不知道自己应该去到哪里，内心世界深不可测，德行淳厚而又完备啊！功利机巧必定不会放在他们那种人的心上。像那样的人，不同于自己的心志不会去追求，不符合自己的思想不会去做。即使让天下人都称誉他，称誉的言词合乎他的德行，他也孤高而不顾；即使让天下人都非议他，非议使其名声丧失，他也无动于衷不予理睬。天下人的非议和赞誉，对于他们既无增益又无损害，这就叫做德行完备的人啊！我只能称作心神不定为世俗尘垢所沾染的人。”

子贡回到鲁国，把路上遇到的情况告诉给孔子。孔子说：“那是研讨和实践浑沌氏主张的人，他们了解自古不移浑沌无别的道理，不懂得需要顺乎时势以适应社会的变化；他们善于自我修养调理精神，却不善于治理外部世界。那明澈白净到如此素洁，清虚无为回返原始的朴质，体悟真性持守精神，优游自得地生活在世俗之中的人，你怎么会不感到惊异呢？况且浑沌氏的主张和修养方法，我和你又怎么能够了解呢？”

古注

郭象："夫真浑沌，都不治也，岂以其外内为异而偏有所治哉！此真浑沌也，故与世同波而不自失，则虽游于世俗而泯然无迹，岂必使汝惊哉！"

今论

方勇："庄子最后想要达到的结果与儒家可谓殊途同归。"

原典

谆芒将东之大壑①，适遇苑风②于东海之滨。苑风曰："子将奚之？"曰："将之大壑。"曰："奚为焉？"曰："夫大壑之为物也，注③焉而不满，酌④焉而不竭；吾将游焉。"

苑风曰："夫子无意于横目之民⑤乎？愿闻圣治。"

谆芒曰："圣治乎？官施而不失其宜，拔举而不失其能，毕见其情事而行其所为，行言自为而天下化，手挠顾指，四方之民莫不俱至，此之谓圣治。""愿闻德人。"曰："德人者，居无思，行无虑，不藏是非美恶。四海之内共利之⑥之谓悦，共给之⑦之谓安；怊(chāo)乎⑧若婴儿之失其母也，傥乎若行而失其道也。财用有余而不知其所自来，饮食取足而不知其所从，此谓德人之容。""愿闻神人。"曰："上神乘光，与形灭亡，此谓照旷。致命尽情，天地乐⑨而万事销亡，万物复情，此之谓混冥⑩。"

注释

①谆芒：虚拟人名。大壑：大海。②苑风：虚拟人名，喻小风。③注：注入。④酌：舀取。⑤横目之民：人民。⑥共利之：共同以之为利。⑦共给之：共同资给财货。⑧怊乎：怅然有所失的样子。⑨天地乐：与天地同乐。⑩混冥：混同玄合没有差别。

译文

谆芒向东到大海去，正巧在东海之滨遇到苑风。苑风问道："你打算去哪儿呢？"谆芒说："打算去大海。"苑风又问："去做什么呢？"谆芒说："大海作为一种物象，江河注入它不会满溢，不停地舀取它不会枯竭；因而我将到大海游乐。"

苑风说："那么，先生无意关心庶民百姓吗？希望能听到圣人之治。"

谆芒说："圣人之治吗？设置官吏施布政令但处处合宜得体，举贤任才而不遗忘一个能人，让每个人都能看清事情的真情实况去做自己应该做的事，行为和谈吐人人都能自觉自动而自然顺化，挥挥手示示意，四方的百姓没有谁不汇聚而来，这就叫圣人之治。"苑风说："希望再能听到关于顺应外物凝神自得的人。”谆芒说：“顺应外物凝神自得的人，居处时没有思索，行动时没有谋虑，心里不留存是非美丑。四海之内人人共得其利就是喜悦，人人共享财货便是安定；那悲伤的样子像婴儿失去了母亲，那怅然若失的样子又像行路时迷失了方向。财货使用有余却不知道自哪里来，饮食取用充足却不知道从哪儿出。这就是顺应外物凝神自得的人的仪态举止。”苑风说：“希望再能听到什么是神人。”谆芒说：“精神超脱物外的神人驾驭着光亮，跟所有事物的形迹一道消失，这就叫普照万物。穷尽天命和变化的真情，与天地同乐因而万事都自然消亡，万物也就自然回复真情，这就叫混同玄合没有差异。”

古注

王夫之注：“无形者，非无形也，特己不见也。知无形之有形，无状之有状，则‘大小长短修远’已不能定，而况于万物乎？”

今论

方勇：“‘技’与‘天’达到某种沟通，那么一味的反对利用机械反而成了一种‘刻意’的行为。”

原典

门无鬼与赤张满稽[①]观于武王之师。赤张满稽曰：“不及有虞氏乎；故离[②]此患也。”门无鬼曰：“天下均治而有虞氏治之邪？其乱而后治之与？”

赤张满稽曰：“天下均治之为愿，而何计以有虞氏为！有虞氏之药疡（yáng）[③]也，秃而施髢（dí）[④]，病而求医。孝子操药以修[⑤]慈父，其色燋（qiáo）[⑥]然，圣人羞之。至德之世，不尚贤，不使能；上如标枝[⑦]，民如野鹿；端正而不知以为义，相爱而不知以为仁，实[⑧]而不知以为忠，当而不知以为信，蠢动而相使，不以为赐。是故行而无迹，事而无传。”

注释

①门无鬼、赤张满稽：虚拟人名。②离：遭受。③药疡：医治头疮。④髢：假发。⑤修：进献。⑥燋：憔悴的样子。⑦标枝：树梢上的细枝。⑧实：诚实。

译文

门无鬼与赤张满稽观看武王伐纣的部队。赤张满稽说：“周武王还是比不上有虞氏啊！所以天下遭遇这种祸患。”门无鬼说：“天下太平无事而后有虞氏才去治理呢，还是天下动乱才去治理呢？”

赤张满稽说：“天下太平无事是人们的心愿，又为什么还要考虑有虞氏的盛德而推举他为国君呢！有虞氏替人治疗头疮，毛发脱落而成秃子方才敷设假发，正如有了疾病方才会去求医。孝子操办药物用来调治慈父的疾病，他的面容多么憔悴，而圣人却以这种情况为羞。盛德的时代，不崇尚贤才，不任使能人，国君居于上位如同树巅高枝无心在上而自然居于高位，百姓却像无知无识的野鹿无所拘束。行为端正却不知道把它看作道义，相互友爱却不知道把它看作仁爱，敦厚老实却不知道把它看作忠诚，办事得当却不知道把它看作信义，无心地活动而又相互支使却不把它看作恩赐，所以行动之后不会留下痕迹，事成之后不会留传后代。”

古注

郭象：“率自然耳。无是非于胸中而任之天下。”

原典

孝子不谀其亲，忠臣不谄其君，臣子之盛也。亲之所言而然，所行而善，则世俗谓之不肖子；君之所言而然，所行而善，则世俗谓之不肖臣。而未知此其必然邪？世俗之所谓然而然之，所谓善而善之，则不谓道谀[①]之人也。然则俗故严于亲而尊于君邪？谓己道人[②]，则勃然作色；谓己谀人，则怫然作色[③]。而终身道人也，终身谀人也，合譬饰辞聚众也[④]，是终始本末不相坐。垂衣裳[⑤]，设采色，动容貌，以媚一世，而不自谓道谀，与夫人之为徒，通是非，而不自谓众人，愚之至也。知其愚者，非大愚也；知其惑者，非大惑也。大惑者，终身不解[⑥]；大愚者，终身不灵[⑦]。三人行而一人惑，所适者犹可致也，惑者少也；二人惑则劳而不至，惑者胜也。而今也以天下惑，予虽有祈向[⑧]，不可得也。不亦悲乎！

大声不入于里耳[⑨]，折杨皇荂[⑩]，则嗑然而笑。是故高言不止于众人之心，至言不出，俗言胜也。以二缶钟惑，而所适不得矣。而今也以天下惑，予虽有祈向，其庸可得邪！知其不可得也而强之，又一惑也，故莫若释之而不推。不推，谁其比忧！厉之人夜半生其子，遽取火而视之，汲汲然[⑪]唯恐其似己也。

注释

①道谀：谄媚逢迎。②道人：谄媚于人。③怫然、勃然：生气发怒的样子。④合譬：汇集各种比喻来阐述事理，使人易于明白。饰辞：修饰润色言辞，使人相信。聚众：争取民众。⑤垂衣裳：上服为衣，下服为裳。⑥不解：不觉悟。⑦不灵：不知晓。⑧祈向：祈求向往。⑨大声：高雅之音乐。里耳：市井里巷下层人之耳。⑩折杨、皇荂：通俗乐曲名，在下层人中流行并受到欢迎。⑪汲汲然：匆忙急迫的样子。

译文

孝子不奉承他的父母，忠臣不谄媚他的国君，这是忠臣、孝子尽忠尽孝的极点。凡是父母所说的便都加以肯定，父母所做的便都加以称赞，那就是世俗人所说的不肖之子；凡是君王所说的就都加以应承，君王所做的就都加以奉迎，那就是世俗人所说的不良之臣。可是人们却不了解，世俗的看法就必定是正确的吗？而世俗人所谓正确的便把它当作是正确的，世俗人所谓好的便把它当作是好的，却不称他们是谄谀之人。这样，世俗的观念和看法岂不比父母更可崇敬、比君王更可尊崇了吗？说自己是个谗谄的人，定会勃然大怒颜容顿改；说自己是个阿谀的人，也定会忿恨填胸面色剧变。可是一辈子谗谄的人，一辈子阿谀的人，又只不过看作是用巧妙的譬喻和华丽的辞藻以博取众人的欢心，这样，终结和初始、根本和末节全都不能吻合。穿上华美的衣裳，绣制斑斓的纹彩，打扮艳丽的容貌，讨好献媚于举世之人，却不自认为那就是谗谄与阿谀，跟世俗人为伍，是非观念相通，却又不把自己看作是普通的人，这真是愚昧到了极点。知道自己愚昧的人，并不是最大的愚昧；知道自己迷惑的人，并不是最大的迷惑。最迷惑的人，一辈子也不会醒悟；最愚昧的人，一辈子也不会明白。三个人在一起行走，其中一个人迷惑，所要去到的地方还是可以到达的，因为迷惑的人毕竟要少些；三个人中两人迷惑就徒劳而不能到达，因为迷惑的人占优势。如今天下人全都迷惑不解，我即使祈求导向，也不可能有所帮助。这不令人可悲吗？

高雅的音乐世俗人不可能欣赏，折杨、皇华之荂的民间小曲，世俗人听了都会欣然而笑。所以高雅的谈吐不可能留在世俗人的心里，而至理名言也不能从世俗人的口中说出，因为流俗的言谈占了优势。让其中两个人迷惑而弄错方向，因而所要去的地方便不可能到达。如今天下人都大惑不解，我即使寻求导向，怎么可能到达呢！明知不可能到达却要勉强去做，这又是一大迷惑，所以不如弃置一旁不予推究。不去寻根究底，还会跟谁一道忧愁！丑陋的人半夜里生下孩子，立即拿过火来照看，心情急切地唯恐生下的孩子像自己一样丑陋。

古注

郭象：“趣得当时之适，不强推之令解也，则相与无忧于一世矣。”

今论

方勇：“保持人的本心而做到不‘失性’，才是真正的顺应自然。”

原典

百年之木，破为牺尊[1]，青黄而文之，其断在沟中。比牺尊于沟中之断，则美恶有间[2]矣，其于失性一也。桀、跖与曾、史，行义有间矣，

然其失性均也。且夫失性有五：一曰五色乱目，使目不明；二曰五声乱耳，使耳不聪；三曰五臭[3]薰鼻，困惾(zōng)中颡(sǎng)[4]；四曰五味[5]浊口，使口厉爽；五曰趣舍滑心[6]，使性飞扬。此五者，皆生之害也。而杨墨乃始离跂自以为得，非吾所谓得也。夫得者困，可以为得乎？则鸠鸮之在于笼也，亦可以为得矣。且夫趣舍声色以柴其内[7]，皮弁鹬冠搢[8]笏绅修以约其外，内支盈于柴栅[9]，外重纆(mò)缴[10]，睆(huǎn)睆然[11]在纆缴之中而自以为得，则是罪人交臂历指而虎豹在于囊槛[12]，亦可以为得矣。

注释

①牺尊：古代酒器用作祭祀。②有间：差别。③五臭：膻、腥、焦、香、朽五种气味。④困惾中颡：气味上逆，由鼻孔达于额头，伤害头脑。惾，气味上逆。⑤五味：酸、甜、苦、辣、咸。⑥趣舍：取舍。滑：乱。⑦柴其内：像柴草充塞于心。⑧皮弁、鹬冠：皆为古冠名。搢：插于带间。⑨支盈：支撑充满。柴栅：用木柴编成之篱笆。此句意为，内心为声色取舍所充塞，就像为篱笆阻隔一样不能相通。⑩纆缴：缠绕。⑪睆睆然：睁大眼睛。⑫交臂：背缚双臂。历指：古代刑罚，把手指用木棍夹起来。囊槛：关养猛兽的笼子。

译文

百年的大树，伐倒剖开后雕刻成精美的酒器，再用青、黄二色彩绘出美丽的花纹，而余下的断木则弃置在山沟里。雕刻成精美酒器的一段木料比起弃置在山沟里的其余木料，美好的命运和悲惨的遭遇之间就有了差别，不过对于失去了原有的本性来说却是一样的。夏桀、盗跖与曾参、史鳝，行为和道义上存在着差别，然而他们失却人所固有的真性却也是一样的。人凡丧失真性有五种情况：一是五种颜色扰乱视觉，使得眼睛看不明晰；二是五种乐音扰乱听力，使得耳朵听不真切；三是五种气味薰扰嗅觉，困扰壅塞鼻腔并且直达额顶；四是五种滋味秽浊味觉，使得口舌受到严重伤害；五是取舍的欲念迷乱心神，使得心性驰竞不息、轻浮躁动。这五种情况，都是生命的祸害。可是，杨朱、墨翟竟不停地奋力追求而自以为有所得，不过这却不是我所说的优游自得。得到什么反而为其所困，也可以说是有所得吗？那么，斑鸠鸮鸟关于笼中，也可以算是优游自得了。况且取舍于声色的欲念像柴草一样堆满内心，皮帽羽冠、朝板、宽带和长裙捆束于外，内心里充满柴草栅栏，外表上被绳索捆了一层又一层，却瞪着大眼在绳索束缚中自以为有所得，那么罪犯反绑着双手或者受到挤压五指的酷刑，以及虎豹被关在圈栅、牢笼中，也可以算是优游自得了。

古注

王夫之注："心虽刳也，刳其取定之心，而必有存焉者存。"

天道第十三

原典

天道运而无所积[1]，故万物成；帝道[2]运而无所积，故天下归；圣道运而无所积，故海内服。明于天，通于圣，六通四辟[3]于帝王之德者，其自为也，昧然[4]无不静者矣。圣人之静也，非曰静也善，故静也；万物无足以饶[5]心者，故静也。水静则明烛须眉，平中准[6]，大匠取法焉。水静犹明，而况精神！圣人之心静乎！天地之鉴也，万物之镜也。夫虚静恬淡寂漠无为者，天地之平而道德之至，故帝王圣人休[7]焉。休则虚，虚则实，实则伦矣。虚则静，静则动，动则得矣。静则无为，无为也，则任事者责矣。无为则俞俞[8]，俞俞者忧患不能处，年寿长矣。夫虚静恬淡寂漠无为者，万物之本也。明此以南乡[9]，尧之为君也；明此以北面，舜之为臣也。以此处上，帝王天子之德也；以此处下，玄圣素王[10]之道也。以此退居而闲游，江海、山林之士[11]服；以此进为而抚世[12]，则功大名显而天下一也。静而圣，动而王[13]，无为也而尊，朴素而天下莫能与之争美。

夫明白于天地之德者，此之谓大本大宗，与天和者也。所以均调天下，与人和者也。与人和者，谓之人乐；与天和者，谓之天乐。

庄子曰："吾师乎！吾师乎！繁万物而不为戾（lì）[14]，泽及万世而不为仁，长于上古而不为寿，覆载天地。刻雕众形而不为巧，此之谓天乐。故曰：'知天乐者，其生也天行，其死也物化[15]，静而与阴同德，动而与阳同波。'故知天乐者，无天怨，无人非，无物累，无鬼责。故曰：其动也天，其静也地，一心定而王天下；其鬼不祟，其魂不疲，一心定而万物服。言以虚静推于天地，通于万物，此之谓天乐。天乐者，圣人之心以畜天下也。"

注释

①积：停滞。②帝道：帝王之道。③六通四辟：六合四方都通晓。④昧然：昏昏然，不知不觉的样子。⑤饶：通“挠”，搅乱也。⑥平：准。中：符合。准：测水平仪器。⑦休：栖止。⑧俞俞：即“愉愉”，从容自如的样子。⑨南乡：南向。乡，通“向”。⑩玄圣素王：得无为之道，为天下人敬仰而又未处帝王之位的人。⑪江海、山林之士：隐士。⑫进为：出仕。抚世：安抚治理世人。⑬静而圣：保持自身虚静无为则为圣人。动而王：无欲无求，顺天道而动则为帝王。⑭戾：暴戾。⑮物化：物理的变化。

译文

天道运行而不停滞，故而万物得以生成；帝王之道运行而不停滞，故而天下之民都来归服；圣人之道运行而不停滞，故而海内之民敬服。明于天道，通于圣道，于帝王之德无不通达的人，任物循性自为，对这一切暗昧不觉而执守虚静之心。圣人执守虚静，不是因为虚静好才去做的，而是万物不足以搅乱他的心，所以心虚静。水平静就可以清楚照见人的胡须眉毛，其平面符合水平仪器，高明的木匠师傅就是取法于此而造出水平仪器的。水平静还能如此明察，何况是人的精神呢！圣人之心虚静，可以成为大地的镜子，万物的镜子。虚静、恬淡、寂寞、无为，就是天地之平静和道德的最高境界，因此，帝王圣人都栖心于此。心休止则虚静，虚静则能鉴照万物而充实，充实中包含万物之条理秩序，心空虚即得平静，平静又转化为运动，运动与天道合则万物各有所得。虚静即能无为，君无为，则百官各尽职责。行无为之道则能从容自如，从容自如的人，忧患不能留止于心，所以能长寿。虚静、恬淡、寂寞、无为，是万物的本性。明晓此道而南面为君，就能成为尧一样的君；明晓此道而北面为臣，就能成为舜一样的臣。以此道处上位，就成为帝王天子的最高德行；以此道处下位，就成为玄圣素王的正道。以此道退隐闲游，海岛山林之隐士都会敬服；以此道出仕为官，辅佐帝王安抚治理人民，则能建大功显名声而使天下统一。虚静而为圣人，顺天动而为帝王，无为而受尊崇，朴素之美天下没有能与之相争的。

明白无为是天地之本性，这就是把握了万物的根本性质和产生根源，就是与天道相合了，因此就能均平协调天下之事，而与人和谐融洽。与人和谐融洽，称之为人乐；与天相合，称之为天乐。

庄子说：“我的老师呀！我的老师呀！打碎万物不算作暴戾，恩泽及千万代不叫作仁慈，比上古更年长不称为长寿，覆盖承载天地、创生万物的多种形态而不称为巧妙，这就叫作天乐。所以说，知晓天乐的人，其生与天道一同运行，其死为物相幻化。虚静时与阴具有同一德性，运动时与阳一起扩散传播。

故而知晓天乐的人，不报怨天，不非难人，不受外物牵累，不责备鬼神。所以说，这样的人动时如天之运行无滞，静时如地之虚静充实，其心安定而为天下王；鬼神不会带给灾祸，精神也不会疲劳，其心安定而万物顺服。这些话都是说把虚静无为推行于天地，畅通于万物，这就叫天乐。天乐，是圣人用来畜养天下的。”

古注

郭象：“夫无为也，则群才万品，各任其事而自当其责矣。故曰巍巍乎舜禹之有天下而不与焉，此之谓也。”

今论

方勇：“道家则尊崇天道，认为道是万物之源。”

原典

夫帝王之德，以天地为宗，以道德为主，以无为为常。无为也，则用天下而有余；有为也，则为天下用而不足，故古之人贵夫无为也。上无为也，下亦无为也，是下与上同德，下与上同德则不臣[①]。下有为也，上亦有为也，是上与下同道，上与下同道则不主[②]。上必无为而用天下，下必有为为天下用，此不易之道也。故古之王天下者，知虽落[③]天地，不自虑也，辩虽雕万物，不自说也；能虽穷海内，不自为也。天不产而万物化，地不长而万物育，帝王无为而天下功。故曰莫神于天，莫富于地，莫大于帝王。故曰帝王之德配天地。此乘天地，驰万物，而用人群之道也。

注释

①不臣：不成为臣民。②不主：不成为君主。③落：通“络”，包括。

译文

帝王的德性，以天地为本源，以道德为主宰，以无为为常法。无为，是任天下自行治理而有余暇；有为，是为天下疲于奔命而力不足。所以古人治天下贵无为之道，君上无为，臣下也无为，这是臣下与君上有同一德性，臣下与君上有同一德性则丧失为臣之德；臣下有为，君上也有为，这是君上与臣下行道同一，君上与臣下行道同一则不成其为君主。君主在上必行无为之道而使天下自行治理，群臣在下必须有为去为天下做事，这是永不改变之道。所以古时称王天下的人，其智慧虽能包笼天地，也不自行代天思虑；其知辩虽能周遍万物，也不自己去言说；其能力虽然海内无比，也不自去作为。天无意于生产而万物化生，地无意于生长而万物长成，帝王无为而天下事自行成功，所以说没有比天更神妙莫测，没有比地更富有，没有比帝王之德更博大的了。所以说帝王之德与天地相配合。这就是驾驭天地，驱使万物，任用万民之道啊！

古注

郭象："夫工人无为于刻木而有为于用斧，主上无为于亲事而有为于用臣。"

今论

方勇："君道也应以天地为宗，以自然为用，以虚静、恬淡、寂寞、无为为本。"

原典

本在于上，末在于下[①]，要在于主，详在于臣。三军五兵之运，德之末也；赏罚利害，五刑之辟[②]，教之末也；礼法度数[③]，形名比详[④]，治之末也；钟鼓之音，羽旄之容[⑤]，乐之末也；哭泣衰绖[⑥]，隆杀之服[⑦]，哀之末也。此五末者，须精神之运，心术之动，然后从之者也。

末学者，古人有之，而非所以先也。君先而臣从，父先而子从，兄先而弟从，长先而少从，男先而女从，夫先而妇从。夫尊卑先后，天地之行也，故圣人取象焉[⑧]。天尊地卑，神明之位也[⑨]；春夏先，秋冬后，四时之序也；万物化作，萌区有状[⑩]，盛衰之杀，变化之流也。夫天地至神，而有尊卑先后之序，而况人道乎！宗庙尚亲，朝廷尚尊，乡党尚齿[⑪]，行事尚贤，大道之序也。语道而非其序者，非其道也。语道而非其道者，安取道[⑫]！

是故古之明大道者，先明天而道德次之，道德已明而仁义次之，仁义已明而分守[⑬]次之，分守已明而形名次之，形名已明而因任[⑭]次之，因任已明而原省次之[⑮]，原省已明而是非次之，是非已明而赏罚次之，赏罚已明而愚知处宜[⑯]，贵贱履位[⑰]，仁贤不肖袭情[⑱]。必分其能，必由其名。以此事上，以此畜下[⑲]，以此治物，以此修身，知谋不用，必归其天[⑳]。此之谓大平[㉑]，治之至也。

故书曰："有形有名。"形名者，古人有之[㉒]，而非所以先也。古之语大道者，五变而形名可举[㉓]，九变[㉔]而赏罚可言也。骤[㉕]而语形名，不知其本也；骤而语赏罚，不知其始也，倒道[㉖]而言，迕道而说者，人之所治[㉗]也，安能治人！骤而语形名赏罚，此有知治之具[㉘]非知治之道。可用于天下，不足以用天下[㉙]，此之谓辩士，一曲之人[㉚]也。礼法数度，形名比详，古人有之，此下之所以事上，非上之所以畜下也。

注释

①本末：本为根本，指天道无为；末为枝节，指人事之政事礼法等。上为君主，下为群臣，意即天道无为是根本，由在上之君主掌握。政事礼法是枝节，由群臣执行。五兵：五种兵器，具体所指说法不一，通行说法指矛、戟、

钺、楯。运：运用。②五刑：墨、劓、刖、宫、大辟。辟：法。③礼法：吉、凶、军、宾、嘉五礼所遵行的法度。度：计量长短之标准，如丈尺之类。数：数字计算。④形名比详：即对事物之名实关系进行比较审核。形指事物，名为名称，比为比较，详为审核、审定。⑤羽旄之容：用鸟羽、兽毛装饰歌舞者的服装、道具，以显示仪客华美。羽，鸟羽。旄，兽毛。⑥衰经：衰，丧服，经为用麻制作的腰带和冠带，皆为服丧时穿戴，根据生者与死者血缘亲疏关系，丧礼规定了相应的哭祭仪式和丧服规格，不可以相滥。⑦隆杀之服：隆，加隆、提升；杀，降等。丧服分斩衰、齐衰、大功、小功、缌麻五种，要根据本人与死者关系之亲疏，予以加隆或降等，确定其应当穿哪种丧服。⑧取象，取而效法。⑨言天在上，地在下是神明安排之位置。⑩萌区有状：万物萌生后区分为各种形状。⑪乡党：乡里。齿：年龄。⑫安取道：何处取得大道。⑬分守：职责、职守。⑭因任：根据职责授予职事。⑮原省：推究省察，指对人进行政绩考核。⑯愚知处宜：愚笨的人和聪明有智之人都安排合适的位置。⑰履：践，就。贵贱履位：尊贵者与低贱者各就各位。⑱袭情：依据实际情况。袭，因袭、依据。情，实也。⑲畜下：治理下民之意。畜，养。⑳归其天：复归于虚静无为之天道。㉑大平：太平盛世，治道之极致。大，同太。㉒形名者，古人有之：形名之分辨，古代就有了。㉓五变：一天，二道德，三仁义，四分守，五形名，六因任，七原省，八是非，九赏罚。这句的意思为，推理至第五层，形名之辨即列举出来。㉔九变：演绎推理至第九层。㉕骤：急剧、匆忙之意。㉖倒道：与道相反相违。㉗人之所治：被人治理。㉘知治之具：只知治世的具体方法、手段，不知精神实质，知末而不知本。㉙这句的意思为：可用于为天下事奔波操劳，不足以让天下自行治理，可有为而治而不能无为而治。㉚一曲之人：只有一孔之见，一技之长，不通晓无为大道的人。

译文

天道无为之本君主掌握，政事礼法之末群臣执行；君主在上总其纲要，群臣在下行其细目。军队武器的动用，是道德之末流；赏罚利害之推行，五种刑法之设立，是教化之末流；五礼之法，长度计算，名实比较审核，是治道之末流；用钟鼓奏出乐曲，用鸟羽兽毛装饰舞者，是乐之末流；哭祭丧服，各有等次，是哀悼之末流。这五类末流枝节之事，必须待精神、心智运动，然后随之而动。五种末流枝节之学，古代就有，但不把它放在首要地位。君在先而臣从属，父在先而子从属，兄在先而弟从属，年长者在先而年幼者从属，男人在先而女人从属，丈夫在先而妻子从属。天地之运行，有上下先后区分，故圣人取而效法之。天在上地在下，是神明确定的地位；春夏在先，秋冬在后，是四时之顺序；万物化生，萌生后区分为各种形状，再由兴盛转而为衰败，是变化流行也。天地之道最为神妙莫测，还有上下先后之顺序，何况是人道呢！宗庙祭祀崇尚血缘之亲，朝廷崇尚高爵位，乡里间尊敬年长者，治事崇尚贤能，这是大道的先后次第。讲论道而不合道的顺序，不是真正的道；讲述的不是真正的道，又从哪里去得道呢！

所以古时明大道之人，先明天道而把道德放在其次，道德既明则把仁义放在其次，仁义既明则把职责放在其次，职责既明则把名实放在其次，名实既明则把因职授事放在其次，因职授事既明则把推究省察放在其次，推究省察既明则把是非放在其次，是非既明则把赏罚放在其次，赏罚既明则愚笨的与聪明的都安排合宜，尊贵者与低贱者各就其位，仁厚的贤达的和不成才的都依据实际作了安置。按其能加以区分，由其名而责其实。用这一套来服侍君主，畜养下民，治理万物，修养自身，就会不用智谋，复归于虚静无为之天道。这就叫作太平，是治道之极致。

古书上说："有形有名。"形名之区分，古人就有的，只是不放在首要地位。古代谈论大道的人，经历五个层次的演绎推理，形名辨析可列举出来，九次演绎推理，赏罚被讲说出来。急剧匆忙去讲说形名问题，就不知道它之所本；匆忙讲述赏罚问题，就不知道它之所始。违背道去讲，抵触道去说，只能为人所治，怎么能治理别人！匆忙讲说形名赏罚的人，他们只知治世的具体方法、手段，并不真正懂得治世之道。这样的人可用于为天下事奔波劳碌，不足让天下自行治理。这就是言辩之士，只具一孔之见的人。五礼之法，长度计算，名实比较审核，古代就有。这是臣用以侍奉君的，不是君用以畜养臣民的。

古注

王夫之注："虚则无不可实也，静则无不可动也。无不可实，无不可动，天人之合也。"

今论

方勇："庄子强调君道虚静，他说虚静才能像镜子一样无所不包，虚静才能各得所宜，虚静才能使臣下各守其职，各尽其责。"

原典

昔者舜问于尧曰："天王之用心何如？"尧曰："吾不敖无告[①]，不废穷民，苦死者[②]，嘉孺子而哀妇人[③]。此吾所以用心已。"舜曰："美则美矣，而未大也[④]。"尧曰："然则何如？"舜曰："天德而出宁[⑤]，日

月照而四时行，若昼夜之有经[⑥]，云行而雨施矣。”尧曰:“胶胶扰扰乎[⑦]！子，天之合[⑧]也；我，人之合也。”夫天地者，古之资大也，而黄帝尧舜之所共美也。故古之王天下者，奚为哉？天地而已矣[⑨]。

注释

①敖：同傲，侮慢。无告：有苦无处诉、处境极为悲惨之人，或指鳏寡孤独者。②废：抛弃。苦：忧劳。苦死者：对死者表示哀痛和抚慰。③嘉：善，亲爱之意。孺子：小孩。哀：怜悯。④未大：不算宏大。因为尧所讲皆有心而为，所及有限，故其心不算宏大。⑤天德：虚静无为也。出：运行。⑥经：不变之常规、常法。⑦胶胶：粘贴在一起不能解开。扰扰：纷乱不宁。⑧天之合：与天道相合。⑨天地而已矣：像天地那样虚静无为就是了。

译文

从前舜问尧说：“天王您用心怎样呢？”尧说：“我不侮慢求告无门处境悲惨的人，不抛弃贫穷之民，忧劳死者，爱孩子又怜悯妇女，这就是我用心之处。”舜说：“好却是很好，只是其心还不够宏大。”尧说：“那应该怎样呢？”舜说：“天德运行而虚静安宁，日月照耀而四时运行，好像昼夜更替之有常规，云行而雨降一样。”尧说：“真是纷扰啊！你与天道相合，我只是与人道相合。”天地，自古以来被认为是宏大的，为黄帝、尧舜所共同赞美。所以古时为天下之王的人，还要做什么呢？像天地那样虚静无为就是了。

古注

王夫之注：“虚静者，状其居德之名，非逃实以之虚，屏动以之静也、逃虚屏动，己愈逃，物愈积，‘胶胶扰扰’，日铙其心，悱懑而欲逃之于死，死且为累，遗其虚静之糟粕以累后世。”

今论

方勇：“内心虚明若镜，才能映照万物，虚明才能无为，无为才能精神愉悦、超然物外，这样才能达到天人合一、物我两忘的境界。”

原典

孔子西藏书[①]于周室，子路[②]谋曰：“由闻周之征藏史有老聃者，免而归居，夫子欲藏书，则试往因[③]焉。”孔子曰：“善。”

往见老聃而老聃不许，于是缙（fān）十二经以说[④]。老聃中[⑤]其说，曰：“大谩[⑥]，愿闻其要。”

孔子曰：“要在仁义。”

老聃曰：“请问，仁义，人之性邪？”

孔子曰:“然，君子不仁则不成，不义则不生[7]。仁义，真人之性也，又将奚为[8]矣？”

老聃曰：“请问何谓仁义？”

孔子曰：“中心物恺[9]，兼爱无私，此仁义之情也。”

老聃曰：“意，几乎后言[10]！夫兼爱，不亦迂[11]乎！无私焉，乃私也[12]。夫子若欲使天下无失其牧[13]乎？则天地固有常矣，日月固有明矣，星辰固有列矣，禽兽固有群矣，树木固有立[14]矣。夫子亦放德[15]而行，循道而趋，已至[16]矣！又何偈(jié)偈乎揭仁义[17]，若击鼓而求亡子[18]焉？意，夫子乱人之性也。”

注释

①书：指孔子编辑整理之书。②子路：孔子弟子。③因：依，依靠老聃帮助联络疏通藏书事宜。④繙:演绎发挥。十二经:有三种说法,一说指《诗》《书》《礼》《乐》《易》《春秋》六种经书加上相应的六种纬书;一说指《周易》上下经和十翼，共十二篇;一说指《春秋》十二公之经。⑤中:中间。⑥大谩:太冗长，太烦琐。谩，或作曼,长。⑦这句的意思为:离开仁义就没有君子生成,以此推断仁义为人之本性。⑧又将奚为：舍弃仁义，又将何为呢。⑨中心物恺：心地中正无偏私，与物和乐而不使毁伤。恺，和乐。⑩意：同噫，叹词。几：接近。后言：泛指与上古先圣之言相对的后代言论，也就是抛弃天道无为根本，把仁义礼法之末放在首位的说法。⑪迂：迂远。⑫这句的意思为：私与无私的区分与对立，正是私产生的根源。⑬牧：养。⑭立：树立。⑮放德：循性。⑯已至：已达，达到向往的理想境界。⑰偈偈：用力的样子。揭：举，引申为提倡、倡导。⑱亡子：丢失的孩子。

译文

孔子要西去把书藏于周王室，学生子路出主意说：“我听说周王室有位掌管图书的史官老子，现已辞官在家隐居，先生想藏书周室，可依靠老聃出面帮助。”孔子说：“好吧。”前往拜见老聃，而老聃不同意，于是孔子就对六经内容演绎发挥，想说服老聃。在讲述中老聃插言说:“太冗长烦琐,愿意听听要点。”

孔子说：“要点在仁义。”

老聃说：“请问，仁义是人的本性吗？”

孔子说：“是的，君子没有仁就不能成长，没有义就不能生存。仁义，确实是人的本性，舍弃仁义，人又将何为呢？”

老聃说：“请问，什么叫仁义？”

孔子说：“心中正无偏私，与物和乐而不毁伤，兼爱万物而无私心，这就是仁义的实质。”

老聃说："唉，这些话近似于后代之言！讲兼爱不是太迂远了么！讲无私就包含了私。先生如果要想使天下不失去其养育，则天地原本就有恒常之规则，日月本来就是光明的，星辰本来就排列有序，禽兽本来就是群居的，树木本来就有植立之处。先生也循性而行，遵道而进，就达到了理想境界！又何必用力去倡导仁义，如击鼓聚众去寻找丢失小孩那般急切呢？唉，先生是在扰乱人性啊！"

古注

郭象："治道先明天，不为弃赏罚也，但当不失其先后之序耳。夫用天下者，必大通顺序之道。"

今论

方勇："道体至虚，是根本无法用语言文字加以传达的。"

原典

士成绮[①]见老子而问曰："吾闻夫子圣人也，吾固不辞远道而来愿见，百舍重趼(jiān)[②]而不敢息。今吾观子，非圣人也。鼠壤有余蔬而弃妹[③]，不仁也！生熟不尽于前，而积敛无崖[④]。"

老子漠然不应。

士成绮明日复见，曰："昔者吾有刺[⑤]于子，今吾心正却矣，何故也？"

老子曰："夫巧知神圣之人，吾自以为脱焉。昔者子呼我牛也而谓之牛，呼我马也而谓之马。苟有其实[⑥]，人与之名而弗受，再受其殃。吾服也恒服[⑦]，吾非以服有服[⑧]。"

士成绮雁行避影，履行遂进[⑨]，而问："修身若何？"

老子曰："而容崖然[⑩]，而目冲然[⑪]，而颡[⑫]頯然，而口阚(hàn)然[⑬]，而状义然[⑭]，似系马而止也[⑮]，动而持[⑯]，发也机[⑰]，察而审，知巧而睹于泰[⑱]，凡以为不信，边竟有人焉，其名为窃[⑲]。"

注释

①士成绮：庄子虚拟人名。②百舍：古时行军以三十里为一舍，百舍合三千里，形容路途遥远。重趼：长途跋涉，脚掌上磨出层层厚茧。③鼠壤：老鼠洞口的积土。余蔬：狼藉在老鼠洞外的菜蔬。弃妹：抛弃妹妹不肯抚养。通行本弃妹后有"之者"二字，今依《续古逸丛书》本删去。④积敛无崖：屯积聚敛财物无止境。⑤刺：讥刺，伤害之意。⑥苟有其实：假如确有那些事实。⑦恒：恒常不变。服：仪态行为。这句是说老子的仪态行为是自性的真实表现，是循性无为，不是有意造作，故而不受外界毁誉所

左右，保持恒常不变。⑧吾非以服有服：我不是故意做出某种仪态行为给别人看。⑨履行遂进：穿鞋子就进室内在席子上行走，古礼入室要脱鞋，士成绮未脱鞋而入室走进屋子，表现他心中极度不安，忘记礼仪。⑩而：同尔，你。⑪冲然：睁大眼睛专注直视的样子。⑫颡：额。頯然：高高扬起。⑬阚然：老虎发怒咆哮的样子，形容出言凶猛横暴。⑭义然：即峨然，巍峨高大的样子。义读峨。⑮似系马而止：如同奔马被系缚才停止下来，而其心仍在躁动不安，难以掩饰。⑯动而持：想要动而受限制，只有暂时忍耐。持，拘束、限制之意。⑰发也机：发动时如扣动扳机一般疾速。机，弩箭上的扳机。⑱泰：骄傲放肆。睹，现。⑲竟：同境，言边境上如有有意造作之人，就称之为贼。

译文

士成绮见老子问道："我听说先生是圣人，故不辞路远而来，期望见您，走了百舍路程，脚上磨出层层老茧也不敢停下。现在我看您不是圣人，您家鼠洞口积土狼藉着菜蔬，却抛弃妹妹不肯抚养，这是不仁慈！生的和熟的食品摆在面前，享用不尽，还屯积聚敛财物无止境。"

老子表情冷淡不回答。

士成绮第二天又来相见，说："上次我曾伤害过您，现在我的这种心情正在退去，这是什么原因呢？"

老子说："巧智神圣那样的人，我自以为已经从那里面摆脱出来了。以前你称呼我为牛我也自认为牛，称呼我为马我也自认为马。假如确有那样的事实，别人加给他名称又不肯接受，这是再次遭受祸殃。我的仪态行为是恒常不变的，我不是有意做出某种仪态行为给别人看。"

士成绮在斜后方跟随，避开老子的身影，未脱鞋子就入室走近老子问道："怎样修身呢？"

老子说："你的仪容庄重严肃，你的眼睛专注直视，你的前额高高扬起，你的言论凶猛横暴，你的体形巍峨高大。就像奔马被系缚而停止下来，想动而受到限制，一旦发动就像扣动弩机一般疾速，对事物明察而又精细，智巧过人而表现骄傲放肆，以上所为皆出于有意造作，不合自性，故不可信。边境上如果有这样有意造作之人，就称之为贼。"

古注

王夫之注："虚静之中，天地推焉，万物通焉，乐莫大焉。善体斯者，必不嚣嚣然建虚静为鹄而铙心以赴之，明矣。"

今论

方勇："这篇天道与内篇中《应帝王》篇主张一切人都应无为的思想有明显区别，对后世的政治产生了较大影响。"

原典

夫子曰："夫道，于大不终，于小不遗，故万物备。广广乎①其无不容也，渊渊乎②其不可测也。形德仁义，神之末也③，非至人孰能定之④！夫至人有世⑤，不亦大乎，而不足以为之累。天下奋棅⑥而不与之偕，审乎无假⑦而不与利迁，极物之真⑧，能守其本⑨，故外天地，遗万物⑩，而神未尝有所困也。通乎道，合乎德，退仁义，宾礼乐⑪，至人之心有所定矣。"

注释

①广广乎：博大空阔啊。②渊渊乎：幽深玄远啊。③形德：形体之属性功能，如耳能听，目能视，鼻能嗅等，皆是这些形体器官之德。神之末：精神之枝节末流。④至人：与大道合一，达到精神上绝对逍遥自由的人，是庄子追求的最高理想人格。定：区分判定。⑤有世：有天下，做天下之帝王。⑥奋棅：争夺统治权柄。棅：通柄，指治国治民之权力。⑦审：慎。无假：无虚假之纯真本性。⑧极：穷尽。真：物之本性。⑨本：虚静无为之天道也。⑩外天地：指至人行无为而治，任天下循性自治，至人不以为意，不加干预，不为牵累，有同于无，故称外天下。遗万物：遗忘万物的具体形象和存在，只持守其本，能如此则精神就不会受到困扰。⑪退：黜退。宾：同摈，抛弃。

译文

先生说："道，言其大则没有穷尽，言其小则没有遗漏，故而万物完备地包藏其中。博大空阔啊它无不包容，幽深玄远啊它不可测知，形体之功能属性和仁义，都属精神之枝节末流，它与无为本体之区分没有至人谁能判定。呵！至人治理天下，其责任不是很重大么！然而不足以为其牵累。天下人都在奋力争夺统治权柄，而至人不与他们相同，审慎持守真性而不随外利引诱变迁，穷尽物之真性，持守其根本，故而把天地置之度外，遗忘万物，而精神未曾受到困扰。与大道相通，与道德相合，黜退仁义，抛弃礼乐，至人之心就能有安定之所了。"

古注

郭象："用世，故不患其大也。静而顺之。任真而直往也。进道德也。"

今论

方勇："此篇所谓的'无为而治'，实际上包含了'君无为'、'臣有为'的重要思想。"

原典

世之所贵道者书也，书不过语，语有贵也。语之所贵者，意也，意有所随①。意之所随者，不可以言传也，而世因贵言传书②。世虽贵之，我犹不足贵也，为其贵非其贵③也。故视而可见者，形与色也；听而可闻者，名与声也。悲夫，世人以形色名声为足以得彼之情。夫形色名声果不足以得彼之情，则知者不言，言者不知，而世岂识之哉！

桓公④读书于堂上，轮扁斫轮于堂下⑤，释椎凿而上⑥，问桓公曰："敢问，公之所读者何言邪？"

公曰："圣人之言也。"

曰："圣人在乎？"

公曰："已死矣。"

曰："然则君之所读者，古人之糟魄已夫⑦！"

桓公曰："寡人读书，轮人安得议乎！有说则可，无说⑧则死。"

轮扁曰："臣也以臣之事观之。斫轮，徐则甘而不固⑨，疾则苦而不入⑩。不徐不疾，得之于手而应于心，口不能言，有数⑪存焉于其间。臣不能以喻臣之子，臣之子亦不能受之于臣，是以行年七十而老斫轮。古之人与其不可传也死矣，然则君之所读者，古人之糟魄已夫！"

注释

①意有所随：意有所从出，有所从来之本。②贵言传书：看重语言，把它记录于书，传之后世。③贵非其贵：被珍贵的并不真正值得珍贵。④桓公：齐桓公。⑤轮扁：造车轮的匠人，名扁。斫：砍削。⑥释：放下。椎、凿：皆为制造车轮的工具。⑦魄：同粕。⑧说：理由。⑨此句为制轮之经验谈，大体是讲车轮各部件制作安装要恰到好处，不松不紧，而如何掌握好，全靠主观体验，无法讲出来。徐：缓。甘：滑动。⑩疾则苦而不入：过紧就会滞涩而难以安装。疾，紧。苦，滞涩。⑪数：同术，技艺。

译文

世人之所以尊贵于道，是根据书上的记载，而书上所记载的不过是言语，言语有其可贵之处。言语之可贵处在于达意，而意有所从出之本。意所从出之本，是不可以用语言相传授的，而世人却看重语言，把它记载于书而流传。

世人虽珍贵它，我还是认为它不足珍贵，因为那被珍贵的并不真正值得珍贵。所以，用眼睛可以看得见的，是形状与颜色；用耳可以听得到的，是名称与声音。可悲呀！世人以为得到形状、颜色、名称、声音就足以获得其真实本性。依据形状、颜色、名称、声音、确实不足得到其真实本性，所以，真正知晓的人并不言说，讲说的人并不是真知，而世人又怎能懂得啊！

齐桓公在堂上读书。轮扁在堂下砍削制造车轮，他放下椎凿等工具走上堂来，问齐桓公道："请问，主公所读书是何人之言？"

桓公说："是圣人之言。"

又问："圣人还在世吗？"

桓公说："已经死去了。"

轮扁说："那么您所读的书，不过是古人弃下之糟粕罢了！"

桓公说："我读书，制轮匠人怎么可以议论！能说出道理还可，说不出就处死。"

轮扁说："我是从我做的事观察出这番道理的。砍削车轮，动作徐缓就会使车轮松动而不牢固，动作急剧就会使车轮部件滞涩而安装不进，动作不快不慢，就能使手上做的与心里想的相应，这种得心应手的感受，口无法说出来，有技艺存在其中。我不能把它讲给我的儿子，我的儿子也不能从我这里接受过去，所以我已七十岁还在砍削车轮。古代人和他们不可言传的东西都死去了，然而您所读的书，不过是古人留下的糟粕罢了。"

古注

郭象："古不在今，今事已变，故绝学任性，与时变化而后至焉。"

天运

第十四

原典

天其运乎？地其处乎？日月其争于所[①]乎？孰主张是？孰维纲[②]是？孰居无事推[③]而行是？意者其有机缄而不得已邪[④]？意者其运转而不能自止邪？云者为雨乎？雨者为云乎？孰隆施是[⑤]？孰居无事淫乐而劝是[⑥]？风起北方，一东一西，有上彷徨[⑦]，孰嘘吸[⑧]是？孰居无事而披拂[⑨]是？敢问何故？

巫咸祒(zhāo)[⑩]曰："来，吾语女。天有六极五常[⑪]，帝王顺之则治，逆之则凶。九洛[⑫]之事，治成德备，监照下土[⑬]，天下戴之，此谓上皇[⑭]。"

注释

①争于所：争着返回各自处所。②维纲：维系之意。③推：推动。④意：作抑，表推测。机缄：意为天地日月运行或许受某种机关控制。机，机关。缄，封闭、关闭。⑤隆：兴，指兴云。施：降，指降雨。⑥淫乐：古人把云雨视为阴阳交和而成，故言淫乐。劝：勉励，助长。⑦一东一西：一会儿吹向东，一会儿吹向西。有上彷徨：又升上空中，盘旋环绕。⑧嘘吸：吐气与吸气。⑨披拂：鼓动，如鼓动风箱，使风吹出。⑩巫咸祒：虚拟人名。⑪六极：四方上下之极。五常：金木水火土五行。⑫九洛：传说大禹治水时，有神龟出洛水，背上有书，称洛书。⑬监照下土：照临天下。⑭上皇：至上之君，行无为而治的帝王。

译文

天体在运行吗？大地在静止吗？日月在争着回到各自处所吗？谁主宰这些？谁维系这些？谁闲居无事推动而使其运行？或者是有机关控制使其不得已才这样的吗？或者是其运行起来而不能自行停止吗？云变成了雨吗？雨变成云吗？是谁在兴云降雨？是谁闲居无事为享乐而助长此事吗？风从北方兴

起，一会吹向东，一会吹向西，又上升空中盘旋环绕，是谁呼吸造成的吗？是谁闲居无事鼓动出来的吗？请问这些都是什么原因？

巫咸祒说："来吧！我讲给你。天具有六极五常，帝王顺应它则天下得到治理，违背它就有灾祸。遵行九种治理天下之大法，则天下太平道德完备，光辉照临天下，受到万民拥戴，这就叫至上之君王。"

古注

郭象："无则无所能推，有则各自有事。"

原典

商太宰荡[①]问仁于庄子。庄子曰："虎狼，仁也。"

曰："何谓也？"

庄子曰："父子相亲，何为不仁！"

曰："请问至仁。"

庄子曰："至仁无亲[②]。"

太宰曰："荡闻之，无亲则不爱，不爱则不孝。谓至仁不孝，可乎？"

庄子曰："不然，夫至仁尚矣，孝固不足以言之。此非过孝之言也，不及孝之言也[③]。夫南行者至于郢(yǐng)[④]，北面而不见冥山[⑤]，是何也？则去之远也，故曰：以敬孝易，以爱孝难[⑥]；以爱孝易，以忘亲难；忘亲易，使亲忘我难；使亲忘我易，兼忘天下难[⑦]；兼忘天下易，使天下兼忘我难[⑧]。夫德遗[⑨]尧舜而不为也，利泽施于万世，天下莫知也，岂直大息而言仁孝乎哉[⑩]！夫孝悌仁义，忠信贞廉，此皆自勉以役其德者也，不足多[⑪]也。故曰：至贵，国爵并焉[⑫]；至富，国财[⑬]并焉；至愿[⑭]，名誉并焉。是以道不渝[⑮]。"

注释

①商：指宋国。周灭殷后，分封其子孙于宋，宋为殷商后裔，故亦称商。太宰：殷周时官名。荡：太宰之名。②至仁无亲：仁为慈爱，至仁则是爱之极致，将天地万物一视同仁，无往而不亲爱，无所偏私。③过孝：以孝为过。不及孝：以孝力未达未尽其义。④郢：古地名，在今湖北江陵北部，春秋、战国时楚国都城。⑤冥山：北海山名，或出于虚拟。⑥以敬孝易，以爱孝难：由敬而孝容易做，而由爱而孝则很难。⑦使亲忘：使亲亦不见我之孝。兼忘天下：将忘亲推而广之，对天下行无为治。⑧使天下兼忘我："使亲忘我"之延伸，使天下人亦不见我之仁，我之仁无形迹，达到物我两忘，混而为一，才为至仁。⑨遗：遗忘。⑩岂直：何须。大息：深自叹息。大，音太。⑪多：称道，崇

尚之意。⑫国爵：国家赐予之爵位。并，读作屏，除却、舍弃之意。⑬国财：一国之财富。⑭至愿：愿望得到最大满足者。⑮渝：变。

译文

宋太宰荡向庄子请问仁。庄子说："虎狼，就有仁心。"

"为何这样说呢？"

庄子说："虎狼之父子相互亲爱，为什么说是不仁呢？"

"请问什么是最高的仁？"

庄子说："最高的仁没有亲爱。"

太宰说："荡听说，没有亲就不会爱，不爱也就不会孝。那么，说最高的仁是不孝，可以吗？"

庄子说："不是这样，至仁是高尚的，孝本来就不足以说明它。前面说法不是以孝为过，而是说孝还不足以尽至仁之义。往南去的人到达郢都，面向北方而不见冥山，是什么原因呢？相去太远了。所以说做到敬而孝容易，做到爱而孝难；做到爱而孝容易，做到忘亲难；做到忘亲容易，做到为亲所忘难；做到为亲所忘容易，而能兼忘天下难；做到兼忘天下容易，而使天下忘我难。遗忘尧舜之德而不去效法推行，功利恩泽施及于万代，而天下无人知晓，何须忧心叹息而去讲说仁孝啊！至于孝悌仁义，忠信贞谦八种美德，都是人们勉力从事而为其役使的外在表象，不足以推崇称道。因此说，至尊至贵者，舍弃国家赐给的官爵；最富有者，舍弃一国之财富；愿望得到最大满足者，舍弃名誉。所以能持守大道而不改变。"

古注

郭象："圣人在上，非有为也，恣之使各自得而已耳。自得其为，则众务自适，群生自足，天下安得不各自忘我哉！"

原典

北门成①问于黄帝曰："帝张咸池之乐于洞庭之野②，吾始闻之惧，复闻之怠③，卒闻之而惑，荡荡默默，乃不自得④。"

帝曰："汝殆其然哉⑤！吾奏之以人，徵⑥之以天，行之以礼义，建之以大清⑦。夫至乐⑧者，先应之以人事，顺之以天理，行之以五德⑨，应之以自然，然后调理四时，太和⑩万物。四时迭起，万物循生⑪；一盛一衰，文武伦经⑫；一清一浊⑬，阴阳⑭调和，流光其声；蛰虫始作⑮，吾惊之以雷霆；其卒无尾，其始无首；一死一生，一偾⑯一起；所常无穷，而一不可待⑰。汝故惧也。"

“吾又奏之以阴阳之和，烛[18]之以日月之明。其声能短能长，能柔能刚，变化齐一，不主故常[19]。在谷满谷，在阬（kēng）满阬[20]；涂郤守神，以物为量[21]。其声挥绰，其名高明[22]。是故鬼神守其幽，日月星辰行其纪[23]。吾止之于有穷，流之于无止。予欲虑之而不能知也，望之而不能见也，逐之而不能及也。傥然立于四虚之道[24]，倚于槁梧[25]而吟：‘目知[26]穷乎所欲见，力屈乎所欲逐[27]，吾既不及，已夫[28]！’形充空虚，乃至委蛇[29]。汝委蛇，故怠。”

“吾又奏之以无怠之声[30]，调之以自然之命[31]。故若混逐丛生[32]，林乐[33]而无形，布挥而不曳[34]，幽昏而无声。动于无方，居于窈冥[35]；或谓之死，或谓之生；或谓之实，或谓之荣[36]。行流散徙，不主常声[37]。世疑之，稽于圣人[38]。圣也者，达于情而遂于命也[39]。天机不张而五官皆备[40]，此之谓天乐，无言而心说[41]。故有焱氏[42]为之颂曰：‘听之不闻其声，视之不见其形，充满天地，苞裹六极[43]。’汝欲听之而无接[44]焉，而故惑也。乐也者，始于惧，惧故祟[45]；吾又次之以怠，怠故遁[46]；卒之于惑，惑故愚[47]；愚故道[48]，道可载而与之俱也。”

注释

①北门成：人名。据说为黄帝之臣。②张：开设、演奏。咸池：古代乐曲，传说为黄帝所作。洞庭之野：广漠之旷野，有影射之义，不是指洞庭湖边之原野。③怠：心情松弛。④卒：终。惑：表现一种丧失自我，离形去智的心态。荡荡：恍惚无所倚。默默：暗昧不可言。不自得：自我消融在音乐的意境中，不能自主。⑤殆其然哉：大概就是这样吧。⑥徵：证明，验证。⑦行之以礼义：乐曲发展演进遵循礼义。大清：天之清气也。大，读作太，太清如同《齐物论》讲的“天籁”，本身是听不见的，而一切声音皆发源于它。⑧至乐：最完美之音乐。⑨五德：仁义礼智信。⑩太和：指乐曲与天地万物完全和谐同一。⑪迭起：更迭兴起。循生：顺应天道而生。⑫盛衰：指乐舞节奏情绪的强弱转换。文武：文指文舞，执羽箭；武指武舞，执干戚。伦经：舞蹈队列的纵横编排。⑬一清一浊：指一个声调高一个声调低。清，高扬。浊，低沉。⑭阴阳：音分五音十二律，十二律中六为阳声，称六律；六为阴声，称六间。⑮作：活动，复苏。⑯偾：仆倒。⑰所常无穷：以变化为常理，此常理与变化一体而无穷尽。一不可待：想一成不变则不可得。⑱烛：照也。此段讲乐曲第二章。⑲变化齐一：变化不离一定条理，条理又在变化中体现出来。不主故常：主，守也。⑳阬：同坑。谷与坑比喻大小不等的空间。满：为乐曲所充塞。㉑涂郤守神：言乐曲入耳后，能堵塞人的感官通道，使人静守心性。涂，塞也。郤，穴窍也，

指人之耳目等感官。以物为量：受益多少，因人而异。㉒挥绰：指乐器声悠扬悦耳。其名高明：演唱的歌声高亢明亮。㉓幽：暗昧之所。为鬼神所处。纪：轨迹。㉔傥然：无心的样子。四虚之道：四面空虚，无所用力之途。㉕槁梧：干枯之梧树。㉖目知：目力与知力。㉗屈：竭。逐：追逐。㉘已夫：停下吧，算了吧。㉙形充空虚：形体为空虚充满。委蛇：从容自得的样子。㉚无怠之声：乐之第二章让人心情松弛，第三章为合乐，则让人忘却自我，连松弛心情也不存在，而与天道合一，即是无怠之声。㉛调：和。自然之命：天道流行之规律。㉜混逐丛生：混然相互追逐，从杂并生。这是比喻乐曲表现的生机勃勃的意境。㉝林乐：指多种乐器之合奏。㉞布挥：声音布散振扬。不曳：不受牵制，余音悠悠不绝。㉟窈冥：幽远暗昧之境。㊱实：结果。荣：开花。生死实荣，皆是对乐曲意境的形象比喻。㊲行流散徙：形容乐曲旋律节奏的演进推移和舞蹈者队列之分合进退。不主常声：不固守不变之老调。㊳稽：查证。㊴达于情而遂于命：通达万物之情，遂顺自然之规律。㊵天机：自然蕴含之机能。不张：不动。㊶心说：说同悦。㊷有焱氏：焱同“炎”，即神农氏。㊸苞裹：包括、翼括之意。苞同包。六极：上下四方之极。指无限之空间。㊹接：承接。㊺祟：警戒之意。㊻遁：逃避之意。㊼惑故愚：惑为遗失自我，连同形体聪明一并丢弃，故而浑沌愚昧。㊽愚故道：浑沌愚昧则与大道合一。

译文

北门成问黄帝说：“帝王在广漠的旷野上开设演奏咸池乐会，我开始听时感到惊惧，再听下去则心情松弛，听到最后感到自我消失，恍惚暗昧中不由自主地消融在音乐意境中。”

黄帝说：“大概就是你说的这样吧！我用人间的形式演奏，用天道加以验证，以礼义来发展演进，以人情天籁为根基。最完美的音乐，先要与人事相应合，还要顺乎天理，按五德运行，与天道自然相应，然后调和四时，与天地万物和谐统一。四时更迭兴起，万物顺应自然而生长；音乐节奏忽强忽弱，文舞与武舞队列纵横分合，乐声忽高忽低，阴声与阳声相互调和，乐声流动而明快；冬眠之虫开始活动，我用雷声和闪电惊醒它们；其声终止而无尾，开始而无头；其声忽死忽生，忽起忽伏，变化无穷，想一成不变则不可能，你听了这种音乐故而惊惧。

“我又用阴阳调和之声演奏，用日月之光来照耀。其声音能短能长，能柔能刚；变化中不离条理，不拘守老调；其声音在山谷就充满山谷，在坑洞就充满坑洞；其声音能堵塞耳目，使人静守心神，受益大小浅深因人因物而异。其乐声悠扬悦耳，其演唱高亢明亮。因而可使鬼神处于暗昧之所，日月星辰按轨道运行。我演奏到应该停止处停止，应该流动处流动。我想思虑它而不能知道，想望它也看不见，想追赶它也赶不上，茫茫然立在四面空虚之途，靠着枯干的梧树吟叹：‘目力智力穷尽于所要知见的，力量竭尽于所要追赶的，我既然力所不及，那就算了吧！’形体已然空虚无存，就可以从容自如。你能从容自如，所以心情松弛。

“我又演奏无怠之声，调和以自然之规律，所以音乐表现生物混然相追逐，丛杂并生，相与群乐而又混然一体的意境；声音布散振扬，不受牵制而余音绕梁，最后消失于幽暗中而不可闻。其声发动无方所，而居止于幽远暗昧之境：或称之为生，或称之为死；或称之结果，或称之开花；乐曲在演进推移，舞蹈在分合进退，不固守老调，世人对此乐有怀疑，可以查问圣人。所谓圣人，就是通达万物之情而又遂顺自然之规律的人。自然之机能不动而五官就全部齐备，这就叫天乐，不用语言表达的内心愉悦。所以神农氏歌颂它说：‘用耳去听不闻其声，用眼去看不见其形，而又光满天地，包括六极。’你想要听它而又听不到，故而失去自我。咸池之乐，开始使人惊惧，惊惧故而警戒；我又接着使人心情松弛，心情松弛故而逃避退缩；最后使人迷失自我，迷失自我故而浑沌愚昧；浑沌愚昧则与大道合一，大道就可以负载它而与之永存。”

古注

王夫之注：“是以酌中外之安，以体微而用大者，以中裁外，外乃不淫；虚中受外，外乃不窒。治心治物者，虽欲不如是而奚可？”

原典

孔子西游于卫，颜渊问师金曰[①]：“以夫子之行为奚如[②]？”

师金曰：“惜乎！而夫子其穷[③]哉！”

颜渊曰：“何也？”

师金曰：“夫刍狗[④]之未陈也，盛以箧衍[⑤]，巾以文绣[⑥]，尸祝齐戒以将之[⑦]。及其已陈也，行者践其首脊，苏者取而爨之而已[⑧]。将复取而盛以箧衍，巾以文绣，游居寝卧其下[⑨]，彼[⑩]不得梦，必且数眯焉。今而夫子亦取先王已陈刍狗，聚弟子游居寝处其下。故伐树于宋[⑪]，削迹于卫[⑫]，穷于商周[⑬]，是非其梦邪？围于陈蔡之间，七日不火食，死生相与邻，是非其眯也[⑭]？

“夫水行莫如用舟，而陆行莫如用车。以舟之可行于水也，而求推之于陆，则没世不行寻常[⑮]。古今非水陆与？周鲁非舟车与？今蕲行周于鲁[⑯]，是犹推舟于陆也，劳而无功，身必有殃。彼未知夫无方之

传[17]，应物而不穷者也。

“且子独不见桔(jié)槔(gǎo)[18]者乎？引之则俯，舍之则仰[19]。彼，人之所引，非引人也，故俯仰而不得罪于人[20]。故夫三皇五帝之礼义法度，不矜[21]于同而矜于治。故譬三皇五帝之礼义法度，其犹柤[22]梨桔柚邪！其味相反而皆可于口[23]。

“故礼义法度者，应时而变者也。今取猿狙[24]而衣以周公之服，彼也龁啮挽裂[25]，尽去而后慊(qiè)[26]。观古今之异，犹猿狙之异乎周公也。故西施病心而矉其里，其里之丑人见之而美之，归亦捧心而矉其里，其里之富人见之，坚闭门而不出，贫人见之，挈[27]其妻子而去走。彼知矉美而不知矉之所以美。惜乎，而夫子其穷哉！”

注释

①卫：春秋时国名。师金：庄子虚拟人名。②奚如：何如，怎么样。③穷：困穷，不通达。④刍狗：用草扎成的狗，古人祭祀时，用作祭物。⑤盛：装也。箧：竹箱之类。衍：箱子。⑥巾：覆盖。文绣：绣有文饰的盖巾。⑦尸祝：古代祭祀时对神主行祝祷之人。齐戒：古人于祭祀前，清心寡欲，沐浴更衣，不饮酒，不吃荤，不宿于内，以示诚敬，称斋戒。齐，同斋。将，送。⑧苏者：打烧柴的人。爨：炊火做饭。⑨游居寝卧：漫游归来就寝睡觉。⑩彼：指拾回刍狗恃加珍贵的人。⑪伐树于宋：指孔子途经宋国，在大树下与弟子们演习礼。⑫削迹于卫：指孔子到卫国，卫灵公派人监视，经过匡地时，又被包围五天，放走后被警告不许再到卫国来。削迹即绝迹之意。⑬商：指宋。周：指东周。⑭陈蔡：春秋时两个小国。火食：熟食。邻：近也。⑮没世：终生，一辈子。寻常：长度单位八尺为寻，二寻为常。⑯蕲：祈求，希望。行周于鲁：行周道于鲁国。⑰无方之传：四面八方皆可传递。隐喻无为可应对一切。⑱桔槔：古代用杠杆原理制成的提水机械。⑲这句的意思为：使用桔槔提水，把吊桶一端向下拉至井下，盛满水后，松开手，水就提上来了。⑳这句的意思是：言桔槔为人所牵引，而不牵引人，所以不得罪人。寓意孔子也不要去引导别人，以免遭祸。㉑矜：崇尚、钦敬之意。㉒柤：通楂，即山楂，其味酸。㉓可于口：可口，合于不同人口味。㉔猿狙：不同种类的猴子。㉕龁啮：用牙齿咬。挽裂：用手撕碎。㉖慊：满足。㉗挈：提携、带领。

译文

孔子西去卫国游历，颜渊问师金说：“您认为先生此行会怎么样呢？”

师金说：“可惜呀！您的老师将困穷不通！”

颜渊说：“为什么呢？”

师金说："刍狗在未陈列之前，用竹箱子装起来，用绣有文饰的盖巾覆盖着，尸祝斋戒之后将其送上祭坛。等到陈列完之后，被丢弃，走路的人践踏它的头与脊背，打柴的人拣了去当柴烧而已。如果有人又把它取回来，用竹箱装起，用绣有文饰的盖中覆盖，漫游归来还要睡在它的下首，这样的人即使不作恶梦，也一定屡次为梦魇困扰。现在您的老师也取回来先王陈列过的刍狗，聚集弟子们漫游归来睡在它下首。所以在宋国受到伐树之辱，在卫国被拒绝入境，在宋国与东周遭到困穷，这些不就是恶梦吗？被乱兵围困在陈蔡之间，七天吃不到熟食，已临近死亡边缘，这不就是梦魇吗？

"在水上通行莫如用舟船，而在陆上通行莫如用车子。以舟船可通行于水上，而要求在陆上推行它，则一辈子也不能行走丈八尺远。古代与今天的差别不就像水上和陆上吗？周鲁治道之区别不就像舟船与车子吗？现今希求推行周道于鲁国，这就如同推舟于陆上啊！劳而无功，自身还必有灾祸。他还不懂得没有固定方向的传车，才能应接一切，诸方皆通而不滞碍。

"况且您难道没见过用桔槔汲水的人吗？用手去拉它就落下来，松开手它就仰起去。桔槔是由人牵引的，不是牵引人的，所以一起一落都不得罪人。所以三皇五帝的礼义法度，不贵其相同，而贵其能使天下得到治理。故而三皇五帝的礼义法度，就好比是山楂、梨、桔和柚等水果，它们味道不同而都能合乎人的口味。

"所以作为礼义法度，要适应时代的要求而不断变化。现在如果把猴子抓来给它穿上周公时代的服饰，它一定会将其咬破撕碎，完全脱去而后才满足。观察古与今之不同，就像猿猴与周公之相异一样。西施有心口痛的毛病，常在邻里们面前皱起眉头，邻里中一位相貌丑陋女人看了觉得很美，回去也模仿西施，双手抚着胸口对邻里人皱起眉头。其邻里之富人看见了，紧闭屋门不肯出来；穷人看见了，带着妻子儿女跑开。这个只知皱眉很美，却不知皱眉美的原因。可惜呀，您的老师将遭受困穷啊！"

古注

郭象："此皆绝圣弃知之意耳，无所稍嫌也。时过而不弃，即为民妖，所以兴矫效之端也。"

原典

孔子见老聃而语仁义。老聃曰："夫播穅①眯目，则天地四方易位矣；蚊虻噆②肤，则通昔不寐矣。夫仁义憯然，乃愤吾心③，乱莫大焉。吾子使天下无失其朴，吾子亦放风而动，总德而立矣，又奚杰杰然若

负建鼓而求亡子者邪[④]？夫鹄不日浴而白，乌不日黔[⑤]而黑。黑白之朴，不足以为辩，名誉之观[⑥]，不足以为广。泉涸，鱼相与处于陆，相呴[⑦]以湿，相濡以沫，不若相忘于江湖。”

孔子见老聃归，三日不谈。弟子问曰：“夫子见老聃，亦将何规[⑧]哉？”孔子曰：“吾乃今于是乎见龙！龙，合而成体，散而成章，乘云气而养乎阴阳。予口张而不能嗋[⑨]，予又何规老聃哉！”

子贡曰：“然则人固有尸居[⑩]而龙见，雷声而渊默，发动如天地者乎？赐亦可得而观乎？”遂以孔子声见老聃。

老聃方将倨[⑪]堂而应，微曰：“予年运而往[⑫]矣；子将何以戒我乎？”子贡曰：“夫三王五帝之治天下不同，其系声名一也。而先生独以为非圣人，如何哉？”

老聃曰：“小子少进[⑬]！子何以谓不同？”对曰：“尧授舜，舜授禹，禹用力而汤用兵，文王顺纣而不敢逆，武王逆纣而不肯顺，故曰不同。”

老聃曰：“小子少进！余语汝三皇五帝之治天下。黄帝之治天下，使民心一[⑭]，民有其亲死不哭而民不非也。尧之治天下，使民心亲，民有为其亲杀其杀而民不非也[⑮]。舜之治天，使民心竞，民孕妇十月生子，子生五月而能言，不至乎孩而始谁，则人始有夭矣。禹之治天下，使民心变，人有心而兵有顺，杀盗非杀，人自为种而天下耳[⑯]，是以天下大骇，儒墨皆起。其作始有伦，而今乎妇女，何言哉！余语汝，三皇五帝之治天下，名曰治之，而乱莫甚焉。三皇之知，上悖日月之明，下睽山川之精，中堕四时之施[⑰]。其知憯于蛎虿之尾，鲜规之兽[⑱]，莫得安其性命之情者，而犹自以为圣人，不可耻乎，其无耻也？”子贡蹴蹴然[⑲]立不安。

注释

①穅：通“糠”。②嘈：叮咬。③憯：通“惨”，毒害。愤：混乱。④放：仿效。总：持，拿。杰杰然：用力貌。建鼓：大鼓。⑤黔：染黑。⑥朴：本质。观：外观。⑦呴：吹气。⑧规：谏。⑨嗋：闭合。⑩尸居：像死尸一样安静而居。⑪倨：通“踞”，伸腿坐着。⑫年运而往：年迈，老迈。⑬少进：即稍微靠前些。⑭一：纯一，淳朴。⑮亲：敬爱双亲，亲近亲人。杀其杀：疏远那些亲缘远的人。⑯心变：心生机智诈伪。自为种：为自身利益而结成团伙。⑰睽：违背。堕：毁坏。⑱蛎虿：蝎类毒虫。鲜规：很小的样子。⑲蹴蹴然：惊恐不安状。

译文

孔子拜见老聃讨论仁义。老聃说：“播扬的糠屑进入眼睛，也会颠倒天地四方，蚊虻之类的小虫叮咬皮肤，也会通宵不能入睡。仁义给人的毒害就更为惨痛乃至令人昏愦糊涂，对人的祸乱没有什么比仁义更为厉害。你要想让天下不至于丧失淳厚质朴，你就该纵任风起风落似地自然而然地行动，一切顺于自然规律行事，又何必那么卖力地去宣扬仁义，好像是敲着鼓去追赶逃亡的人似的呢？白色的天鹅不需要天天沐浴而毛色自然洁白，黑色的乌鸦不需要每天用黑色渍染而毛色自然乌黑，乌鸦的黑和天鹅的白都是出于本然，不足以分辨谁优谁劣；名声和荣誉那样的外在东西，更不足以播散张扬。泉水干涸了，鱼儿相互依偎在陆地上，大口出气来取得一点儿湿气，靠唾沫来相互得到一点儿润湿，倒不如自由自在地生活在江湖里而相互忘却。”

孔子拜见老聃回来，整整三天不讲话。弟子问道：“先生见到老聃，对他作了什么诲劝吗？”孔子说：“我直到如今竟然才在老聃那儿见到了真正的龙！龙，合在一起便成为一个整体，分散开来又成为华美的文采，乘驾云气而养息于阴阳之间。我大张着口久久不能合拢，我又哪能对老聃作出诲劝呢！”

子贡说：“这样说来，人难道有像尸体一样安稳不动而又像龙一样神情飞扬地显现，像疾雷一样震响而又像深渊那样沉寂，发生和运动犹如天地运动变化的情况吗？我也能见到他并亲自加以体察吗？”于是借助孔子的名义前去拜见老聃。

老聃正伸腿坐在堂上，轻声地应答说：“我年岁老迈，你将用什么来告诫我呢？”子贡说：“远古时代三皇五帝治理天下各不相同，然而却都有好的名声，唯独先生您不认为他们是圣人，这是为什么呢？”

老聃说：“年轻人，你稍稍近前些！你凭什么说他们各自有所不同？”子贡回答：“尧让位给舜，舜让位给禹，禹用力治水而汤用力征伐，文王顺从商纣不敢有所背逆，武王背逆商纣而不顺服，所以说各不相同。”

老聃说：“年轻人，你再稍微靠前些！我对你说说三皇五帝治理天下的事。黄帝治理天下，使人民心地淳厚保持本真，百姓有谁死了双亲并不哭泣，人们也不会加以非议。唐尧治理天下，使百姓敬重双亲，百姓有谁为了敬重双亲依照等差而做到亲疏有别，人们同样也不会非议。虞舜治理天下，使百姓心存竞争，怀孕的妇女十个月生下孩子，孩子生下五个月就张口学话，不等长到两三岁就开始识人问事，于是开始出现夭折短命的现象。夏禹治理天下，使百姓心怀变诈，人人存有机变之心因而动刀动枪成了理所当然之事，杀死盗贼不算杀人，人们各自结成团伙而肆意于天下，所以天下大受惊扰，儒家、墨家都纷纷而起。他们初始时也还有伦有理，可是现在却如妇女一般，还有什么可言呢！我告诉你。三皇五帝治理天下，名义上叫做治理，而扰乱人性和真情没有什么比他们更严重的了。三皇的心智就只是，对上而言遮掩了日月的光明，对下而言违背了山川的精粹，就中而言毁坏了四时的推移。他们的心智比蛇蝎之尾还惨毒，就连小小的兽类，也不可能使本性和真情获得安宁，可是还自以为是圣人，是不认为可耻呢，还是不知道可耻呢？”子贡听了惊惶不定，心神不安地站着。

古注

王夫之：“天下之用心用物者，不出两端：或师其成心，或随物而移意，交堕于‘大小长短修远’之中，而莫之能脱。夫两者不可据，而舍是以他求，则愈迷。”

今论

南怀瑾《庄子諵哗》：“在江湖里怎么‘相忘’呢？就是忘记了有江有湖，不受任何的管束了。所以我们所有的人都是离开了水的鱼，都是靠一口口水来滋养生命的，只有真得道的人，才是江湖里的鱼。”

原典

孔子行年五十有一而不闻道，乃南之沛见老聃[①]。

老聃曰：“子来乎？吾闻子北方之贤者也，子亦得道乎？”

孔子曰：“未得也。”

老子曰：“子恶乎[②]求之哉？”

曰：“吾求之于度数[③]，五年而未得也。”

老子曰：“子又恶乎求之哉？”

曰：“吾求之于阴阳，十有二年而未得。”

老子曰：“然。使道而可献[④]，则人莫不献之于其君；使道而可进[⑤]，则人莫不进之于其亲；使道而可以告人，则人莫不告其兄弟；使道而可以与人，则人莫不与其子孙。然而不可者，无佗[⑥]也，中无主而不止[⑦]，外无正[⑧]而不行。由中出者，不受于外，圣人不出[⑨]；由外入者，无主于中，圣人不隐[⑩]。名，公器也，不可多取[⑪]。仁义，先王之蘧庐[⑫]也，止可以一宿而不可久处，觏而多责[⑬]。古之至人，假[⑭]道于仁，托宿于义[⑮]，以游逍遥之虚[⑯]，食于苟简之田[⑰]，立于不贷[⑱]之圃。逍遥，无为也；苟简，易养也；不贷，无出也。古者谓是采真之游[⑲]。以富为是[⑳]者，不能让禄；以显为是者，不能让名。亲权[㉑]者，不能与人柄，操之则栗，舍之则悲，而一无所鉴[㉒]，以窥其所不休[㉓]者，是天之戮民[㉔]也。怨、恩、取、与、谏、教、生、杀八者[㉕]，正之器也，唯循大变无所湮者为能用之[㉖]。故曰：正者，正也[㉗]。其心以为不然者，天门[㉘]弗耳矣。”

注释

①之：往。沛：今江苏沛县。②恶乎：于何。③度数：制度名数。④献：献出、献给。⑤进：奉送之意，与献意相近。⑥佗：同他。⑦中：指内心。主：主见。止：留住。⑧正：证，印证，肯定之意。⑨圣人不出：大道不得社会认同，无法推行，故圣人下把它拿出来宣扬。⑩隐：藏，接纳。⑪名：指事物之名称，亦指一个人的名誉、声誉，此处指后义。公器：众人所用之物。⑫蘧庐：用茅草搭成的有脊无柱的茅舍。⑬觏：见。此指把仁义显示于人。多责：招致众多从仁义方面来的责备。⑭假：借。⑮托宿：寄宿、暂住。假道、托宿都是比喻之词，表示圣人不执著于仁义，只是暂且利用一下，以达到更高的目标。⑯逍遥之虚：摆脱一切限制，无待无己，绝对自由自在的无限虚空。⑰苟简之田：马虎简略加以耕种，即可获取收成之田。⑱不贷：指不借物于人，损己益人，只求自满自足。贷：借。⑲采真之游：采取真意以遨游，不为形迹所役使。⑳是：谓正道。㉑权：权力，权柄。㉒一无所鉴：对上述之危害都无所鉴戒。㉓窥：借为规，取。不休：不止也。㉔天之戮民：指这些人为名利权势相互争夺不止，受无穷困扰摧残，这是违背自然本性的自杀，不是外加之刑戮，故称天之戮民。㉕怨：憎恶。恩：慈爱。取：剥夺。于：赐予。㉖大变：天道变化。湮：滞塞。㉗正者，正也：意思为，自己正，合于天道，方能正物，正人。㉘天门：心，指与天道合一，随天道运化之心。

译文

孔子五十一岁还没有闻知大道，就往南方沛地去见老聃。

老聃说："您来了吗？我听说您是北方的贤者，您已经获得大道了吗？"

孔子说："还未得道。"

老子说："您从何处求道呢？"

回答说："我于制度名数中求道，五年而未得道。"

老子说："您还从何处去求道呢？"

回答说："我于阴阳变化中求道，十二年而没有得道。"

老子说："是的。假使道可以献给人，则人无不把它献给自己的国君；假使道可以奉送，则人无不把它奉送给自己的父母；假使道可以告诉给人，则人无不把它告诉给自己的兄弟；假使道可以传给人，则人无不把它传给子孙。然而这是不可能的，没有其他原因，内心没有与道相应之主见，就不能使道留下来；内心之道不得外界之肯定、认同，就不能推行。道由心中发出，不为外界接受，圣人就不把它拿出来宣传；由外面来的种种理论，与内心之主见不合，圣人就不接纳。名誉，是众人公用之物，不可以多索取。仁义，为先王暂住之所，只可以停留一宿，不可以久居。把仁义昭示于人，会招致众多责难。古代的至人，借路于仁，寄宿于义，以遨游于绝对自由自在的无限虚空，食在马虎简略即可得到收成的田间，立在不损己益人自满自足的园圃上。绝对的自由自在，就是无为；马虎简略，就容易养活；不损己益人，故无所出。古时把这称为采取真意以遨游。以富有为正道的人，不肯让出俸禄；以名声显赫为正道的人，不肯让出名誉。贪恋权势的人，不能把权力让给他人。他们操纵权力则胆战心惊，丧失权力则悲伤不已，而对上述危害都不能引为鉴戒，为夺取其所求而不肯休止，这是在经受自然之诛杀。憎恶、慈爱、剥夺、赐给、谏止、教诲、使之得生、处死，这八项是规正人的手段，只有能遵循天道变化而无所滞碍的人能正确运用它。所以说自己正，方能正人正物。内心以为不对的，心灵就不会对它开放。”

古注

郭象：“随时而变，无常迹也。有为则非仁义。且从其简，故易养也。”

原典

孔子谓老聃曰：“丘治《诗》、《书》、《礼》、《乐》、《易》、《春秋》六经，自以为久矣，孰知其故矣①，以奸者七十二君②，论先王之道而明周召之迹③，一君无所钩用④，甚矣夫！人之难说也，道之难明邪？”

老子曰：“幸矣！子之不遇治世之君也！夫六经，先王之陈迹也，岂其所以迹⑤哉！今子之所言，犹迹也。夫迹，履之所出，而迹岂履哉！夫白鶂⑥之相视，眸子不运而风化⑦；虫，雄鸣于上风⑧。雌应于下风而风化。类自为雌雄⑨，故风化。性不可易，命不可变，时不可止，道不可壅。苟得于道，无自而不可；失焉⑩者，无自而可。”孔子不出三月复见，曰：“丘得之矣。乌鹊孺⑪，鱼傅⑫沫，细要⑬者化，有弟而兄啼⑭。久矣，夫丘不与化⑮为人！不与化为人，安⑯能化人。”老子曰：“可，丘得之矣！”

注释

①孰：同熟，熟知，熟悉。故：故事。②奸：假借为干。干为干谒，因有所求而请见之意。七十二君：泛言孔子干谒诸侯之多。③周召之迹：周为周公旦，召为召公奭，都是周文王之子，武王之弟，因辅佐武王、成王建功立业而负盛名。周召之迹即指他们的功业治绩。④钩用：引用，取用之意。⑤所以迹：决定治绩的背后原因，指道。⑥白鶂：一种水鸟。⑦眸子：瞳孔。

运：动。风化：相待风气而化生。⑧上风：与下风相对，指风流动方向之上方。⑨类：同类。同类动物之雌雄才能相互感应而风化，不同类则不可。⑩焉：代指道。⑪乌：乌鸦。鹊：为喜鹊。孺：孵化而生子。⑫傅：付出。鱼付出口沫而受孕。⑬要：同腰。细腰即细腰蜂。在其制成蜂巢后，将卵产在里面，然后叼来青虫，麻醉后封在蜂巢里，待蜂卵孵成幼虫，即以青虫为食物，食尽青虫后破巢而出。古人误以为是青虫所化，细腰蜂不会生子，以青虫育成己子。⑭有弟而兄啼：有了弟弟，哥哥怕失去父母之爱而啼哭。⑮不与化：不能与变化相一致。⑯安：何。

译文

孔子对老聃说："我研究《诗》、《书》、《礼》、《乐》、《易》、《春秋》六经，自以为很久了，熟知其中故事，以此求见七十二位君主，向他们讲述先王之道，阐明周公、召公之治绩，而没有为一位君主所取用。太困难了！不知是人难于说服，还是大道难于阐明？"

老子说："幸运啊！你没有碰到治世之君主！说到六经，那是先王留下的陈迹，岂是治绩背后之道啊！现在你所说的，如同是足迹。足迹，是由鞋子踩出来的，而足迹岂能当作鞋啊！一对白鶂相互对视，眼睛一动不动地盯视而受孕生子。虫，雄的在上风鸣叫，雌的在下风应和而受孕生子。同类生物雌雄相互感应，故能受孕生子。本性是不可改变的，天命流行之理是不可变的，时间流动不能停止，大道不能滞塞不通。假如能获得大道，无往而不通畅；失去大道的人，则无路可通。"孔子三个月没有出门，又再次去见老聃说："丘获得大道了。乌鸦喜鹊孵卵生子，鱼付出口沫受孕，细腰蜂化育青虫为己子，弟弟生下来哥哥为失爱而哭泣。我孔丘不能成为应物变化之人，已经太久了！不能随事物变化而相应变化，怎么能使人与变化同一呢！"老子说："可以了，孔丘获得大道了。"

古注

王夫之注："天下之用心用物者，不出两端：或师其成心，或随物而移意，交堕于'大小长短修远'之中，而莫之能脱。"

刻意第十五

原典

刻意尚行①，离世异俗②，高论怨诽③，为亢④而已矣。此山谷之士，非世之人⑤，枯槁赴渊者之所好也⑥。语仁义忠信，恭俭推让，为修⑦而已矣。此平世之士，教诲之人⑧，游居学者⑨之所好也。语大功，立大名，礼君臣，正上下，为治而已矣。此朝廷之士，尊主强国⑩之人，致功并兼者⑪之所好也。就薮泽⑫，处闲旷⑬，钓鱼闲处，无为而已矣。此江海之士，避世之人，闲暇者之所好也。吹呴（xū）⑭呼吸，吐故纳新，熊经鸟申⑮，为寿而已矣。此道引⑯之士，养形之人，彭祖寿考者之所好也⑰。

若夫不刻意而高，无仁义而修，无功名而治，无江海而闲，不道引而寿，无不忘⑱也，无不有⑲也。澹（dàn）然⑳无极，而众美从之。此天地之道，圣人之德也。

注释

①刻意：克制意欲。尚行：使行为高尚。②离世异俗：与世俗相离相异，截然与众不同。③怨诽：怨愤讥刺世之无道。④亢：高。⑤非世：以世道为非。⑥枯槁：身体被烧成焦枯状。赴渊：投水而死。⑦修：修身。⑧平世之士：与世道相安并处之人。教诲之人：专门以讲学著述为业之人。⑨游居学者：有到处游说之人，有定居讲学之人。⑩尊主强国：使君主尊显，使国家强大。⑪致功并兼者：建立功业兼并他国之人。⑫就薮泽：到湖泊沼泽之地去。⑬处闲旷：居住在空旷无人之处。⑭吹呴：皆指吐气，深者为呴，浅者为吹，为练功调息呼吸的方法。⑮熊经：经为悬吊起来，此指熊攀到树上，使身体悬空。鸟申：申同伸，伸展之意，鸟飞行时身体伸展。⑯道引：为舒通气血，柔和肢体的系统功法。原为古代强身怯病的养生之术，后为中医、气功所广泛应用，对增进人的健康很有价值。⑰彭祖：见《逍遥游》注。寿考：考，老。老寿，长寿之意。⑱无不忘：一切无心，不有意追求。⑲无不有：无心于上述五者，反而得五者之全，无一不有。⑳澹然：淡漠无心，不在意。

译文

克制意欲使行为高尚，超然特立于世俗之外，立论高峻而怨愤讥刺世之无道，只是为显示清高而已。这是山林隐者，愤世嫉俗之人，为坚持一己之见甘愿赴水火而死的人所喜好的，讲说仁义忠信，恭敬节俭，推辞礼让，为了修身而已。这是与世道相安并处之人，专门从事教育者，有时到处游说，有时定居讲学之人所喜好的。讲说建立大功业，得大名声，确立君臣礼仪，维护上下等级，不过是为推行治世之道而已。这是在朝中为官之人，使君主尊显国家强大之人，为建立功业兼并他国的人所喜好的。到湖泊沼泽之地去，居住在空旷无人之处，闲居垂钓，无为自在而已。这是隐居江海之上，逃避社会之人，与世无争只求清闲者所喜好的。调息呼吸，吐故纳新，模仿熊之悬吊鸟之伸展，为了长寿而已。这是从事导引之术，养身之术，像彭祖一类长寿的人所喜好的。

至于不用克制意欲就能使行为崇高，不用仁义而使身修，不追求功业名声而使天下得治，不用隐居江海之上而得闲暇，不用习导引之术而得长寿。将上面所说全部忘掉，而又能全部具备。淡漠无心之极而一切美好的东西必从之而来。这是天地的大道，圣人的德性。

古注

郭象："此数子者，所好不同，恣其所好，各之其方，亦所以为逍遥也。"

今论

吴健雄："万事容不得勉强，勉强没有幸福。"

原典

故曰：夫恬淡寂寞，虚无无为，此天地之平而道德之质也①。

故曰：圣人休休焉②则平易矣，平易则恬淡矣。平易恬淡，则忧患不能入，邪气不能袭，故其德全而神不亏。

故曰：圣人之生也天行，其死也物化③，静而与阴同德，动而与阳同波④。不为福先，不为祸始，感而后应⑤，迫而后动，不得已而后起。去知与故⑥，循天之理。故无天灾，无物累，无人非，无鬼责。其生若浮，其死若休⑦。不思虑，不豫谋⑧。光矣而不耀，信矣而不期⑨。其寝不梦，其觉无忧，其神纯粹，其魂不罢⑩。虚无恬淡，乃合天德。

故曰：悲乐者，德之邪⑪；喜怒者，道之过⑫；好恶者，德之失。故心不忧乐，德之至也；一而不变⑬，静之至也；无所于忤⑭，虚之至也；不与物交，淡之至也⑮；无所于逆，粹⑯之至也。

故曰：形劳而不休则弊，精用而不已则劳⑰，劳则竭。水之性，不

杂则清，莫动则平；郁闭[18]而不流，亦不能清，天德之象[19]也。故曰：纯粹而不杂，静一而不变，淡而无为，动而以天行，此养神[20]之道也。

注释

①平：平易，不偏不倚。质：实质本质。②休休焉：据俞樾说，应作“圣人休焉，休则平易矣”。休：作息心解。③物化：物象之幻化。④同波：动静无心，如同波浪之推进。⑤感而后应：指圣人与天地阴阳变化合一，一切任其自然，所以不会成为幸福之先导，也不去成为灾祸之发端。⑥知：智谋机巧。故：后天习学之诈伪造作之类。⑦浮：浮在水面的泡沫，休：休息。极言把生死看得极轻微、极平常。⑧豫谋：指物至而应，不预先谋划。⑨信矣而不期：守信而不要求必定兑现，一切顺乎自然。期，必。⑩罢：同疲，疲劳。⑪邪：邪妄、邪僻。⑫道之过：喜怒不忘，就不能顺天道而行，反而以天道为过错。⑬一而不变：要持守道而永不改变。一，指虚静无为之道。⑭忤：违逆抵触之意。⑮不与物交：不与外物相交接。淡：淡漠无心。⑯粹：纯一不杂。⑰形：形体。弊：疲困。精：精神。⑱郁闭：郁结闭塞。⑲天德之象：水通过流动保持清澈，天道通过运动而能永恒，故水有天德之象。⑳养神：存养精神。

译文

所以说：恬淡寂寞，虚无无为，这是天地之平易和道德之本质。

所以说：圣人息心于此，息心则平易不偏倚，平易不偏则恬淡无心。平易恬淡，则忧患不能侵入，邪气不能袭扰，故而其道德完美而精神不亏缺。

所以说：圣人生时顺自然而运行，死时随物象幻化。静止时与阴同一德性，运动时与阳一体合流。不会成为幸福之先导，也不会成为灾祸的开端，与天地阴阳相感而后应，为外物迫使而动，不得已而后兴起。去掉智谋机巧诈伪造作，遵循天理而行。所以没有天灾，没有外物牵累，没有人非难，没有鬼神责备。生时如同泡沫，死时如同休息。不思虑，也不预先谋划。明亮而不耀眼，守信而不要求必定兑现。睡觉时不做梦，醒来时没有忧愁，其精神纯一不杂，故不疲劳。虚无恬淡，就与自然之德性相合。

所以说：悲痛与欢乐，会使德性流于邪僻；不忘喜怒，会以道为过错；陷入好恶，会丧失道德。所以，心里没有忧愁与欢乐，是道德之最高境界；持守虚静无为之道永不改变，是静之极致；于外物无所抵触，是空虚之极致；于外物无所违逆，是纯粹之极致。

所以说：身体辛劳而不休息则疲困，精神运用而不止则会使用过度，使用过度就要枯竭。水之本性，不混入杂物则清澈，不去搅动则平静，郁结闭塞而不流动，也不能清澈，水具有天德之象啊。所以说：纯粹而不混杂，虚静专一而不改变，恬淡无为，运动与天道同步，这就是存养精神之道啊。

古注

王夫之注："物虽可好，必知有道；道虽可好，必知有精。道以养精，非精以养道。天下莫不贵者，精而已矣！"

今论

吴健雄："形体是生命的具体表象，做任何事的时候都应该先考虑一下身体的承受能力。"

原典

夫有干越[1]之剑者，柙[2]而藏之，不敢用也，宝之至也。精神四达并流[3]，无所不极，上际于天，下蟠（pán）于地[4]，化育万物，不可为象，其名为同帝[5]。纯素[6]之道，唯神是守；守而勿失，与神为一；一之精通，合于天伦[7]。野语[8]有之曰："众人重利，廉士重名，贤人尚志，圣人贵精[9]。"故素也者，谓其无所与杂也；纯也者，谓其不亏其神也。能体纯素，谓之真人[10]。

注释

①干越：干为吴国，越即越国。②柙：盛物的匣子。③四达并流：形容精神四面八方通达并流无滞碍。④极：极点、尽头。际：交会，会合。蟠：遍及。⑤同帝：同于天帝。⑥纯素：与纯粹义近，只是更强调素质、本性之纯一不杂。⑦天伦：自然之理。⑧野语：谚语。⑨精：精神。⑩体纯素：以纯素为体。真人：得道者，与至人、神人相近。

译文

藏有吴国和越国所造宝剑的人，把它放在匣子里珍藏，不敢轻易使用，它是珍宝中至贵的。精神向四面八方通达交流无滞碍，无所不至，上与天交会，下遍及大地，生化哺育万物，没有形象可见，它的名字就叫同于天帝。纯粹质朴之道，只有精神专一才能持守；持守而不遗失，使与精神合为一体；能精通这合一之道，就合乎自然之理。谚语说："多数人看重利，廉洁之士注重名声，贤人君子崇尚志向，圣人着重精神。"所以，所谓素质，就是没有杂质混入；所谓纯粹，就是不使其精神亏缺。能以纯素为体的人，就称为真人。

古注

郭象："与神为一，非守神也；不远其精，非贵精也；然其迹则贵守之也。"

今论

吴健雄："刻意的另一个意思是磨砺心志。修身养性跟孕育一段美好爱情一样，也要懂得适可而止。磨砺心志的过程也要顺其自然、循序渐进，不能一步登天。"

缮性

第十六

原典

缮 (shàn) 性于俗学[①]，以求复其初；滑 (gǔ) 欲于俗思[②]，以求致其明；谓之蔽蒙[③]之民。古之治道者，以恬[④]养知；知生而无以知为[⑤]也，谓之以知养恬。知与恬交相养，而和理[⑥]出其性。夫德，和也；道，理也。德无不容[⑦]，仁也；道无不理，义也；义明[⑧]而物亲，忠也；中纯实而反乎情[⑨]，乐也；信行容体[⑩]而顺乎文，礼也。礼乐遍行，则天下乱矣。彼正而蒙己德[⑪]，德则不冒[⑫]，冒则物必失其性也。

注释

①缮性：修治修补本性。俗学：指道家之外的百家之学。②滑：借为汩，治理、疏导。欲：由外物引起之情欲、物欲。俗思：以追求名利为目标的通行观念。③蔽蒙：与蒙蔽同义。④恬：恬静淡漠，知与智通。⑤无以知为：虽有知仍以智谋治事，而持守恬静质朴之性。⑥和理：和为恬静淡漠之性，理为自然之理，二者皆出于本性。⑦德无不容：德行宏大深远，无不包容。⑧义明：义理分明。⑨中：心中。纯实：为仁义所充实。反乎情：仁义发乎中而与外物应和，又返回自身，与性情和谐愉悦。⑩信行容体：信义之行表现于仪容举止。⑪彼正：天地人物各自正其性命。蒙己德：把己之德行隐蔽起来，不可炫耀滥用。⑫冒：覆盖。

译文

用世俗之学来修治本性，以求恢复本来的状态；用通行的观念调整情欲物欲，以求达到明通，这就叫作受蒙蔽之人。古代之修道者，用恬静淡漠来畜养真知，虽有知也不用智去治事，叫作用知来畜养恬静之性。真知与恬静之性交互涵养，中和之德与自然之道就由其中生出。所谓德，就表现为中和之性；道，就表现为自然之理。德行弘大深远，无不包容，就是仁；

行道无不合于理，就是义；义理分明与物相亲，就是忠；心中为仁义充实，又与外物应和愉悦，就是乐；信义之行表现于仪容举止而顺乎自然之节文，就是礼。礼乐普遍推行，天下就要大乱了。任天地人物各自正性命，把自己的德行隐蔽起来，才不会用己德覆盖一切，如果用己德覆盖一切，则万物必失其本性。

古注

郭象："已治性于俗矣，而欲以俗学复性命之本，所以求者愈非其道也。已乱其心于欲，而方复役思以求明，思之愈精，失之愈远。"

今论

吴健雄："做隐士不是不可以，关键是要做聪明的隐士。"

原典

古之人，在混芒①之中，与一世而得澹漠焉②。当是时也，阴阳和静，鬼神不扰，四时得节③，万物不伤，群生不夭④，人虽有知，无所用之，此之谓至一⑤。当是时也，莫之为而常自然⑥。

逮⑦德下衰，及燧人、伏羲始为天下，是故顺而不一。德又下衰，及神农、黄帝始为天下，是故安而不顺。德又下衰，及唐虞始为天下，兴治化之流⑧，枭淳散朴⑨，离道以善，险⑩德以行，然后去性而从于心⑪。心与心识知⑫，而不足以定天下，然后附之以文，益之以博⑬。文灭质，博溺心，然后民始惑乱，无以反其性情而复其初。

由是观之，世丧道矣，道丧世矣⑭，世与道交相丧也，道之人⑮何由兴乎世，世亦何由兴乎道哉！道无以兴乎世，世无以兴乎道，虽圣人不在山林之中，其德隐矣，隐故不自隐⑯。古之所谓隐士者，非伏⑰其身而弗见也，非闭其言而不出也，非藏其知而不发也，时命⑱大谬也。当⑲时命而大行乎天下，则反一无迹⑳；不当时命而大穷㉑乎天下，则深根宁极㉒而待；此存身之道也。

注释

①混芒：浑沌蒙昧的淳朴状态。②与：通举。澹漠：恬静淡漠。③四时得节：四季变化与节令相应相合。④群生不夭：各种生物都能享尽天年，而不会夭亡。⑤至一：人与自然绝对同一的境界。⑥莫之为：无为而自成。常自然：常与自然相合。⑦逮：及。⑧治化：治理教化。流：风尚。⑨枭淳散朴：使淳厚变浇薄，使质朴离散。枭，又作浇，浇薄之意。⑩险：危险不平易。⑪去性：舍弃本性。从于心：心为知，听从智力的支配。⑫心与心识知：人们以己心

去窥测对方心思，此为相争之源头。⑬益：增益。⑭这句意思为：世风愈下而大道愈失，大道愈失而世风益下。⑮道之人：明道之人，圣人。⑯隐故不自隐：圣人之隐不同于山林隐士之隐，不是故意将自己隐藏起来，而是圣人之道德不为世人所认识和实行。⑰伏：隐匿。⑱时命：所处时代与所遭命运。⑲当：合。⑳反一无迹：复归于人与自然同一境界而不留形迹。㉑穷：困穷不通。㉒深根宁极：深扎自性之根以固本，求宁静淡漠之极以安心。

译文

远古之人，处于浑沌蒙昧状态中，举世之人都恬静淡漠无所求。在那个时代，阴阳调和平静，鬼神也不扰乱，四时变化与节令相合，万物不受伤害，一切生物都能终其天年而不夭亡，人虽然有智慧，却无有用处，这就叫人与自然的绝对同一。在那个时代，无为而自成，还常与自然之道相合。

及至德性衰落，到燧人氏、伏羲氏治理天下时，只能顺民之心而不能达到与自然的绝对同一。德性又衰退，到神农，黄帝治理天下时，只能使天下安定却不能顺民之心。德性又衰退，到尧舜治理天下时，兴起治化教化之风尚，使淳厚变浇薄，使质朴之性离散，背离大道以求善，危及德性以尚行，然后舍弃自性而听从智谋支配。人们用己心去窥测对方心思，这还不足以使天下安定，然后又附加上礼文，再增添广博论证。礼文遮蔽了本质，广博湮没了心知，然后百姓开始迷惑动乱，没有办法使其返回本来性情而恢复原初状态。

由此看来，世风日下而丧失大道，大道丧失而世风更下，世风与大道交相丧失，得道之人从哪里使道在世上兴起，世上又从哪里使大道兴起啊！大道不能使人世复兴，人世也不能使大道兴起，虽然圣人不在山林之中隐居，他们的道德也如同隐蔽了。圣人之隐，本来不是自己有意隐匿。古时候所说的隐士，并不是隐匿自身不使人见，并不是闭塞言论而不说出，并不是藏其智慧而不显示，时代与命运大相背谬啊！如果合于时代和命运而使大道盛行天下，则可复归于人与自然合一之道而无形迹；当时遇不顺、命运乖违而困穷于天下，则缄默而等待时机。这是保存自身的方法。

古注

王夫之注："守名义之已然，而不知其然；因时会之所尚，而己无尚；矫物情之所甚，而激为甚；夫是之谓俗夫。"

今论

吴健雄："只有把自己的思想、主张、言辞都牢牢隐藏起来的人才是真的隐士。"

原典

古之存身[①]者，不以辩饰知，不以知穷天下，不以知穷德[②]，危然处其所而反其性[③]，已又何为哉！道固不小行，德固不小识[④]。小识伤德，小行伤道。故曰：正己[⑤]而已矣。乐全[⑥]之谓得志。古之所谓得志者，非轩冕[⑦]之谓也，谓其无以益[⑧]其乐而已矣。今之所谓得志者，轩冕之谓也。轩冕在身，非性命也，物之傥来[⑨]，寄者[⑩]也。寄之，其来不可圉(yǔ)[⑪]，其去不可止。故不为轩冕肆志，不为穷约趋俗[⑫]，其乐彼与此同[⑬]，故无忧而已矣！今寄去[⑭]则不乐。由是观之，虽乐，未尝不荒[⑮]也。故曰：丧己于物，失性于俗者[⑯]，谓之倒置之民。

注释

①存身：保身、安身之意。②穷德：人生有涯知无涯，不以无涯困累自得。穷，困累之意。③危然：独立不倚的样子。处其所：处在他应处之地位。反其性：复归其自然本性。④小行：贬损大道，使迁就世俗之行。小识：识与知同，自贬其知，以求闻达而为世所用。⑤正己：端正自己，使道德方面皆无亏缺。⑥乐全：恬静淡漠之自性与外物和谐愉悦，融为一体。⑦轩冕：古时卿大夫所乘之车，所戴之冠。后为官位爵禄之代称。⑧益：增加。⑨傥来：偶然得来。⑩寄者：暂时寄存之物。⑪圉：又作御，抵御、阻挡之意。⑫肆志：放纵心志，丧失自性。穷约：穷困。趋俗：不能安处穷约，而超于世俗，与其同流合污。⑬彼此：彼指轩冕，即高官厚禄，此指穷约，古之得志者视二者如一，皆能乐观安处。⑭寄去：寄存之物被取走。亦即官位爵禄之丧失。⑮荒：空虚之意。⑯丧己于物：为追求物欲而丧失自我。失性于俗：为趋就流俗而失去自性。

译文

古时保全自身的人，不用巧辩来文饰己知，不用己知去困累天下人，也不为追求无限之知而困累自得。独立不倚地处在其应处之位而致力于复归自性，除此还能做什么呀！道本不可以贬损以迁就世俗之行，德行本不可以贬低其知以求闻达。贬低其知伤害德行，贬损其行则伤害大道，所以说，端正自己就是了。自性与外物和谐统一就叫作得志。古代所谓得志之人，不是指获得高官厚禄而言，为的是那些东西并不能增加自性之乐呀。现在所说的得志之人，即指得到高官厚禄。高官厚禄加在身，并非性命之常，而是偶然得来之物，是暂时寄存在这里的。寄存之来，它来了没有办法阻止，它去了也没有办法留下。所以不要为高官厚禄放纵心志，也不要因穷困趋同流俗，他身处富贵与穷困其乐相同，能做到无忧就是了。现今寄存的东西取走便不快乐，由此看来，他们虽乐而内心未尝不空虚。所以说，为追求物欲而丧失自我，为趋就流俗而失掉本性，就叫作本末倒置之人。

古注

郭象："虽有事之世，而圣人未始不澹漠也，故深根宁极而待其自为耳，斯道之所以不丧也。未有身存而世不兴者也。"

今论

吴健雄："比起等待时机，把握时机更重要；而比起把握时机，懂得选择时机则更为重要。"

秋水 第十七

原典

秋水时至，百川灌河[1]，泾流[2]之大，两涘（sì）渚崖之间[3]，不辨牛马。于是焉，河伯[4]欣然自喜，以天下之美为尽在己。顺流而东行，至于北海[5]，东面而视，不见水端。于是焉，河伯始旋其面目[6]，望洋向若而叹曰[7]：“野语[8]有之曰‘闻道百，以为莫己若’者[9]，我之谓也。且夫我尝闻少仲尼之闻而轻伯夷之义者，始吾弗信；今我睹子之难穷也，吾非至于子之门，则殆[10]矣，吾长见笑于大方之家[11]。”

北海若曰：“井蛙不可以语于海者，拘于虚也[12]；夏虫不可以语于冰者，笃于时也[13]；曲士[14]不可以语于道者，束于教也。今尔出于崖涘，观于大海，乃知尔丑[15]，尔将可与语大理[16]矣。天下之水，莫大于海，万川归之，不知何时止而不盈[17]；尾闾[18]泄之，不知何时已而不虚；春秋不变，水旱不知[19]。知其过江河之流，不可为量数。而吾未尝以此自多者，自以比形于天地而受气于阴阳[20]，吾在于天地之间，犹小石小木之在大山也，方存乎见少[21]，又奚以自多？计四海之在天地之间也，不似礨空[22]之在大泽乎？计中国之在海内，不似稊（tí）[23]米之在太仓乎？号物之数谓之万[24]，人处一焉；人卒九州[25]，谷食之所生，舟车之所通，人处一焉[26]；此其比万物也，不似豪末[27]之在于马体乎？五帝之所连[28]，三王之所争[29]，仁人之所忧，任士[30]之所劳，尽此矣。伯夷辞[31]之以为名，仲尼语之以为博，此其自多也，不似尔向之自多于水[32]乎？”

注释

①这句意思为：秋雨不停地下，河水上涨，千百条河流都灌注于黄河。②泾流：指黄河主流之宽度。③涘：水边、岸边。渚：水中间小块陆地、小洲。④河伯：黄河水神。⑤北海：春秋战国时所称北海，多指黄河注入之渤海。⑥旋其面目：改变态度。⑦洋：水多的样子。若：海神。⑧野语：俗语。

⑨百：泛指数量很大、很博。莫己若：莫若己的语序颠倒，没有人及得上自己。⑩殆：危险。⑪大方之家：深明大道之人。⑫拘：拘束，限制。虚：同“墟”，指蛙所居之土井之类。⑬笃：困，亦为限制之意。时：为四时，四季。⑭曲士：乡曲之上，曲见之士。指识见偏狭，孤陋寡闻的人。⑮丑：鄙陋无知。⑯大理：大道。⑰盈：盈满。⑱尾闾：传说为排泄海水之处，又称沃燋，其地在东大海之中，扶桑之东，有巨石方圆四万里，厚四万里，海水到那里就被蒸发掉。⑲这句的意思是：大海之水不会因春雨流入少秋雨流入多而发生变化。陆上天旱天涝，海也没有感觉。⑳比形于大地：由天地具足了形体。受气于阴阳，从阴阳秉受生气。㉑方存乎见少：正存在着自以为小的想法。㉒礨空：石块上的小孔。㉓稊：一种形似稗的草，其种子很小，制成米粒更细小。㉔这句的意思为：宇宙之物不止万种，称万物，概而言之也。㉕人卒九州：九州之内尽为人居。卒，尽。㉖人处一焉：此与上句人处一焉之人字，含义不同，上句指人类全体，此指单个人。㉗豪末：兽类绒毛末梢。㉘连：连续，继承之意。㉙所争：以武力所争夺的。㉚任士：以治世为己任的贤能之士。㉛辞：辞让。㉜自多于水：指河伯未至海前，识见狭小，以黄河之水自夸其多。

译文

秋雨不停地下，河水上涨，千百条河流都灌注到黄河，使黄河干流大大加宽，两岸之间，河中小洲之上，相互望去，连牛马都辨认不清。于是乎河神欢欣鼓舞自满自足起来，以为天下之壮美尽在于此了。顺河流东行，到达渤海，往东面望去，看不到水的边际，于是乎，河神开始改变自满自得的神态，望着浩瀚无边的大海对海神感叹说：“俗语说‘闻知许多道理后，自以为没有人能及得上自己’的人，说的就是我啊。我曾听说有人以仲尼之闻见为少，以伯夷之义为轻的人，起初我不相信，现在我看到你这等浩瀚无边，难于穷尽，我若不到你这里来，就糟了，我将长久为深明大道的人所笑话。”

海神说：“井里的蛙不可以和它讲大海，因其被所居土井局限；夏天的虫类不可以同它讲冰，因其被季节所困；见识偏狭孤陋寡闻的人，不可以同他讲说大道，因其为所受教育束缚。现在你走出河流两岸，看见无边的大海，则知道自己的鄙陋，就可以同你讲说大道理了。天下的水，没有比海再大的了，千万条河都流归于它，没有休止之时，而不盈满；从尾闾往出宣泄，没有停止之时，而不空虚；不因春秋季节流入水量多少不同而变化，陆上的旱涝大海没有感觉。大海超过江河的水量，没有办法估量、计算。

而我未曾以之为多，因为我从天地那里具足了形体，从阴阳那里秉受了生气，我在天地之间，如同小石块小树木在大山之中，正有自以为少的想法，又哪里会自以为多呢？约计四海在天地之间，不也就像蚁穴在大薮泽中一样吗？约计中国在四海之内，不也就像一粒稗米在大谷仓中一样吗？称谓物类数量叫作万，人只居其中之一；人住满九州之地，凡谷物可以生长，舟车可以通行之处，皆有人居，个人只是众人中之一；人与万物相比，不也就像一根绒毛末梢在马身上一样微小吗？五帝以禅让相传承的，三王以武力相争夺的，仁人所担忧的，贤能之士所操劳的，完全都在这里了。伯夷辞让以博得好名声，仲尼谈论以显示博学，这种自满自足，不就像你以前自夸黄河之水为多一样吗？”

古注

郭象：“言其广也。知其小而不能自大，则理分有素，跂尚之情无为乎其间。”

今论

方勇：“所谓智慧机巧的背后，隐藏的往往不是对万物的呵护与珍惜，而是贪婪的利用和掠夺。”

原典

河伯曰：“然则吾大天地而小毫末①，可乎？”

北海若曰：“否。夫物，量无穷②，时无止③，分无常④，终始无故⑤。是故大知⑥观于远近，故小而不寡，大而不多⑦，知量无穷；证曏今故⑧，故遥而不闷⑨，掇（duō）而不跂⑩，知时无止；察乎盈虚⑪，故得而不喜，失而不忧，知分之无常也；明乎坦涂⑫，故生而不说，死而不祸，知终始之不可故也⑬。计人之所知，不若其所不知；其生之时，不若未生之时；以其至小求穷其至大之域⑭，是故迷乱而不能自得也。由此观之，又何以知毫末之足以定至细之倪⑮？又何以知天地之足以穷至大之域？”

河伯曰：“世之议者皆曰：‘至精无形，至大不可围⑯，是信情⑰乎？”

北海若曰：“夫自细视大者不尽，自大视细者不明。夫精，小之微也；垺（fú），大之殷也⑱，故异便⑲。此势⑳之有也。夫精粗者，期于有形者㉑也；无形者，数之所不能分也㉒；不可围者，数之所不能穷也。可以言论者，物之粗也；可以意致㉓者，物之精也；言之所不能论，意之所不能察致者，不期精粗㉔焉。是故大人之行，不出乎害人，不多仁恩㉕；动不为利，不贱门隶㉖；货财弗争，不多㉗辞让；事焉不借人㉘，不多食乎力㉙，不贱

贪污；行殊乎俗[30]，不多辟异[31]；为在从众，不贱佞谄[32]；世之爵禄不足以为劝[33]，戮耻[34]不足以为辱；知是非之不可为分，细大之不可为倪。闻曰：'道人不闻[35]，至德不得[36]，大人无己[37]。'约分之至[38]也。"

注释

①大天地而小毫末：以天地为大，以毫末为小。②量无穷：物量是大与小的统一，无论从大小哪方面去观察，都是不可穷尽的，言其大，还有比它更大者；言其小，还有比它更微者。③时无止：时间是永恒向前，无有止息的。④分无常：即是说一个人的名分、地位不是恒常不变的，贫富贵贱，上下尊卑等等，都处在变化的过程中。⑤终始无故：终而复始，无有穷尽，故无端倪。⑥大知：大智之人。⑦小而不寡，大而不多：小的事物也包含丰富内涵，大的东西与更大的相比，也是微不足道的。⑧证曏今故：证明古与今都是一样的，时间单向流动，永无止息，从古至今，从今至未来，都处于时间长链条中的一点，从大处看则是一个整体。曏：明，故，作"古"解。⑨遥而不闷：对遥远的古事不感到暗昧。又，遥作长久解，寿命长而不厌倦。⑩掇而不跂：就近之事也有不可求之理。掇：拾取，指相距很近，随手可取。跂，与企同，求也。⑪盈虚：盈满与空虚。⑫坦涂：平坦的大路。比喻终始往复、日新不已的大道。⑬说：同悦。终始：同于死生。故：作固解。⑭至小：极小。此指人的有限生命和智慧。至大之域：无限的宇宙。⑮倪：边界，端倪。⑯这句的意思为：最精微的东西没有形体，最大的事物没有什么能包围它、限定它。⑰信情：信实、真实可信。⑱垺：同郛，城外之城，比喻大之外还有更大者。殷：盛大。⑲异便：对其差异进行分辨。异，相异、相别。便，同辨，分辨。⑳势：形势、趋势，就是说有形之事物，其存在和发展可构成可见的形势、趋势，有大小精粗之分。㉑有形者：有形可供感知和思维的对象。㉒数之所不能分：不能用数字计量、划分。㉓意致：运用意识、思维可以获得的。㉔不期精粗：不限于精粗。㉕不多仁恩：不夸耀仁爱和恩惠。㉖不贱门隶：不鄙视守门之仆隶，大人虽不求利，也不以求利之守门仆隶为贱。㉗多：崇尚、夸赞之意。㉘事焉不借人：做事不借助于人。㉙不多食乎力：不崇尚自食其力者。㉚行殊乎俗：行事与世俗不同。㉛不多辟异：不标榜炫耀邪辟怪异之行，不有意标新立异。辟异，邪辟怪异。㉜佞谄：以顺耳动听的言词奉承恭维人。㉝劝：鼓励、劝勉，使之为善。㉞戮耻：处以刑罚，使受耻辱。㉟道人不闻：得道之人不闻名于世间。㊱至德不得：大德之人无所得。㊲大人无己：大人摆脱形体束缚，把己溶入物中，与造化一体。㊳约分之至：约束主客、己物之分别达到极至。

译文

河神说："既然这样，那么我以天地为大，以毫末为小，可不可以呀？"

海神说："不可以。凡物，其物量大小是不能穷尽的，时间是不会停止的，名分地位也不是恒常不变的，终始往复更没有尽头。所以大智之人观察远处和近处的一切事物，不因其小而视之为少，不因其大而视之为多，这就是深明物量是没有穷尽的；证明古与今都是一样的，故而对遥远的古事不感暗昧，对就近之事也知其有不可求之理，这就是通晓时间是永不停息的；考察盈满和空虚之相互转化，因而得到了不足以欣喜，失去了不足以悲伤，这就是懂得名分地位不是恒常不变的；明白终而复始、日新不已的大道，所以就不因生而高兴，不把死视为灾祸，这就是知道死生往复不定之理。约计人所知道的，不如他所不知道的为多；其生之时间，不如其未生之时间为长；以其极有限的智慧和极短暂的生命求穷尽对无限大宇宙的认识，因此陷入迷惑昏乱而茫然无所得。由此看来，从哪里可以知道毫末足以定为极小的界限呢？又从哪里可以知道天地足以穷尽至大之范围呢？"

河神说："世间议论的人都说，最精微之物没有形体，最大的物没有什么能包围它，这话真实可信吗？"

海神说："从细小处看庞大之物看不完全，从宏大处看细小之物，看不清晰。所说的精，是指小中最微小的；垺，是大之外更庞大的，所以二者是可以区分辨别的。这是物之形势、趋势中所具有的。说到精和粗，是限于有形之物而言，至于至精无形之物，是数字所不能计量的；至大不可范围之物，是数字所不能穷尽的。可以言说议论的是物之粗，可以用意识获致的是物之精；言语所不能谈论，意识所不能获致的，就不限于精粗之范围了。因此，大人之行事，不有意害人，也不夸耀对人的仁爱和恩惠；行动不力求利，也不以求利之门隶为卑贱；不为财物而争夺，也不推崇辞让之德行；做事不借助他人，也不夸赞自食其力，不鄙视贪污之行；行事与世俗不同，却不是故意标新立异；所为顺从众人，不鄙视谄媚讨好的人；世间的高爵位厚奉禄不足以劝勉他，刑罚耻辱不足以羞侮他；因为他深明是非是不可分辨的，精细与巨大也无法划出边界。闻知有这样说法，得道之人不闻名于世，大德之人无所得，大人没有自己。这是约束分别达到极至了。

古注

郭象："任物而物性自通，则功名归物矣，故不闻。得者，生于失也；物各无失，则得名去也。任物而已。约之以至其分，故冥也，夫唯极乎无形而不可围者为然。"

今论

方勇："庄子倡导的'无以人灭天，无以故灭命，无以得殉名'，未必是无情的出世之语，他只是真诚地希冀我们谨守天真的本性，不要再让它一代代地零落成泥碾作尘。"

原典

河伯曰："若①物之外，若物之内，恶至而倪贵贱②？恶至而倪小大？"

北海若曰："以道观之，物无贵贱。以物观之，自贵而相贱③。以俗观之，贵贱不在己④。以差观之，因其所大而大之⑤，则万物莫不大；因其所小而小之，则万物莫不小；知天地之为稊米⑥也，知毫末之为丘山也，则差数睹矣⑦。以功⑧观之，因其所有而有之，则万物莫不有；因其所无而无之，则万物莫不无，知东西之相反，而不可以相无，则功分⑨定矣。以趣⑩观之，因其所然而然⑪之，则万物莫不然；因其所非而非⑫之，则万物莫不非；知尧桀之自然而相非⑬，则趣操⑭睹矣。

昔者尧舜让而帝，之哙让而绝⑮；汤武争而王，白公⑯争而灭。由此观之，争让之礼，尧桀之行，贵贱有时，未可以为常⑰也。梁丽可以冲城⑱，而不可以窒穴⑲，言殊器⑳也。骐骥骅骝㉑一日而驰千里，捕鼠不如狸狌㉒，言殊技也。鸱(chī)鸺(xiāo)夜撮蚤㉓，察毫末，昼出瞋目㉔而不见丘山言殊性也。故曰：盖师是而无非，师治而无乱乎㉕！是未明天地之理，万物之情㉖者也。是犹师天而无地，师阴而无阳，其不可行明矣。然且语而不舍㉗，非愚则诬㉘也！帝王殊禅，三代殊继。差其时，逆其俗㉙者，谓之篡夫㉚；当其时，顺其俗者，谓之义之徒㉛。默默㉜乎河伯！女恶知贵贱之门、小大之家㉝。"

注释

①若：作或，表选择。②恶至：从哪里、从何处。倪：划分。③自贵而相贱：物各从自身角度去观察他物，故皆以自身为贵，彼此以对方为贱。④这句的意思是：人或物之贵贱，皆由世上通行看法为判定标准，以为贵则贵，以为贱则贱，不由人物自身确定。⑤这句的意思是：从万物差别性方面观察，循其所具大的一面把它看成大，则万物无不是大的，毫末也可以是大。⑥稊米：细米。⑦差数睹矣：差别的相对性就看清楚了。⑧功：功效、功能作用。⑨功分：功能、职分。⑩趣：趋向。⑪然：表肯定是这样。⑫非：与然对，表否定。⑬相非：互以对方为非。⑭趣操：志向。⑮之：指燕相子之，燕王哙在谋士苏代的蛊惑下，效法尧舜禅让古制，不顾世道民心，把王位让给子之，遭到国人反对，很快使

燕国大乱，齐国乘机进攻燕，杀掉燕王哙和子之。几乎使燕国灭亡。哙：指燕王哙。让：禅让。⑯白公：春秋末年楚平王之孙，太子建之子，名胜。因封于白邑，称白公。⑰常：恒常不变之准则。⑱梁丽：皆指粗大的木料。梁，屋梁。冲：冲撞。⑲窒穴：堵塞小孔、鼠洞之类。⑳言殊器：这是说不同器物有不同功用。㉑骐骥、骅骝：指日行千里的良马。㉒狸：野猫。狌：黄鼠狼。㉓鸱鸺：即鸱鸮，猫头鹰，昼伏夜出之猛禽。撮蚤：抓住跳蚤。㉔瞋目：睁大眼睛。㉕盖：作盍，何不。师：师法、效法。无：不要、去掉之意。㉖情：本性。㉗然且：然而还是。语而不舍：说个不停，不肯舍弃原来的看法。㉘非愚则诬：不是愚昧便是欺骗。㉙差其时：错过时代，不合历史潮流。逆其俗：违背世道人心。㉚篡夫：将王位篡夺的人。㉛义之徒：合乎正义之人。㉜默默：沉默不语。㉝门：门径，此指道理。家：学派如儒家、墨家等。

译文

河神说："或是从物性之外，或是从物性之内，究竟应该从哪里区分它们的贵贱？从哪里区分它们的大小呢？"

海神说："从大道来观察，万物没有贵贱之分。从万物自身角度观察，物各自以为贵，而相互以对方为贱。以世俗通行观念观察，物之贵贱决定于外而不在自身。从物的差别性观察，如果循其所具大的方面把它视为大，则万物莫不是大；如果循其所具小的方面把它视为小，则万物无不是小；明白天地可看作一粒细米般小，一根毫毛末梢可看作丘山般大，则万物差别的相对性就看清楚了。从物之功效观察，顺着其具有功效一面看，万物莫不有功效；顺着其不具功效一面看，则万物莫不无功效；明白东与西方向相反又不可相互缺少的道理，则万物的功能职分就确定下来了。从万物的趋向观察，顺其以为对的一面把它视为对，则万物莫不是对的；顺其以为错的一面把它看成错，则万物莫不是错的；明白尧与桀的自以为是，而互以对方为非，则志向之不同就看清楚了。

从前尧舜由禅让而成为帝，燕王哙与子之却因禅让而遭灭绝；商汤与周武王以武力相争而为王，白公胜以武力争位而身死。由此看来，争夺与禅让之礼制，尧与桀之行为，其贵贱是因时而异的，不可以把它们看作恒常不变的。粗大的梁木可用来冲撞城门，而不可用作堵鼠穴，说明不同的器物有不同的功用。骐骥、骅骝一类良马可日行千里，捕捉老鼠不如野猫和黄鼠狼，说明它们的技能不同。猫头鹰夜里可以抓住跳蚤，明察秋毫，白天出来睁大眼睛也看不见丘山，说明它们的技能不同。所以说：怎么只看重对的一面而忽略不对的一面，看重治而忽略乱呢？这种说法是不了解天地间的大道理和万物的实情。这就如同以天为师法而不要地，以阴为师法而不要阳一样，它的行不通是很明显的。然而还是有人说个不休，不肯放弃，这样做不是愚昧无知便是存心骗人！五帝三王传授王位方式不同，夏商周三代王位继承方法也不一样。错过时代，违背世道人心的，称为篡夺者；合乎时代，顺应世道人心的，称为合乎正义的人。沉默不语吧河神！你从哪里能知道区分万物贵贱、大小的界限呢？”

古注

郭象：“俗之所贵，有时而贱；物之所大，世或小之。”

今论

方勇：“天机于此初明，渐达通灵宝境，卓显圣人之能。”

原典

河伯曰：“然则我何为乎？何不为乎？吾辞受趣舍①，吾终奈何？”

北海若曰：“以道观之，何贵何贱，是谓反衍②；无拘而志③，与大道蹇（jiǎn）④。何少何多，是谓谢施⑤；无一而行⑥，与道参差⑦。严乎⑧若国之有君，其无私德；繇(róu)繇乎若祭之有社⑨，其无私福；泛泛乎其若四方之无穷，其无所畛域⑩；兼怀⑪万物，其孰承翼⑫？是谓无方⑬。万物一齐，孰短孰长？道无终始，物有死生，不恃其成⑭；一虚一满，不位乎⑮其形。年不可举⑯；时不可止，消息盈虚⑰，终则有始。是所以语大义之方⑱，论万物之理也。物之生也，若骤若驰⑲。无动而不变，无时而不移⑳。何为乎？何不为乎？夫固将自化㉑。”

河伯曰：“然则何贵于道㉒也？”

北海若曰：“知道者必达于理，达于理者必明于权㉓，明于权者不以物害己。至德者，火弗能热，水弗能溺，寒暑弗能害，禽兽弗能贼；非谓其薄之㉔也，言察乎安危，宁于祸福㉕，谨于去就㉖，莫之能害也。故曰：天在内，人在外，德在乎天㉗；知天人之行，本乎天，位乎得㉘踯躅而屈申㉙，反要而语极㉚。”

曰：“何谓天？何谓人？”

北海若曰：“牛马四足，是谓天；落马首㉛，穿牛鼻，是谓人。故曰，无以人灭天，无以故灭命㉜，无以得殉名㉝，谨守而勿失，是谓反其真㉞。”

注释

①辞受趣舍：指人的出处进退等行为。辞，推辞，辞让。趣，进行。②反衍：反复衍化，不是凝固不变，如贵贱之间的反复转化即是。③无拘而志：不要

用传统成见拘束你的心志。而，同尔，你。④蹇：阻隔、险难之意。⑤谢施：新陈代谢，交互为用之意。⑥无一而行：不要拘执于一得之见去行。⑦与道参差：与大道不统一、不一致之意。⑧严乎：庄重威严啊。⑨繇繇：同悠悠，悠闲自得的样子。社：社稷神。⑩泛泛：水流漫溢的样子，形容无所不在。畛域：边界、界限。⑪怀：包容、容纳。⑫承翼：承受庇护。⑬无方：没有固定方向，也就是不偏向任何方面。⑭不恃其成：物之成不足以依赖。⑮位乎：处于。⑯年不可举：年岁是不能给予的，言人之寿命有定。⑰消息盈虚：消亡、生息、盈满、空虚，指万物循环往复、变化日新的不断转化过程。⑱大义之方：大道之方向。⑲骤、驰：车马快速奔跑之意。⑳移：推移、运动。㉑自化：按自性生息变化。㉒何贵于道：道有什么可贵之处呢。㉓权：权变。㉔薄之：迫近它、触犯它。㉕察乎安危：对安危能明察。宁于祸福：至德之人深知祸福穷通变化不定，不执著，而与变化同一，故不管祸福、穷通皆能安处。㉖去就：进退去留。㉗德在乎天：高尚之德行在于与天性合一。㉘位乎得：处在其所应得的地位上。㉙蹢躅而屈伸：或进退或屈伸，随时迁变，不是固定不移的。蹢躅，进退不定的样子。㉚反要而语极：返归道之枢要而讲出道之精粹和极致。㉛落马首：给马首带上笼头。落，同络，马笼头。㉜故：造作，指不管物之本性而随意妄作。命：指天理，也就是物性所具自然之理。㉝得：作德，指得道后表现为与自性同一的品德。殉：求。㉞反其真：复归人的本性、自性。

译文

河神说："既然如此，那么我该做什么？不该做什么？我之出处进退以何为准则？我究竟应该怎么办呢？"

海神说："从道来观察，什么贵呀贱呀，都是说的反复转化过程，不要用传统成见去束缚你的心志，使其与大道相阻隔。什么少呀多呀，是说的新陈代谢交互为用的过程，不要拘执一得之见去行，而与大道不相一致。庄重威严像国君一样，对谁都没有私恩相加；悠闲自得像受祭的社神一样，对谁都不私加福佑；如同水流漫溢四方没有尽头一样，它是无所不在没有边界的。包容万物，岂有谁承受特殊庇护？这就是不偏向任何方面。万物原本是齐一的，谁为短谁为长呢？

大道是无始无终的，而万物有死有生，但其生成不是固定不变，故不足以依赖。空虚盈满时时转化，不是总处于原来的状态。岁月不能留存，时间不能停止。消亡生息，盈满空虚，终而复始运转不停。这就是讲说大道的方向，论述万物的道理。万物之生息，如同奔马般疾速。无一刻不在变化，无一时不在推移。什么是该做的？什么是不该做的？都不要管，万物自会按自性生息变化。”河神说：“既然如此，那道还有何可贵之处呢？”海神说：“深明大道的人必能通达事理，通达事理的人必能通达权变，通达权变的人不会让外物损害自己。真正获得大道的人，火不能使他热，水不能使他陷溺，严寒酷暑不能使他受损伤，凶禽猛兽不能使他受残害。不是说至德的人迫近、触犯这些而不受害，是说他能明察安危，能看透祸福穷通之转化，而不喜不惊处之泰然；能谨慎对待进退去留，所以就没有什么外物能损害他。因此说：人的天性是在内的，社会环境对人的塑造影响是在外的，获得大道的人在于顺从于天。知道天性与人为两方面，以天性为根本，处于其所应得的位置上，或进退或屈伸，随时迁变而不执一，这便是返归大道之枢要而讲出了大道的极致、精粹。”

河神说：“什么是天性？什么是人为？”

海神说：“牛马长有四足，就是天性；给马带上笼头，给牛穿上鼻绳，就是人为。所以说，不要以人力来破坏天性，不要用造作来破坏物理，不要牺牲德行去谋求好名声，谨守天性不使失去，就是复归自性、本性。”

古注

郭象：“掩御群生，反之分内而平往者也，岂扶疏而承翼哉！”

今论

方勇：“庄子本人也认为若无惠施，则天下‘无以言之’者。”

原典

夔(kuí)怜蚿[①]，蚿怜蛇，蛇怜风，风怜目，目怜心。

夔谓蚿曰：“吾以一足趻(chēn)踔(chuō)[②]而行，予无如矣[③]！今子之使万足，独奈何[④]？”

蚿曰：“不然。子不见乎唾者[⑤]乎？喷则大者如珠，小者如雾，杂而下者不可胜数也。今予动吾天机[⑥]，而不知其所以然[⑦]。”

蚿谓蛇曰：“吾以众足行而不及子之无足，何也？”

蛇曰：“夫天机之所动，何可易[⑧]邪？吾安用足[⑨]哉？”

蛇谓风曰：“予动吾脊胁而行，则有似[⑩]也；今子蓬蓬然[⑪]起于北海，蓬蓬然入于南海，而似无有，何也？”

风曰：“然。予蓬蓬然起于北海而入南海也。然而指我则胜我[⑫]，鳍[⑬]我亦胜我。虽然，夫折大木，蜚大屋[⑭]者，唯我能也，故以众小不胜为大胜也。为大胜者，唯圣人能之。”

注释

①夔：传说中一足异兽。怜：羡慕、仰慕之意。蚿：多足虫。②吟绰：跳着走。③予无如矣："无如予矣"的语序颠倒，没有像我这样简便了。④独奈何：将怎么办呢。⑤唾者：吐唾沫或打喷嚏的人。⑥天机：自性所具有的机能。⑦这句的意思为：众足之动受本能所支配，我并不知道它究竟是怎么动的，如同打喷嚏时，喷出多少大小不同的水珠完全是本性运动一样。⑧易：改变。⑨安用足：哪里用得着足呢。⑩有似：有形象显示出来。⑪蓬蓬然：风吹动时发出的呼呼之声。⑫指我则胜我：用手指一指我，就能胜过我。⑬鳝：足踏也。⑭蜚大屋：把大屋子吹得飞上天。蜚，同飞。

译文

独脚的夔仰慕多足的蚿，多足的蚿仰慕无足的蛇，无足的蛇仰慕无形的风，无形的风仰慕能看的眼睛，能看的眼睛仰慕能思索的心。

夔对蚿说："我用一只脚跳着走路，没有像我这样简便了。现在你用万只脚走路，将怎么办呢？"

蚿说："不是这样的。你没有看见打喷嚏的人吗？喷出的唾沫大的如水珠，小的如雾气，混杂着落下来，没有办法数得清。现在我运用自性的机能，而不知道它究竟是怎么发动的。"

蚿对蛇说："我用众足行路而不及你的无足，是为什么呢？"蛇说："天性机能之发动，怎么可以改变呢？我哪里用得着足呢？"

蛇对风说："我运动脊背和肋部而爬行，这是有形可见的；现在你呼呼地由北海刮起，又呼呼地吹入南海，而好像没有形迹似的，这是为何呢？"

风说："是的。我呼呼地从北海刮起而吹入南海。可是，人们用手指来指我，就能胜过我，用足踏我也能胜过我。虽然如此，那折断大树、吹起房屋的，也只有我能做得到。故而在众多小的方面不能取胜却能取得大胜。取得大胜，只有圣人才能做得到。"

古注

王夫之注："海若存乎量，河伯因乎势。以量观者，量之所及，函之而若忘之；量之所不及，映之固知有之。以势盈者，势之所至至之，势之所不至不能至也。"

今论

方勇："庄子的率真任性有时未免使惠施的言行沦为后世的笑柄，宋人林希逸多有不忍之心，为其辩驳申明：'庄子惠子最相厚善，此事未必有之，戏以相讥耳。'无论是寓言抑或真事，庄子的引述都是一番醒世之情。"

原典

孔子游于匡[1]，宋人围之数匝[2]，而弦歌不惙[3]。子路入见曰："何夫子之娱[4]也？"

孔子曰："来，吾语女。我讳穷[5]久矣，而不免，命也；求通久矣，而不得，时[6]也。当尧舜而天下无穷人[7]，非知得也；当桀纣而天下无通人，非知失也；时势适然[8]。夫水行不避蛟龙者，渔父之勇也。陆行不避兕[9]虎者，猎夫之勇也。白刃交于前，视死若生者，烈士[10]之勇也。知穷之有命，知通之有时，临大难而不惧者，圣人之勇也。由，处矣[11]！吾命有所制[12]矣！"

无几何，将甲者进[13]，辞曰："以为阳虎[14]也，故围之；今非也，请辞而退。"

注释

①匡：春秋时卫国邑名，在今河南睢县西。②宋：卫之误。匝：环绕一周。③弦歌：弦指琴瑟之类乐器，歌为诵诗、唱诗。惙：通辍，止也。④娱：快乐。⑤讳穷：忌讳困穷。⑥时：机遇，时势，时运之意。⑦穷人：困穷不通达之人。⑧时势适然：时势、时运造成这样的。⑨兕：犀牛一类猛兽，独角，青色，体重可达三千斤。⑩烈士：古代泛指有志于功业或重义轻生的人，此指后者。⑪处矣：安心吧。指让子路不用担心，顺天安命而已。⑫制：分限、限定。⑬将甲者：统帅甲士的长官。将，统帅也，甲，指甲士，即着盔甲之兵士。⑭阳虎：又名阳货，本为鲁国季孙氏家臣。后篡夺鲁国政权，把持大权达三年之久。鲁定公六年，他带兵侵略匡邑，与匡人结仇。

译文

孔子师徒游经匡邑，卫国军人把他们层层包围起来，孔子和弟子们唱诗奏乐之声并未因此而停下。子路进来见孔子说："为什么先生还这样快乐呢？"

孔子说："来吧，我讲给你！我忌讳困穷很久了，而摆脱不掉，这是命该如此啊！我渴求通达很久了，而不能得到，这是时运不佳啊！处在尧舜时代，天下没有困穷之人，不是因为他们有智慧；处在桀纣时代，天下没有通达之人，不是因为他们没有智慧，一切都是时运造成的呀。那些在水底通行不躲避蛟龙的人，是渔夫的勇敢。在陆上行走不躲避犀牛老虎的人，是猎人的勇敢。闪光的刀剑横在面前，把死看得如生一样平常，是烈士的勇敢。知道困穷是由于命运，知道通达是由于时机，遭逢大危难而不畏惧的，这是圣人的勇敢。仲由，你安心吧！我的命运是由老天安排定的。"

没过多久，统领甲士的长官进来道歉说："以为你们是阳虎一伙，所以把你们包围起来，现在知道不是，请让我表示致歉而退兵。"

古注

郭象："非己制，故无所用其心也。夫安于命者，无往而非逍遥矣，故虽匡陈羑里，无异于紫极间堂也。"

原典

公孙龙[①]问于魏牟曰："龙少学先王之道，长而明仁义之行；合同异[②]，离坚白；然不然，可不可[③]；困百家之知，穷众口之辩[④]；吾自以为至达[⑤]矣。今吾闻庄子之言，汒焉[⑥]异之；不知论[⑦]之不及与？知之弗若与？今吾无所开吾喙[⑧]，敢问其方[⑨]。"

公子牟隐机大息[⑩]，仰天而笑曰："子独不闻夫坎井之蛙乎[⑪]？谓东海之鳖曰：'吾乐与！吾跳梁乎井干之上[⑫]，入休乎缺甃（zhòu）之崖[⑬]；赴水则接腋持颐[⑭]，蹶泥则没足灭跗[⑮]，还虷蟹与科斗[⑯]，莫吾能若[⑰]也。且夫擅一壑之水[⑱]，而跨跱[⑲]埳井之乐，此亦至矣。夫子奚不时来入观乎[⑳]？'东海之鳖左足未入，而右膝已絷(zhí)[㉑]矣。于是逡巡[㉒]而却，告之海曰：'夫千里之远，不足以举[㉓]其大；千仞之高，不足以极其深。禹之时十年九潦[㉔]，而水弗为加益；汤之时八年七旱，而崖[㉕]不为加损。夫不为顷久推移[㉖]，不以多少进退者，此亦东海之大乐也。'于是坎井之蛙闻之，适适然惊，规规然[㉗]自失也。"

"且夫知不知是非之竟[㉘]，而犹欲观[㉙]于庄子之言，是犹使蚊负山，商蚷[㉚]驰河也，必不胜任矣。且夫知不知论极妙之言而自适一时之利者[㉛]，是非埳井之蛙与？且彼方跐黄泉而登大皇[㉜]，无南无北，奭然四解[㉝]，沦于不测[㉞]；无东无西，始于玄冥[㉟]，反于大通[㊱]。子乃规规[㊲]然而求之以察，索之以辩，是直用管窥天，用锥指地也，不亦小乎？子往矣！且子独不闻夫寿陵余子之学行于邯郸与[㊳]？未得国能[㊴]，又失其故行矣，直匍匐而归耳[㊵]！今子不去，将忘子之故，失子之业。"

公孙龙口呿[㊶]而不合，舌举而不下，乃逸而走[㊷]。

注释

①公孙龙：战同时期赵国人，曾作过平原君的门客。②合同异：为名家惠施一派的典型命题，强调事物的同一性。③然不然，可不可：以不然为然，以不可为可。④知：知识、见解。辩：口才。⑤至达：极为通达事理。⑥汒焉：同茫然，迷惘不清之意。汒同茫。⑦论：指口才、辩才。⑧喙：鸟兽的嘴，此指人之口。⑨方：方法、方术、道理。⑩公子牟：即魏牟。隐机大息：公子牟是位得道者，对公孙龙热衷于世间的是非之争，不明大道的浅薄无知

而深深叹息。隐机，背靠小几。古人席地而坐，靠小几以减轻疲劳。机，同几。⑪独：唯独、只有。坎井：浅井。⑫跳梁：跳跃之意。井干：井上之围栏。⑬缺甃之崖：井壁缺口靠水之处，井蛙在这里休息。甃，井壁。崖，水边。⑭颐：两腮下面。⑮蹶：践踏。跗：脚背。⑯还：环视，向周围看。虷：井中赤虫。蟹：小螃蟹。科斗：蝌蚪，蛙类幼虫。⑰莫吾能若："莫能若吾"的宾语提前，表示强调。⑱且夫：递进连词，表句子或段落意义的连接和加深，与况且、再说意思接近。擅：独占。壑：深沟，此指土井。⑲跨跱：形容蛙在井中跳跃、蹲踞的神态。跱，蹲着。⑳夫子：井蛙对东海之鳖的尊称。奚：何。时来：时常前来，经常前来。㉑絷：绊住。㉒逡巡：犹豫徘徊，迟疑不决。㉓举：称说，形容。㉔潦：同涝，雨水过多，发生水灾。㉕崖：同涯，水边，此指海水边缘。㉖顷：短暂。久：长久。推移：改变、变化。㉗规规然：惊视自失的样子。㉘知不知：智慧不能通晓。前一知，通智，指人的智能、智慧，后一知，当通晓讲。竟：同境。㉙观：观察领会。㉚商蚷：又名马蚿、马陆，一种暗褐色小虫。㉛极妙之言：指庄子讲论大道极其玄虚微妙的言论。适：快意、满足。㉜彼：指庄子。跐：踏地、履也。黄泉：地底深处之泉水，此泛指地下极深处。大皇：指天之极高处。大，同太。㉝奭然：释然，逍遥自在，无拘无束的样子。四解：四面八方无不通达理解。㉞沦于不测：深入于不可测知的境界。㉟玄冥：幽远暗昧不可测知的玄妙境界。㊱大通：于万事万物之道无不通达。㊲规规然：琐细分辨的样子。㊳寿陵：燕国邑名。余子：少年。邯郸：赵国都城。㊴国能：赵国人行路的本领。㊵直：竟然。匍匐：爬行。㊶呿：张开口。㊷逸：逃走。走：奔跑。

译文

公孙龙问魏牟说："我少年时就学习先王大道，年长后通晓仁义的行为，能把相同相异的事物论证为无差别的同一，能把坚白等属性论证为与物体相分离；能在辩论中把别人认为不对的论说成对，把别人认为不可以的论说成可以；能困窘百家之见解，使众多善辩者理屈辞穷。我自以为已经是极力通达事理了，现在我听了庄子的言论，深感迷惑不解。不知是我的辩才不及他高呢，还是知识不如他博呢？现在我都不知道从哪里开口了，请问这是什么道理呢？"

魏牟凭靠小几深深叹息，又仰天而笑说："唯独你没有听说浅井之蛙的故事吗？井蛙对东海之鳖说：'我多么快乐呀！我跳到井栏上，又蹦回到井中，在井壁缺口水边休息，游水的时候用井水托在腋窝和两腮之下，践踏淤泥则没过脚背；环视周围的小红虫、小螃蟹、小蝌蚪，没有能像我这样自如的！况且独占一井之水，在其中跳跃蹲踞的乐趣，这也就算达到极点了，先生你何不时常进来观光呢？’东海之鳖左足还没有踏到井底，右膝就被绊住了。于是，迟疑一会就退出来了，并告诉井蛙关于大海的样子说：‘用千里的遥远，不足以形容海之大；用八千尺的高度，不足以穷尽海之深。大禹的时代，十年有九年发生水灾，而海水并不因此而增加；商汤时代，八年有七年闹旱灾，海水边沿也不因此而向后退缩。它不为时间的短暂和长久而有所改变，不因雨水多少而有所进退，这也就是东海之最大乐趣啊！’浅井之蛙听了这些，惊怖不已，现出茫然自失的样子。

“再说，你的智慧还未能通晓是非之究竟，就要观察领会庄子的言论，这就如同让蚊子背大山，让商蚷在河中游一样，必定不能胜任。况且你的智慧不足以理解和论述极微妙之言论，而自满自足于一时口舌相争之胜利，这不是和浅井蛙一样吗？再说庄子之言玄妙莫测，就像刚刚站在地下极深处，又忽而上升天之极高处，不分南北，四面畅通无滞碍，深入于不可知之境；不分东西，从幽远暗昧之境开始，再返回于无不通达之大道。你就只知琐细分辨，想用明察和辩论去求索其理，这简直是从管子里看天，用锥子尖指地一样，不是所见太小了吗？你去吧，唯独你没有听过寿陵少年去邯郸学习走步的故事吗？没有学会赵国人走路的技艺，反而把自己原来的走法也忘记了，只好爬着回去！现在你要不离开，将会忘记原来的本事，失掉固有的事业。”

公孙龙听了这套高论，惊异得合不拢嘴，说不出话，就匆忙逃离了。

古注

王夫之注：“子哙之让，白公之争，势也；势不继而丧其固有矣。量与势者，‘贵贱之门，小大之宗’也。”

今论

方勇：“秋水极力论证万物大小、是非的无限相对性和人生贵贱、荣辱的极端无常性，旨在要人息伪还真，顺应自然，不为追求名位、富贵等而伤害天然本性。”

原典

庄子钓于濮水[1]，楚王使大夫二人往先焉[2]，曰：“愿以境内累[3]矣！”庄子持竿不顾，曰：“吾闻楚有神龟，死已三千岁矣，王以巾笥而藏之庙堂之上[4]。此龟者，宁其死为留骨而贵乎，宁其生而曳尾于涂中[5]乎？”二大夫曰：“宁生而曳尾涂中。”庄子曰：“往矣！吾将曳尾于涂中。”

惠子相梁[6]，庄子往见之。或[7]谓惠子曰：“庄子来，欲代子相。”于

是惠子恐，搜于国中，三日三夜。庄子往见之曰："南方有鸟，其名为鹓(yuān)鹐(chú)[⑧]，子知之乎？夫鹓鹐，发于南海，而飞于北海，非梧桐不止，非练实[⑨]不食，非醴泉[⑩]不饮。于鸱是得腐鼠[⑪]，过鹓过之，仰而视之曰：'吓[⑫]！今子欲以子梁国而吓我邪？'"庄子与惠子游于濠梁[⑬]之上。庄子曰："鯈鱼[⑭]出游从容，是鱼之乐也。"惠子曰："子非鱼，安知鱼之乐？"庄子曰："子非我，安知我不知鱼之乐？"惠子曰："我非子，固不知子矣；子固非鱼也，子之不知鱼之乐，全矣[⑮]。"庄子曰："请循其本[⑯]。子曰'女安知鱼乐'云者，既已知吾知之而问我，我知之濠上也[⑰]。"

注释

①濮水：水名，在今山东范县境。②楚王：指楚威王。往先：前往致相邀之意，表示对贤人的礼遇。③愿以境内累：此句为二大夫代表楚王向庄子所致之词，就是请庄子去做官的含蓄说法。④巾笥：笥为竹箱之类。庙堂：大庙之明堂，为古代君主与群臣议政和举行祭祀仪式之处。⑤曳尾于涂中：拖着尾巴在泥中爬行，比喻生之微贱。⑥惠子：即惠施，宋人，是庄子的老朋友。梁：即大梁（今河南开封）。⑦或：有人、某人，不定代词。⑧鹓鹐：传说中鸾凤之类神鸟，庄子以之自喻。⑨练实：竹实。⑩醴泉：醴为甜酒，泉为泉水。如甜酒般甘美的泉水。⑪鸱：猫头鹰，比喻惠施。腐鼠：比喻相位。⑫吓：动物发出威吓敌人的声音。⑬濠梁：濠水桥上。⑭鯈鱼：亦称白鲦，银白色，长约十六厘米，为淡水小型鱼类，喜欢在上层水面游动，故易为人见。⑮全矣：完全肯定的了。⑯循其本：循着争论的根源讲起。本：根源、起点之意。⑰此句意为：你所说"你怎么能知道鱼的乐趣"这句话，就是已经知道我之所知而向我发问的，既然你惠施能知我庄周，我庄周为什么不能知鱼呢？我是在濠水桥上知道的呀。

译文

庄子在濮水边钓鱼，楚威王派二位大夫前来致相邀之意说："愿意把国事托付给先生！"庄子手把钓竿，头也未回说："我听说楚国有只神龟，已经死去三千年了。楚王将它的骨甲装在竹箱里，蒙上罩巾，珍藏在大庙明堂之上。对这只龟来说，它是愿意死后留下骨甲而显示尊贵呢，还是宁愿活着在泥里拖着尾巴爬行呢？"二大夫回答说："宁愿活着在泥里拖着尾巴爬行。"庄子说："你们请回吧！我将照旧拖着尾巴在泥里爬行。"

惠施做梁国的相，庄子前去拜访他。有人对惠施说："庄子前来，打算取代你的相位。"于是惠施十分惊恐，派人在都城内搜索庄子，搜了三天三夜。庄子前去见惠施说："南方有一种鸟，名叫鹓鹐，你知道吗？这种鸟从南海出发，飞往北海，不是梧桐树不肯停息，不是竹实不食，不是甘美的泉水不饮。在这时，猫头鹰得到一只腐烂的老鼠，见鹓鸰飞过，仰头看着发出一声威吓：‘吓’！今天，你也想用你得到的相位来吓我吗？”庄子与惠施在椽水桥上游玩。庄子说：“白鳝鱼悠闲自在地游水，这是鱼儿的快乐呀。”惠施说：“你不是鱼，怎么能知道鱼之乐趣？”庄子说：“你不是我，怎么知道我不知鱼的乐趣？”惠施说:“我不是你，本来就不知道你;你本不是鱼，你的不知鱼之乐趣，完全可以肯定。”庄子说：“请循着我们争论的起点说起。你所说‘你怎能知道鱼的乐趣’这句话；就是已经知道我之所知而向我发问的。既然你能知我，我为什么不能知鱼呢？我是在壕水桥上知道鱼之乐趣的呀！”

古注

郭象：“夫物之所生而安者，天地不能易其处，阴阳不能回其业；故以陆生之所安，知水生之所乐，未足称妙耳。”

今论

方勇:“划出天内、人外的界限，把无为自化属于天，把有为之迹归于人。”

至乐 第十八

原典

天下有至乐无有哉？有可以活身者[1]无有哉？今奚为奚据？奚避奚处[2]？奚就奚去？奚乐奚恶？

夫天下之所尊者，富贵寿善也；所乐者，身安厚味美服好色音声也；所下[3]者，贫贱夭恶也；所苦者，身不得安逸，口不得厚味，形不得美服，目不得好色，耳不得音声。若不得者，则大忧以惧[4]，其为形[5]也亦愚哉！

夫富者，苦身疾作[6]，多积财而不得尽用，其为形也亦外[7]矣！夫贵者，夜以继日，思虑善否[8]，其为形也亦疏矣！人之生也，与忧俱生。寿者惛(hūn)惛[9]，久忧不死，何苦也！其为形也亦远[10]矣！烈士[11]为天下见善矣，未足以活身[12]。吾未知善之诚善邪？诚不善邪？若以为善矣，不足活身；以为不善矣，足以活人[13]。故曰："忠谏[14]不听，蹲循[15]勿争。"故夫子胥[16]争之以残其形；不争，名亦不成。诚有善无有哉？

今俗之所为与其所乐，吾又未知乐之果乐邪？果不乐邪？吾观夫俗之所乐，举群趣者[17]，誙誙然如将不得已[18]，而皆曰乐者，吾未之乐[19]也，亦未之不乐也。果有乐无有哉？吾以无为诚乐矣，又俗之所大苦也。故曰："至乐无乐[20]，至誉无誉。"

天下是非果未可定也。虽然，无为可以定是非[21]。至乐活身，唯无为几存[22]。请尝试言之：天无为以之清[23]，地无为以之宁，故两无为相合，万物皆化。芒乎芴乎[24]，而无从出[25]乎！芴乎芒乎，而无有象[26]乎，万物职职[27]，皆从无为殖[28]。故曰：天地无为也而无不为也，人也孰能得无为哉！

注释

①活身者：保全自身的方法。②奚：何。为：作为。据：依据。避：回避。处：安处。③下：卑贱。④大忧以惧：大忧和大惧。以，和、同。⑤为形：保养身体。⑥苦身：使身体劳苦。疾作：加速做事。⑦外：追求外在之物以养身，结果反而害身。⑧否：恶。与善为对。⑨惛惛：糊涂，神志不清。⑩远：与养身健体相距太远。⑪烈士：殉名而死者，如儒家所称杀身成仁、舍生取义之辈。⑫活身：使生命保持长久。⑬活人：用自己之死，换取他人之活。⑭忠谏：以忠诚之心去匡正谏阻。⑮蹲循：如逡巡，退却之意。⑯子胥：伍员，字子胥，吴国大将。⑰举群趣者：所有的人都奔往所乐之处。举，皆、全。趣，同趋。⑱诶然：坚定果敢的样子。已：止。⑲未之乐：未乐之。⑳至乐无乐：庄子认为，乐与忧共存，有乐则有忧，如东与西相反而不可相无。㉑无为可以定是非：按照庄子的一贯看法，是非是无从分辨和判定的。㉒唯无为几存：只有无为近似于至乐活身之道。几，近似。差不多。㉓天无为以之清：天无心无力，自然清虚。清，清虚。㉔芒芴：同恍惚，渺茫暗昧，无形无象，似有若无的一种状态。㉕无从出：不知从何所出。㉖象：形象。㉗职职：繁多。㉘殖：生殖。

译文

世上有没有至极之乐呢？有没有可以保全自身的方法呢？现在应当有何作为？以何为依据？回避什么？安处在哪里？趋就什么？舍弃什么？喜欢什么？厌恶什么？

天下所最崇尚的，就是富有、尊贵、长寿、善名；所最喜欢的，就是身体安逸、美味佳肴丰足、服饰漂亮、色彩悦目、音乐悦耳；所卑贱的，就是贫穷、地位低下、夭折和坏名声；所苦恼的，就是身不得安逸，口不得至味，身上穿不到美丽的服饰，眼睛看不到悦目的色彩，耳朵听不到悦耳的音乐。如果不能得到这些，就大为忧惧，这样的养身方法岂不是大愚蠢了吗！

富有的人，劳苦身体加速做事，多积财富而不能尽数享用，这是求养生于外呀！高贵的人，夜以继日，思虑分辨为善去恶，这对养身不是太疏远了么！人一生下来，就与忧愁同在。长寿的人衰老得糊里糊涂，长处忧愁而不死去，何等苦恼啊！这与养生健体离得更远了！殉名之士为天下人称善，却不能使自身生命得以保存。我不知道这种善确实是善呢，还是不善呢？如果认为是善，又不能使自身存活；认为是不善，又使他人存活。所以说："以忠诚之心去匡正谏止而不被听从，就退却而不强争。"以前伍子胥因为强谏，而身遭残害；然而不去谏争，他也不会成名。这样说来到底还有没有善呢？

现今世俗之所为与所乐，我也不知那果真是乐呢，还是不乐呢？我观察世俗之所乐，所有人都争着奔向所乐，坚定果敢的样子仿佛没法停止似的，而他们都以为乐，我认为没有什么可乐，也没有什么不可乐。果真有乐没有呢？我认为无为确实是可乐的，而世俗之人又认为是大苦。所以说："最高的快乐就是无忧无乐，最完美的赞誉就是不赞誉。"

天下之是非确实是不定的。虽然这样，无力却可以定是非。最高之快乐与存活自身，唯有无为差不多可以做到。请尝试讲一下：天由于无为而能清虚，地由于无为而得宁静，故而天地两者无为相合，万物都化生出来。恍惚暗昧，不知从何所出！暗昧恍惚，又没有一定形象！万物繁杂众多，都从无为生殖出来。所以说：天地是无为，又是无不为的。人谁能懂得无为之道而效法啊！

古注

郭象："忘欢而后乐足，乐足而后身存。将以为有乐耶？而至乐无欢；将以为无乐耶？而身以存而无忧。"

今论

方勇："一切富贵寿善对于至乐都无所益，一切贫贱夭恶对于至乐亦都无所损。"

原典

庄子妻死，惠子吊之，庄子则方箕踞①鼓盆而歌。

惠子曰："与人居，长子老身②，死不哭亦足矣，又鼓盆而歌，不亦甚乎！"

庄子曰："不然。是③其始死也，我独何能无概④！然察其始而本无生⑤；非徒无生也，而本无形⑥；非徒无形也，而本无气。杂乎芒芴⑦之间，变而有气，气变而有形，形变而有生。今又变而之死，是相与为春秋冬夏四时行也⑧。人且偃然寝于巨室⑨，而我噭（áo）噭然⑩随而哭之，自以为不通乎命，故止也。"

注释

①箕踞：盘腿而坐，其形如簸箕，故而得名。②长子老身：为倒装句式，孩子长大，身体老迈。③是：此，指庄子之妻。④概：借为慨，慨叹、哀伤之意。⑤无生：未曾生。⑥形：形体。⑦杂乎芒芴：一种恍惚迷离、亦真亦幻的神

秘状态，是从无到有转化的中间环节，也是天地万物的起点。⑧此句比喻死生如同四时运行一样自然。⑨且：假如。偃然：安息的样子。巨室：比喻天地之间。⑩嗷嗷然：哀哭声。

译文

庄子妻子死了，惠子来吊丧，庄子正盘膝而坐敲击瓦盆唱歌。

惠子说："与妻子共居，孩子大了，她也老迈了，现在死了不哭也已足够，又敲击瓦盆唱歌，不是太过分了吗！"

庄子说："不是这样。在她刚死的时候，我难道能不悲痛么！然而推究其最初本来是未曾有生命，不但未曾有生命，而且本来没有形体；不但没有形体，而且本来无气。在恍惚迷离的状态中，变化而有了气，气变而有形体，形体变而有生命。现在又由生而变成死，这就像那春秋冬夏四季交替运行一样。假如有人安稳地睡在大房子里，而我在旁边哭泣不止，自以为这样做是不通达天命，所以停止哭祭。"

古注

郭象："未明而概，已达而止，斯所以诲有情者，将令推至理以遣累也。"

今论

方勇："得道者总是以天地为效法对象，一切任其自然，以无为为至乐。"

原典

支离叔与滑介叔观于冥伯之丘①、昆仑之虚②，黄帝之所休。俄而柳生其左肘③，其意蹶蹶(guì)然恶之④。

支离叔曰："子恶之乎？"

滑介叔曰："亡⑤，予何恶！生者，假借⑥也；假之而生生者⑦，尘垢也。死生为昼夜。且吾与子观化⑧而化及我，我又何恶焉！"

注释

①支离叔、滑介叔：皆虚拟人名。冥伯之丘：喻音冥之境。②昆仑之虚：遥远渺茫神秘的去处，凡人难于到达。虚，同墟，土丘。③俄而：不久、随即。表示时间很短暂。柳：通瘤。④蹶蹶然：惊动的样子。恶：厌恶。⑤亡：同无，表否定。⑥假借：人之生是借助二气五行，四肢百体合和而成，故称假借。⑦这句的意思是人体既是假借而生，人体之瘤则是假借而生者之所。⑧观化：观察造化之运行。

译文

支离叔和滑介叔观光冥伯之丘和昆仑之墟，这都是黄帝曾经休息之处。随即滑介叔左肘上生出一个瘤子，他表现得惊惧不安好像很厌恶这个肿瘤。

支离叔说："你厌恶它吗？"

滑介叔说："不，我为什么要厌恶它！人生不过是假借众物合成身体。假借而生之身体又生出肿瘤，不过是尘垢罢了。死生好比是昼夜交替。而且我与你观察造化之运行，而化到我的身上，我又为什么要厌恶它！"

古注

郭象："实而适，故條达；性常得，故福持。"

今论

方勇："也许庄子的哲学对寻常人而言是太过于广大又太过于玄妙神秘，所以连同他所经历的人生也都被附丽上诡异奇特的光彩。"

原典

庄子之楚，见空髑髅①，髐然有形②。撽（qiào）以马捶③，因而问之曰："夫子贪生失理而为此乎④？将⑤子有亡国之事，斧钺之诛，而为此乎？将子有不善之行，愧遗⑥父母妻子之丑而为此乎？将子有冻馁之患而为此乎？将子之春秋故⑦及此乎？"

于是语卒，援⑧髑髅，枕而卧。夜半，髑髅见⑨梦曰："子之谈者似辩士⑩，视子所言，皆生人之累⑪也，死则无此矣。子欲闻死之说⑫乎？"

庄子曰："然。"

髑髅曰："死，无君于上，无臣于下，亦无四时之事，从然以天地为春秋⑬，虽南面王乐，不能过也。"

庄子不信，曰："吾使司命⑭复生子形，为子骨肉肌肤，反子父母、妻子、闾里、知识⑮，子欲之乎？"

髑髅深矉蹙頞曰⑯："吾安能弃南面王乐而复为人间之劳乎！"

注释

①髑髅：骷髅，死人的头骨。②髐然：尸骨干枯的样子。有形：有似生人头颅之形状。③撽：敲打旁击。马捶：马鞭。捶同棰。④贪生：贪图享乐，纵欲无度。失理：背弃养生之理。为此：成为这样，即死亡。⑤将：抑或，表推测。⑥遗：通贻，遗留，留下之意。⑦春秋故：年事已高。享尽天年，本应如此。春秋，年纪。故，同固，本来。⑧援：牵到，拉过来之意。⑨见：现，显现。⑩辩士：名辩之士，善辩之人。⑪累：牵累、负担。⑫说：同悦，愉悦、快乐。⑬从然：放纵自如的样子。从，同纵。以天地为春秋：与天地同寿同在，一样恒久。⑭司命：主管人生死之神。⑮反：通返，归还。知识：朋友。⑯矉：通颦，皱眉头。蹙頞：愁苦的样子。蹙，蹙为皱。頞，同额。

译文

庄子到楚国去，见到一颗死人头骨，干枯而有生人头颅形状。庄子用马鞭子敲打着骷髅问道："先生是由于贪图享乐，放纵情欲、丧失养生之理而成为这样的吗？或是遭遇亡国之事，为斧钺诛杀而至于此呢？或是你做了不善之事，怕给父母、妻子留下耻辱而自杀的呢？或是你因为挨饿受冻而成为这样呢？或是你年事已高本该如此呢？"

就这样讲完，拉过骷髅，枕在头下睡去。半夜时，骷髅显现在他的梦中，对他说："听您的言谈，好像是位善辩之士；看你所说之事，都是活人的负担，死人则没有这些。您愿意听听死人的快乐吗？"

庄子说："是的。"

骷髅说："死人，没有君在上面，没有臣在下面，也没有一年四季的操劳之事，放纵自如与天地同在，即使南面为王的乐趣，不能超过呵。"

庄子不相信，说："我让主管生死之神复活你的形体，还给你骨肉肌肤，归还你父母、妻子、邻里和朋友，你愿意吗？"骷髅深深皱起眉头，现出愁苦的样子说："我怎能舍弃南面为王的快乐而再次去受人间的劳苦呢？"

古注

王夫之注："群趋之乐，趋于万物出入之机也；群争之名，争于人心出入之机也。"

今论

方勇："这篇《至乐》更是他出生入死，寻得天地化机的要文。"

原典

颜渊东之齐，孔子有忧色。子贡下席[①]而问曰："小子敢问[②]，回东之齐，夫子有忧色，何邪？"

孔子曰："善哉汝问。昔者管子有言，丘甚善之，曰：'褚小者不可以怀大[③]，绠（gěng）[④]短者不可以汲深。'夫若是者，以为命有所成[⑤]而形有所适也，夫不可损益。吾恐回与齐侯言尧舜黄帝之道，而重[⑥]以燧人神农之言。彼将内求于己而不得，不得则惑，人惑则死[⑦]。且汝独不闻邪？昔者海鸟[⑧]止于鲁郊，鲁侯御而觞之于庙[⑨]，奏九韶[⑩]以为乐，具太牢以为膳[⑪]。鸟乃眩视[⑫]忧悲，不敢食一脔（luán）[⑬]，不敢饮一杯，三日而死。此以己养养鸟也，非以鸟养养鸟也。夫以鸟养鸟者，宜栖之深林，游之坛陆[⑭]，浮之江湖，食之鳝鲦[⑮]，随行列[⑯]而止，委蛇[⑰]而处。彼唯人言之恶闻，奚以夫饶饶为乎[⑱]！咸池九韶之乐，张之洞庭

之野[19]，鸟闻之而飞，兽闻之而走，鱼闻之而下人，人卒[20]闻之，相与还[21]而观之。鱼处水而生，人处水而死。彼必相与异[22]，其好恶故异也，故先圣不一其能，不同其事[23]。名止于实[24]，义设于适[25]，是之谓条达而福持[26]。”

注释

①下席：又称避席。②小子：弟子晚辈对师长父兄，自称小子。敢问：请问。③管子：管仲，春秋时期齐国人，褚：盛衣物的袋子。怀：包藏。④绠：汲水时，系吊桶的绳子，俗称井绳。⑤命有所成：命运各有所定，不可改变。⑥重：增加。⑦人惑则死：人惶惑于心，忧思不懈，则会悒郁而死。⑧海鸟：当指爰居。⑨御：迎接。觞之：设酒宴招待。觞，饮酒器具。⑩九韶：舜时乐曲名，共有九章，故称九韶。⑪太牢：牛羊猪三牲皆备的最隆重的祭纪规格。膳：饭食。⑫眩视：头晕眼花。⑬脔：切成的肉块。⑭坛陆：坛又作澶，水回流形成之沙洲。⑮鳝：泥鳅之类。鲦：白条子。⑯行列：鸟飞行时所排的行列。⑰委蛇：从容自如的样子。⑱奚：何。饶饶：嘈杂喧闹。⑲咸池：黄帝时乐曲名。张：开设。⑳人卒：人众。㉑还：环绕、围绕。㉒彼：指鱼和人。相与异：相互在生活环境，要求等方面各不相同。㉓这句的意思是先古圣人依据人不同能力，使治不同事宜。㉔名止于实：因实立名，名要限于与实相符。㉕义设于适：义理设施要适宜于性。㉖条达：条理通达。福持：保持福德。

译文

颜渊东去齐国，孔子面有忧愁之色。子贡离开席位问道："学生请问老师，颜回东去齐国，先生面有忧色，这是为何呢？"

孔子说："你问得很好。从前管子有句话，我认为讲得很好。他说：'小袋子不可包藏大物件，短绳子不能汲出深井水。'之所以是这样，因为命运各有所定，形体各有所适宜，是不能增加和减少的，我恐怕颜回和齐侯讲说尧舜、黄帝之道，又加上燎人、神农之主张，齐侯听了将会内求于心而不能理解，不能理解就要产生惶惑，人惶惑于心忧思不解，就会悒郁而死。况且，你难道没有听说过吗？从前有一只海鸟飞落在鲁国都城的郊外，鲁侯把它迎进太庙，用酒宴招待，演奏九韶之乐去娱乐它，设太牢之宴为膳食。而鸟却头晕目眩忧愁悲苦，不敢吃一块肉，不敢饮一杯酒，三天就死了。这是用养己的方式去养鸟，不是用养鸟的方式去养鸟。用养鸟的方式养鸟，应该让它栖息在深林中，漫游在沙洲荒岛，浮沉于江湖水面，捕食泥鳅白鱼等小鱼，随鸟群行列飞行与留止，从容自如地生活着。鸟最厌恶听到人的声音，何以还要做这些喧闹吵杂之事啊！成池、九韶一类乐曲，演奏在广漠的旷野，鸟听了要飞去，兽听了要逃跑，鱼听了要潜入水底，人众听了，相互环绕观看。鱼在水里而得生，人在水里就要死。它们必定是相互各异的，故而它们的好恶也各异。所以上古圣人依据人不同能力，使治不同事宜。名只限于与实相符，义理之设要适宜于性，这就叫条理通达而又保持福德。”

古注

王夫之注："有常乐、有常名者，生死不可得而间，况荣辱乎？"

今论

刘凤苞："中间形容各种，曲尽物情，万态毕呈，亦令人目不暇给。"

原典

列子行食于道从①，见百岁髑髅②，攓蓬而指之曰③："唯予与汝知而未尝死，未尝生也④。若果养乎？予果欢乎⑤？"

种⑥有几，得水则为㡭⑦，得水土之际则为蛙玭之衣⑧，生于陵屯则为陵舄（xì）⑨，陵舄得郁栖则为乌足⑩，乌足之根为蛴（qí）螬（cáo）⑪，其叶为胡蝶。胡蝶胥⑫也，化而为虫，生于灶下，其状若脱⑬，其名为鸲掇⑭。鸲掇千日为鸟，其名为乾余骨⑮。乾余骨之沫为斯弥⑯，斯弥为食醯⑰。颐辂生乎食醯⑱，黄軦生乎九猷⑲，瞀芮生乎腐蠸⑳。羊奚比乎不箰（sǔn）㉑，久竹生青宁㉒。青宁生程㉓，程生马，马生人，人又反入于机㉔。万物皆出于机，皆入于机。

注释

①行食：出行途中造饭而食。道从：道旁。②百岁髑髅：形容骷髅年代很久。③攓：同搴，拔取。蓬：蒿草。④予：列子自称。未尝死，未尝生：从列子位置看骷髅是死，自己是生；而从骷髅位置看，列子是死，自己是生。⑤养：俞樾认为"养"读为"恙"，作忧解。从上下句看，养与欢对，亦当为忧义。予：列子自称。⑥种：物种。⑦㡭：同继，水中断续如丝的低级生物。⑧蛙玭之衣：生长在水边，覆盖在水面上的水藻、浮萍之类。⑨陵屯：高爽之地。陵舄：车前草。⑩郁栖：栖息于粪土之中。乌足：草名。⑪蛴螬：俗称地蚕，金龟子幼虫，生在粪壤中，并非乌足根所化。⑫胥：须臾，形容时间甚短。⑬脱：同蜕，蜕皮。⑭鸲掇：虫名，其状柔嫩，像刚刚脱皮的样子。⑮乾余骨：鸟名，不知何鸟。⑯斯弥：虫名，未详。⑰食醯：食醋。⑱颐辂句：醋放久了，孳生出的一种小飞虫，称蠛蠓，与蚋相似。⑲黄軦：虫名。九猷：虫名。⑳瞀芮：蠓虫之类。腐蠸：《列子》张湛注以为："瓜

中黄甲虫也。”成玄英疏以为萤火虫。㉑羊奚：钟泰《庄子发微》：“羊奚疑即竹蓐，一名竹菰。比：并连。不箰：不生笋之竹。㉒久竹：老竹。青宁：竹根虫。㉓程：赤虫名。㉔机：同几，即“种有几”之“几”。

译文

列子出行在道旁进餐，见到一具百年骷髅，他拔去蒿草指点着骷髅说：“只有我和你知道你是未曾死，也未曾生。你果真忧愁吗？我果真欢乐吗？”

物种有精微的本质，得到水就成为断续如丝的㡭，得水土交界处则成为覆盖水面的藻类和浮萍，生于高爽之地则为车前草，车前草栖息在粪壤上就成为乌足，乌足的根变成地蚕，叶变成蝴蝶。蝴蝶很快又化而成虫，生活在灶下面，样子像蜕了皮似的，它的名字叫鸲掇。鸲掇经过一千天变成鸟，它的名字叫乾余骨。乾余骨的唾沫变为斯弥虫，斯弥虫造出食醋。蠛蠓从食醋中生出，黄軦虫从九猷虫生出，蠓虫从黄甲虫中生出，竹蓐与不生笋的老竹并连一起，老竹主出竹根虫，竹根虫生赤虫，赤虫生马，马生人，人又复归于物种之精微。万物都由物种精微生出，又都返回于它。

古注

郭象：“变化种数，不可胜计。此言一气而万形，有变化而无死生也。”

今论

方勇：“在人人都以‘富、贵、寿、善’为重，以‘身安、厚味、美服、好色、音声’为乐的世界里，偏偏还有一个庄子凭着他谬悠荒唐横无际涯的言说，否定世俗之乐，独立于生死边界之上。”

达生第十九

原典

达生之情者[1]，不务生之所无以为[2]；达命之情者，不务知之所无奈何[3]。养形必先之以物，物有余而形不养者有之矣；有生必先无离形[4]，形不离而生亡者有之矣。生之来不能却[5]，其去不能止。悲夫！世之人以为养形足以存生，而养形果不足以存生，则世奚足为[6]哉！虽不足为而不可不为者，其为不免[7]矣！

夫欲免为形者，莫如弃世[8]。弃世则无累，无累则正平[9]，正平则与彼更生[10]，更生则几[11]矣。事奚足弃而生奚足遗？弃事则形不劳，遗生则精不亏[12]。夫形全精复，与天为一。天地者，万物之父母也，合则成体，散则成始[13]。形精不亏，是谓能移[14]。精而又精，反以相天[15]。

注释

①达：通达。生：有二义，一指生命，一指自性。情：实情、实际。②务：勉力从事。生：性。无以为：无法做到的，性分以外之事。③无奈何：智力所不能及，无可奈何的领域。④无离形：生命不能离开形体而独存，所以养生必先保体。⑤却：推却，拒绝。⑥奚足为：何足为，不足为之意。言世人养形以存生之法不足为。⑦其为不免：虽不可过分追求厚养形体之物，但正常维系生活之物资还是不可免的，否则生命就难于维持下去。⑧免为形：免去为保养形体之操劳。弃世：抛弃世俗之人养形以存生之见。⑨正平：心气平易淡漠。⑩彼：自然之造化。更生：推移更新。⑪几：近，近于道。⑫精不亏：精神不亏损。⑬合则成体：天地阴阳交合则生成万物之形体。散则成始：天地阴阳消散而复归虚静无为之道体，而为万物之本始。⑭能移：能随自然变化推移更新。⑮精而又精：使精神完美之上更加完美。相：助。

译文

通达生命实情的人，不努力去做无法做到的事；通达命运实情的人，不努力去涉及智力所不能达到的领域。保养形体必须先用物资，然而物资有余而形体未得保养的人还是有的；保存生命必使其不与形体分离，然而形体未分离而生命已伤亡的人也是有的。生命之来不能推却，离去也不能阻止。多么可悲呀！世上的人以为保养形体就足以保存生命，然而保养形体确实不足以保存生命，则世人养形以存生的方法不足为啊！虽然不足为又不可不为，因为维系生活的物资不能免呐！

要想免去为形体的操劳，莫如抛弃世俗养形以存生之见。抛弃养形以存生之见就没有牵累，没有牵累就心气平易淡漠，心气平易淡漠就能与自然之造化一起推移更新，与造化推移更新则近于大道！世事为何必须舍弃？人生为何必须遗忘？舍弃世事则形体不劳累，遗忘人生则精神不亏损。形体健全和精神恢复，就能与天道结合为一体。天和地，是万物之父母。天地阴阳结合则生成万物形体，天地消散则复归虚静无为之道体，而为万物之本始，形体与精神不亏损，就叫作能与造化推移。使精神完美之上更完美，就能反过来辅助于天。

古注

郭象："性分各自为者，皆在至理中来，故不可免也，是以善养生者，从而任之。"

今论

方勇："他的艺术创作活动就是'以天合天'的过程，即让自己一步步从各种意识的控制下解脱出来，以忘怀一切的心理状态去契合那客观对象的自然质性。"

原典

子列子[①]问关尹曰："至人潜行不窒[②]，蹈火不热，行乎万物之上而不栗[③]，请问何以至于此？"

关尹曰："是纯气之守[④]也，非知巧果敢之列。居[⑤]，予语女。凡有貌象声色者，皆物也，物与物何以相远？夫奚足以至乎先[⑥]？是色而已。则物之造乎不形而止乎无所化[⑦]，夫得是而穷之者[⑧]，物焉得而止[⑨]焉？彼[⑩]将处乎不淫之度，而藏乎无端之纪[⑪]，游乎万物之所终始。壹其性，养其气[⑫]，合其德，以通乎物之所造[⑬]。夫若是者，其天守全[⑭]，其神无隙，物奚自入[⑮]焉！夫醉者之坠车，虽疾[⑯]不死。骨节与人同而犯害[⑰]

与人异，其神全[18]也。乘亦不知也，坠亦不知也，死生惊惧不入乎其胸中，是故迕物而不慴[19]。彼得全于酒而犹若是，而况得全于天[20]乎！圣人藏于天[21]，故莫之能伤也。复仇者不折镆干[22]，虽有忮(zhì)心者不怨飘瓦[23]，是以天下平均[24]。故无攻战之乱，无杀戮之刑者，由此道也。不开人之天，而开天之天[25]。开天者德生[26]，开人者贼生[27]。不厌其天，不忽于人[28]，民几乎以其真[29]。”

注释

①子列子：列子，名御寇。②潜行不窒：潜入水底行走而不窒塞。③栗：恐惧。④纯气之守：保守纯和之气，使心志专一。⑤居：坐下。⑥奚：何。至乎先：在他物之先、之上。⑦不形：无形，指道。无所化：虚静无为之道体。⑧是：此，指万物生化之理。穷：穷尽，穷深研几之意。⑨止：限定，留止。⑩彼：指得道之至人。⑪藏：冥合，暗中相合之意。无端之纪：指大道循环无穷而又推移日新之纲纪。纪，纪纲。⑫壹：专一执守。养其气：涵养存养其精神。⑬物之所造：物之创造者，指自然。⑭天守全：持守自然之道完备无亏缺。⑮物奚自入：世俗事物从何处能入侵于心。⑯疾：快。言其快速从车上摔下来。⑰犯害：受害、受伤。⑱神全：精神凝聚完备、不分散。⑲慴：惊惧。⑳得全于天：与天守全意同，持守完备之自然之道。㉑藏于天：持守自性与天道冥合。㉒折：折断、损坏。镆干：干将、镆邪之简称。㉓忮心：忌恨之心。飘瓦：被风吹落的瓦片。㉔平均：平等无争心。无心故不相怨而无争。㉕开人之天：开启人之智慧，运用智巧去处理事务。开天之天：开启自性，不运用思虑智巧，顺乎自然而无心。㉖德生：循性而动，则能培养出好道德。㉗贼生：运用智巧，则生贼害之心。㉘厌：满足。不满足于对自性的修养，要坚持不懈。不忽于人：不忽略人对天理之认识。忽，忽略、忽视。㉙以其真：按本性行事。几，近。真，自性、本性。

译文

列子问关尹说："至人在水下潜行而不窒息，踩在火上也不觉得热，在万物之巅峰上行走也不恐惧，请问为什么能达到这样？"

关尹说："这是持守纯和之气的结果，不属于智巧果敢之列。坐下吧，我讲给你。凡是有形象声音色彩的，都是物，物与物何以差别甚远？都是物哪个又有资格处先居上？这些都是形色之物而已。而物是由无形之道创生出来，又复归于虚静无为之道体。得此万物生化之理而又能穷尽之人，世俗之物哪能限定他呀！他将处在无过无不及的恰到好处的限度，而又冥合于循环无穷推陈出新之大道纲纪，逍遥于万物之终始。专一持守其自性，存养其精神，使德性与天道相合，以与创生万物之自然相通。如果能做到这样，他持守自然之道就完备无缺，其精神没有空隙，外物又从何处入侵心灵呢！喝醉酒的人从车上摔下来，虽然摔得快速也不会死。他的骨节与别人相同而所受伤害与人不同，就因为他精神凝聚而完备。他乘车时不知，坠车时也不知，死生惊惧这些念头没有进入他的心中，所以与物碰撞而不惊惧。他靠酒使精神凝聚完备还能做到这样，更何况得全于自然之道呢！圣人与天道冥合，所以不能使他受到伤害。报仇的人，不去折断宝剑；虽然忌恨心极重的人，也不怨恨风吹落砸了自己的瓦片，因此天下才平等无争心。所以没有相互攻战之动乱，没有杀戮之刑罚，都是由于这无为无心之道。不去开启人的智巧，而去开启人的自性。开启人的自性就能培养好的道德，开启人的智巧就会产生贼害之心。不满足于对自性的修养而持之以恒，也不忽略人对天理的认识，这样的人就近于按本性行事了。”

古注

郭象：“夫至极者，非物所制。止于所受之分。冥然与变化日新。终始者，物之饰则二矣。不以心使之。不以物离性。”

今论

方勇：“艺术创作活动正是一个以潜意识逐渐代替自觉意识，以便最后让主体的自然之‘天’与对象的自然之‘天’完全契合起来的过程。”

原典

仲尼适楚，出于林中，见佝(gōu)偻(lóu)者承蜩①，犹掇②之也。

仲尼曰：“子巧乎，有道③邪？”

曰：“我有道也。五六月累丸二而不坠④，则失者锱铢⑤；累三而不坠，则失者十一；累五而不坠，犹掇之也，吾处身⑥也，若厥株拘⑦；吾执臂⑧也，若槁木之枝。虽天地之大，万物之多，而唯蜩翼之知。吾不反不侧⑨，不以万物易⑩蜩之翼，何为而不得！”孔子顾谓弟子曰：“用志不分，乃凝⑪于神，其佝偻丈人之谓乎！”

注释

①佝偻：驼背。承蜩：捕蝉。②掇：拾取。③有道：问其技艺如此纯熟，有何妙法。④五六月：指学习训练捕蝉技艺的时间。累丸二：在竹竿顶上叠放二个小丸，用手持竿，能练到丸不坠地，说明手臂的稳定性已达到相当高度，可以去捕蝉了。⑤锱铢：古代很微小的重量单位，六铢为一锱，四锱为一两。形容很少。⑥处身：立定身体。⑦厥株拘：立着的断树桩子。厥，通

橛。拘，立木。⑧执臂：控制手臂。⑨不反不侧：形容心志凝注专一，无杂念。⑩易：交换。⑪凝：当做似，比拟之意。

译文

孔子往楚国去，从林中走出来，看见一位驼背老人在捕蝉，就像拾取一般熟练。

孔子说："老先生真是灵巧啊，有什么妙法吗？"

回答说："我是有妙法的。技艺练到五六个月时间，在竿头上累二个小丸，可以持竿而不使坠地，这时去捕蝉，逃掉的就很少了；在竿头累三丸而能不坠，则逃掉的蝉只有十分之一；在竿头累五丸而能不坠，再去捕蝉就如同拾取一样容易了。我立定身体，如一根立着的断树桩；我控制手臂，就如枯树枝。虽然天地广大，万物众多，我只知蝉的翅膀。我心志凝注专一，不肯用万物交换蝉翼，为什么不能得到呢！"孔子回过头对弟子们说："用志不分散，就可比拟于神工，说的不就是驼背老人么！"

古注

王夫之注："守其所知，以量其量、数其数，止于此而可以穷年。"

今论

方勇："艺术家思想的高度专一，就可以成为通向精神凝聚的阶梯，即所谓'用志不分，乃凝于神'，从而创作出合于天然的艺术作品。"

原典

颜渊问仲尼曰："吾尝济乎觞深之渊①，津人②操舟若神。吾问焉③曰：'操舟可学邪？'曰：'可。善游者数能④。若乃夫没人⑤，则未尝见舟而便操之也⑥。'吾问焉而不吾告⑦，敢问何谓也？"

仲尼曰："善游者数能，忘水⑧也；若乃夫没人之未尝见舟而便操之也，彼视渊若陵⑨，视之覆犹其车却⑩也。覆却万方陈乎前而不得入其舍⑪，恶往而不暇⑫！以瓦注者巧⑬，以钩注者惮⑭，以黄金注者殙⑮。其巧一也，而有所矜（jīn）⑯，则重外⑰也。凡外重者内拙⑱。

注释

①济：渡。觞深：渊名，水深而形似酒杯，故名。地在宋国。②津人：在渡口上撑船之人。③焉：于此，指"操舟若神"之事。④善游者：擅长游水的人。数能：多次练习则可学会。⑤若乃：至于。没人：能长时间潜入水中，精通水性之人。⑥则未尝见舟而便操之也：因为没人深通水性，虽未见过舟，未经训练，也能操纵自如。⑦吾告：告诉我。⑧忘水：忘记对水的恐惧。⑨视渊若陵：把水上看成

同陆上一样。陵，丘陵、高地。⑩却：退却。⑪万方陈乎前而不得入其舍：对各种事端都不在意，处之泰然，没有紧张恐惧感，不会因外物扰乱心之平静淡漠。舍，指心。⑫暇：闲暇，悠闲、从容不迫。⑬注：赌注。巧：碰巧、恰巧。⑭钩：腰带环，以银或铜制，比瓦稍贵重。惮：担心害怕。⑮殙：心绪昏乱。⑯其巧一也：碰巧得胜的机会都是一样的。矜：危惧。⑰外：身外之物，如带环、黄金之类。⑱拙：笨拙。

译文

颜渊问孔子说："我曾经渡过觞深之渊，船夫驾船的技艺奇异莫测，我问及此事说：'驾船的技艺可以学会吗？'船夫回答说：'可以。善于游水的人经过多次练习能学会。至于会潜水之人，他们即便未曾见过船，也能操纵自如。'我问及于此，他不肯告诉我，请问这是何意呢？"

孔子说："善于游水的人经多次训练而能，是因为他们遗忘了对水的恐惧心理；至于会潜水之人，他们即使未见船也能操纵自如，是因为他们把水上和陆上同样看待，把船之覆看成如同车退坡一样。翻船退车等变化无穷的各种事端摆在面前，他们也毫不在意、处之泰然，这样何往而不悠闲从容！以瓦片为赌注而常常碰巧得胜，以衣带为赌注则害怕心虚，以黄金为赌注则心绪昏乱。他们碰巧得胜的机会都一样，而因为有所危惧就注重身外之物。凡是注重身外之物，内心必然笨拙。"

古注

郭象："夫欲养生全内者，其唯无所矜重也。"

今论

方勇："要不考虑作品作成之后是否能得到庆贺赏赐。"

原典

田开之[①]见周威公，威公曰："吾闻祝肾学生[②]，吾子与祝肾游，亦何闻焉？"

田开之曰："开之操拔篲[③]以侍门庭，亦何闻于夫子！"

威公曰："田子无让[④]，寡人愿闻之。"

开之曰："闻之夫子曰：'善养生者，若牧羊然，视其后者而鞭之。'"

威公曰："何谓也？"田开之曰："鲁有单豹[⑤]者，岩居而水饮，不与民共利[⑥]，行年七十而犹有婴儿之色，不幸遇饿虎，饿虎杀而食之。有张毅者，高门县薄[⑦]，无不趋也，行年四十而有内热之病以死。豹养其内而虎食其外，毅养其外而病攻其内[⑧]，此二子者，皆不鞭其后者[⑨]也。"

仲尼曰："无入而藏[10]，无出而阳[11]，柴[12]立其中央。三者若得，其名必极。夫畏涂[13]者，十杀一人[14]，则父子兄弟相戒也，必盛卒徒而后敢出焉[15]，不亦知乎！人之所取畏[16]者，衽席[17]之上，饮食之间，而不知为之戒者，过也！"

祝宗人玄端以临牢策说彘曰[18]："汝奚恶死？吾将三月豢[19]汝，十日戒，三日齐[20]，藉白茅[21]，加汝肩尻（kāo）乎彫俎（zǔ）之上[22]，则汝为之乎？"

为彘谋，曰不如食以糠糟而错[23]之牢策之中，自为谋，则苟生有轩冕之尊，死得于腞（zhuà）楯（shǔn）之上、聚偻之中则为之[24]。为彘谋则去之，自为谋则取之，所异彘者何也[25]！

注释

①田开之：人名。②祝肾：人名。学生：学练养生之道。③操拔篲：作洒扫之杂务。④让：推辞、谦让。⑤单豹：人名，鲁国隐者。⑥共利：同利。利同则相争，不同利则无争。⑦张毅：人名，鲁人。高门：富贵之家。县薄：悬垂帘以代门，为贫寒之家。县，同悬。薄，垂帘。⑧外：形体。内：精神心性。⑨鞭其后：如对二人不足的方面加以鞭策，则有助于养生。⑩入而藏：进入而又深藏，指过分注重隐藏。⑪出而阳：出外而又显露，指过分张扬。⑫柴：枯木，比喻无心无欲之物。⑬畏涂：危险的道路，路上有强盗杀人越货，人不敢行。⑭十杀一人：指从此路经过，十人中就有一人被杀。⑮盛卒徒：聚集众人一块，方敢通行。⑯取畏：自取祸患。⑰衽席：卧席。⑱祝宗人：掌管祭祀祝祷之官。玄端：掌管祭祀之官穿的斋服，黑色，端正。牢策：猪栏，猪圈。彘：猪。⑲豢：用谷物饲养。⑳齐：祭前洁净身心的仪式。齐，同斋。㉑藉白茅：把白茅草铺在神座和祭物下面，以示洁净。㉒尻：臀部，即猪后鞘肉。彫俎：在俎上雕有图案花纹之类。俎，祭祀时盛肉的礼器，有青铜制和木制漆饰的。㉓错：放置。㉔腞楯：送葬载灵柩之车。聚偻：棺椁上面放的众多装饰物。㉕所异彘者何也：与猪不同处又在哪里呢。

译文

田开之见周威公，威公说："我听说祝肾学习养生之道，先生与祝肾交往，也曾听到一些什么吗！"

田开之说："开之在那里只是扫扫院子，在门房侍候，又能从先生那里听到什么呢？"

威公说："田先生不必谦让，寡人愿意听一听。"

开之说："听先生讲：'善于养生的人，如同牧羊一样，看那落在后面的，就用鞭子抽打它。'"

威公问："这是什么意思呢？"

田开之说："鲁国有个叫单豹的人，住在山洞里喝泉水，不与世人争利。年纪已七十多脸色还和婴儿相似，不幸遇到饿虎，饿虎将其捕杀吃掉了。有个叫张毅的人，不管富贵人家还是贫寒人家，无不交往走动，四十岁时患有内热之病而死。单豹保养其精神心性而老虎吃掉其身体，张毅保养其身体而病攻其内心。这两个人，都不懂得鞭策其不足的一面。"

孔子说："不要过分深藏，不要过分显露，像枯木一样立于中道。这三点都能做到，他的名声必然极高。一条凶险之路，十个人走过就有一个被杀，则父子兄弟相互警告，一定要聚集许多人才敢行走，不也是很明智么！人之所自取灾祸的，是在卧席之上，饮食之间，对这些反而不引以为戒，真是过错啊！"

掌管祭祀祝祷之官穿着黑色的斋服，来到猪圈旁对猪说："你为何要厌恶死！我将要用三个月时间用精料饲养你，还要为你作十日戒，三日斋，铺上白茅草，把你的前槽和后鞧放在雕花的俎上，你愿意这样做吗？"

如果真是为猪谋划，就不如放置在猪圈里以糟糠为食更好，为自己谋划，如果活着有高官厚禄之尊贵，死后能有装饰华美的棺椁柩车送葬，就可以去做。为猪谋划而要抛弃的，自己为自己谋划反而要取用，与猪所不同之处在哪里呢？

古注

郭象："若槁木之无心而中适，是立也。名极而实当也。十杀一耳，便大畏之；至于色欲之害，动皆之死地而莫不冒之，斯过之甚也。"

今论

方勇："要不考虑作成之后观赏者是夸奖还是非议，是说巧还是拙。"

原典

桓公田于泽①，管仲御，见鬼焉②。公抚管仲之手曰："仲父③何见？"

对曰："臣无所见。"公反，诶诒为病④，数日不出。

齐士有皇子告敖者曰⑤："公则自伤，鬼恶能伤公！夫忿滀⑥之气，散而不反，则为不足⑦；上⑧而不下，则使人善怒；下而不上，则使人善忘；不上不下，中身当心⑨，则为病。"

桓公曰："然则有鬼乎？"

曰："有。沈有履⑩，灶有髻⑪。户内之烦壤⑫，雷霆⑬处之；东北方之下⑭者，倍阿、鲑（guī）蠪（lóng）⑮跃之；西北方之下者，则泆

阳[16]处之。水有罔象[17]，丘有峷(shēn)[18]，山有夔[19]，野有彷徨[20]，泽有委蛇。”

公曰：“请问委蛇之状何如？”

皇子曰：“委蛇，其大如毂[21]，其长如辕[22]，紫衣而朱冠[23]。其为物也恶[24]，闻雷车[25]之声则捧其首而立。见之者殆乎霸[26]。”桓公辴(chǎn)然[27]而笑曰：“此寡人之所见者也。”于是正衣冠与之坐，不终日[28]，而不知病之去也。

注释

①桓公：齐桓公。田：田猎。泽：薮泽，低洼积水，草木丛生的沼泽荒地。②御：驾车。鬼：指沼泽中怪异之兽，桓公不识，疑为鬼物。③仲父：桓公对管仲的尊称。④反：同返，返回。诶诒：因惊吓失魂出呓语，自言自笑。⑤皇子告敖：皇姓，名告敖，子为尊称。为齐之贤士。⑥忿滀：怒气郁结。滀，水停聚的样子，引申为蓄愤，郁结。⑦这句的意思是：喜怒哀乐为人之自然情感，怒气亦人所不可或缺，如果当怒而不怒，则是没有血性，故称不足。⑧上：怒气滞留在身体上部，不能上下贯通。⑨中身当心：古人认为心是人之主宰，心在人身之中部，如果怒气郁结在身体中间，与心的部分相合，则会使心受扰乱而得病。⑩沈：污水聚积之处。履：污水聚集处之鬼名。⑪灶有髻：这句的意思是，灶神穿红衣，梳如髻，状如美女。⑫烦壤：打扫房间积下之灰尘垃圾等。⑬雷霆：鬼名。⑭东北方之下：住宅东北墙下面。⑮倍阿：神名，有说指蜥蜴类。鲑蠪：鬼名。⑯泆阳：神名，豹头马尾。⑰罔象：又作无伤，水神名，状如小儿，黑色、赤衣，大耳、长臂。⑱峷：怪兽，状如狗，有角，身上有五采花纹。⑲夔：一足兽，见《秋水》注。⑳彷徨：又作方皇，状如蛇，两头，身有五采花纹。㉑毂：车轮中心套轴的圆木，又代表车轮。㉒辕：车辕。指怪兽体长如车辕。因桓公在乘车时见此兽，故以车作比。㉓紫衣而朱冠：或指此兽身体为紫色，头为红色。㉔恶：丑陋。㉕雷车：田猎之战车奔跑轰鸣，响声如雷，故名雷车。㉖殆乎霸：近于成为霸主。殆，近。㉗辴然：欢笑之态。㉘不终日：不满一日。

译文

齐桓公在沼泽中打猎，管仲为他驾车，忽然见到一个鬼物。

桓公按住管仲之手说：“仲父你看见什么没有？”

对答说：“臣下没见什么。”桓公返回后，失魂呓语而得病，几天不出门。

齐国有位贤士叫皇告敖的，说：“您是自己伤害自己，鬼哪能伤害您呢！忿怒之气郁结起来，如果散掉不返回，就会变得血气不足；如果滞留在身体上部而不能贯通于下，就会使人好发怒；如果滞留在下体而不能上，就会使人好遗忘；如果滞留中间与心的部位相当，就会使人得病。”

桓公说：“那么有没有鬼呢？”

回答说：“有。污水聚积处有履鬼；灶有带髻的灶神；户内堆放灰尘垃圾处，雷霆之鬼住在那里；住宅东北面墙下，有倍阿、鲑蠪鬼在那里跳跃；西北面墙下，则有泆阳鬼停留。水中之鬼叫罔象，土丘之鬼叫莘，山中之鬼叫夔，旷野之鬼叫彷徨，沼泽之鬼叫委蛇。”

桓公说：“请问委蛇的样子如何？”

皇先生回答说：“委蛇有车轮一般粗细，有车辕一般长短，身体紫色头是红色。这种怪物形象丑陋，听到战车轰鸣就捧着头立在那里。见到这种怪物的人差不多可以做霸主了。”桓公欢颜而笑说：“这就是寡人所见到的鬼。”于是整理一下衣冠坐起来和皇子谈话，不满一天工夫，病就不知不觉消失了。

古注

郭象：“此章言忧来而累生者，不明也；患去而性得者，达理也。”

原典

纪渻(shěng)子为王养斗鸡[1]。十日而问：“鸡已乎[2]？”曰：“未也，方虚而恃气[3]。”十日又问，曰：“未也，犹应向景[4]。”十日又问，曰：“未也，犹疾视而盛气。”十日又问，曰：“几矣，鸡虽有鸣者，已无变[5]矣，望之似木鸡矣，其德全[6]矣。异鸡无敢应者[7]，反走矣。”

孔子观于吕梁[8]，县水三十仞[9]，流沫[10]四十里，鼋(yuán)鼍(tuó)鱼鳖之所不能游也[11]。见一丈夫游之，以为有苦而欲死也，使弟子并流而拯之[12]。数百步而出，被发行歌而游于塘下[13]。孔子从而问焉，曰：“吾以子为鬼[14]，察子则人也。请问，蹈水有道乎？”曰：“亡，吾无道。吾始乎故，长乎性，成乎命。与齐俱入[15]，与汩偕出，从水之道而不为私焉。此吾所以蹈之也。”孔子曰：“何谓始乎故，长乎性，成乎命？”曰：“吾生于陵而安于陵[16]，故也；长于水而安于水，性也[17]；不知吾所以然而然[18]，命也。”

梓庆削木为鐻[19]，鐻成，见者惊犹鬼神[20]。鲁侯见而问焉，曰：“子何术以为焉？”对曰：“臣工人，何术之有？虽然，有一焉。臣将为鐻，未尝敢以耗气[21]也，必齐以静心[22]。齐三日，而不敢怀庆赏爵禄[23]；齐五日，不敢怀非誉巧拙[24]；齐七日，辄然[25]忘吾有四枝形体也。当是时也，无公朝[26]，其巧专而外骨消[27]；然后入山林，观天性，形躯至矣[28]，然后成见鐻，然后加手焉，不然则已。则以天合天[29]，器之所以

疑神[30]者，其是与！”

注释

①纪渻子：纪姓，渻子名。王：指齐王。②已乎：练成了吗。③虚：内心空虚而神态高傲，色厉内荏的样子，同骄。恃气：昂头鼓翅挟气以威吓对方。④向：同响。景：同影。⑤无变：没有反映。⑥德全：精神安定专一，不动不惊。⑦异鸡：其他的鸡。应：应战，对敌。⑧吕梁：究指何处，说法不一。⑨县水：瀑布。县，同悬。仞：古代长度单位，周制八尺为仞，汉制七尺为仞。⑩流沫：瀑布泻下溅起的水沫。⑪鼋：鳖中之大者为鼋。鼍：鳄鱼类，俗称猪婆龙，有说即扬子鳄。⑫并：傍。拯：援救。⑬被发：披散着头发。行歌：边走边哼着歌谣，显出潇洒悠闲的样子。塘下：岸边。⑭以子为鬼：孔子以为那个人一定淹死了，故而把他当成鬼。⑮与齐俱入：与漩涡中心一起入水。齐，同脐。石磨中央上下扇连接之处称脐，水流旋转如磨，旋涡中央即是脐。⑯陵：高地。⑰这句的意思是：在水边长大，安于水上生活，久习而成性。⑱这句的意思是：自然而然就那样做了，不知为什么要那样，其中还有什么道理。⑲梓庆：人名。梓，梓匠，指木工，此人以职为姓，称梓庆。鐻：悬挂钟鼓之木架，形似虎，上面雕刻有精美生动的图案。⑳惊犹鬼神：制作雕饰极尽精妙，不类人工所为，见者惊叹不已，以为鬼斧神工。㉑耗气：气指精神心神，耗气就是精神分散，心神不能凝注专一。㉒齐：同斋，斋戒。静心：使心志安静专一。㉓怀：思。庆赏：奖赏。㉔非誉：非为非难指责，誉为赞誉。巧拙：精巧与笨拙。㉕辄然：不动的样子。㉖无公朝：心中不存朝见君主之念。㉗外骨消：外界之扰乱完全排除。骨，同滑，乱之意。㉘观天性：观察木料之自然性能。形躯至矣：木料之自然形态完全符合标准。㉙以天合天：以己之自然天性与木之自然天性相合。㉚疑神：比如鬼神所造。疑，同拟。

译文

纪渻子为齐王驯养斗鸡。十天后来问：“驯练成了吗？”回答说：“还没有，现正表现为内心空虚而神态高傲，盛气凌人的样子。”十天后又来问，回答说：“还没有，听到鸡的声音、看到鸡的影子就有反应。”十天后又问，回答说：“还没有，现在还视物敏锐而充满怒气。”十天后再来问，回答说：“差不多了，鸡虽有鸣叫挑战者，也没有什么反映，看上去像个木鸡了，他已精神安定专一，不动不惊了。其他的鸡没有敢于应战者，都退走了。”

孔子在吕梁观光，见到瀑布从二十多丈高处泻下，水沫流至四十里外，鱼鳖鼋鼍也无法游过。他看见一个男人在那里游水，以为是有困苦想投水而死的人，令弟子们傍水流而下去援救他。数百步以外那个人从水中浮出上岸，披散着头发，边走路边哼着歌在岸边闲游。孔子跟过去问道："我以为你是鬼，仔细观察你才知是人呐。请问，游水有什么道术吗？"回答说：没有，我没有什么道术。我开始于习惯，长大了变成习性，成年后就顺其自然。我与旋涡中心一同入水，又随涌出的旋涡浮出，顺从水之性而不按己私意妄动，这就是我游水之方法。"孔子说："什么叫作开始于习惯，长大了成为习性，成年后顺其自然？"回答说："我生在高地而安于高地生活，这就叫开始于习惯；在水边长大，安于水上生活而久习成性，这就叫长大了成为习性；自然而然就那样做了，而不知为什么要那样做，就是成年后顺其自然。"

梓庆刻削木料做成鐻，鐻做成后，见到的人都惊叹为鬼斧神工。鲁侯见了之后对梓庆说："你用什么技艺方法做出来的呀？"回答说："臣是一名工匠，哪有什么技艺！虽然如此，有一点可以讲一讲。臣将要做鐻时，不敢有一点分散精神，一定要斋戒使心志安静专一。斋戒三日，不敢有思得奖赏官爵奉禄的念头；斋戒五日，不敢想及别人是非难作品笨拙或是赞誉作品精巧；斋戒七日，则木然不动忘记我有四肢和形体的存在。在这个时候，心中不存在朝见君主的想法，专心致志于制作技巧而外界的扰乱全部排除。然后进入山林中，观察木料的自然性能，选取那些自然形态完全合乎标准的，然后一个现成的鐻如同就在眼前了，然后才动手去做，没有这些条件就不去做。这是以己之天性与木之天性相合，器物之所以如同鬼神所造，大概就是这个原因吧！"

古注

王夫之注："此奈何者未易奈何也，而人且无奈之何，顾欲奈其所无如何，是离人而即谋于鬼。"

今论

方勇："入山林，观天性，则'确然见据于胸中'（王敔语）矣，因而创造出了使'见者惊犹鬼神'的艺术作品。"

原典

东野稷以御见庄公①，进退中绳，左右旋中②规。庄公以为文③弗过也，使之钩百④而反。颜阖遇之⑤，入见曰："稷之马将败⑥。"

公密⑦而不应。少焉，果败而反。

公曰："子何以知之？"曰："其马力竭矣，而犹求⑧焉，故曰败。"

工倕旋而盖规矩⑨，指与物化而不以心稽⑩，故其灵台一而不桎⑪。忘足，屦之适也；忘要，带之适也⑫；知忘是非，心之适也；不内变，不外从，事会之适也⑬。始乎适⑭而未尝不适者，忘适之适也。

注释

①东野稷：人名，姓东野名稷。御：驾驭车马。庄公：鲁庄公，为春秋前期鲁国君主。②中：合于。绳为直线，规为弧线。③文：《太平御览》七四六引作"造父"。④钩百：驾驭车马兜一百个圈。⑤颜阖：鲁之贤人。遇之：遇见东野稷驾车表演。⑥败：仆倒。⑦密：默。⑧求：驱赶不停。⑨倕：传说为尧时之能工巧匠。盖：胜过。⑩稽：存留。言手指随物测定，不须存留于心，再去有言度量。⑪灵台：心。桎：通室，滞塞之意。⑫忘要，带之适也：忘记腰的粗细，带子就都合适。要，同腰。⑬不内变：持守自性，虚静淡漠。不外从：不随外物迁变。事会：与外界之物交接。⑭始乎适：庄子认为，本来自性与外物是相适应的，如心存适应观念，把己与物分开，还不是真正的相适应，只有忘记适应，消除物我界线，才是真正无所不适。

译文

东野稷以御车之术去见鲁庄公，驾车前进后退像绳子一般笔直，左右转弯像圆规一样圆。庄公以为造父的驾车技艺也不能超过他，命他驾车兜一百个圈子而返回。颜阖遇见此事，入见庄公说："东野稷的马就要仆倒了。"

庄公默不作声。一会儿，果然因马仆倒而回。

庄公说："您何以知道马要仆倒呢？"回答说："他的马气力已经用尽了，还驱赶不停，所以说要仆倒。"

工倕旋物而测胜过规矩，他的手指随物而变化，不须存留于心，再作有意度量，所以他的心志专一而没有滞碍。忘掉脚的大小，什么鞋子都合适；忘记腰的粗细，什么带子都合适；忘记了是非，心无所不适；持守自性，不迁变，与外物交接无不适应。本来自性与外物是相适应的，而要达到无所不适应，就忘记为了适应而适应。

古注

郭象："所遇而安，故无所变从也。"

今论

方勇："庄子的有些说法看来似乎是有点不可理解的，其实却包含着对艺术创作心理特征的深刻认识。"

原典

有孙休[①]者，踵门而诧子扁庆子曰[②]："休居乡不见谓不修[③]，临难[④]不见谓不勇；然而田原不遇岁[⑤]，事君不遇世[⑥]，宾[⑦]于乡里，逐于州部，则胡[⑧]罪乎天哉？休恶[⑨]遇此命也？"

扁子曰："子独不闻夫至人之自行邪？忘其肝胆，遗其耳目，芒然

彷徨乎尘垢之外⑩，逍遥乎无事之业，是谓为而不恃，长而不宰⑪。今汝饰知以惊愚⑫，修身以明污，昭昭乎若揭日月而行也⑬。汝得全而形躯⑭，具而九窍，无中道夭于聋盲跛蹇(jiǎn)而比于人数，亦幸矣⑮，又何暇乎天之怨哉！子往矣！”

孙子出，扁子入。坐有间，仰天而叹。弟子问曰：“先生何为叹乎？”

扁子曰：“向者休来，吾告之以至人之德，吾恐其惊而遂至于惑也⑯。”

弟子曰：“不然。孙子之所言是邪，先生之所言非邪，非固不能惑是；孙子所言非邪，先生所言是也，彼固惑而来⑰矣，又奚罪焉！”

扁子曰：“不然。昔者有鸟止于鲁郊⑱，鲁君说之，为具太牢以飨之，奏九韶以乐之。鸟乃始忧悲眩视，不敢饮食。此之谓以己养养鸟也，若夫以鸟养养鸟者，宜栖之深林，浮之江湖，食之以委蛇，则平陆⑲而已矣。今休，款启⑳寡闻之民也，吾告以至人之德，譬之若载鼷(xī)㉑以车马，乐鴳㉒以钟鼓也，彼又恶能无惊乎哉！”

注释

①孙休：人名，鲁国人。②踵门：亲至其门，不经人引见。诧：诧异而发问。子扁庆子：鲁之贤人。③谓：说。不修：没有修养，品格不高。④临难：面临危难。⑤田原：田地，指在田间耕作。岁：好年景。⑥世：好世道，君主圣明之朝代。⑦宾：同摈，摈弃、抛弃。⑧胡：伺。⑨恶：怎么。⑩忘肝胆，遗耳目：抛弃形体和知识智慧，与大道融合为一。尘垢：比喻世俗社会生活。⑪为而不恃，长而不宰：语出《老子》，意为施助万物而不自恃其功，作万物之长，又不支配和主宰万物，任其自然。⑫惊愚：惊醒愚昧之人。⑬昭昭乎：光明、明亮的样子。揭：举。⑭全而形躯：保全你的身体，使不遭杀害。而，同尔，你。⑮跛蹇：瘸腿。比：列。幸：侥幸。⑯吾恐其惊而遂至于惑也：担心孙休听了关于至人的议论而震惊，因而更迷惑。遂，因。惑，迷惑。⑰固惑而来：本来就是带着迷惑而来的。⑱以下所讲故事与《至乐》篇相同，可参看彼处。⑲平陆：平地，荒野。⑳款启：仅仅开一个孔，言其为一孔之见，所见甚微。㉑鼷：鼷鼠。㉒鴳：一种小鸟。

译文

有一位叫孙休的人，亲自来到扁庆子的门上诧异地发问道：“我孙休住在乡间没见有人说我没有修养，面临危难时没见有人说我不勇敢。然而我种田碰不到好年景，事君碰不到好世道，为乡里人所抛弃，为州县官吏所放逐，我孙休何罪于老天？怎么遇到这样的命运呀？”

扁子说：“你难道没有听说至人的所行吗？忘掉了他的肝胆，忘掉了他的耳目，迷惘无知徘徊游移于世俗生活之外，逍遥自在于无为之中，这就叫施助万物而不自恃其功，做万物之长而又不加主宰。现在你修饰己智以惊醒愚昧，修养自身以显示别人卑污，光明炫赫的样子就像举着日月行走一样。像你这样的人能得以保全身躯，身体器官完备，没有中途毁损成为聋子、瞎子和瘸腿，与众人并列一起已属侥幸，又哪有闲工夫来抱怨老天啊！你走吧！”

孙休离去，扁子进来。坐了一会儿，仰天叹息。弟子问道：“先生为什么叹息呀？”

扁子说：“刚才孙休来，我告诉他关于至人之德行，我担心他受到震惊因而更加迷惑。”

弟子说：“不能这样。如果孙先生所说是对的，先生所说是错的，那么错的本不能使对的迷惑；如果孙先生所说是错的，先生所说是对的，那么他来时本来就是迷惑的，又何能归罪于先生呢！”

扁子说：“不是这样，从前有只鸟停在鲁国都城郊外，鲁君很喜爱它，设置太牢那样的宴席来招待它，奏九韶之乐来使它高兴。鸟就开始忧愁而头晕目眩，不敢吃喝。这就叫以己之养来养鸟。至于用养鸟的方式来养鸟，应当让它栖息在深林中，浮游在江湖之上，让它吃泥鳅之类，把它放回野地就是了。现今这位孙休，是位只有一孔之见孤陋寡闻之人，我告诉给他至人之德，就好像用马车去装载鼷鼠，用钟鼓去娱乐小鸟一样，他又怎么能不受惊吓呢！”

古注

王夫之注：“穷年于知之所可奈何，则外荡之知，梦所不梦，‘以鸟养鸟’，爰居可畜，而况吾之肝胆乎？”

山木第二十

原典

庄子行于山中，见大木①枝叶盛茂，伐木者止其旁而不取也。问其故，曰："无所可用。"

庄子曰："此木以不材得终其天年②。"

夫子③出于山，舍于故人之家。故人喜，命竖子杀雁而烹之④。

竖子请曰："其一能鸣，其一不能鸣，请奚杀？"

主人曰："杀不能鸣者。"

明日，弟子问于庄子曰："昨日山中之木，以不材得终其天年；今主人之雁，以不材死。先生将何处⑤？"

庄子笑曰："周将处乎材与不材之间。材与不材之间，似之而非也，故未免乎累⑥。若夫乘道德而浮游则不然⑦，无誉无訾⑧，一龙一蛇⑨，与时俱化，而无肯专为⑩。一上一下，以和为量⑪，浮游乎万物之祖⑫。物物而不物于物⑬，则胡可得而累邪！此神农、黄帝之法则也。若夫万物之情，人伦之传⑭，则不然。合则离，成则毁⑮，廉则挫，尊则议⑯，有为则亏，贤则谋，不肖则欺⑰，胡可得而必乎哉！悲夫！弟子志之，其唯道德之乡乎⑱！"

注释

①大木：大树。②天年：自然寿命。③夫子：指庄子。④竖子：童仆。雁：鹅。鹅由雁驯化成，故亦称鹅为雁。烹：应作享，通飨，招待、款待之意。⑤何处：如何自处。⑥未免乎累：不能免于受牵累。⑦若夫：至于。乘道德：顺自然。浮游：茫然无心的漫游。⑧訾：毁谤非议。⑨一龙一蛇：或如龙之显现，或如蛇之潜藏，随时而变化。⑩专为：不主于一端。⑪和：中和，与外物相和谐。量：度量。⑫万物之祖：未曾有物之前的虚无状态。⑬物物：按物本性去主宰支配物。不物于物：不被外物所支配役使。⑭人伦之传：

人世伦理之传习。⑮成则毁：有成就有毁，成必转为毁。⑯廉：刚正、有棱角。议：非议指责。⑰谋：算计、暗算。欺：戏弄欺侮。⑱志：记住。乡：同向、趋向、归向。

译文

庄子在山中行走，见到一棵大树，枝繁叶茂。伐木之人停在旁边却不去砍伐。问其原因，回答说："没有地方可用。"

庄子说："这棵树因为不成材得以终其自然寿命。"

庄子从山中走出，寄宿在友人家中，友人很高兴，命童仆杀鹅招待客人。童仆请示说："有一只鹅能鸣叫，有一只不能鸣叫，请问杀哪一只？"

主人说："杀那只不会鸣叫的。"

第二天，弟子向庄子问道："昨天山中之树，因为不成材得以终其自然寿命，今天主人之鹅，因不成材而被杀。先生将在这二者之间如何立身自处？"

庄子笑着说："我庄周将处在成材与不成材之间。成材与不成材之间，好像与大道相似，实则非也，所以也不能免于受牵累。至于顺乎自然而茫然无心之漫游就不是这样，既无赞誉也无毁谤，或如龙之显现，或如蛇之潜藏，随时变化，而不肯专主一端。时上时下，以与天地万物和谐为准则，茫然无心漫游于未曾有物的虚空之中。按物之本性去主宰万物而不为物所役使，这样哪里会受到牵累呢！这就是神农、黄帝遵循之法则。至于万物之情理，人世伦理之传习就不是这样。聚合转成分离，成转成毁，刚直则受挫伤，尊贵则遭非议，有作为就有亏缺，贤能就遭暗算，不肖就遭欺侮，怎么可能一定不受牵累呢！可悲呀！弟子们记住，只有道德是有归向的。"

古注

郭象："不可必，故待之不可以一方也，唯与时俱化者，为能涉变而常通耳。"

今论

方勇："作者已完全感到无可奈何，无能为力，因而只好韬光敛迹，超然物外，以便使自己远离祸患，到精神的自由王国里去获得彻底的解脱。"

原典

市南宜僚见鲁侯①，鲁侯有忧色。市南子曰："君有忧色，何也？"

鲁侯曰："吾学先王之道，修先君之业；吾敬鬼尊贤，亲而行之，无须臾离；居然不免于患，吾是以忧。"

市南子曰："君之除患之术浅[2]矣！夫丰狐[3]文豹，栖于山林，伏于岩穴，静也；夜行昼居，戒也；虽饥渴隐约[4]，犹且胥疏[5]于江湖之上而求食焉，定[6]也。然且不免于罔罗[7]机辟之患，是何罪之有哉？其皮为之灾[8]也。今鲁国独[9]非君之皮邪？吾愿君刳（kū）形去皮[10]，洒心[11]去欲，而游于无人之野[12]。南越有邑焉，名为建德之国[13]。其民愚而朴，少私而寡欲；知作而不知藏，与而不求其报；不知义之所适，不知礼之所将[14]。猖狂妄行[15]，乃蹈乎大方[16]；其生可乐，其死可葬。吾愿君去[17]国捐俗，与道相辅而行。"

君曰："彼其道远而险，又有江山，我无舟车，奈何？"

市南子曰："君无形[18]倨，无留居，以为君车[19]。"

君曰："彼其道幽远而无人，吾谁与为邻？吾无粮，我无食，安得而至焉[20]？"

市南子曰："少君之费，寡君之欲，虽无粮而乃足。君其涉于江而浮于海，望之而不见其涯，愈往而不知其所穷。送君者皆自崖而反，君自此远矣。故有人者累，见有于人者忧[21]，故尧非有人，非见有于人也[22]。吾愿去君之累，除君之忧，而独与道游于大莫之国[23]，方舟而济于河[24]，有虚船[25]来触舟，虽有惼[26]之人不怒。有一人在其上，则呼张歙（xī）[27]之，一呼而不闻，再呼而不闻，于是三呼邪，则必以恶声[28]随之。向也不怒而今也怒，向也虚而今也实。人能虚己以游世，其孰能害之！"

注释

①市南宜僚：人名。鲁侯：鲁哀公。②浅：肤浅。③丰狐：皮毛丰厚之狐。④隐约：困穷。⑤胥疏：与越趄义近，且前且却，犹豫不进的样子。⑥定：知止审慎。⑦罔罗：捕野兽之网。罔，同网。⑧皮为之灾：它们的皮很珍贵，人们为了得皮，就设法捕杀，故而是皮给他们带来灾祸。⑨独：难道。⑩刳形去皮：比喻舍弃鲁国的权力和财富。刳，剖空。⑪洒心：把心洗涤干净。⑫无人之野：离开人类社会与天地相合。⑬建德之国：庄子虚构的按自性生活的理想社会，是大道与人生完美合一的境界。⑭这句话的意思是不知礼义规范为何物，却能与之完全吻合。适，往。将，行。⑮猖狂妄行：从心所欲不加任何约束之行。⑯蹈：踏。大方：大道。⑰去：舍去。⑱形：势，指鲁君所处之地位。⑲以为君车：抛弃君之势位，就是通往大道之车。⑳这句的意思是说，建德之国本为虚构，鲁侯不悟，以为实有。宜僚在一步步点播引导，使其领悟。㉑有人：把人民国家视为己有，必成牵累。见有于人：指敬鬼尊贤，历精图治，以治理好国家为己任，则是为国家人民所役

使。㉒这句意思是，尧不以天下为己私有，故非有人。㉓大莫之国：广漠空虚之境。㉔方舟：并舟。济：渡。㉕虚船：无人驾驶的空船。㉖惼：心地狭窄。㉗张歙：撑开或靠拢。歙，合。㉘恶声：责骂之声。

译文

市南宜僚拜见鲁侯，见鲁侯面有忧色。市南宜僚说："国君面有忧色，为何呢？"

鲁侯说："我学习先王之道，遵循先君之业；我敬鬼尊贤，身体力行，未曾片刻背离，竟然还不能避免祸患，我因此而忧愁。"

市南宜僚说："国君免除祸患方法过于肤浅呐！皮毛丰厚的狐狸和花纹美丽的豹子，栖息于深林之中，隐伏在岩洞之内，多么安静；夜里出来白天隐居，多么戒备；虽然饥渴困穷，尚且瞻前顾后小心翼翼地到江湖边上去觅食，多么审慎。然而还是不能避免陷进罗网机关之中，它们有什么罪吗？是珍贵的皮毛带来了灾祸啊！现在整个鲁国难道不都是君之皮吗？我愿君能剖空形体舍弃皮毛，清洗心灵去除物欲，漫游于广漠无人境界。南越有个城邑，名字叫建德之国，其民愚昧而质朴，少私心而寡情欲；只知劳作而不知私藏，给与而不求报答；不知义将何往，不知礼将何行。从心所欲不加约束而行，就能合于大道。他们活着适性快乐，死后安然归葬。我愿君舍弃鲁国，抛开世俗观念，与大道相辅相成而并行。"

鲁君说："去那里路途遥远而艰险，又有江山阻隔，我没有舟车，怎么办呐？"

市南宜僚说："君能不凭借地位傲视于人，不留恋舒适的生活条件，这就是国君通往大道之车。"

鲁侯说："到那里道路幽暗辽远而无人烟，我与谁相伴？我没有干粮，没有食品供给，怎么能到达那里呢？"

市南宜僚说："减少君之费用，节制君之欲求，虽无粮也可满足，君将渡过江河，浮游大海，一眼望去不见边际，愈往前行而不知道它的尽头。护送君的人都从岸边返回，君从此将远离尘世而进入无限广阔的世界！所以把人民视为己有者必然成为牵累，以治理好人民为己任者必为其役使。故而尧不以天下为己有，任天下自治而不加干预。我愿意去掉君之牵累，除去君之忧愁，而只与大道漫游于广漠空虚之境。并舟而渡河，有空船来冲撞自家之船，虽然心地狭窄之人也不会发怒。有一个人在船上，就一定要呼喊他撑开或并拢过来。一次呼喊没听到，再次呼喊没听到，于是三次呼喊，就一定以责骂之声相伴随。起先不怒而今恼怒，因为起先是空船，而今是有人在上面。人能把自己变成空虚淡漠，在世上漫游，谁还能加害于他呢！"

古注

郭象："有其身而矜其国，故虽忧怀万端，尊贤尚行，而患虑愈深矣。欲令无其身，忘其国，而任其自化也。"

今论

方勇："智慧如老聃也不敢为天下先；可做一个扶不起的阿斗又要被人瞧不起，难免也会处处受气。"

原典

北宫奢为卫灵公赋敛以为钟①，为坛②乎郭门之外，三月而成上下之县③。王子庆忌④见而问焉，曰："子何术之设⑤？"

奢曰："一之间无敢设也⑥。奢闻之，既雕既琢，复归于朴⑦多，侗(tóng)⑧乎其无识，傥(tánɡ)乎其怠疑⑨；萃乎芒乎⑩，其送往而迎来。来者勿禁，往者勿止；从其强梁⑪，随其曲傅⑫，因其自穷⑬，故朝夕赋敛而毫毛不挫，而况有大涂⑭者乎。"

注释

①北宫奢：卫国大夫。赋敛：募集，即募集铸钟费用。②坛：铸钟之处。③县：同悬，悬挂钟的架子，分上下两层，按钟之音律排列，可见所铸为编钟。④王子庆忌：可能是周王室公子。⑤设：施行、使用之意。⑥一之间：一心之间只有铸钟，别无他念。⑦朴：质朴。⑧侗：幼稚无知的样子。⑨傥乎：无心之状。怠疑：呆滞的样子。⑩萃：聚集。芒：茫然不辨。⑪从：同纵，听任。强梁：强横不肯合作者。⑫曲傅：曲意相附者。⑬因：任。⑭大涂：大路。

译文

北宫奢为卫灵公募集费用铸造编钟，在外城门外建成铸钟之台。三个月后上下两组编钟铸成。王子庆忌相见时问及此事，说："你使用了什么方法呀？"

北宫奢说："一心只在钟上而无他念，不敢使用其他办法。我听说，'既雕刻又琢磨，还要复归于质朴'。我无知无识不加分辨，淡漠无心而又呆滞，人们聚集而来我却茫然不识，只是送走去的人，迎接来的人。来的人不禁止，去的人不挽留。强横者不肯合作听其自便，曲意附和也随其自由，任其自尽其力而不勉强。所以天天从早到晚募集，而人民不会受到丝毫损伤，何况处在大道旁边，募集更易。

古注

王夫之注："物物者，知物之为物而非性也。不物于物者，知物之非己，而不受其命也。"

今论

方勇："山木以不材得以终其天年，是对《人间世》篇主旨的重申，而雁却以不材见杀，可见：即使无用，也未必能全生免患。"

原典

孔子围于陈蔡之间[①]，日不火食。大公任[②]往吊之，曰："子几死乎？"

曰："然。"

"子恶死乎？"

曰："然"。

任曰："予尝言不死之道。东海有鸟焉，其名曰意怠[③]。其为鸟也，翂（fēn）翂翐（zhì）翐[④]，而似无能；引援[⑤]而飞，迫胁[⑥]而栖；进不敢为前，退不敢为后；食不敢先尝，必取其绪[⑦]。是故其行列不斥[⑧]，而外人卒不得害，是以免于患。直木先伐，甘井先竭。子其意者饰知以惊愚[⑨]，修身以明污，昭昭乎如揭日月而行，故不免也。昔吾闻之大成之人[⑩]曰：'自伐者无功，功成者堕[⑪]，名成者亏。'孰能去功与名而还与众人！道流而不明居[⑫]，得行而不名处[⑬]；纯纯常常[⑭]乃比于狂[⑮]；削迹捐势[⑯]，不为功名，是故无责于人，人亦无责焉。至人不闻，子何喜哉[⑰]？"孔子曰："善哉！"辞其交游，去其弟子，逃于大泽，衣裘褐，食杼栗[⑱]；入兽不乱群[⑲]，入鸟不乱行。鸟兽不恶，而况人乎！

孔子问子桑雩[⑳]曰："吾再逐于鲁[㉑]，伐树于宋，削迹于卫，穷于商周，围于陈蔡之间。吾犯此数患，亲交益疏，徒友益散，何与？"

子桑雩曰："子独不闻假人之亡与[㉒]？林回[㉓]弃千金之壁，负赤子而趋[㉔]。或曰：'为其布[㉕]与？赤子之布寡矣；为其累[㉖]与？赤子之累多矣。弃千金之壁，负赤子而趋，何也？'林回曰：'彼以利合，此以天属[㉗]也。'夫以利合者，迫穷祸患害相弃也[㉘]；以天属者，迫穷祸患害相收[㉙]也。夫相收之与相弃亦远矣，且君子之交淡若水，小人之交甘若醴[㉚]。君子淡以亲，小人甘以绝[㉛]。彼无故以合者，则无故以离。"

孔子曰："敬闻命矣！"徐行翔佯[㉜]而归，绝学捐书，弟子无挹于前[㉝]，其爱益加进。异日，子桑雩又曰："舜之将死，真泠[㉞]禹曰：'汝戒之哉，形莫若缘[㉟]，情莫若率[㊱]。缘则不离[㊲]，率则不劳[㊳]。不离不劳，则不求文[㊴]以待形，不求文以待形，固不待物[㊵]。'"

注释

①孔子陈蔡被围见《天运》注。②大公任：大公即太公，为对老者的尊称，③意：与鳦通，指海燕之类。怠：鸵鸟之名，因其怠慢笨拙而得名。④翂翂翐翐：形容鸟飞得又低又慢的样子。⑤引援：引导协助。⑥迫胁：偎依在一起。⑦绪：残余。⑧斥：排斥。⑨饰知以惊愚以下三句，与《达生》篇相重，见《达生》。⑩大成之人：道德至高之人，相当于至人。⑪伐：夸耀。堕：同隳，毁败。⑫道流：道之变化流行。不明居：不是明白可见的居留。⑬得：与德通。不名处：不可用名言概念表述之存在。⑭纯：纯一不杂。常常：恒常不变。⑮狂：循性无心而行。⑯削迹：消除一切形迹。捐势：抛弃一切权势。⑰子何喜哉：反问孔子，既然至人不喜闻名于世，你又何必喜欢呢？子：孔子。⑱裘褐：泛指粗陋之服。杼：通芧，橡实。⑲乱群：淡漠无心，与物无害，故虽入兽群，野兽不受惊吓。⑳子桑雽：人名，得道者。㉑再逐于鲁：鲁昭公时，季孙势力大增，危及公室，昭公想除掉季孙而失败，被迫逃亡国外，客死他乡，孔子因鲁乱而去齐，此为第一次被逐。后在定公时，孔子为鲁大司寇，摄行相事。齐国馈送女乐，季桓子接受而不朝，孔子为此而离去，开始漫长的周游列国的流浪生活。再逐于鲁即指此次。㉒假：国名，为晋之属国，后为晋所灭。亡：逃亡。㉓林回：人名，为假国逃亡之民。㉔负：背负着。趋：小步疾走。㉕布：镈的同声假借字，镈为一种像铲子样的农具。㉖为其累：因为它重吗。累，重。㉗天属：以天性相连属。㉘迫：迫近遭遇之意。穷祸患害：困穷灾祸危难。㉙收：收留、容纳。㉚醴：甜酒。㉛绝：断绝。㉜翔佯：与徜徉义近，逍遥自在的样子。㉝绝学捐书：绝有为之学，弃圣贤之书。挹：同揖。㉞真泠：据王引之说，应作迺令，为传抄中造成之错误，此说可从。㉟缘：随顺物性。㊱率：直率，真诚。㊲缘则不离：随顺物性则与物不离异。㊳率则不劳：任真情自然坦率表露，不加文饰，故不须劳神。㊴文：文饰。㊵固：通故。物：衣冠、礼品、祭品之类。

译文

孔子一行被围困在陈国与蔡国之间的某地，七天没有生火做饭，大公任前往慰问，说："先生快要饿死了吧？"

回答说："是啊。"

又问："您厌恶死吗？"

回答说："是的。"

大公任说："我尝试着说不死之道。东海上有一种鸟，它的名字叫意怠。这种鸟飞得又低又慢，好像无能的样子；要别的鸟引导协助而后起飞，与众鸟偎依在一起栖息；前进时不敢在前面，后退时不敢垫后；吃东西不敢先尝，一定要吃剩余的。因此在行列中不被排斥，而外人终不能相害，所以得免于患难。直的树木先被砍伐，甘美的水井先枯竭。您用心于修饰己智以惊醒愚昧，修养自身以显示别人卑污，光明显赫的样子像举着日月行走，所以不免于患难。以前我听道德至高的人说：‘自我夸耀的人没有功绩，功成者必然毁败，名成者必然亏缺。’谁能舍弃功名而与众人相同！道变化流行不是明白可见的，德成于身是不可言说的；纯一而恒常，比之于循性无心而行之人；除去形迹抛弃权势，不追求功名。因而无求于人，人亦无求于我。至人不求闻名于世，您又何必喜好闻名于世啊！”孔子说：“说得好啊！”于是辞别朋友，离开弟子，逃往旷野之中，穿粗陋之衣，食橡栗野果，入兽群不被惊扰乱群，入鸟群不被惊扰乱行列。鸟兽都不厌恶他，何况是人呐！

孔子问子桑雽说：“我再次被鲁国驱逐，在宋国遭逢伐树之险，在卫国被拒绝入境，困穷于宋国和成周，在陈蔡之间受围困。我遭遇这么多次患难，亲朋老友愈加疏远，学生和朋友不断散去，为什么呢？”

子桑雽说：“您难道没有听说假国人逃亡之事吗？其逃亡之民林回放弃价值千金的玉璧，而背负着婴儿逃走。有人说：‘是为钱吧？小孩子值钱很少。为了怕沉重吗？小孩子又比玉璧重得多。舍弃价值千金的玉璧，背负婴儿逃难，为什么呢？’林回说：‘那是与利相合，这是与天性相合。’以利相合，遭遇困穷灾祸危难则相互抛弃；以天性相合，遭遇困穷灾祸危难则相互容纳。相互容纳与相互遗弃相差甚远，而且君子之交淡如水，小人之交甘美如甜酒。君子淡漠而相亲，小人甘美而易断绝，那些无故相合的，也就无故相离。”孔子说：“敬听您的教诲！”缓慢而自由自在地归去，绝有为之学，弃圣贤之书，弟子也无须对老师作揖鞠躬，而相互敬爱之情日有增进。又有一天，子桑雽又说：“舜在要死时，就对禹说：‘你要当心！仪容举止莫如随顺物性，情感莫如坦率。随顺物性则与物不离异，情感坦诚则不劳心神。不离物不劳心神，则不追求对仪容举止加以文饰。不追求对仪容举止的文饰，更不待外物来加以辅助了。’”

古注

郭象：“因形率情，不矫之以利也。形不假，故常全；情不矫，故常逸。任朴而直前也。朴素而足。”

今论

方勇：“若《人间世》以不材、无用为虚己免患之本，而本文却在大木以不材终其天年之后，忽然转出雁以无能见杀一喻，说明不材、无用同样不足免患，反而处于材与不材之间，似乎才能够远祸全身。”

原典

庄子衣大布而补之，正緳(xié)系履而过魏王①。

魏王曰："何先生之惫邪？"

庄子曰："贫也，非惫也。士有道德不能行，惫也；衣弊履穿，贫也，非惫也，此所谓非遭时②也。王独不见夫腾猿③乎？其得枏(nán)梓豫章也④，揽蔓其枝而王长其间⑤，虽羿、蓬蒙不能眄(miàn)睨(nì)也⑥。及其得柘棘枳枸之间也⑦，危行⑧侧视，振动悼栗⑨，此筋骨非有加急⑩而不柔也，处势不便，未足以逞其能也。今处昏上乱相⑪之间而欲无惫，奚可得邪？此比干之见剖心征也夫⑫！"

注释

①正緳：整理扎束好腰带。緳，通絜，带子。系履：鞋子已磨穿，用麻绳扎牢。魏王：魏惠王。过：至，去。②非遭时：生不逢时，没有遇见好世道。③腾猿：善于腾跃之猿猴。④枏：楠的异体字。梓：梓树，又称楸树。豫章：即樟树。⑤揽蔓：把捉牵扯。王长：恬然自得的样子。⑥蓬蒙：羿之弟子，亦是善射之人。眄睨：斜视瞄准。这句的意思是腾猿善跃，羿与蓬蒙也难于瞄准射中。⑦柘：桑科灌木。棘：带刺的小型枣树。枳枸：桔科带刺小灌木。⑧危行：心存畏惧，行动谨慎。⑨悼栗：畏惧战栗。⑩加急：过分紧张。⑪昏上乱相：对当权君臣之责骂。⑫见：先见。征：征兆。

译文

庄子穿着带补丁的粗布衣，扎好腰带系好鞋子去魏王处。魏王说："先生为何这样疲困呀？"

庄子说："是贫穷啊，不是疲困。志士有道德不得施行，是疲困；衣服破烂，鞋子磨穿，是贫穷，不是疲困，这是所谓没遭遇好世道。王难道未曾见过善于腾跃之猿猴吗？它们在楠梓章之类高大树林中，把握牵扯树枝而冶然自得于其间，就是羿与蓬蒙之类善射者也不能瞄准射中它们。及其在柘棘枳枸之类带刺的灌木丛中，行动谨慎而左顾右盼，内心震惊畏惧战栗，此时并非由于过度紧张而筋骨不柔软灵活，所处形势不利，不足以施展其本领啊！现在处于昏君与乱相之时而想要不疲困，怎么可能呀？这就是比干被剖心前已见征兆了啊！"

古注

郭象："遭时得地，则申其长技，故虽古之善射，莫之能害。"

今论

方勇："此篇与《人间世》一样，旨在说明要想处世免患，即在于虚己顺物，抛弃矜伐自恃之心。"

原典

孔子穷于陈蔡之间，七日不火食，左据槁木，右击槁枝[①]而歌猋氏之风[②]，有其具而无其数[③]，有其声而无宫角[④]，木声与人声，犁然[⑤]有当于人之心。

颜回端拱[⑥]还目而窥之。仲尼恐其广己而造大也[⑦]，爱己而造哀[⑧]也，曰："回，无受天损易，无受人益难[⑨]。无始而非卒[⑩]也，人与天一也。夫今之歌者其谁乎？"回曰："敢问无受天损易。"

仲尼曰："饥渴寒暑，穷桎不行[⑪]，天地之行也，运物之泄[⑫]也，言与之偕逝[⑬]之谓也。为人臣者，不敢去之。执臣之道犹若是，而况乎所以待天[⑭]乎？""何谓无受人益难？"仲尼曰："始用四达[⑮]，爵禄并至而不穷，物之所利，乃非己[⑯]也，吾命其在外者[⑰]也。君子不为盗，贤人不为窃，吾若取之何哉[⑱]？故曰，鸟莫知于鷾(yì)鸸(ér)[⑲]，目之所不宜处，不给视[⑳]，虽落其实[㉑]，弃之而走。其畏人也，而袭[㉒]诸人间。社稷存焉尔。""何谓无始而非卒？"仲尼曰："化其万物而不知其禅之者[㉓]，焉知其所终？焉知其所始？正而待之[㉔]而已耳。""何谓人与天一邪？"仲尼曰："有人，天也[㉕]；有天，亦天也。人之不能有天[㉖]，性也，圣人晏然体逝而终矣[㉗]！"

注释

①据槁木：执持木杖。槁枝：以枯枝为击节之策。②猋氏：神农氏。猋，古通焱。风：歌谣。③具：敲击拍节之木棍等。无其数：作为乐器用的各种器具都有一定规格尺寸，即为数。④宫角：宫商角徵羽五声之代称。⑤犁然：犹厘然，条理分明。⑥端拱：端立拱手。⑦广己：扩大己之德。造大：造作夸大。⑧造哀：超乎自然，过分造作之哀痛。⑨天损：自然带来的损害。人益：别人加给的超出自性的东西。⑩无始而非卒：没有哪个起点不同时又是终点的。卒，终。⑪穷桎不行：困穷滞碍不能通达。⑫运物之泄：万物运动过程之发泄。⑬与之偕逝：与天地万物一起变化流行。⑭待天：对待天道，对君命尚能执守勿违，何况是对待天道呢。⑮始用四达：开始见用于世，即能四面八方无不通达。⑯非己：物之所利，非关于己，乃是本性之外的附带之物。⑰命其在外者：命运操纵在外，非由自己所主宰。⑱此句意为：非性分之所有，取之则为盗窃，故君子贤人不妄取。⑲知：同智。鷾鸸：燕子。⑳目之：看一眼。不宜处：不适宜停留。不给视：不再多看即离去。㉑落其实：布下网络和诱饵想逮住燕子。落，与络通，网络。实，即食，诱饵。㉒袭：入。㉓化其万物：万物生灭变化无穷。禅：相互更代。㉔正而待之：持守正道以待其变化。㉕有人，天也：人

事变化莫不受天道支配。㉖不能有天：指人不能支配天道。㉗晏然：安然。体逝而终：体悟天道常行不息之性而终其天命。

译文

孔子一行困穷在陈国和蔡国之间某地，七天没有生火做饭。孔子左手拄着木杖，右手以枯枝击节，唱起神农氏时代的歌谣，虽有击节之具但不合标准，有声音但不合音律。敲木之声与歌唱之声，却条理分明而与人心相合。

颜回端正拱手而立，转眼看着孔子。孔子担心他把自己的道德看得过高而有所造作夸大，由于爱己过深而哀痛过度，就说："颜回呀，不受自然加给的损害容易，不受外人加给的利誉难。没有哪个起点不是终点的，人和自然是同一的。既然一切都是变化不息的，谁知今日唱歌者又是谁呢？"颜回说："请问什么叫作不受自然加给的损害容易？"

孔子说："饥渴寒暑侵袭，困穷滞碍不能通达，这是天地之运行，万物运动无穷之发泄，就是说与天地万物运动变化相和谐就是了。作为人之臣，不敢违背君命。执守臣之道尚且能如此，而何况以对待天道呢！"颜回又问："什么叫不受人加给之利誉难？"孔子说："开始见用于世四面八方无不通达，官爵奉禄并至而不穷尽。这些外物带来的利益，并非关乎己之本性，乃是性外之物，外利得失之命运操纵于外。君子不做强盗，贤人不做窃贼，我要取这些性外之物算是什么人呢？所以说，鸟没有比燕子更聪明的了，看一眼不适宜停留不再多看即飞去，虽有网络诱饵，弃之而去。它们害怕人又入人之宅筑巢以免害。人亦须赖国家以生存。"颜回又问："什么叫没有哪个起点不是终点？"孔子说："万物生灭变化无穷而不知如何相互更代，哪里知道它的终点？哪里知道它的起点？持守正道以待其变化就是了。"颜回又问："什么叫人与天是同一的？"孔子说："有人事之变化，又无不受天支配；有天道变化，亦出于自然。人不能支配天道，这是其本性决定的，圣人安然体悟天道常行不息之性而终其天命。"

古注

王夫之注："不知物之为天，天之为命，于是而希其不可得者以为得，是之谓幻心。人之不能有天，己之不能有物，虽欲为功于正，而固不能。"

原典

庄周游于雕陵之樊[①]，睹一异鹊自南方来者，翼广七尺，目大运寸[②]，感周之颡[③]，而集[④]于栗林。庄周曰："此何鸟哉！翼殷不逝[⑤]，目大不睹[⑥]。"

蹇裳躩步[⑦]，执弹而留之[⑧]。睹一蝉方得美荫而忘其身，螳螂执翳[⑨]而

搏之见得而忘其形。异鹊从而利之[10]，见利而忘其真[11]。庄周怵然曰："噫！物固相累[12]，二类相召也！"捐弹而反走[13]，虞人逐而谇之[14]。庄周反入，三月不庭[15]。蔺(lìn)且(jū)[16]从而问之："夫子何为顷间[17]甚不庭乎？"

庄子曰："吾守形而忘身[18]，观于浊水而迷于清渊[19]。且吾闻诸夫子曰：'入其俗，从其令。'今吾游于雕陵而忘吾身，异鹊感吾颡，游于栗林而忘真，栗林虞人以我为戮[20]，吾所以不庭也。"

注释

①雕陵之樊：陵园内植栗树，外有篱笆围护。雕陵为陵园名，樊与藩通，藩篱之类。②异鹊：异乎寻常之鹊。广：长。运寸：径寸，指鸟眼睛很大，直径有一寸。③感：触碰。颡：领头。④集：群鸟栖于树上，泛指鸟儿落下。⑤殷：大。逝：往，飞走。⑥不睹：看不见人，以至触碰庄周额头。⑦蹇裳：提起裤角。躩步：蹑足而行，生怕惊动鸟儿。⑧留之：伫立伺便发弹而射之。⑨执翳：用树叶遮蔽自身，以便偷袭猎物。翳，遮蔽。⑩从而利之：随之从中得利，可趁机捕到螳螂。⑪忘其真：忘掉自己的本性。真，真性、本性。⑫相累：相互为累。⑬反走：返身跑回去。⑭虞人：看管陵园之人。逐：追赶。谇：责骂。⑮三月：应作三日。不庭：不快意、下开心之意。庭，读为逞。⑯蔺且：庄子弟子。⑰顷间：近来，近期。⑱吾守形而忘身：形与身皆指人自身，庄子言己虚静时知守形，动作时则忘身。⑲此为庄子自喻，言其能冷眼旁观世人追名逐利之危险，却不懂自己应当避开之道理。⑳戮：辱。

译文

庄子在雕陵里面游玩，看见一只奇异的鹊鸟从南边飞来，翅膀长有七尺，眼睛的直径有一寸长，触碰庄周的额头，而落在栗树林中。庄周说："这是什么鸟啊！翅膀长而不飞去，眼睛大而不见人。"

提起裤角蹑步而行，拿着弹弓伫立伺机发弹击之。他看到一只蝉正在浓密树荫下而忘记自身的危险，螳螂躲在树叶后伺机偷袭，见得利而忘记自身的危险；奇异之鹊随之而从中得利，见利而忘记其真性。庄周警惕地说："唉！物类本来是相互牵累，二类对立而又构互召致。"丢下弹弓返身跑回去，看管陵园的人以为他偷了东西，在后面追赶责骂。庄周返回家中，接连三日不快意。学生蔺且因而问道："先生近来为何很不快活呀？"

庄周说："我静能守形，动却忘身，我能看破世人追名逐利的危险，自己却不知躲避。而且我听先生说：'入乡随俗，服从禁令。'现在我在雕陵中游玩却忘了自身，奇异之鹊触碰我的额头，游于栗林而忘记真性，栗林的看守人因而责骂我，我所以不快意呀。"

古注

王夫之注："正而不待之，不谋贤，不欺不肖，不见其岸，约慎以循乎目前，正己之道有出于是者，是之谓'才不才之间'；非规避于一才一不才之间，以蕲免于害之谓也。"

今论

方勇："本文所推崇的游于'道德之乡'，和《逍遥游》中所说的无己、无功、无名，与自然化而为一是一个意思，也是和庄子处世哲学超然尘世之外的总特征相一致的。"

原典

阳子①之宋，宿于逆旅②。逆旅人有妾二人，其一人美，其一人恶③，恶者贵而美者贱。阳子问其故，逆旅小子④对曰："其美者自美⑤，吾不知其美也；其恶者自恶，吾不知其恶也。"阳子曰："弟子记之，行贤而去自贤⑥之行，安往而不爱哉！"

注释

①阳子：阳朱。②逆旅：旅店。③恶：丑。④小子：年轻人，指旅店主人。⑤自美：自以为美。⑥自贤：自以为贤。

译文

阳朱去宋国，寄宿在旅店里。旅店主人有两个小妾，其中一个漂亮，一个丑陋，丑陋的被尊宠，漂亮的被轻贱。阳朱问这是什么缘故，店主人回答说："那个漂亮的自以为很漂亮，我却不知她哪儿漂亮；那个丑陋的自以为丑陋，我却不知她哪儿丑陋。"阳朱说："弟子们记住，品行贤德而又能丢掉自以为贤的想法，哪里会不受爱戴呢！"

古注

郭象："以见问为戮。夫庄子推平于天下，故每寄言以出意，乃毁仲尼，贱老聃，上掊击乎三皇，下痛病其一身也。"

田子方 第二十一

原典

田子方侍坐于魏文侯[1]，数称谿工[2]。

文侯曰："谿工，子之师邪？"

子方曰："非也，无择之里人[3]也；称道数当[4]，故无择称之。"

文侯曰："然则子无师邪？"

子方曰："有。"

曰："子之师谁邪？"

子方曰："东郭顺子[5]。"

文侯曰："然则夫子何故未尝称之？"

子方曰："其为人也真，人貌而天虚[6]，缘而葆真[7]，清而容物[8]。物无道[9]，正容以悟之，使人之意[10]也消，无择何足以称之！"

子方出，文侯傥然[11]，终日不言，召前立臣而语之曰："远矣，全德之君子，始吾以圣知之言仁义之行为至矣。吾闻子方之师，吾形解[12]而不欲动，口钳而不欲言[13]。吾所学者直土梗耳[14]，夫魏真为我累耳！"

注释

①田子方：魏文侯之师，魏之贤者。魏文侯：名斯，战国初年魏国君主。②谿工：人名。③里人：同乡之人。④称道：讲说大道。数当：常常恰当，合乎道理。⑤东郭顺子：魏之得道真人。⑥真：真诚。天虚：心像天一样空虚。⑦缘：顺，随顺物性。葆真：保持真性不失。⑧清而容物：心性高洁而又能客人容物。⑨物无道：人与事不合于道。⑩意：惑乱背道之心。⑪傥然：若有所失的样子。⑫形解：身体松弛懒散。⑬口钳：口像被钳住一样，懒于开口讲话。钳，钳住。⑭直：只是、仅仅是。土梗：土人。

译文

田子方陪坐在魏文侯旁边，多次称赞谿工这个人。

文侯说：“谿工是先生的老师吗？”

子方说：“不是，只是我的同乡。他讲说大道常常恰当在理，所以我称赞他。”

文侯说：“那么先生没有老师吗？”

子方说：“有”。

又问：“先生的老师是谁呢？”

子方说：“是东郭顺子。”

文侯说：“可是，先生为什么没有称赞过呢？”

子方说：“他为人真诚，具有人的体貌和天一样空虚之心，随顺物性而保持真性，心性高洁又能容人容物。人与事不合正道，他端正自己的仪态使自悟其过而改之。我哪里配得上去称赞他呀！”

子方出去后，文侯表现出若有所失的神态，整天不言语。召呼立在面前的臣子对他说：“太深远玄妙了，真是一位德行完备的君子！起先我认为仁义的行为，圣智的言论是至高无上的。我听到子方讲述其老师的情况，我身体松散不愿动，口像被钳住一样不愿说话，对照我所学的东西，只是没有生命的土偶而已！魏国真成了我的累赘啊！”

古注

郭象：“虽貌与人同，而独任自然。虚而顺物，故真不失。夫清者患于大洁，今清而容物，与天同也。旷然清虚，正己而已，而物邪自消。”

今论

方勇：“作者认为，世上学道的人虽然众多，但都只能得其糟粕而不能悟其神理。”

原典

温伯雪子[①]适齐，舍于鲁。鲁人有请见之者，温伯雪子曰：“不可。吾闻中国之君子，明乎礼义而陋[②]于知人心，吾不欲见也。”

至于齐，反舍于鲁，是人也又请见。温伯雪子曰：“往也蕲（qí）[③]见我，今也又蕲见我，是必有以振[④]我也。”

出而见客，入而叹。明日见客，又入而叹。其仆曰：“每见之客也，必入而叹，何邪？”

曰：“吾固告子矣：中国之民，明乎礼义而陋乎知人心。昔之见我者，进退一成规，一成矩[⑤]，从容一若龙，一若虎[⑥]，其谏我也似子[⑦]，其道[⑧]我也似父，是以叹也。”

仲尼见之而不言。子路曰："吾子欲见温伯雪子久矣，见之而不言，何邪？"

仲尼曰："若夫人者[9]，目击而道存[10]矣，亦不可以容声矣。"

注释

①温伯雪子：人名，楚国之得道者，或为庄子虚拟之人名。②陋：浅陋。③蕲：通祈，请求。④振：启发，或作救解，救己之失。⑤这句意思是：见客时行礼无不合乎规矩。⑥若龙若虎：形容动作仪态蕴含不可抵御的威武气势。⑦似子：如同儿子对待父亲。⑧道：同导，引导、指导。⑨若：如。夫人：此人、这个人。⑩目击而道存：用眼睛一看而知大道存之于身，无须言说。

译文

温伯雪子往齐国去，途中寄宿于鲁国。鲁国有个人请求见他，温伯雪子说："不可以。我听说中原的君子，明于礼义而浅于知人心，我不想见他。"

到齐国后，返回时又住宿鲁国，那个人又请相见。温伯雪子说："往日请求见我，今天又请求见我，此人必定有启示于我。"

出去见客，回来就慨叹一番，明天又见客，回来又慨叹不已。他的仆人问："每次见此客人，必定入而慨叹，为何呢？"

温伯雪子回答说："我本来已告诉过你：中原之人明于知礼义而浅于知人心。刚刚见我的这个人，出入进退一一合乎礼仪，动作举止蕴含龙虎般不可抵御之气势。他对我直言规劝像儿子对待父亲般恭顺，他对我指导又像父亲对儿子般严厉，所以我才慨叹。"

孔子见到温伯雪子一句话也不说。子路问："先生想见温伯雪子很久了，见了面却不说话，为何呀？"

孔子说："这样人，用眼睛一看而知大道存之于身，也不容再用语言了。"

古注

郭象："目裁往，意已达，无所容其德音也。"

今论

方勇："爵禄、死生不入于心，其自然真性就会完好无损，虽无心求道而真道自至，无心感人而感人至深。"

原典

颜渊问于仲尼曰："夫子步亦步，夫子趋亦趋，夫子驰亦驰[1]，夫子奔逸绝尘，而回瞠[2]若乎后矣！"

夫子曰："回，何谓邪？"

曰："夫子步，亦步也；夫子言，亦言也；夫子趋，亦趋也；夫子辩，亦辩也；夫子驰，亦驰也；夫子言道，回亦言道也；及奔逸绝尘而回瞠若乎后者，夫子不言而信，不比而周[3]，无器而民滔乎前[4]，而不知所以然而已矣。"

仲尼曰："恶！可不察与！夫哀莫大于心死，而人死亦次之。日出东方而入于西极[5]，万物莫不比方[6]，有目有趾者，待是而后成功，是出则存，是[7]入则亡。万物亦然，有待也而死，有待也而生[8]。吾一受其成形[9]，而不化[10]以待尽。效物而动，日夜无隙[11]，而不知其所终，薰然[12]其成形，知命不能规乎其前[13]，丘以是日徂[14]。吾终身与汝交一臂而失之[15]，可不哀与？女殆著乎吾所以著也[16]。彼[17]已尽矣，而女求之以为有，是求马于唐肆[18]也。吾服[19]，女也甚忘；女服，吾也亦甚忘。虽然，女奚患焉！虽忘乎故吾，吾有不忘者[20]存。"

注释

①趋：小步疾行。②瞠：瞪大眼睛看。③比：私意亲近。周：周遍相亲。④器：权势利禄。滔：聚。⑤极：尽头。⑥比方：言人顺从太阳的方向动作。比，顺从。方，方向。⑦是：此，指日。⑧这句是说，万物待造化之往来而有生死之转化，如人随日之出没而作息。⑨受其成形：秉爱天赋之形体。⑩不化：不会化作他物。⑪无隙：变化日新不息，没有间隙。⑫薰然：形容气自动聚合之状。⑬知命：知命之人。规：测度。⑭日徂：日日与变化俱往。徂，往。⑮交一臂而失之：比喻机会极好却当面错过，好像碰一下臂就分开了。⑯殆：仅、只。女殆著乎吾所以著也：前著作着眼，后著作显著。⑰彼：指显著有形迹之类，如举动言辩。⑱唐肆：空的集市。唐，空、肆、集市。⑲服：习。⑳不忘者：指与化俱往，日日更新之道。

译文

颜渊问孔子说："先生缓步我也缓步，先生急走我也急走，先生跑我也跑，先生快速奔跑，脚掌好像离开地面一般，而我只能瞪大眼睛在后面看了。"

孔子说："颜回，你说的是什么意思？"

颜回说："先生缓步我也缓步，是说先生怎样讲我也跟着怎样说；先生急走我也急走，是说先生辨析事理我也跟着辨析事理；先生跑我也跑，是说先生讲说大道我也跟着讲说大道；及至先生好像脚掌离开地面般迅跑，而我瞪大眼睛在后面看，是说先生不用言说而为人信服，不私意亲近而周遍亲附，没有官爵利禄而人们聚集于前，却不知为什么要这样做，如此而已。"

孔子说："噢！不可不明察呀！悲哀没大过心死，而身死还在其次。太阳从东方出来而入于西天尽头，万物莫不顺从太阳的方向而动作，凡有眼有脚的，必待日出而后有所作为。日出则操作，日入无事可作则休息。万物亦是这样，待造化之往来而有生有死。我一秉受天赋之形体，就不会转化为他物而等待着穷尽天年。随着外物而运动，日夜不停息，而不知终极之处。和气自动聚合成形体，知命的人也不能测度将来的命运。我只是天天与变化俱往。我终身与你在一起，这极好机会却当面错过而不能使你了解这个道理，可不悲哀吗？你只是着眼于我显著的方面，而那些显著有形迹的东西已经过去了，你还着意追寻以为实有，这就如同在空虚市场上寻求马一样不可能。我之所习，你要把它全部遗忘；你之所习，我也把它全部遗忘。虽然如此，你又何必担忧！虽然忘记了过去的我，我还有永存的不被忘记的东西在。”

古注

王夫之注：“趾有所以为趾，目有所以为目，有不亡者存。”

原典

孔子见老聃，老聃新沐[①]，方将被发而干[②]，慹然[③]似非人。孔子便[④]而待之，少焉见，曰：“丘也眩[⑤]与？其信然与？向者先生形体掘[⑥]若槁木，似遗物离人而立于独也。”

老聃曰：“吾游心于物之初[⑦]。”

孔子曰：“何谓邪？”

曰：“心困[⑧]焉而不能知，口辟[⑨]焉而不能言。尝为汝议乎其将[⑩]。至阴肃肃[⑪]，至阳[⑫]赫赫；肃肃出乎天，赫赫发乎地[⑬]；两者交通成和[⑭]而物生焉，或[⑮]为之纪而莫见其形。消息满虚[⑯]，一晦一明，日改月化，日有所为而莫见其功。生有所乎萌，死有所乎归，始终相反乎无端，而莫知乎其所穷。非是也，且孰为之宗[⑰]！”

孔子曰：“请问游是[⑱]。”

老聃曰：“夫得是至美至乐[⑲]也。得至美而游乎至乐，谓之至人。”

孔子曰：“愿闻其方[⑳]。”

曰：“草食之兽不疾易薮（sǒu）[㉑]，水生之虫不疾易水，行小变而不失其大常也[㉒]，喜怒哀乐不入于胸次[㉓]。夫天下也者，万物之所一[㉔]也。得其所一而同[㉕]焉，则四支百体将为尘垢[㉖]，而死生终始将为昼夜，而莫之能滑[㉗]，而况得丧祸福之所介[㉘]乎！弃隶者[㉙]若弃泥涂，知身贵于隶也，贵在于我而不失于变。且万化而不始有极也，夫孰[㉚]足以患心已！为道者[㉛]解乎此。”

孔子曰：“夫子德配天地，而犹假至言㉜以修心，古之君子，孰能脱㉝焉？”

老聃曰：“不然。夫水之于汋㉞也，无为而才自然㉟矣；至人之于德也，不修而物不能离㊱焉。若天之自高，地之自厚，日月之自明，夫何修焉！”

孔子出，以告颜回曰：“丘之于道也，其犹醯（qī）鸡㊲与！微夫子之发吾覆也㊳，吾不知天地之大全也。”

注释

①沐：洗头。②方将：正在。被发：披散开头发。③慹然：木然不动，形体僵直的样子。慹，假借为蛰，蛰伏不动。④便：借为屏，屏蔽之意，指孔子见老耿新休后之神态，觉得直接去不妥，蔽于隐处等待。⑤眩：眼花。⑥掘：同倔，独立的样子。⑦物之初：物初生之浑沌空虚之境，即指大道。⑧困：困惑。⑨口辟：口开而不能合，大道是不可知不可言的。⑩将：粗略。⑪至阴：阴之极致，代表地之凝缩、精粹。肃肃：阴冷之气。⑫至阳：阳之极致，代表天之精華。⑬这句的意思是：阴冷之气出自于地，而其根在于；炎热之气出自天，而根在于地。⑭交通成和：天地阴阳二气相互交通，胜负屈伸交相涤荡，和合而生成万物。⑮或：谁，指自然天道。⑯消息：消为消亡，息为生息。满虚：即盈虚。⑰是：指自然、天道。宗：主。⑱游是：是即老耿所说“物之初”，指空虚之道。⑲至美至乐：即是无美无乐，与道玄同之境界。⑳方：道。㉑疾：担忧、害怕。薮：水草丛生之沼泽。㉒小变：小的改变，指生活地点迁移之类。大常：基本生存条件，如水草之类。㉓胸次：胸中。㉔所一：万物共同生息之所。㉕同：混同。与万物混同合一。㉖支：同肢。尘垢：比喻无用之废物。㉗滑：乱。㉘介：际、分际。㉙隶者：指隶同于己之物，如官爵俸禄、财产之类。㉚孰：何。㉛为道者：得道之人。㉜假：借助。至言：至道之言。㉝脱：免。㉞汋：水澄澈透明。㉟才自然：素质自然如此，未加修为。㊱物不能离：圣人之德即天道无为，是不靠修习而自成的，此亦天地万物所遵循，故物不能离。㊲醯鸡：醋变质生出的小飞虫，为蠓之类。㊳微：没有。发吾覆：揭开我之蒙蔽。

译文

孔子去见老聃，老聃刚洗完发，正在披散头发晾干，木然而立不像一个活人。孔子蔽于隐处等待，过一会儿入见，说：“是我眼花呢？还是真的呢？刚才先生身体独立不动像槁木，像遗弃万物离开众人而独立自存的样子。”

老聃说：“我在神游物初生之浑沌虚无之境。”

孔子说：“这是何意呢？”

老聃说："心困惑于它而不能知，口对它开而不合不能言说。尝试为你议论一下它的大略：地之极致为阴冷之气，天之极致为炎热之气，阴冷之气根于天，炎热之气本于地。两者相互交通和合而生成万物，谁为这一切的纲纪而又不见它的形体。消亡又生息，盈满又空虚，一暗一明，日日改变，月月转化，每日有所作为而不见其功效。生有所萌发之处，死有所归往之地，始终相反没有边际，而不知其穷尽。没有它，谁来主宰啊！"

孔子说："请问神游大道之情形。"

老聃说："能得神游于此为至美至乐。能得至美而游于至乐，就叫作至人。"

孔子说："请问达于至美至乐之道。"

老聃说："食草的兽类，不担忧更换沼泽地；水生的虫类，不担忧改换水。实行小的变化而未失去基本的生活条件，喜怒哀乐之情就不会进入心里。至于天下，是万物共同生息之所。得到共同的生息之气而能混同为一，则四肢百体就将成为废物，而死生终始也将如昼夜之更迭，不能混乱，何况得失祸福之所分际啊！遗弃隶属于己之物如同抛弃泥土，这是知晓身贵于隶属之物。知自身之贵又不失与变化俱往，而且千变万化是未曾有终极的，又何必为此心忧！得道之人会理解此理的。"

孔子说："先生之德与天地匹配，而还借助至道之言以修养心性。古之君子谁又能免于修养呢！"

老聃说："不是这样，水之于澄澈，是无为而本质自然如此；至人之于德行，不须修养而成，万物不能离开它。就像天自然就高，地自然就厚，日月自然就明亮，何用修养啊！"

孔子出来，把这些告诉颜回，说："我对于道之认识，就如同醋瓮中的飞虫般渺小！没有先生揭开我之蒙蔽，我就不知道天地大全之理啊！"

古注

郭象："知身之贵于隸，故弃之若遗土耳。苟知死生之变所在皆我，则贵者常在也。"

原典

庄子见鲁哀公[1]，哀公曰："鲁多儒士，少为先生方[2]者。"

庄子曰："鲁少儒。"

哀公曰："举[3]鲁国而儒服，何谓少乎？"

庄子曰："周闻之，儒者冠圜冠者知天时，履句屦者知地形[4]，缓佩玦者事至而断[5]。君子有其道者，未必为其服[6]也；为其服者，未必

知其道也。公固以为不然，何不号于国中曰：'无此道而为此服者，其罪死！'"

于是哀公号之五日，而鲁国无敢儒服者，独有一丈夫儒服而立乎公门。公即召而问以国事，千转万变而不穷。庄子曰："以鲁国而儒者一人耳。可谓多乎？"

百里奚⑦爵禄不入于心，故饭牛而牛肥，使秦穆公忘其贱，与之政也⑧。有虞氏⑨死生不入于心，故足以动人。宋元君将画图⑩，众史皆至，受揖而立⑪，舐笔和墨，在外者半⑫。有一史后至者，儃(tán)儃然不趋⑬，受揖不立，因之舍⑭。公使人视之，则解衣般礴羸⑮。君曰："可矣，是真画者也。"

注释

①鲁哀公为春秋末期人，庄子为战国中期人，二人相距一百多年，不可能相见。此为寓言，非实录。②先生方：指庄子道家方术。③举：全。④履：作动词，穿。句：音矩，方形。屦，葛、麻制成之单底鞋，泛指鞋子。地形：地理。⑤缓：用五彩丝编成的带子。佩玦：环状带有缺口的玉饰品，玦与决同音，寓有能决断之义。⑥为其服：穿戴同样服饰。⑦百里奚：春秋时秦国大夫。⑧饭牛：养牛。与之政：委以国政。⑨有虞氏：虞舜。⑩宋元君：即宋元公。画图：画国中山川大地之图画。⑪史：指画师。受揖而立：受君命拜揖而立。⑫舐笔：用唾润笔。舐，以舌舔物。在外者半：指画师甚多，屋里已满，外面还有一半。⑬儃儃：舒缓闲适的样子。趋：小步疾行。⑭之舍：向馆舍走去。⑮解衣：脱掉上衣。般礴：盘腿而坐。羸：裸，赤着上身。

译文

庄子拜见鲁哀公。哀公说："鲁国多儒学之士，很少有从事先生之道术的。"

庄子说："鲁国儒学之士很少。"

哀公说："全鲁国的人都穿儒者服装，怎么说少呢？"

庄子说："我听说，儒者中戴圆帽的通晓天时，穿方形鞋子的懂得地理，佩戴五彩丝带穿系玉块的，事至而能决断。君子怀有其道术的，未必穿戴那样的服饰；穿戴那样服饰的，未必真有道术。公一定以为不是这样，何不号令于国中说：'不懂此种道术而穿戴此种服饰的，要处以死罪！'"

于是哀公发布这样命令。五天以后鲁国没有敢穿儒服的人。唯独有一位男子，身穿儒服立在哀公门外。哀公即刻召见他以国事相问，千转万变发问也不能难住他。庄子说："以鲁国之大只有一个儒者，可以说多吗？"

百里奚不把官爵奉禄放在心上，所以养牛而牛肥，使秦穆公忘记了他出身低贱，而委之以国事。虞舜不把生死放在心上，所以能感动他人。宋元君要画画，众位画师都来了，受君命拜揖而立，润笔调墨准备着，门外面还有一大半。有一位后到的画师，舒缓闲适不慌不忙地走着，受命拜揖后也不在那站着，而往馆舍走去。元公派人去看，见他脱掉上衣赤着上身盘腿而坐。元公说："可以了，这位就是真正画师。"

古注

王夫之注："夜其昼而昼其夜，全其神明于'解衣盘礴'之中，则天下亦不待目而见其明，不待趾而效其行，不待言而消其意。"

原典

文王观于臧①，见一丈夫钓，而其钓莫钓②；非持其钓有钓者③也，常钓也。

文王欲举而授之政，而恐大臣父兄之弗安也；欲终而释之④，而不忍百姓之无天⑤也。于是旦而属之大夫曰⑥："昔者⑦寡人梦见良人，黑色而髯⑧，乘驳马而偏朱蹄⑨，号曰：'寓而政于臧丈人⑩，庶几乎民有瘳⑪乎！"

诸大夫蹴然⑫曰："先君王⑬也。"

文王曰："然则卜之。"

诸大夫曰："先君之命，王其无它⑭，又何卜焉！"

遂迎臧丈人而授之政。典法无更，偏令无出⑮。三年，文王观于国，则列士坏植散群⑯，长官者不成德⑰，斔(yù)斛不敢入于四竟⑱。列士坏植散群，则尚同⑲也；长官者不成德，则同务⑳也；斔斛不敢入于四竟，则诸侯无二心也。

文王于是焉以为大师㉑，北面而问㉒曰："政可以及天下乎？"臧丈人昧然㉓而不应，泛然㉔而辞，朝令而夜遁㉕，终身无闻。颜渊问于仲尼曰："文王其犹未㉖邪？又何以梦为㉗乎？"

仲："默，汝无言，夫文王尽之㉘也，而又何论刺㉙焉！彼直以循斯须㉚也。"

注释

①文王：周文王。观：巡察。臧：地名，在渭水边。②钓莫钓：身子在钓鱼，心不在钓鱼上面。③非持其钓：并非以持竿钓鱼为事。有钓者：别有所钓，不在鱼也。④释之：舍弃不举用。⑤无天：失去荫庇、保护之意。⑥旦：早晨。属：集合。⑦昔者：夜里。⑧髯：两颊上的长须。⑨驳马：杂色的马。

偏朱蹄：一蹄赤色。⑩寓：托付。臧丈人：臧地之老者，即文王所遇之垂钓者。⑪民有瘳：民可以解除病痛了。瘳，病愈。⑫蹴然：惊惧不安的样子。⑬先君王：指文王的父亲季伍，季历生时面黑而两颊多须，喜乘杂色马。⑭无它：没有其他可疑之处，不必占卜。⑮偏令无出：行无为而治，一篇政令也未发出。偏，通篇。⑯列士：各种各样的士，如文士，武士等。坏植散群：植为培植朋党之植，坏植散群即是使结党营私之群体都解散，国家更统一。⑰不成德：不建立个人之功德。⑱斔：又作庾，量器单位，六斛四斗为庾。斛：量器单位十斗为斛。竟：同境。⑲尚同：境内无私党，皆上同一于君主。⑳同务：同以国事为务。㉑大师：尊敬的老师。㉒北面而问：古代君主坐北面南，臣立在君对面，现在文王站南面北。㉓昧然：犹默然，沉默不语。㉔泛然：淡漠无心的样子。㉕朝令夜遁：早上还接受文王指令，晚上就逃走了。㉖犹未：还未足以取信。㉗何以梦为：何必要假托于梦呢。㉘尽之：做得很完善。㉙刺：讥刺。㉚循斯须：在短暂时间内顺应众心罢了。

译文

周文王去臧地巡视，看见一位钓鱼的老者，身在钓鱼，心不在钓鱼上。

他并非以持竿钓鱼为事，而是别有所钓，他经常就是这样钓法。文王想举用他，把国事交他治理，又担心大臣和父兄辈族人不肯相安；想最后舍弃此人，又不忍心让百姓们得不到善人的庇荫。于是就在清晨集合他的大夫们说："昨天夜里我梦见一位好人，面黑两颊长满长须，骑的杂色马有一只蹄子是赤色，命令我说：'托付你的国事给臧地老者，差不多民就可以解除病痛了！'"

诸位大夫惊惧不安地说："这是先君王季历啊！"

文王说："让我们占卜一下吧。"

诸位大夫说："先君之命令，王无可怀疑，又何必占卜。"

于是就迎接臧地老者，授给国事。这个人掌政，以往典章法令没有更改，一篇新政令也未发出。三年之后，文王巡视国内，则见各种文士武士结成的私党都散掉了，官长们也不建立个人功德，标准不一的量器也不敢进入国境之内。文士武士们的私党散掉，则上同于君主；官长不建立个人功德，则能同以国事为务；标准不一的量器不入境，则诸侯们也就没有二心了。文王于是把臧丈人当作大师，北面而立请教说："这样的政事可以推行于天下吗？"臧丈人默然不回答，淡漠无心地告辞而去，早晨还接受文王指令，晚上就逃走了，终生没有消息。颜渊问孔子说："文王还不足以取信于人吗？何必要假托于梦呢？"

孔子说："别作声，你不要说了！文王已经做得很完美了，你又何必议论讥刺呢！他只是在短暂时刻顺应众人罢了。"

古注

郭象："斯须者，百姓之情，当悟未悟之顷，故文王循而发之，以合其大情也。"

原典

列御寇为伯昏无人射①，引之盈贯②，措③杯水其时上，发之，适矢复沓④，方矢复寓⑤。当是时，犹象人⑥也。

伯昏无人曰："是射之射，非不射之射也⑦。尝与汝登高山，履危石，临百仞之渊，若能射乎？"于是无人遂登高山，履危石，临百仞之渊，背逡巡⑧，足二分垂⑨在外，揖列御寇而进之⑩。御寇伏地，汗流至踵⑪。

伯昏无人曰："夫至人者，上窥青天，下潜黄泉⑫，挥斥八极⑬，神气不变。今汝怵然有恂目之志⑭，尔于中也殆矣夫⑮！"。

注释

①列御寇：即列子。伯昏无人：虚拟之人名。②引之：拉弓弦。盈贯：弓拉满，箭头已靠近弓背。③措：放置。④适矢复沓：言箭射出后，又有第二只搭于弦上。适，往。沓，合。⑤方矢复寓：刚刚发射一矢，复有一矢寄于弦上。寓，寄。⑥象人：木雕泥塑之人，形容其精神高度集中，身体纹丝不动的样子。⑦射之射：有心于射的射法。不射之射：无心之射的射法。⑧背逡巡：背对深渊却退。逡巡，却退。⑨垂：悬空。⑩揖：揖请。进：让。⑪踵：脚跟。⑫窥、潜：皆为探测之意。黄泉：地下之泉水。比喻地底极深暗处。⑬挥斥：纵放自如。八极：八方。⑭怵然：惊惧的样子。恂目：心惊目眩。志：意。⑮中：心，即精神。殆：疲困。

译文

列御寇为伯昏无人表演射箭，把弓拉得满满的，放一杯水在左肘上，发射出去，箭射出后又有一枝扣在弦上，刚刚射出又一枝寄在弦上，连续不停。在那个时候，他就像一个木偶一般纹丝不动。

伯昏无人说："这是有心于射的射法，不是无心之射的射法。尝试和你登上高山，踏着险石，对着百仞深渊，你能射吗？"于是伯昏无人就登上高山，脚踏险石，背对着百丈深渊向后退却，直到脚下有三分之二悬空在石外，在那里揖请列御寇退至相同位置表演射箭。列御寇惊惧得伏在地上，冷汗流到脚跟。

伯昏无人说："作为至人，上可探测青天，下可潜察黄泉，纵放自如于四面八方，而神情没有变化。现在你有惊恐目眩之意，你于精神已经疲困了！"

古注

郭象："盈贯，谓溢镝也。左手如拒石，右手如附枝，右手放发而左手不知，故可措之杯水也。矢去也。箭适去，复歃沓也。箭方去未至的也，复寄杯于肘上，言其敏捷之妙也。不动之至。"

今论

方勇："无论在何种情况之下，始终不被外界所迷惑者，才能够守住自然真性。"

原典

肩吾问于孙叔敖曰[①]："子三为令尹而不荣华[②]，三去之[③]而无忧色。吾始也疑子[④]，今视子之鼻间[⑤]栩栩然，于之用心独奈何？"

孙叔敖曰："吾何以过人哉！吾以其来不可却[⑥]也，其去不可止也。吾以为得失之非我[⑦]也，而无忧色而已矣。我何以过人哉！且不知其在彼乎[⑧]？其在我乎？其在彼邪？亡乎我；在我邪？亡[⑨]乎彼。方将踌躇[⑩]，方将四顾[⑪]，何暇至乎人贵人贱哉！"

仲尼闻之曰："古之真人，知者不得说[⑫]，美人不得滥[⑬]，盗人不得劫，伏戏[⑭]、黄帝不得友。死生亦大矣，而无变乎己，况爵禄乎！若然者，其神经乎大山而无介[⑮]，入乎渊泉而不濡[⑯]，处卑细而不惫[⑰]，充满天地，既[⑱]以与人己愈有。"

楚王与凡[⑲]君坐，少焉，楚王左右曰"凡亡"者三[⑳]。凡君曰："凡之亡也，不足以丧吾存。夫凡之亡不足以丧吾存，则楚之存不足以存存[㉑]。由是观之，则凡未始亡而楚未始存也。"

注释

①肩吾：隐者之名。孙叔敖：春秋时期楚国令尹，楚国著名政治家。②令尹：楚国最高的军事行政长官，相当于中原各国的执政和后来的宰相。荣华：昌盛显达之意。③三去之：三次被免职。④疑子：对孙叔敖是否真能做到毁誉不动，宠辱莫惊有所怀疑。⑤鼻间：指呼吸。⑥却：推动、推辞。⑦得失非我：官职俸禄荣华富贵之得失，皆为身外之物。⑧其：指荣华显贵。彼：指令尹。⑨亡：无。⑩方将：正在。踌躇：驻足沉思的样子。⑪四顾：瞻顾四方之事，以求做好职分内之事，无暇其他。⑫不得说：不能说服他。⑬美人：美色。不得滥：不能使之淫乱。⑭伏戏：即伏栖氏。⑮介：通界，界限，障碍。⑯濡：沾湿。⑰卑细：贫贱。惫：疲困。⑱既：尽。⑲凡：国名，周公之后。⑳三：三次或屡次之意。㉑不足以存存：不足以以现实之存在为存在。

译文

肩吾问孙叔敖说：“您三次做令尹而不昌盛显达，三次被免职也没有忧愁之色。我开始时对此怀疑，现在见您呼吸轻松欢畅，您的心里是怎样想的呢？”

孙叔敖说：“我哪有什么过人之处啊！我认为它既然来了就无法推辞，它去了也无法阻止，我认为官职奉禄之得失非我所有，失去了而无忧愁之色而已。我哪有什么过人之处啊！况且不知荣华显贵是在于令尹呢，还是在我自身？如果是在于令尹，则于我无涉；如果在我自身，则于令尹无涉。那时我正在驻足沉思，顾及四面八方之事，哪有工夫顾及个人的富贵和贫贱哪！”

孔子听后说：“古时候的真人，智者不能说服他，美色不能使之淫乱，强盗不能强制他，伏牺、黄帝这样的帝王也不能笼络亲近他。死生也算得上大事了，也不能使自己有所改变，何况是官爵奉禄之得失呢！像这样的人，他的精神历经大山而无障碍，入于深渊而不沾湿，处于贫贱而不疲困，充满大地之间，尽数给予别人而自己更富有。”

楚王和凡国之君共坐，过一会儿，楚王左右之臣多次来讲凡国已经灭亡了。凡国之君说：“凡国灭亡，不足以丧失我之存在。而凡国之灭亡既不足以丧失我之存，而楚国之存在也不足以以现实之存在为存在。由此看来，则凡国未曾灭亡而楚国未曾存在。”

古注

郭象：“夫遗之者不以亡为亡，则存亦不足以为存矣。旷然无矜，乃常存也。”

今论

方勇：“道之所以常使人感到虚无缥缈，难以企及，或许就是因为人们欲念太多吧。”

知北游

第二十二

原典

知北游于玄水之上[1]，登隐弅[2]之丘，而适遭无为谓[3]焉。知谓无为谓曰："予欲有问乎若：何思何虑则知道？何处何服则安道[4]？何从何道[5]则得道？"三问，而无为谓不答也。非不答，不知答[6]也。

知不得问，反于白水[7]之南，登狐阕[8]之丘，而睹狂屈[9]焉。知以之言也问乎狂屈，狂屈曰："唉！予知之，将语若。"中欲言[10]而忘其所欲言。

知不得问，反于帝宫，见黄帝而问焉。黄帝曰："无思无虑始知道，无处无服始安道，无从无道始得道。"知问黄帝曰："我与若知之，彼与彼[11]不知也，其孰是邪？"

黄帝曰："彼无为谓真是也，狂屈似之，我与汝终不近[12]也。夫知者不言，言者不知，故圣人行不言之教[13]。道不可致[14]，德不可至[15]。仁可为也，义可亏也[16]，礼相伪[17]也。故曰：'失道而后德，失德而后仁，失仁而后义，失义而后礼[18]。礼者，道之华[19]而乱之首也。'故曰：'为道者日损，损之又损之，以至于无为，无为而无不为也[20]。'今已为物[21]也，欲复归根，不亦难乎！其易也，其唯大人[22]乎！生也死之徒[23]，死也生之始，孰知其纪[24]！人之生，气之聚也；聚则为生，散则为死。若死生为徒，吾又何患！故万物一也[25]。是其所美者为神奇，其所恶者为臭腐[26]。臭腐复化为神奇，神奇复化为臭腐。故曰：'通天下一气耳[27]。'圣人故贵一。"

知谓黄帝曰："吾问无为谓，无为谓不应我，非不我应，不知应我也；吾问狂屈，狂屈中欲告我而不我告[28]，非不我告，中欲告而忘之也；今予问乎若，若知之，奚故不近[29]？"

黄帝曰："彼[30]其真是也，以其不知也；此其似之也，以其忘之也；予与若终不近也，以其知之也。"

狂屈闻之，以黄帝为知言[31]。

注释

①知：虚拟人名。玄水：虚拟河流名。②隐弅：假设之地名。③无为谓：虚拟之得道者，与自然合一无为不言之人。④服：行事。安：持守。⑤何从何道：由何种途径，用何种方法。⑥不知答：意思是说，无为谓视大地万物为一体，无分别之心，故对所问不知答。⑦白水：传说中的河流名，与玄水相对。⑧狐阕：虚拟的山名。⑨狂屈：虚拟人名。⑩中欲言：正想说的当中。⑪彼与彼：指无为谓与狂屈。⑫不近：与道不相近。⑬不言之教：不用言语的教化。⑭致：招致、取得。⑮至：达到。⑯义：裁断是非的标准。亏：损弃。⑰礼相伪：礼是人制定的社会、道德规范，在推行中重表面形式，不重内在真实，故易流于相互欺骗和诈伪。⑱出自《老子》三十八章。⑲华：同花，比喻漂亮的外在形式。⑳损：减损。无为而无不为：因任自然，不加干预，则万物各循其性、自行主化、天不自为而成。㉑今已为物：现已成有形之物。㉒大人：至人，与天道无为一体，故复归大道则易。㉓徒：类。㉔纪：纲纪、条理。㉕万物一也：气之聚散表现为物生死之无穷变化过程，万物统一于气。㉖这句是说：人们把自己认为美好的称神奇，把自己厌恶的称为臭腐。㉗通天下一气：把天地万物看成一气贯通。㉘不我告：不告诉我。㉙奚：何。不近：与大道不相近。㉚彼：指无为谓。㉛知言：懂得知者不言、言者不知的道理。

译文

知北游到玄水边，登上隐弅山丘，而恰巧碰到了无为谓。知对无为谓说："我想问一问你：怎样思索怎样考虑则可认识道？如何居处如何行事则可持守道？由何种途径用何种方法则可获得道？"问了三次无为谓不回答，不是不回答，而是不知道要回答。

知之问题未得解答，就返回到白水的南面，登上狐阕山丘，而看见了狂屈。知又把那三个问题来问狂屈，狂屈说："唉！我知道，就告诉你。"正想说的当中忘记了所要说的内容。

知未得回答，又返回帝宫，见到黄帝又问及那三个问题。黄帝说："无思无虑才能认识道，无定处不行事才能持守道，不要任何途径和方法才能获得道。"知问黄帝说："我和您知道这些，无为谓和狂屈却不知道，谁是对的呢？"

黄帝说："那个无为谓是真正对的，狂屈接近于正确，我和你终究与道不相近。知道者不言，言道者不知，所以圣人推行不言之教化。道是不能获取的，德是不能达到的。仁可以去做，义可以损弃，礼是相互欺骗的。所以说：'失去道而后才有德，失去德而后才有仁，失去仁而后才有义，失去义而后才有礼。'

礼只是道华丽的外表，而为祸乱之开端，所以说：‘从事于道要天天减损，减损而又减损，以达到无为，无为而后方能无不为。’现已成为有形之物，要想返回虚无之本根，不也是很难的么！如果说容易做到的话，那只有得道之至人啊！生为死之同类，死为生之开始，谁能知道其条理伦序！人之出生是气之聚合。气聚合则得生，散灭就死亡。如果死生是同类的，我还有什么担心呢！所以万物是一体的。人们把自己认为美好的称神奇，把自己厌恶的称臭腐。臭腐可以转化为神奇，神奇可以转化为臭腐。所以说：‘贯通天下只是一气而已。’因而圣人重视一。”

知对黄帝说：“我问无为谓，无为谓不回答我，不是不回答我，不知道要回答；我问狂屈，狂屈欲说给我又不说了，不是不说，是欲说当中忘记所要说的了；现在我问于您，您知道这么多，何故说是与大道不相近呢？”

黄帝说：“无为谓是真正知道者，因为他不知；狂屈近似于知道，因为忘记所知；我和你终究与道不相近，因为是知。”

狂屈听到后，认为黄帝是知言的。

古注

郭象：“任其自行，斯不言之教也。道在自然，非可言致者也。”

原典

天地有大美①而不言，四时有明法②而不议，万物有成理③而不说。圣人者，原天地之美，而达万物之理④。是故至人无为，大圣不作，观于天地之谓也。今彼神明至精⑤，与彼百化⑥。物已死生方圆⑦，莫知其根也；扁然⑧而万物自古以固存。六合为巨⑨，未离其⑩内；秋毫为小，待之成体。天下莫不沈浮⑪，终身不故⑫；阴阳四时运行，各得其序；惛然⑬若亡而存，油然⑭不形而神，万物畜⑮而不知。此之谓本根，可以观于天⑯矣。

注释

①大美：指天地覆载万物，生养万物而又不自居其功，具有最大美德。②明法：明确的规律。③成理：万物生成之理。④原：归本、推究之意。达：通达。⑤彼：指天地。神明：天地蕴含的活力、创造力，虽无形可见却无所不在，主宰一切，它是极精微的。⑥与彼百化：天地参与万物之各种变化。彼，指万物。⑦死生方圆：物或生或灭，或方或圆，变化无方，形态各异，莫知其所由来。⑧扁然：犹遍然，普遍地。⑨六合：上下四方的无限空间。巨：

巨大。⑩其：指道。⑪沈浮：升降、往来，表示万物的相互作用与无穷变化。沈，通沉。⑫不故：言其新故相除，永葆生机。故，陈旧。⑬惛然：暗昧之状。⑭油然：流动变化无所系着之状。⑮万物畜：万物为其畜养。⑯观于天：观见自然之道。

译文

天地有最大的美德而不言说，四时有明确的规律而不议论，万物有生成之理而不解说。圣人推究天地之美德而通达万物生成之理。所以至人自然无为，大圣人不造作，观察天地之道加以效法而已。现今天地之神明极精微，参与万物的无穷变化；万物发生或生或灭或方或圆的变化，没有办法知道它的根源；万物自古以来原本就这样普遍存在着。六合虽然巨大，未超出道之外；秋毫虽小，待道而成形体。天下万物无不在升降变化，终生都不会陈旧；阴阳四时运行，各得其秩序；大道暗昧模糊似亡而存，流动变化没有形状而神妙莫测，万物为其畜养而不知。这就叫作本根，可以由此观见自然之道。

古注

郭象："此孔子之所以云予欲无言。任其自为而已。唯因任也。观其形容，象其物宜，与天地不异。"

今论

方勇："庄子所谓的'道'是玄虚不可捉摸的，充满了神秘主义的色彩。"

原典

啮缺问道乎被衣①，被衣曰："若②正汝形，一汝视，天和将至；摄汝知，一汝度，神将来舍③；德将为汝美，道将为汝居④。汝瞳(tóng)焉如新生之犊⑤，而无求其故⑥。"

言未卒，啮缺睡寐⑦。被衣大说，行歌而去之，曰："形若槁骸，心若死灰⑧，真其实知⑨，不以故自持⑩。媒媒晦晦⑪，无心而不可与谋，彼何人哉⑫！"

注释

①被衣：虚拟的人名。②若：你。③摄：收敛。一汝度：使思虑专一之意。神：神明之精，即道之功能活力。④居：居处。⑤瞳：无知直视的样子。犊：小牛。⑥无求其故：不追究事物缘由。故，原由。⑦卒：终。睡寐：睡着了。⑧槁骸：枯骨。心若死灰：形容心枯寂不动。⑨真其实知：真正纯实之知。⑩不以故自持：不固守故见，与变化同步。⑪媒媒晦晦：懵懂无知的样子。媒，作昧。⑫彼何人哉：他是个什么人啊！表达惊叹赞许之意。

译文

啮缺问道于被衣，被衣说："你要端正你的形体，集中你的视线，天然之和气就会前来；收敛你的智慧，专一你的思虑，神明就会来居留你心；德将表现你之美好，道将留在你的身上。你无知而直视的样子就像初生的小牛犊，你不要去追究事物的原由。"

话未说完，啮缺已经睡着了。被衣特别高兴，一边走一边唱歌而去，还说："形体如同枯骨，心如同死灰，真正纯实之知，不坚持故见，懵懂暗昧，没有思想，不能和他计议谋划，他是个什么人啊！"

古注

郭象："若身是汝有者，则美恶死生，当制之由汝。今气聚而生，汝不能禁也；气散而死，汝不能止也。明其委结而自成耳，非汝有也。"

原典

舜问乎丞①曰："道可得而有乎？"

曰："汝身非汝有也，汝何得有夫道！"

舜曰："吾身非吾有也，孰有之哉？"

曰："是天地之委形②也；生非汝有，是天地之委和③也；性命非汝有，是天地之委顺④也，子孙非汝有，是天地之委蜕⑤也。故行不知所往，处不知所持⑥，食不知所味。天地之强阳气⑦也，又胡可得而有邪！"

注释

①丞：古之得道者，舜之师。又说为官名。②委形：寄托给你一个形体。③和：和气。④委顺：寄托给你顺任自然之性，于是乃有性命。⑤蜕：蜕变。⑥持：持守。⑦强阳气：强健运动之气。

译文

舜问丞说："道可以获得和拥有吗？"

回答说："你的身体都不是你所拥有，你怎么能拥有道呢！"

舜说："我的身体非我所有，归谁所有呢？"

回答说："是天地寄托给你一个形体；生命非你所有，是天地寄托给你和气；性命非你所有，是天地寄托给你顺应自然之属性；子孙非你所有，是天地寄托给你繁衍子孙的能力。所以行时不知往哪里去，住时不知持守什么，吃东西不知味道。这一切都受强健运动之气所支配，又怎么能获得和拥有呢！"

古注

郭象："与化俱者，乃积无穷之纪，可谓魏魏。用物而不役己，故不匮也。各取于身而足。"

原典

孔子问于老聃曰："今日晏闲[1]，敢问至道。"

老聃曰："汝齐戒，疏瀹（yuè）而心[2]，澡雪[3]而精神，掊击而知[4]。夫道窅（yǎo）然[5]难言哉！将为汝言其崖略[6]。

"夫昭昭生于冥冥[7]，有伦[8]生于无形，精神[9]生于道，形本生于精[10]，而万物以形相生，故九窍者胎生，八窍者[11]卵生。其来无际，其往无崖[12]，无门无房，四达之皇皇[13]也。邀[14]于此者，四枝彊，思虑恂达[15]，耳目聪明，其用心不劳，其应物无方[16]。天不得不高，地不得不广，日月不得不行，万物不得不昌，此其道与！

"且夫博之不必知[17]，辩[18]之不必慧，圣人以断之[19]矣！若夫益之而不加益[20]，损之而不加损者，圣人之所保[21]也。渊渊乎其若海，魏魏乎其若山[22]，终则复始也，运量万物而不匮[23]。则君子之道，彼其外与[24]。万物皆往资[25]焉而不匮，此其道与！

"中国有人焉，非阴非阳，处于天地之间，直且[26]为人，将反于宗[27]。自本观之，生者，喑噫[28]物也。虽有寿夭，相去几何？须臾[29]之说也，奚足以为尧桀之是非！果蓏（luǒ）有理[30]，人伦虽难，所以相齿[31]。圣人遭之而不违[32]，过之而不守[33]。调而应之[34]，德也；偶而应之[35]，道也。帝之所兴，王之所起也。人生天地之间，若白驹之过隙[36]，忽然而已。注然勃然[37]，莫不出焉；油然漻（liáo）然[38]，莫不入焉。已化而生，又化而死，生物哀之[39]，人类悲之。解其天韬[40]，堕[41]其天弢，纷乎宛乎[42]，魂魄将往，乃身从之，乃大归[43]乎！不形之形，形之不形[44]，是人之所同知也，非将至[45]之所务也，此众人之所同论也。彼至则不论，论则不至[46]。明见无值[47]，辩不若默；道不可闻，闻不若塞，此之谓大得。"

注释

①晏闲：安闲。②齐：同斋。而：同尔。③澡雪：清洗干净。④掊击：打破。知：同智。⑤窅然：深远莫测。⑥崖略：概要，大致轮廓。⑦昭昭：昭明显著。冥冥：暗昧浑沌。⑧有伦：有伦类可分辨之物，指有形万物。⑨精神：指精微的流动变化的精气。⑩精：精气。⑪九窍：周身之九个穴窍，

指人和兽类。八窍：指鸟类。⑫崖：边际。⑬无门无房：比喻之辞。四达之皇皇：广大无际四通八达。皇，大。⑭邀：顺。⑮枝：同肢。恂达：通达。⑯应物无方：应接外物，不执滞于成法，能与时变通。⑰且夫：况且。博：博学。⑱辩：善于辩论。⑲断之：断弃、抛弃博学善辩之聪明。⑳益：增加。㉑保：保守，信守。㉒渊渊：渊深。魏魏：同巍巍，高大的样子。㉓运量：运用计量。匮：穷。㉔彼其外与：彼指君子之道，言其岂能自外于大道呀。㉕资：取。㉖直且：只是暂且。㉗宗：本，指其发生之处，即大道。㉘喑噫：气之聚集。㉙须臾：片刻。㉚果蓏：瓜果之总称，分而言之则是木实曰果，草实曰蓏。有理：二者各有区分之条理。㉛人伦虽难：人间伦理关系虽然很复杂。相齿：按年龄、官爵等大小高低把人排列起来，使有伦序。齿，排列之意。㉜不违：不逃避。㉝不守：不拘守，不留恋。㉞调而应之：调和顺应之。㉟偶而应之：无心契合而顺应之。㊱白驹过隙：比喻时间极为短暂，就像快马跑过一个缝隙的时间。白驹，骏马。㊲注然：如水之涌流。勃然：如苗之茁壮生长。㊳油然漻然：形容变化消失之状。㊴生物哀之：人之外的动物，为其同类之死而悲哀。㊵天韬：天然的弓袋。韬，弓袋。㊶堕：毁坏。㊷纷乎宛乎：纷纭宛转，形容散失之状。㊸大归：最大的复归，即死亡。㊹不形之形：从没有形体达到有形体。形之不形：从有形体变为没有形体。㊺将至：将至于道之人。务：从事。㊻至则不论：达于道之人不议论。论则不至：议论之人未至于道。㊼明见无值：用聪明智慧去识见大道就不得相遇。值，遇。

译文

孔子问老聃说："今日安闲无事，请问您至道是什么？"

老聃说："你要进行斋戒，疏通你的心灵，清洗干净你的精神，打破你的智慧。道是深远莫测难以言说的呀！我将为你讲说其大概轮廓。

"凡昭明显著之物都生于暗昧浑沌，有形之物生于无形，精气从道生出，形体生于精气，而万物以形体相生。所以具有九窍之生物都是胎生，具有八窍之生物都是卵生。它来的时候没有形迹，它去的时候不见边际，没有固定的通道和居处，广大无际而四通八达。顺应于它，就四肢强健，思虑通达，耳聪目明，用心不疲劳，应接外物不执滞成法而与时变通。天得不到它不会高，地得不到它不会广，日月得不到它不能运行，万物得不到它不能昌盛，这就是道呀！

"况且，博学之人不一定真知，善辩之人不一定有智慧，圣人是断弃这些的。如那想增加也无法增加，想减少也不能减少之道，是圣人之所信守的。渊深啊它就像大海，高大巍峨啊它在周而复始地运行，运用计量万物而不穷竭，然而君子遵行之道，岂能自外于它啊！万物都前往资取，它也不匮乏，这就是道啊！

"国中有这样的人，既不是阴性，也不是阳性，住在天地之间，只是暂且把他称作人，他将要返回他的本根去。从本始观察，所谓生，不过是气之聚集而已。虽然有长寿和夭折，相差又有多少呢！只是片刻之间的一种说法，怎么能够以它来确定尧和桀的是非呀？瓜果各有其条理，人间伦理关系虽然复杂，也可以排成伦序的。圣人遭遇此类事不逃避，过去了也不留恋。调和顺应这一切，便是德；无心偶合于这一切，便是道。帝王兴起之道理即在于此。人生活在天地之间，就如骏马驰过缝隙一样短暂，忽然之间而已。生长兴起，无不发生出来；变化消逝，无不趋于消亡。已经变化生出，又变化而死去，生物为其同类之死而悲哀，人类为其亲人之死而伤悲，解开自然弓袋，毁坏天然的剑囊，纷纭宛转，魂魄将归去，身体也随之消亡，这就是最大的复归呀！从没有形体达到有形体，又从有形体变为没有形体，这是人所共知的，不是将至于大道之人所从事的，这是众人所共同议论的。那些达于道之人不议论，议论之人则未至于道。用聪明智慧去识见大道就不能相遇，善辩不如沉默。道是不能闻知的，闻听不如闭塞，这就叫最大获得。"

古注

王夫之注："言之唯恐不尽，行之唯恐不极，以是为勤，以是为敏，以是为几。"

今论

方勇："在《庄子》一书中，对'道'谈得最集中最透彻，观点最为清晰成熟的要数这篇《知北游》了。"

原典

东郭子[1]问于庄子曰："所谓道，恶乎在？"

庄子曰："无所不在。"

东郭子曰："期而后可[2]。"

庄子曰："在蝼蚁。"

曰："何其下邪？"

曰：“在稊稗[3]。”

曰：“何其愈下邪？”

曰：“在瓦甓[4]。”

曰：“何其愈甚邪？”

曰：“在屎溺。”

东郭子不应。

庄子曰：“夫子之问也，固不及质[5]。正获之问于监市履狶也[6]，每下愈况[7]。汝唯莫必[8]，无乎逃物[9]。至道若是，大言亦然[10]。周遍咸[11]三者，异名同实，其指一也。尝相与游乎无何有之宫[12]，同合而论[13]，无所终穷乎！尝相与无为乎！澹而静[14]乎！漠而清[15]乎！调而闲[16]乎！寥[17]已吾志，无往焉而不知其所至[18]，去而来而不知其所止，吾已往来焉而不知其所终；彷徨乎冯（píng）闳（hóng）[19]，大知入焉而不知其所穷[20]。物物者与物无际[21]，而物有际者，所谓物际[22]者也。不际之际，际之不际者也[23]。谓盈虚衰杀[24]，彼[25]为盈虚非盈虚，彼为衰杀非衰杀，彼为本末非本末，彼为积散非积散也。”

注释

①东郭子：住在东郭的某先生。②期而后可：必指出具体所在方可。期，必。③稊稗：稗指稗草，稊与稗相似。④甓：砖头。⑤不及质：未接触道的实质。⑥正：古代管理市场的官名，名字叫获。监市：监管市场之人，为正获的助手们。狶为大猪。履：踩。⑦每下愈况：愈是往猪腿下面踩，愈能比出猪的肥瘦程度，因为愈往腿的下部愈难长膘，如果下腿都很肥，猪的其他部位就更肥了。⑧汝唯莫必：你不必要求证实道在哪个物上面。⑨无乎逃物：所有的物都未逃离道外。⑩至道：最高的道。大言：表达至道之言。⑪周遍咸：三个同义词。⑫无何有之宫：虚无之境，至道之乡，无所有而又无所不有。⑬同合而论：把你的言论合同于至道之言。⑭澹而静：淡漠而清静。⑮漠而清：寂寞而清虚。⑯调而闲：调和而安闲。⑰寥：空虚寂寥。⑱无往焉而不知其所至：本无所往，故往而不知所至之处。⑲彷徨：逍遥自在的样子。冯闳：广阔空虚之境。⑳入焉：进入广阔虚空之境。穷：边际。㉑物物者：使物成为物的那个东西，指创生万物之道。与物无际：与具体有形之物没有分界。㉒物际：物与物之间的分界。㉓不际之际：由没有边际之道转成有形之物。际之不际：由有形之物复归无际之道。㉔盈虚衰杀：盈满、空虚、衰败、消杀。㉕彼：指大道。

译文

东郭子问庄子说："所谓道，在哪里呢？"

庄子说："无所不在。"

东郭子说："必指出具体所在才可以。"

庄子说："在蝼蛄蚂蚁之中。"

问说："为何在这样卑下处呀？"

回答说："在稊稗里面。"

问说："为什么更卑下呢？"

回答说："在砖头瓦片中。"

问说："怎么更甚于前呢？"

回答说："在屎尿中。"

东郭子不再出声。

庄子说："先生所问的，本来就没有接触道的实质。管理市场之官正获问他的助手如何踩猪腿检验猪的肥瘦，正获告诉他愈是往下面踩愈能比况清楚。你不必要求证实道在哪个物上，所有的物都未逃离道外。最高之道是这样，表达至道的大言也是这样。周、遍、咸三个字，名不同而实相同，它们所指之实是同一的。尝试相互游历至道虚无之境，把你的言论合同于至道之言，就不会有所穷尽了！试着相互顺任自然无为，淡漠而清静啊！寂寞而清虚啊！调和而安闲啊！吾心虚空寂寥，本无所往，故往而不知所至何处，去了又来不知止于哪里，我已在其间来来往往，而不知哪里是终点。逍遥自在于广漠空虚之中，大知之人进入此境也不知它的边际。创生万物者与物没有分界，而物是有分界的，就是物之界限。由没有分界之道转成有形之物，又由有形之物复归没有分界之道。所谓盈满、空虚、衰败、消杀，道使物发生盈虚变化，而自身却没有盈虚分别；道使物发生衰杀之变，而自身并不衰杀；道使物有本末之变，而自身无本末；道使物有积散变化，而自身无积散。"

古注

王夫之注："夜不及旦，晨不及晡，得当以效，而如鱼之间流淙而奋其鳞鬣也。"

原典

妸荷甘与神农同学于老龙吉[1]。神农隐几阖户昼瞑[2]，妸荷甘日中奓[3]户而入，曰："老龙死矣！"

神农隐几拥杖[4]而起，嚗(bó)然放杖而笑[5]，曰："天知予僻陋慢訑(yí)[6]，故弃予而死。已矣，夫子无所发予之狂言而死矣夫[7]！"

弇(yǎn)堈(gāng)吊[8]闻之，曰："夫体道[9]者，天下之君子所系焉。今于道，秋毫之端万分未得处一焉，而犹知藏其狂言而死，又况夫体道者乎！视之无形，听之无声，于人之论者，谓之冥冥，所以论道而非道也。"

于是泰清问乎无穷曰[10]："子知道乎？"

无穷曰："吾不知。"

又问乎无为，无为曰："吾知道。"

曰："子之知道，亦有数[11]乎？"

曰："有。"

曰："其数若何？"

无为曰："吾知道之可以贵，可以贱，可以约[12]，可以散，此吾所以知道之数也。"

泰清以之言[13]也问乎无始曰："若是，则无穷之弗知与无为之知，孰是而孰非乎？"

无始曰："不知深矣，知之浅矣，弗知内矣，知之外矣[14]。"

于是泰清中[15]而叹曰："弗知乃知乎？知乃不知乎？孰知不知之知[16]？"

无始曰："道不可闻，闻而非也；道不可见，见而非也；道不可言，言而非也。知形形之不形[17]乎，道不当名[18]。"

无始曰："有问道而应之者，不知道也；虽问道者，亦未闻道。道无问，问无应。无问问之，是问穷也[19]；无应应之，是无内[20]也。以无内待问穷，若是者，外不观乎宇宙，内不知乎大初[21]。是以不过乎昆仑，不游乎太虚[22]。"

注释

①婀荷甘、神农、老龙吉：都是虚拟之人名。②隐几：凭靠小几。阖户：关门。瞑：同眠。③奓：推开。④拥杖：抱持手杖。⑤嚗然：手杖掉地发出之声。笑：不哭而笑，言其已悟生死齐一之道。⑥天：指老龙吉，言其有自然之德。僻陋：孤陋寡闻。慢訑：怠慢荒唐。⑦夫子：先生，指老龙吉。发：启发。狂言：至言。⑧弇堈吊：虚拟人名。⑨体道者：与道相合之人。⑩泰清、无穷、无为、无始：皆为虚拟之人名。⑪数：道理，规律。⑫约：收敛。⑬之言：此言，指无为讲说道数之语。⑭弗知内矣，知之外矣：对道无所知，才是真正内心体悟了道；对道有所知，能用语言说出来，这只是见到道的外在形式。⑮中：

《释文》引崔譔本作卬，同仰。⑯不知之知：不用名言相状对道加以表述的知，这种知才是真正知道。⑰形形之形：使形成为形的那个东西，本身是无形的。⑱道不当名：道之实与名是不相应的，不相符的。⑲无问问之，是问穷：道是不可问的，不可问而又要问，这种问是空的。穷：空。⑳无内：没有内容。㉑大初：天地未分前的浑沌状态，万物之本始，即指大道。㉒昆仑：地之极高处，比喻有形与无形的分界处。

译文

妸荷甘与神农一同就学于老龙吉。神农凭靠小几，关起门昼寝。中午时候妸荷甘推门而入说："老龙死了！"

神农凭几抱持手杖立起，嘭的一声放下手杖笑着说："先生知道我孤陋寡闻怠慢荒唐，所以弃我而死。完了，先生没有留下启发我的至言而死去了！"

弇堈吊听后说："与道相合的人，是天下君子所归依之人。现在他对于大道，连秋毫末端万分之一都未得到，还知道怀藏其至言而死去，又何况那些与道相合的人呐！道看起来无形，听起来无声，人们对它的种种议论，叫作暗昧不明，他们所论述之道并不是真道。"

于是泰清问无穷说："您知道吗？"

无穷说："我不知。"

又问于无为，无为说："我知道。"

又问："您所知之道，也有什么道理规律吗？"

回答说："有。"

又问："它的道理规律是什么？"

无为说："我知道可处富贵，可处贫贱，可以收敛，可以分散，这就是我所知的道理规律。"

泰清把这话来问无始，说："如果是这样，则无穷之不知道与无为之知道，究竟谁是谁非呢？"

无始说："不知是对道知之甚深，知是对道所知极浅；不知是内心悟道，知是只了解一点道的外在形式。"

于是泰清仰天而叹说："不知就是知吗？知就是不知吗？谁能知道不用名言相状表述之知是什么？"

无始说："道不可闻知，所闻知的都不是道；道不可见，所见者都不是道；道不可言说，被言说出来的都不是道。需知创生有形万物的东西是无形的呀！道与它的名是不相应的。"

无始说："有人问道而给予应答的，就是不知道；就是那个问道之人，也是没听说过道。道是不能问的，有问也不应回答。本不可问又要问，这种问是空的；本不应回答而回答，这种回答是没有内容的。以没有真实内容的回答去对空问，如果这样，对外不能观察宇宙之无限，对内不能了解道之根本。因此他不能超越有形之界域，不能逍遥于广漠之虚空。"

古注

郭象："不知故问，问之而应，则非道也。不应则非问者所得，故虽问之，亦终不闻也。绝学去教，而归于自然之意也。所谓责空。"

今论

方勇："'道'体现在一切平常的生活和事物之中，那么也就自然可以像庄子那样以任意回答的方式来揭示'道'，或以一些卑下的事物来比喻'道'了。"

原典

光曜问乎无有曰①："夫子有乎？其无有乎？"光曜不得问，而孰视②其状貌，窅然③空然，终日视之而不见，听之而不闻，搏④之而不得也。

光曜曰："至矣，其孰能至此乎！予能有无⑤矣，而未能无无也。及为无有⑥矣，何从至此哉！"

大马之捶钩者⑦，年八十矣，而不失豪芒⑧。

大马曰："子巧与？有道与？"

曰："臣有守⑨也。臣之年二十而好捶钩，于物无视⑩也，非钩无察也。"

是用之者假不用者也⑪，以长⑫得其用，而况乎无不用⑬者乎！物孰不资焉！

注释

①光曜、无有：皆虚拟之名。②孰视：仔细观察。孰，通熟。③窅然：隐晦不明之状，亦为空寂之意。④搏：触摸。⑤有无：光曜无形体，听不到摸不着，故言有无。但还可以看见，未达绝无形迹之无无。⑥为无有：既不执著于无，也不执著于有，而是有无双遣，超越二者，达到一个更高境界。⑦大马：官名，指楚国之大司马。捶：锻造。钩：剑名。⑧豪芒：锋利有光芒。⑨守：持守，毕生专心持守于此。⑩于物无视：对别的东西部视而不见，一心只在造钩上。⑪用之者：指打造钩的技艺。假：借助、凭借。不用者：指平时于物无视，专注于此道。⑫长：长期。⑬无不用：于物皆不用心，而至于无无之境，达于至道之域，则万物无不资取于他。

译文

光曜问无有说："先生是有呢？还是无有呢？"光曜没有得到回答而仔细观察其状貌，隐晦空寂的样子，整天看它也看不见，听也听不到，摸也摸不着。

光曜说："达到极致了，谁能至于此境啊！我能达到无，而未能达到无无。及至超越有无之境，又从何达到呀！"

楚国大司马有一位造剑的人，已经八十岁了，造出之剑仍然锋利有光芒。

大司马说："你是技艺高呢？还是其中有什么道理？"

回答说："臣有所持守。臣在二十岁时就喜好造剑，对他物视而不见，不是剑就不去察看。"

这是造剑之技艺借助于平时的专注上，因此能长期得以熟练运用，何况于物皆不用心而达于至道的人呢！万物谁不资借于他呀！

古注

王夫之注："众人知瞬，慧人知时，立志之人知日，自省之人知月，通人知岁，君子知终身，圣人知纯。其知愈永，其小愈忘。"

原典

冉求问于仲尼曰："未有天地可知邪？"

仲尼曰："可。古犹今也。"

冉求失问①而退。明日复见，曰："昔者吾问：'未有天地可知乎？'夫子曰：'可，古犹今也。'昔日吾昭然，今日吾昧然②，敢问何谓也？"

仲尼曰："昔之昭然也，神者先受之③；今之昧然也，且又为不神者求④邪？无古无今，无始无终。未有子孙而有子孙可乎⑤？"

冉求未对。仲尼曰："已矣，未应⑥矣！不以生生死⑦，不以死死生⑧。死生有待⑨邪？皆有所一体。有先天地生者物邪⑩？物物者非物⑪，物出不得先物也⑫，犹其有物⑬也。犹其有物也，无已⑭。圣人之爱人也，终无已者，亦乃取于是⑮者也。"

注释

①失问：失去问意。心有所悟，不想再问。②昭然：明白。昧然：糊涂。③神者先受之：用空虚的心神先接受领会。④不神者求：不神者指外界事物及道理。⑤这句意思是：古有子孙，于是代代繁衍，今天才有子孙。⑥未应：不要应答，待继续讲说下去。⑦不以生生死：死者自行死去，新生者并不是使已死者复生。⑧不以死死生：新生者自生，死去者也不是使新生者死去。

⑨待：相互依赖、相互依存之意。⑩这句意思是：有先于天地就生成之物吗？者，作之解。⑪物物者非物：生成物的那个东西，不是物自身，而是物之它体。⑫物出不得先物：被生成之物不能先于生成它的物而存在。⑬犹其有物：生成此物的物，上面仍然还有它的生成者。犹，依然、仍然。⑭无已：没有止境。⑮取于是：圣人即是取法于自然之理，故其爱人类无止境。是，指上面所说自然之理。

译文

冉求问孔子说："未有天地以前的情形可以知道吗？"

孔子说："可以。古代和现今相同。"

冉求不想再问而退去。第二天又来相见，说："昨天我问：'没有天地以前的情形可以知道吗？'先生说：'可以。古代和今天相同。'昨天我还明白，今天我又糊涂了。请问这是为何呢？"

孔子说："昨天你明白，是用空虚之心神先加接受和领会它；今天又糊涂，则是向外界事物道理寻求验证之故啊！没有古也没有今，没有开始也没有终结。如果说以前没有子孙而今天有了子孙，这样说可以吗？"

冉求没有回答。孔子说："算了，先不要应答！死者自死，新生者不是使已死者复生；生者自生，死者也不是使新生者死去，死生是相互依赖吗？它们并不依赖而各有体系。有先于天地就生成之物吗？生成物的那个东西一定不是物自身，被生成之物不得先于生成它的物而存在，生成物上面仍然还有生成者，生成者上面仍然有生成者，是没有止境的呀！圣人的爱人类没有止境，也就是取法于此自然之理。"

古注

郭象："非唯无不得化而为有也，有亦不得化而为无矣。"

今论

方勇："此篇所论道妙，迥出思议之表，读《南华》者，《知北游》最为肯綮。"

原典

颜渊问乎仲尼曰："回尝闻诸夫子曰：'无有所将①，无有所迎。'回敢问其游②。"

仲尼曰："古之人外化③而内不化，今之人内化而外不化。与物化者，一不化④者也。安⑤化安不化，安与之相靡⑥，必与之莫多⑦。狶韦氏之囿⑧，黄帝之圃，有虞氏之宫，汤武之室⑨。君子之人，若儒墨者师，

故以是非相罄[⑩]也，而况今之人乎！圣人处物不伤物。不伤物者，物亦不能伤也。唯无所伤者，为能与人相将迎。山林与，皋壤[⑪]与，使我欣欣然而乐与！乐未毕也，哀又继之。哀乐之来，吾不能御，其去弗能止。

悲夫，世人直为物逆旅耳[⑫]！夫知遇而不知所不遇[⑬]，知能能[⑭]而不能所不能。无知无能者，固人之所不免也。夫务免乎人之所不免[⑮]者，岂不亦悲哉！至言去言，至为去为[⑯]。齐知之所知[⑰]，则浅矣。”

注释

①将：送。②游：指精神之出入自在。③外化：随顺外物之变化而变化。④一不化：恒常保持淡漠无心，即是一下比，有此则可与物化。⑤安：习惯。⑥靡：顺。⑦莫多：不增益。⑧豨韦氏：远古之帝王。囿：古代帝王畜养禽兽之园林。⑨囿、圃、宫、室：皆指帝王居处游息之所。圃比囿小、宫比囿小，室比宫小。居处之所愈小，精神愈狭隘，道德愈衰落。⑩罄：和。⑪皋壤：平原。⑫直：但。逆旅：旅舍。⑬遇：遭遇，接触。⑭能能：能做到力所能及的。⑮人之所不免：人有所知所能，亦有不知不能，不知不能是人所不能避免的。⑯至言去言：至道之言去掉言说。至为去为：至道之为去掉有为。⑰齐：齐一。知之所知：靠主体与外界接触所得之知，是靠学习和教化所得有形迹之知，这种知是浅陋的。

译文

颜渊问孔子说：“我曾经听老师说：‘不要有所送，不要有所迎。’我想请问如何能使精神出入自如。”

孔子说：“古时之人随顺物化而内心安定不变，现今之人内心游移不定而又执滞外物不能顺应其变化。能随顺外物变化的，一定是内心淡漠安定之人。不管是变化还是不变，都能习惯自处，习惯与其相顺应，参与变化而不加增益。豨韦氏的园林，黄帝的园圃，虞舜的宫殿，汤武的宫室，居住愈狭小而道德愈低下。称得上君子之人，就是对儒墨老师那样对立，也能使其是非相互调和，何况是对待今人之争论呢！圣人与物相处而不伤害物。不伤害物的人，物也不能伤害他，只有无所伤害的人，才能与人相交往。山林啊，平原啊，都能使我欣然快乐！快乐还没有完毕，悲哀又继之而来，悲哀与快乐的到来，我不能抗拒，其离去我也不能阻止。

多么可悲，世人之心只是为悲哀欢乐提供的旅舍罢了！他们只知所遭遇到的，不知未曾遭遇到的；只能做到力所能及的，不能做到力所不及的。有所不知有所不能，本来就是人所不能避免的。那些人强求避免人所不能避免的方面，岂不也是可悲的吗！至道之言去掉言说，至道之为去掉有为。想齐一人们所得之知，则是浅陋的。

古注

郭象："知之所遇者即知之，知之所不遇者即不知也。所不能者，不能强能也。"

今论

方勇："全文像总结陈词一样，把'道'又好好的整个地阐说了一遍。不过，这次的阐述和以往不同，完全用的是寓言的方式。"

杂篇

庚桑楚

第二十三

原典

老聃之役[1]，有庚桑楚[2]者，偏得老聃之道[3]，以北居畏垒之山[4]，其臣之画然[5]知者去之，其妾之挈然[6]仁者远之！拥肿[7]之与居，鞅掌之为使[8]。居三年，畏垒大壤[9]。畏垒之民相与言曰："庚桑子之始来，吾洒然异之[10]。今吾日计之而不足[11]，岁计之而有余[12]。庶几[13]其圣人乎！子胡不相与尸而祝之[14]，社而稷之[15]乎？"

庚桑子闻之，南面[16]而不释然。弟子异之[17]。庚桑子曰："弟子何异于予[18]？夫春气发而百草生[19]，正得秋而万宝成[20]。夫春与秋，岂无得而然哉[21]？天道已行矣。吾闻至人，尸居环堵之室[22]，而百姓猖狂不知所如往[23]。今以畏垒之细民[24]，而窃窃焉欲俎豆予于贤人之间[25]，我其杓（dú）之人邪[26]！吾是以不释[27]于老聃之言。"

弟子曰："不然。夫寻常之沟[28]，巨鱼无所还其体[29]，而鲵鳅为之制[30]；步仞[31]之丘陵，巨兽[32]无所隐其躯，而孽狐为之祥[33]。且夫尊贤授能，先善与利[34]，自古尧舜以[35]然，而况畏垒之民乎[36]！夫子[37]亦听矣！"

庚桑子曰："小子来！夫函车之兽[38]，介[39]而离山，则不免于网罟之患[40]；吞舟之鱼，砀（dàng）而失水[41]，则蚁能苦之。故鸟兽不厌高[42]，鱼鳖不厌深。夫全其形生[43]之人，藏其身也，不厌深眇[44]而已矣。

"且夫二子[45]者，又何足以称扬哉！是其于辩[46]也，将妄凿垣墙而殖蓬蒿也[47]。简发而栉[48]，数米而炊，窃窃乎又何足以济世哉！举贤则民相轧[49]，任知则民相盗[50]。之数物[51]者，不足以厚民[52]。民之于利甚勤[53]，子有杀父，臣有杀君，正昼[54]为盗，日中穴阫（pēi）[55]。吾语女[56]，大乱之本，必生于尧舜之间，其末存乎千世之后。千世之后，其必有人与人相食者也！"

注释

①役:门徒，弟子。②庚桑楚:人名，老聃弟子，姓庚桑，名楚。③偏得:独得。偏,独。偏作不全解实误。④畏垒:高峻不平。一说山名。⑤画然:畛域、界限，引申为喜好。⑥挈然：举的样子，引申为标榜。挈，犹揭。⑦拥肿：糊涂无知的样子。⑧鞅掌：失容的样子。毛传："鞅掌，失容也。"即后世讲的野草不恭的样子。为使：为庚桑楚的使役。⑨大壤：即《逍遥游》连叔所说："藐姑射山之神人，其神凝，使物不疵而年熟。"指大丰收。壤，通穰，丰收。⑩洒然:指见所未见，耳目一新的样子。洒，作濯解。异之:对他奇异。⑪日计之而不足：指三年之前，每日盼望他有所作为而不去作为，所以说不足。⑫岁计之而有余:指三年后，物不疵疠，而大丰收，无为是异于寻常的，所以说有余。⑬庶几：差不多，近似。⑭胡：何，为何。尸：主，指古代代表死者受祭的活人，后来的祖先牌位。祝：祠庙中司祭礼的人。尸而祝之：以他为祖宗。⑮社而稷之：为他建立社稷，尊奉他为神。⑯南面：与北居对立，指老聃居于南面，才面南而坐，非指君主。⑰弟子异之：弟子对庚桑楚感到奇怪。⑱何异于予：为什么对我感到奇怪。⑲百草生：指包括谷物的自然生长。⑳得：通德，指功德。万宝：指各种果实。㉑无得：无故。然：这样。㉒尸居:如祖先牌位一般寂静而居。环:周围。堵:一丈长的墙。㉓倡狂:随心所欲，纵恣迷妄。往：适，相忘。㉔细民：小民，人民。㉕窃：私。俎豆：奉祀。予：我。㉖其：岂，难道。杓：标准。㉗不释：不愉快。㉘寻：八尺，倍寻为常。寻常之沟:指深八尺广十六尺的沟洫。沟，沟洫。㉙巨鱼:大鱼。还：通旋，旋转。㉚鲵鳅：小鱼。制：折，曲折回旋。㉛步仞：六尺为步，八尺为仞。㉜巨兽：大兽。㉝孽狐：妖孽的狐狸。祥：祥善。㉞先善与利：先推举善而有利的人。与，给予。㉟以：通已。㊱而况畏垒之民乎：尊贤授能自尧舜起就是"先善与利"，庚桑楚被畏垒之民尊为贤人也是如此。㊲夫子:老师。㊳函车之兽:口能含车的大兽。函,包含、包容。㊴介:个,独。㊵网：用绳线织成的捕鱼捉鸟兽的工具。罟：网的总名。㊶砀而失水：因潮汐激荡而离水搁浅于岸。砀,同荡。㊷鸟兽不厌高:鸟不厌烦山高。㊸生:性。㊹眇：通渺，高远。㊺二子：指尧、舜。㊻辩：通辨，指辨别善利。㊼垣墙：矮墙。殖：种植。蓬蒿：茼蒿的俗称。㊽简：通柬，选择。栉：梳篦的总称。㊾轧：倾轧。㊿盗：欺诈。(51)数物：指举贤，任知等事。(52)厚民：利民。(53)勤：勤快。(54)正昼：中午。(55)日中：中午。穴阫：在墙上打洞。阫，墙。(56)女：你。

译文

老聃的弟子，有个叫庚桑楚的，偏得老聃之道，去北方居住在畏垒山区，他的仆人中喜好智慧的离他而远去，他的侍女中标榜仁义的也离他而远去；糊涂无知的和他住在一起，失容不仁的为他使用。住了三年，畏垒山区获大丰收。畏垒山区的老百姓互相议论说："庚桑子刚来时，我们没见过他这样的，因此感到惊异。现在，我们以三年前的时日来看他感到不足，三年后以岁月来衡量他便感到有余。差不多他是圣人了吧！你们为什么不一齐尊奉他为神，为他建立宗庙呢？"

庚桑子听到这种议论，面南而坐思考老聃的教导之言，心中感到不快。弟子们很奇怪。庚桑子说："你们对我有什么感到奇怪的呢？春天阳气上升而百草禾苗生长，正逢功德的秋天而各种果实成熟。春季与秋季，难道无故就能这样吗？这是天道自然运行的必然结果。我听说，至人寂静地居住在方丈的小室之中，而百姓纵恣迷妄不知其所往。现在畏垒山区的人民，都窃窃私语想把我奉柯于贤人之间，我难道是那种标杓的人吗！我面对老聃的教导而感到焦虑。"

弟子说："不是这样，深八尺，长一丈六尺的小水沟，大鱼无法转体，而小鱼回旋自如；六八尺高的小土丘，巨兽无法藏身，而妖狐却为之得意。况且尊贤授能，赏善施利，自古尧舜已是如此，何况畏垒山区人民呢？先生就听他们的吧！"

庚桑子说："小子们，过来。含车的巨兽，单独离开山林，就不免于受到网罗的祸患；吞船的大鱼，因潮汐激荡而离水搁浅于岸，就会受蝼蚁的困苦。所以鸟兽不厌山高，鱼鳖不厌水深。要全形养性的人，隐身之所，也是不厌深远罢了。

"况且，尧舜这两个人，又有什么值得称赞的呢！像他们这样辨别贤能善利，就像妄凿垣墙而种蒿蓠当墙一样，选择头发来梳，数着米粒来煮，窃窃小利又怎能救世呢！荐举贤能则使人民相互倾轧，任用智者则使人民相互欺诈。这些事不足以使人民淳厚。人民营利之心切，于是有子杀父，臣杀君，白日偷盗，正午挖墙，我告诉你们，大乱的根源，必定起自尧舜时期，而遗害于千载之后。千载之后，必定有人吃人的了！"

古注

郭象："聃云，功成事遂，而百姓皆谓我自尔，今畏垒反此，故不释然。"

今论

吴健雄："如果自己的境界还没有修炼到诚敬的程度就急于付诸行动，那么行动起来或多或少会有不妥当之处。"

原典

南荣趎(chú)蹴然正坐曰[①]："若趎之年者已长矣，将恶乎托业以及此言邪[②]？"

庚桑子曰："全汝形[③]，抱汝生[④]，无使汝思虑营营[⑤]。若此三年，则可以及此言矣。"

南荣趎曰："目之与形，吾不知其异也，而盲者不能自见；耳之与形，吾不知其异也，而聋不能自闻；心之与形，吾不知其异也，而狂者不能自得。形之与形亦辟矣[⑥]，而物或间之邪[⑦]，欲相求而不能相得？今谓趎曰：'全汝形，抱汝生，勿使汝思虑营营。'趎勉闻道达耳矣[⑧]！"

庚桑子曰："辞尽矣。曰奔蜂不能化藿蠋[⑨]，越鸡不能伏鹄卵[⑩]，鲁鸡固能矣[⑪]。鸡之与鸡，其德[⑫]非不同也，有能与不能者，其才固有巨小也。今吾才小，不足以化子。子胡[⑬]不南见老子！"

南荣趎赢[⑭]粮，七日七夜至老子之所。老子曰："子自楚之所来乎？"

南荣趎曰："唯。"

老子曰："子何与人偕来之众也？"南荣趎惧然顾其后。

老子曰："子不知吾所谓乎？"

南荣趎俯而惭，仰而叹曰："今者吾忘吾答，因失吾问。"

老子曰："何谓也？"

南荣趎曰："不知乎，人谓我朱愚[⑮]；知乎，反愁我躯。不仁，则害人；仁，则反愁我身。不义，则伤彼；义，则反愁我己。我安逃此而可？此三言者，趎之所患也。愿因楚[⑯]而问之。"老子曰："向吾见若眉睫之间[⑰]，吾因以得汝矣。今汝又言而信[⑱]之。若规规然若丧父母[⑲]。揭竿而求诸海也[⑳]。女亡人哉[㉑]！惘惘[㉒]乎！汝欲反汝情性而无由入，可怜哉！"

南荣趎请入就舍[㉓]，召其所好，去其所恶。十日自愁[㉔]，复见老子。老子曰："汝自洒濯[㉕]，熟哉郁郁乎[㉖]！然而其中津津[㉗]乎犹有恶也。夫外韄(huò)[㉘]者不可繁而捉，将内揵[㉙]；内韄者不可缪[㉚]而捉，将外揵；外内韄者，道德不能持，而况放道而行者乎！"

南荣趎曰："里人有病，里人问之，病者能言其病，然其病病者，犹未病也。若[㉛]趎之闻大道，譬犹饮药以加病也，趎愿闻卫生[㉜]之经而已矣。"

老子曰："卫生之经，能抱一[㉝]乎？能勿失乎？能无卜筮[㉞]而知吉凶乎？能止乎？能已乎？能舍[㉟]诸人而求诸己乎？能翛然[㊱]乎？能侗然[㊲]乎？能儿子[㊳]乎？儿子终日嗥而嗌不嗄[㊴]，和之至也；终日握而手不掜

(ní)[40]，共其德也；终日视而目不瞚[41]，偏不在外也。行不知所之，居不知所为，与物委蛇[42]，而同其波。是卫生之经已。”

南荣趎曰：“然则是至人之德已乎？”曰：“非也。是乃所谓冰解冻释者[43]，能乎？夫至人者，相与交食乎地，而交乐乎天[44]，不以人物利害相撄[45]，不相与为怪[46]，不相与为谋[47]，不相与为事[48]，翛然而往，侗然而来。是谓卫生之经已[49]。”

曰：“然则是至乎？”

曰：“未也。吾固告汝曰：‘能儿子乎？’儿子动不知所为，行不知所之，身若槁木之枝而心若死灰。若是者，祸亦不至，福亦不来。祸福无有，恶有人灾也！”

注释

①南荣趎：庚桑楚的弟子，姓南荣名趎。蹴然：不安的样子。正坐：正容端坐，以示敬畏。②恶：何。托：凭托，凭借。此言指“藏身下厌深眇之”。③全汝形：指不伤其身体。④抱汝生：指不失其天性。⑤思虑：智慧。营营：劳累不休。⑥形之与形：前一“形”指形体，后一“形”指外貌。辟：通譬，比类，相同类。⑦物：外物。间：间隔，分别。⑧勉：勉强。达耳：达于耳而未入心。⑨奔蜂：细腰土蜂，小蜂。藿：豆叶。蠋：豆虫。⑩越鸡：荆鸡，体小。鹄：天鹅，体大。⑪鲁鸡：蜀鸡，体大。固：必。⑫德：物性。⑬胡：何。⑭赢：担。⑮朱愚：铢愚，愚钝，愚昧无知。⑯因楚：通过庚桑楚。⑰向：方才，刚才。若：你。眉睫之间：眼神，引申为表情。⑱信：证实。⑲若：你。规规然：惊视自失的样子。若：如。⑳揭竿：举竿。诸：之于。㉑女：汝，你。亡人：流亡之人。㉒惘惘：心中若有所失而迷惘的样子。㉓请入就舍：就居弟子之舍。㉔自愁：自觉愁苦。㉕洒濯：洗涤。㉖熟：通孰，何。郁郁：忧郁不乐的样子。㉗津津：水自然外溢的样子。㉘韄：通护。㉙揵：同闭，堵塞，闭塞。㉚缪：通缪，纰缪，错误。㉛若：如，象。㉜卫生：卫护生命，保身全生。㉝抱一：合一，抱朴。㉞卜筮：占卜。㉟舍：舍弃。㊱翛然：自由自在，无拘无束的样子。㊲侗然：无牵无挂的样子。㊳儿子：婴儿。㊴嗥：嗥哭。嗌：咽喉哽塞。嗄：嘶哑。㊵挠：拳曲，攥。㊶瞚：眨眼。㊷委蛇：随便应付。㊸者：犹之。㊹交：通邀。天：自然。㊺撄：纠缠，扰乱。㊻怪：责怪。㊼谋：谋划。㊽事：做事。㊾是：此。经：常道，道理。

译文

南荣趎不安地正容端坐着说：“我的年龄已经这样大了，要怎样才能达到你所说的精神境界呢？”

庚桑子说："不伤你的身体，不失你的天性，不使你的思虑穿凿。如此三年，就可以达到了。"

南荣趎说："眼睛的外形，我看不出它们有什么差异，而盲人却视而不见；耳朵的外形，我看不出它们有什么区别，而聋子却听而不闻；心的外形，我也看不出它们有什么不同，而疯狂的人却思而不得。我的形体的外形与楚也相同类，而对外物的感受却有分别，想相互求得心心相通却不能相得。现在你对我说，'不伤你的身体，不失你的天性，不使你的思虑穿凿'，我只能勉强听到耳朵里！"

庚桑子说："话说尽了。细腰蜂不能孵化豆虫，越鸡不能孵化天鹅卵，而鲁鸡必能做到。鸡与鸡相比较，物性没有不同，但有能与不能之分，由于它们的才能有大小之别。现在我的才能小，不足以教化你，你为何不到南边去拜见老子？"

南荣趎担着口粮，走七天七夜到了老子的住所。老子说："你从庚桑楚那里来的吗？"

南荣趎说："是的。"

老子说："你为什么和那么多的人一起来呢？"南荣趎惊恐地回头看看他的身后。

老子说："你不懂我所说的意思吗？"

南荣趎低头而惭愧，仰天而叹说："现在我忘了我应怎样回答，因而也忘了我的询问。"

老子说："什么意思呢？"

南荣趎说："不知道吧，人说我愚昧；知道吧，反而危害我的身躯。不行仁，便伤害他人；行仁，反而又危害自身。不行义，便伤害他人；行义，反而危害自己。我怎样逃避这种处境方可呢？这三点，是我所忧患的，希望有庚桑楚的引荐而向你请教。"老子说："方才我看你的表情，我就得知你的苦恼了。现在又从你说的这些话中得到进一步的证实。你那惊视自失的样子像丧失了父母。犹如拿着竹竿去探测大海。你是个流亡的人呀，迷惘呀！你打算返归你自己的本性而又无从入手，真可怜呀！"

南荣趎请求就居弟子的馆舍受业，求其所好，弃其所恶，十天自感愁苦，再去见老子。老子说："你自己洗涤，为什么还忧郁不乐呢！然而心中还有恶的自然流露。缠护于外，利害纷繁无从把握它，于是关闭内心以控制；缠护于内，思虑就会产生缪结，也无从把握它，于是关闭外物以杜绝其因缘。外内缠护的人，即使有道德也不能自己守持，何况是听任道德而行事的人呢！"

南荣趎说：“屯里的人有病，邻人问他，病人能讲清自己的病情，能把病当作病，他的病还未达到病甚的程度。如我听了大道，好像吃药加重了病一样，我只想听听保身全生之术就够了。”

老子说：“保身全生之术，能弃多知而抱朴吗？能不丧失本性吗？能不占卜而知道吉凶吗？能不止于本分吗？能不再追求已经过去的东西吗？能舍弃于人而求之于己吗？能自由自在吗？能纯真无知吗？能像婴儿吗？婴儿整天号哭而喉咙不哽塞嘶哑，这是和谐所至；婴儿整天握拳而手不曲拳，这是共守他的本性；整天睁眼而目不转睛，是心不偏向外求，行走不知所去的方向，停下来不知要做什么事情。因顺自然，随波逐流。这就是保身全生之术。”

南荣趎说：“这就是至人的道了吗？”答说：“不是。这乃是所说的冰解冻释那样解除症结而使心性灵通，你能做到吗？那种至人，因顺自然而求食于大地，因顺自然而同乐于天。不因人事利害而纠缠，不相互怪异，不相互图谋，不相互务事，自由自在而去，无知无虑而来，这就是保身全生之术了。”

问说：“那么，这就是达到至道了吗？”

答说：“没有。我曾告诉你说：‘能像婴儿吗？’婴儿的举动不知干什么，行走不知所去的方向，身体像槁木枝而心灵像死灰。这样，祸也不会到，福也不会来。没有祸福，哪里还有人为的灾害呢？”

古注

郭象：“出则天子，处则天民，此二者俱以泰然而自得之，非为而得之也。”

今论

吴健雄：“注重内修德性的人，行为不留名迹；追求外在功业的人，志向在于求取财物。行为不拘于名迹的人，懂得日常生活中的点滴小事亦可成就伟大。”

原典

宇泰定者[①]，发乎天光[②]。发乎天光者，人见[③]其人，物见其物。人有修[④]者，乃今有恒[⑤]；有恒者，人舍[⑥]之，天助之。人之所舍，谓之天民[⑦]；天之所助，谓之天子[⑧]。学者，学其所不能学也；行者，行其所不能行也；辩[⑨]者，辩其所不能辩也。知止乎其所不能知，至矣！若有不即是者，天均[⑩]败之。备物以将形[⑪]，藏不虞[⑫]以生心，敬中以达彼，若是而万恶至者，皆天也，而非人也，不足以滑[⑬]成，不可内于灵台[⑭]。灵台者，有持而不知其所持，而不可持者也。不见其诚己而发[⑮]，每发而不当；业入而不舍[⑯]，每更为失。为不善乎显明之中者，

人得而诛之，为不善乎幽间[17]其中者，鬼得而诛之。明乎人，明乎鬼者，然后能独行。券[18]内者，行乎无名；券外者，志乎期费[19]。行乎无名者，唯庸有光[20]；志乎期费者，唯贾人[21]也，人见其跂[22]，犹之魁[23]然。与物穷者，物入焉；与物且者[24]，其身之不能容，焉能容人！不能容人者无亲，无亲者尽人。兵莫憯[25]于志，莫邪[26]为下；寇[27]莫大于阴阳，无所逃于天地之间。非阴阳贼[28]之，心则使之也。

注释

①宇：眉宇。泰定：大定，宁静。②天光：自然流露的智慧之光。③见：通现，显现。④修：修行。⑤恒：常。⑥舍：归附。⑦天民：指大自然之民。⑧天子：大自然之子，天以子畜之。⑨辩：通辨，辨别。⑩天均：亦作天钧，指自然均齐的状态。⑪备：具备。物：指形成耳目之物。将：养。备物以将形，即指“全汝形”。⑫虞：臆度，思虑。⑬滑：乱。⑭内：通纳，纳入。灵台：指心。⑮诚己：诚于己，内心至诚。发：发作，表现。⑯业：指习已成性。舍：舍弃，制止。⑰幽间：隐蔽的地方。⑱券：同契，契合。⑲期：求，要。费：显用。⑳唯：但，必然。庸：常。㉑贾人：商人。㉒跂：跂足。㉓魁：高大。㉔与物且：与外物格格不入。且，借为阻。㉕憯：同惨，毒。㉖莫邪：吴国的好剑。㉗寇：敌寇。㉘贼：害，伤害。

译文

眉宇之间守静的人，会发出自然的智慧之光。发出自然的智慧之光，就会人现其人，物现其物。人能自我修炼，才能有恒常的本性；有恒常的本性，人们就依附于他，自然也助佑于他。人们来依附的，称之为天民，自然助佑的，称之为天子。学习的人，学他所不能学的；实行的人，行他所不能行的；辨别事物的人，辨他所不能辨的。认识止于他所不能认识的良知，就达到顶点了；假如有不这样做的，就要损害自然均齐的状态。具备形成耳目之物以养形体，深藏不虑可养心神，敬修于心而通达于形。如果达到这种境界还有种种灾祸到来，那都是天命流行，而不是人事所不修，不足以扰乱德性，不能纳入高于万物的内心。心灵有主见而行之又无主见，不可有意把持，还看不见诚成于己就向外发作，每次发作都是不恰当的，习已成性的外事侵入内心而不舍弃，每变一次丧失就愈甚一次。行为不善在显明之中的，人们因此而责难他；行为不善在隐避之处的，会受到鬼的遣责。光明正大于人非，光明正大于鬼责，然后才能独往独来。契合于内的人，行为不留名迹；契合于外的人，志向在于求用。行为不拘于名迹的人，虽庸常而有光辉；志向在于求用的人，只是商人。人看到他的跂足，像是高大的样子，能尽物之性的，人物而无间；和外物苟且的，连自身都不能相容，怎能容人呢？不能容人的就没人亲近他，没人亲近的人周围就空无一人，武器没有比心志更毒的，莫邪那样利剑也在其下；伤害没有大于阴阳的，人们无法逃脱天地之间。不是阴阳伤害他，而是人心驱使他如此。

古注

王夫之注："无形者，非无也。静而求之，旷眇而观之，宇宙之间，非有无形者。"

原典

道通①，其分也成也②；其成也毁③也。所恶乎④分者，其分也以备⑤；所以恶⑥乎备者，其有以备。故出而不反⑦，见其鬼；出而得⑧，是谓得死。灭而有实⑨，鬼之一也。以有形者象无形者而定矣⑩。

出无本⑪，入无窍⑫。有实而无乎处，有长而无乎本剽⑬，有所出而无窍者有实⑭。有实而无乎处者，宇⑮也，有长而无本剽者，宙⑯也。有乎生，有乎死；有乎出，有乎入。入出而无见⑰其形，是谓天门⑱。天门者，无有也，万物出乎无有。有不能以有为⑲有，必出乎无有，而无有一⑳无有。圣人藏乎是㉑。

古之人，其知有所至矣。恶㉒乎至？有以为未始有物者，至矣，尽矣，弗可以加矣。其次以为有物矣㉓，将以生为丧㉔也，以死为反㉕也，是以分已㉖。其次曰始无有，既而有生，生俄㉗而死；以无有为首，以生为体，以死为尻㉘；孰知有无死生之一守㉙者，吾与之为友。是三者㉚虽异，公族也，昭景㉛也，著戴也，甲氏㉜也，著封也，非一㉝也。

有生，黬（àn）㉞也，披然㉟，曰移是㊱。尝言㊲移是，非所言㊳也。虽然，不可知者也㊴，腊者之有膍胲（gāi）㊵，可散而不可散也；观室者㊶周于寝庙，又适其偃焉，为是举㊷移是。

请尝言移是，是以生为本㊸，以知为师，因以乘㊹是非；果有名实㊺，因以己为质㊻，使人以为己节㊼，因以死偿㊽节。若然者，以用为知㊾，以不用为愚，以彻为名㊿，以穷为辱。移是，今之人[51]也，是蜩与学鸠同于同也[52]。

注释

①道通：含义与《齐物论》句"其本"相同。道通为一，即道。②成：形成，分而后形成。③毁：毁掉，毁灭。④恶乎：于何，怎样。恶，何处。⑤备：全。⑥恶：讨厌，憎恨。⑦出而不反：只持而不知返。⑧出而得：出而自以为有所得。⑨有实：形骸的实体。⑩有形：指人、物。象：法而象。⑪出无

本：无本犹无始。⑫入无穷：穷通徼，边际。无穷：指无终。⑬本剽：剽同标，末、终。⑭有实：充实。⑮宇：上下四方，指空间。⑯宙：古往今来，指时间。⑰见：现。⑱天门：与天光、天钧等同时应，即指自然出入之门。⑲为：形成，产生。⑳一：统一。㉑藏乎是：藏心于道，藏心于无。㉒恶：何处。㉓以上数句注见《齐物论》。㉔丧：丧失。㉕反：通返。㉖以：通已，已经。已：犹矣。㉗俄：突然间。㉘尻：屁股。㉙守：持。解道非是。㉚三者：指以无为首，以生为体，以死为民。㉛昭景：昭氏，景氏，皆为楚国王族的姓氏。㉜甲氏：楚国王族的姓氏。㉝非一：不一致，有区别。㉞黡：黑疵。㉟披然：分散的样子。㊱移是：移此而达彼，指是非之不齐而齐，是非不定。㊲尝言：试言。㊳非所言：言之所不能及。㊴不可知者也：不能为常人所理解。㊵腊：腊祭。膍：牛肚。胲：牛蹄，一说牛颊肉。㊶观室者：观居室的形状。㊷举：皆，一说举例。㊸以生为本：指生死方面的事情。㊹乘：驾驭。㊺果：果真。名实：指名实相符。㊻质：质正，衡量。㊼节：符合，符节。㊽偿：犹殉。㊾知：通智。㊿彻：犹通。名：名声。51今之人：与古之人对应，指现在的人。52蜩与学鸠：见《逍遥游》注。同于同：个人之见与蜩鸠相同，知同之为同，不知集异则为大同。

译文

从道的观点来看是齐一无别的，万物总体的分就是众体的成，新事物的成又是旧事物的毁，因此，不管怎样分散，它的分散是完备的；所以不管怎样完备，还是追求更大的完备。精神离开躯体而不返回，就显现他为鬼；精神离开躯体而自以为有所得，这就叫作得到死。精神灭了而有实体存在，与鬼一样。以有形骸的人效法没有形骸的道那就安定了。

道，生无始，灭无终，充实而没有处所，便是宇。成长而没有终了，便是宙。有生，有死，有出，有入，入出而不见其形状，这就是自然之门。自然之门，就是无有，万物生于无有，有不能从有中产生，一定要从无有中产生出来，而无有本来就是没有。圣人就游心于这个地方。

古时候的人，他们的认识有最高的境界。什么是最高的境界？他们认为宇宙未曾形成万物的始初时刻，认识是最高的，尽美尽善的，再不能增加什么认识了！其次，则认为宇宙开始有了万物时，把生当作丧失，把死视为返本，这已经有分了。再其次，有的说宇宙形成时就是无有外物，后来有了生命，顷刻间而又归于死亡；把无有当头颅，把生命当躯干，把死亡当屁股；谁知道有无死生，守持一体的，我就和他交朋友。这三者虽然有差别，却属于一个家族，昭氏、景氏，因尊奉先人而著称，甲氏因封地而著称，虽然同为公族又有区别。有面生黑痣的人，有蔓延分散的性质，称为移此而达彼，是非不定。试说说这是非不定的问题，并不是能说得清楚的。虽然说了，还不能为常人所了解。腊祭时祭品中有牛肚代表五脏四肢的牲品，不一定非放在一起，但又是非陈列不可散的。犹如游观屋室的人周游于东西厢的寝庙和无东西厢的寝室，又到厕所，这就是是非常移的道理。

让我说说是非不定的道理。这是以生为根本，以认识为标准，因而能驾驭是非；果真有名实之别，因而以自己为主来定是非；人都以自己为节操，以至于用死偿节，像这样，凡举用的就是智，举不用的为愚，通达向上的就有名声，穷塞在下的就是耻辱。是非的转移，是现今人的问题，这正如蜩与学鸠一样，是同样无知的。

古注

王夫之注："经营无形以显其有，无处、无本剽而实者实、长者长，莫之能御。"

今论

吴健雄："也许我们做不了圣人，那也无妨，我们就做水吧。"

原典

蹍市人之足[1]，则辞以放骜[2]，兄则以妪(yù)[3]，大亲[4]则已矣，故曰，至礼有不人[5]，至义不物[6]，至知不谋[7]，至仁无亲[8]，至信辟金[9]。

彻志之勃[10]，解心之谬[11]，去德之累[12]，达道之塞[13]民。贵富显严[14]名利六者，勃志也。容动色理气意六者[15]，缪心也。恶欲[16]喜怒哀乐六者，累德也。去就取与知能六者[17]，塞道也。此四六者[18]，不荡胸中则正，正则静，静则明，明则虚，虚者无为而无不为也，道者，德之钦[19]也；生者，德之光也；性者，生之质也。性之动，谓之为；为之伪，谓之失。知者，接[20]也；知者，谟[21]也；知者之所不知，犹睨[22]也。动以不得已之谓德，动无非我之谓治[23]，名相反而实相顺也。

羿工乎中微而拙乎使人无己誉[24]。圣人工乎天而拙乎人。夫工乎天而俍[25]乎人者，唯全人能之。唯虫能虫，唯虫能天[26]。全人恶[27]天？恶人之天[28]？而况吾天乎人乎[29]！

一雀适[30]羿，弄必得之，威也。以天下为之笼，则雀无所逃。是故汤以胞人笼伊尹[31]，秦穆公以五羊之皮笼百里奚[32]。是故非以其所好笼之而可得者，无有也。

介者侈画[33]，外非誉也；胥靡[34]登高而不惧，遗死生也。夫复谐(xí)

不馈而忘人㉟，忘人，因以为天人矣。故敬之而不喜，侮之而不怒者，唯同乎天和㊱者为然。出㊲怒不怒则怒出于不怒矣；出为无为，则为出于无为矣。欲㊳静者平气，欲神则顺心。有为也欲当㊴，则缘于不得已㊵，不得已之类，圣人之道。

注释

①蹍：踩，踹，踏。市人：集市上不相识的人。②辞：辞谢。放骜：放肆，失礼。骜，通敖。③妪：妪煦，出声的问慰。④大亲：父母。⑤至礼有不人：不以人为的礼仪文质为重。⑥至义不物：最大的义不以物为厚薄。⑦知：智。不谋：无须谋虑。⑧无亲：无须亲。⑨辟：屏弃。金：指金虽坚不足为比。⑩勃：一作悖，乱。⑪谬：一作缪，悖谬对文，非作系缚解。⑫累：累赘。⑬塞：不通，堵塞。⑭显：荣显。严：尊严。⑮容：容貌。理：辞理。气：气息。⑯恶欲：好恶。⑰去：舍弃。就：趋从。取：取来。⑱四六者：指勃志、谬心、累德、塞道四个方面中的六者。⑲钦：尊。⑳接：应接，感性认识。㉑谟：理性认识。㉒睨：寻找规律。旧注斜视非也。㉓治：不乱，顺心，明德，通道。㉔羿：古代善射的人。工：善，能。中微：射中微小的目标。拙：笨拙，不善于。无己誉：不赞誉自己。㉕俍：同良，善。㉖唯：犹虽，虽然。㉗恶：厌恶。㉘人之天：人为形成的状态。㉙天乎人乎：天人对立。㉚适：通过，经过。㉛胞：通庖，厨师。笼：笼络。㉜五羊之皮：五张羊皮。百里奚：春秋时秦国的大夫。㉝介者：断足的人。拸画：不拘法度。拸，离弃。画，规则，规矩礼法。㉞胥靡：囚徒，犯人。㉟复谮：熟习。谮，同习，馈：同愧。㊱同乎天和：同于天德。㊲出：超出。㊳欲：要，打算。㊴当：允当，合乎天道。㊵缘：因顺。不得已：无心应事。

译文

踩了市人的脚，得说失礼来道歉，兄长踩了弟弟的脚则出声慰问一下，父母踩了儿女们的脚就不必说什么了。所以说，至礼是不以人为的礼仪文质为重的，至义不以物为厚薄，至知不以谋虑为是非，至人无须有亲疏，至信摒弃与金属坚实之比。

彻毁意志悖乱，消解心灵的荒谬，除去道德的累赘，贯通大道的障碍。尊贵、富有、高显、尊严、功名、利禄，这六者都是缠扰心志的。憎恶、爱欲、欢喜、愤怒、悲哀、快乐等六者，都是累赘德性的。舍弃、趋从、贪取、给予、知虑、本领六者，都是堵塞道的，上述四类六项不在胸中激荡就能平正，心神平正就安静，安静就明达，明达就空虚，空虚就无为而无所不为。道为德尊崇，生是德的光辉，性是生的本质。性的活动，叫作为；有为的人为，叫作失。知是感性认识，智是理性认识；理性之所以不是感性认识，在于寻找规律。行动出于不得已，叫作德；行动无非是为了自身，就叫作治；求名则相反而求实则相顺。

羿善于射中最微小的目标，却拙于使人不称扬自己。圣人善于顺乎自然而拙于人为。善于顺应自然又顺应人为的，只有全人才能做到。虽然虫能像虫，虫能顺乎自然。全人厌恶自然是厌恶人为的自然，何况我把天人对立起来呢？

一只山雀飞过羿的地方，羿一定能捕到它，这是他的威力，把天下当作笼子，那么所有的山雀就无法逃脱了。所以商汤用庖人来笼络伊尹，秦穆公用五只羊的皮笼络百里奚。所以不用他们的所好来笼络住他们是没有过的。

断足的人离弃规矩礼法，是把毁掉名誉置之度外；囚徒登到高处而不恐惧，是在于遗弃了死生。熟习道而无内疚于己而忘却人事，忘却人事，便可以因此而成为接近自然的天人了。所以，尊敬他，他也不高兴；侮辱他，他也不因此而愤怒。只有同于自然的人才能成为这样。超出愤怒而不算愤怒，愤怒是由不愤怒产生的；超出有为而无所作为，则有为产生于无为，要想安静就要平静和气，要想奋起精神就要顺应心意，有为要得当，这种有力由于不得已而为。一切都出于不得已，便是圣人之道。

古注

郭象：“任其自然，天也；有心为之，人也。工于天，即佷于人矣，谓之全人，全人则圣人也。”

今论

吴健雄：“坚忍不拔，百折不挠，这种‘生如蚁，美如神’的力量，无穷无尽，无比强大。”

徐无鬼

第二十四

原典

徐无鬼因女商见魏武侯[①]，武侯劳[②]之曰："先生病[③]矣！苦于山林之劳[④]，故乃肯见于寡人[⑤]。"

徐无鬼曰："我则劳于君[⑥]，君有何劳于我！君将盈耆欲[⑦]，长好恶[⑧]，则性命之情病矣[⑨]；君将黜[⑩]耆欲，掔（qiān）[⑪]好恶，则耳目病[⑫]矣。我将劳君，君有何[⑬]劳于我！"

武侯超然[⑭]不对。少焉，徐无鬼曰："尝语君[⑮]，吾相[⑯]狗也。下之质[⑰]，执饱而止[⑱]，是狸德也[⑲]；中之质，若视日[⑳]；上之质，若亡其一[㉑]。吾相狗，又不若吾相马也，吾相马，直者中绳[㉒]，曲者中钩[㉓]，方者中矩[㉔]，圆者中规[㉕]，是国马[㉖]也，而未若天下马[㉗]也。天下马有成材[㉘]，若恤[㉙]若失，若丧其一[㉚]。若是[㉛]者，超轶绝尘[㉜]，不知其所[㉝]。"

武侯大悦而笑。徐无鬼出，女商曰："先生独何以[㉞]说[㉟]吾君乎？吾所以说吾君者，横说之则以《诗》、《书》、《礼》、《乐》，从说之则以《金板》、《六韬》[㊱]。奉事而大有功者不可为数[㊲]，而吾君未尝启齿[㊳]。今先生何以说吾君，使吾君说若[㊴]此乎？"

徐无鬼曰："吾直告之吾相狗马耳。"

女商曰："若是乎？"

曰："子不闻夫越之流人[㊵]乎？去[㊶]国数日，见其所知[㊷]而喜；去国旬[㊸]月，见所尝见于国中者喜；及期年[㊹]也，见似人[㊺]者而喜矣；不亦去人滋[㊻]久，思人[㊼]滋深乎？夫逃虚空者[㊽]，藜（lí）藋（diào）柱乎鼪（shēng）鼬（yòu）之径[㊾]，踉[㊿]位其空，闻人足音跫然而喜矣[51]，又况乎昆弟亲戚之謦（qǐng）欬（kài）其侧者乎[52]！久矣夫，莫以真人之言謦欬吾君之侧乎！"

注释

①徐无鬼：人名，姓徐名无鬼，缗山人，战国时魏国的隐士。因：通过。女商：魏国大臣，姓女，名商。魏武侯：名击，魏文侯的儿子。②劳：慰劳。③病：贫困。④劳：劳苦。⑤寡人：古代国君的自称。⑥君：指国君，魏武侯。⑦盈：满足。耆欲：爱好和欲望。⑧长：增长。好恶：爱憎。⑨性命之情：性命的实质。病：伤害，损害。⑩黜：减损，废弃。⑪掔：通牵，引申为除去。⑫病：困苦。⑬有何：有什么。⑭超然：若有所失的样子。超，通怊。⑮尝：尝试。语君：告诉君主。⑯相：观察相貌。⑰质：材，材质，质地。⑱执饱而止：捕兽得饱则止。执，捕。⑲狸：山猫。德：德性。⑳视日：看得高望得远。㉑亡：指亡失。一：指身体。㉒直者中绳：直得如中绳墨。㉓曲者中钩：曲得如中钩那样弯曲。㉔方者中矩：指马跑得方的符合矩。㉕圆者中规：指马跑得圆得符合圆规。㉖国马：全国之冠的好马。㉗天下马：天下之冠的好马。㉘成材：成用之才性。㉙若恤：若有忧思的意思。恤，忧。㉚若丧其一：情性静寂专一。㉛是：这。㉜超轶：超越。绝尘：不知其所止。㉝不知其所：不知去向。㉞何以：以什么。㉟说：通悦。㊱从：通纵。㊲数：计算。㊳启齿：微笑。㊴说：通悦。㊵流人：流放的人。㊶去：离。㊷知：见过面的人。㊸旬：一旬十日。㊹期年：周年。㊺似人：似自己国家的人。㊻滋：益，越。㊼思人：思念故人。㊽逃虚空者：逃到无人之地的人。㊾藜藋：灰菜。柱：塞。鼪鼬：黄鼠狼。㊿踉：踉跄。51足音：走路的声音。跫：脚步声。52亲戚：父母。謦欬：咳嗽，喉中出声音。

译文

徐无鬼由女商介绍见魏武侯，武侯慰劳他说："先生贫困了！你苦恼山林的劳苦所以才肯来见我。"

徐无鬼说："我则是慰劳你的，你有什么来慰劳我呢？你要是满足嗜欲，增长好恶，那么性命的实质就要受损伤了；你要废弃嗜欲，除去好恶，耳目就要受困苦了。我要慰劳你，你有什么要慰劳我的呢？"

武侯若有所失而不回答。过不一会儿，徐无鬼说："我试告诉你，我的相狗术。下等的才质狗，只是捕兽得食而止的，这是山猫的德性；中等才质的狗，眼睛看得高望得远；上等才质的狗，仿佛不在乎自己的身体。我的观狗术，又不如我的观马术。我观察马，直的地方与绳墨相符合，弯曲的地方与钩相符合，方的地方与矩相符合，圆的地方与规相符合，这就是国家最好的马，然而还赶不上天下最好的马。天下的好马有天生成用才性，走起路来像有忧思，又像丧其一偶，像这样的，超越绝尘，不知所止，不知去向。"

武侯很高兴地笑了。徐无鬼出来。女商说："先生究竟怎样使我的君主这么高兴呢？我所以取悦我君主的，横说用《诗》、《书》、《礼》、《乐》，纵说用《金板》、《六韬》兵书。行事而大有功效的，不计其数，可我的君主过去没有开口微笑过。现在先生用什么对我君主说教，使我的君主如此高兴呢？"

徐无鬼说："我特意将相狗马之术告诉了他。"

女商说："就是这样吗？"

说："你没听过在越国的流放的人吗？离开祖国不几天，看到所认识的人就高兴，离开祖国十天一个月，看见曾见过的人就喜欢；至于离开祖国一年的人，只要见到像似自己国家的人就高兴；不就是离开人越久，思念人也就越深吗？流落到空地的人，灰菜塞满黄鼠狼往来的途径，踉踉跄跄居住在空野，听到人走路的脚步声就高兴起来，又何况是兄弟父母的说笑声在他的旁边呢！很久了，没有人以真诚的语言在我君主的身旁谈笑了啊！"

古注

郭象："各思其本性之所好。得所至乐，则大悦也。"

今论

吴健雄："对于高高在上的执政者而言，普天之下他说了算，这份寂寞就更别提有多深了。"

原典

徐无鬼见武侯，武侯曰："先生居山林，食芧（xù）栗①，厌②葱韭，以宾寡人③，久矣。夫今老邪④？其欲干⑤酒肉之味邪？其寡人亦有社稷之福⑥邪？"

徐无鬼曰："无鬼生于贫贱，未尝敢饮食君之酒肉，将来劳君⑦也。"

君曰："何哉！奚劳寡人？"

曰："劳君之神与形。"

武侯曰："何谓邪？"

徐无鬼曰："天地之养也一⑧，登高⑨不可以为长，居下⑩不可以为短。君独为万乘之主，以苦一国之民，以养耳目鼻口，夫神者不自许⑪也。夫神者，好和而恶奸⑫。夫奸，病也，故劳⑬之。唯君所病之⑭，何也？"

武侯曰："欲见先生久矣。吾欲爱民而为义偃兵⑮，其可乎？"

徐无鬼曰："不可。爱民，害民之始⑯也；为义偃兵，造兵之本也。君自此为之，则殆⑰不成。凡成美⑱，恶器也。君虽为仁义，几且伪哉⑲！形固造形⑳，成固有伐㉑，变固外战㉒。君亦必无盛鹤列于丽谯㉓

之，无徒骥于锱坛之宫㉔，无藏逆于得㉕，无以巧胜人，无以谋胜人，无以战胜人。夫杀人之士民，兼人之土地，以养吾私㉖与吾神者，其战不知孰善？胜之恶乎在？君若勿已矣！修胸中之诚，以应天地之情而勿撄㉗。夫民死已脱㉘矣，君将恶乎用夫偃兵哉！”

注释

①芧栗：橡子。②厌：通餍，饱食。③宾寡人：摈弃我，不做官。宾，通摈，弃。④夫今老邪：犹其今老邪。“夫”属下读，旧注以“久矣夫”为句实误。⑤干：求。⑥社稷之福：这句是说如果徐无鬼能出来做官，参与国政，一定对国家有利，而是国家的幸福。⑦将来劳君：要来慰劳君主。⑧天地之养也一：天地养育万物是一视同仁的。⑨登高：指住在上。⑩居下：指住在下。⑪不自许：不自得。⑫和：平和，指和于德。奸：乱，指与道相悖。⑬劳：劳其形。⑭所：所以。病之：病在这里。⑮偃兵：放下兵器，停止战争。⑯害民之始：指将古代战争说成是爱民，实际就成了害民的开始。⑰殆：危险。⑱成美：指建立爱民为义的好名声。⑲几且：近乎。伪：虚伪不实。⑳形固造形：前形指仁义的形迹，后形指造成作伪的形态。㉑成固有伐：成指造成的形迹。有伐，夸耀。㉒变：变乱。外战：公开战争。㉓丽谯：高楼。㉔徒骥：步骑兵。锱坛：祭坛。㉕无藏：不要私藏。逆：矛盾。得：通德。㉖私：私利。㉗撄：扰乱。㉘脱：免除。

译文

徐无鬼去见魏武侯，魏武侯说：“先生身居深山老林，吃橡子，食葱韭，你摈弃我已很长时间了。你现在老了吗？是想求得酒肉的滋味呢，还是为我的国家造福呢？”

徐无鬼说：“无鬼出身贫穷低贱，不曾敢想享用你的酒肉，是来慰劳你的。”

武侯说：“怎么？你怎样来慰劳我？”

徐无鬼说：“慰劳你的精神和形体。”

武侯说：“什么意思？”

徐无鬼说：“天地的养育之功是一视同仁的，身居高位不可自以为长，身居低位不可自以为短。你独自为万乘的君主，奴役一国的人民，用以奉养耳目鼻口的私欲，而心神不能自得。心神喜好和德而厌恶悖道。悖道是一种毛病，所以来慰劳你。只有你犯这种毛病，为什么呢？”

武侯说：“想见先生很久了。我想爱民，为了义而停止用兵，可以吗？”

徐无鬼说：“不可以。爱民，是害民的开始，为了义而停止用兵，是制造战争的祸根。你从这里去做，就会危险而不会成功。凡是成就美名的，就是作恶的工具，你虽然要行仁义，但接近作伪啊。仁义的形迹必定要造成作伪的形态，成功了必定要自夸，有变乱必定有公开的战争。你一定不要将盛大的军队像鹤群一样排列在高楼之间，不要集合步骑兵于辎坛的宫内，不要隐藏矛盾去妄取，不要用巧诈去胜人，不要以阴谋去胜人。那种杀害别人的士兵和民众，夺取养育别人的土地，用来奉养我们的私欲和满足我们的心神需要的战争，不知有什么好处？不知胜利在什么地方？你不如停止战争，修养胸中的诚心，来顺应天地的自然情意，而不搅扰他物。人民这样却能免除死亡，你哪里还用得着讲什么停止战争呢！”

古注

郭象："不知以何为善，则虽克非己胜。若未能已，则莫若修己之诚。"

原典

黄帝将见大隗乎具茨之山[①]，方明为御[②]，昌寓骖乘[③]，张若[④]、謵朋前马，昆阍、滑稽后车[⑤]。至于襄城之野[⑥]，七圣皆迷[⑦]，无所问涂[⑧]。适[⑨]遇牧马童子，问涂焉，曰："若[⑩]知具茨之山乎？"

曰："然。"

"若知大隗之所存乎？"

曰："然"。

黄帝曰："异哉小童！非徒[⑪]知具茨之山，又知大隗之所存。请问为天下。"

小童曰："夫为天下者，亦若此而已矣，又奚事焉！予少而自游于六合之内[⑫]，予适有瞀[⑬]病，有长者教予曰：'若乘日之车而游于襄城之野。'今予病少痊[⑭]，予又且复游于六合之外。夫为天下亦若此而已。予又奚事焉！"

黄帝曰："夫为天下者，则诚[⑮]非吾子之事，虽然，请问为天下。"

小童辞[⑯]。黄帝又问。小童曰："夫为天下者，亦奚以异乎牧马者哉！亦去其害马者而已矣！"黄帝再拜稽首[⑰]，称天师而退[⑱]。

注释

①大隗：指喻大道，一说神名或人名。具茨：山名，又名大隗山。②方明：虚设人名，指明白的人。御：驾车，赶车。③昌寓：虚设人名，指盛美的人。骖乘：坐在车后面的陪乘者。④张若：虚设人名。⑤昆阍：虚设人名。滑稽：虚设人名，指言辞雄辩不穷的人。后车：指在车后相从。⑥襄城：今河南襄城县。野：远郊为野。⑦圣：指前述六人加黄帝为七圣。迷：迷途不知返。⑧涂：路。⑨适：时逢，恰巧。⑩若：你。⑪徒：只。⑫六合之内：

指人世之间。⑬瞀：眼花，目眩。⑭瘥：病愈。⑮诚：诚然，当然。⑯辞：推辞不答。⑰稽首：叩头点地。⑱天师：天道的老师。退：退回，返还。

译文

黄帝要到具茨山去见大隗，方明驾车，昌寓陪乘，张若、謵朋在马前向导，昆阍、滑稽在车后随从。到了襄城的远郊，七人都迷失方向，没有地方问路。恰好遇到一个牧马的小孩，向他问路，说：“你知道具茨山吗？”

回答说：“知道。”

又问：“你知道大隗的住处吗？”

回答说：“知道。”

黄帝说：“怪呀，小孩！不光知道具茨山，还知道大隗的住处。请问治理天下的道理。”

小孩说：“治理天下，也就是如此而已，又何必去多事呢！我小的时候自己游于人世之间，正好得了目眩病，有位长者教导我说：‘你坐上时日的车子而游于襄城的远郊。’现在我病好一点，我又游于尘世以外的境地，治理天下，也是如此而已，又何必去多事呢！”

黄帝说：“治理天下诚然不是你的事情。虽然这样，还要请问怎样治理天下。”

小孩不回答，黄帝又问。小孩说：“治理天下，和放牧马群有什么不同呢？也不过是除去那些害群之马罢了。”黄帝再三拜谢叩头点地，称小孩为天师而返回。

古注

郭象：“师夫天然而去其过分，则大隗至也。”

原典

知士无思虑之变则不乐①，辩士无谈说之序则不乐②，察士无凌谇之事则不乐③，皆囿④于物者也。招世之士兴朝⑤，中民之士荣官⑥，筋力之士矜难⑦，勇敢之士奋患⑧，兵革⑨之士乐战，枯槁之士宿名⑩，法律之士广治⑪，礼教之士敬容⑫，仁义之士贵际⑬。农夫无草莱之事则不比⑭，商贾无市井之事则不比⑮。庶人有旦暮之业则劝⑯，百工有器械之巧则壮⑰。钱财不积则贪者忧，权势不尤⑱则夸者悲。势物⑲之徒乐变。遭时有所用⑳，不能无为㉑也，此皆顺比㉒于岁，不物于易者也㉓。驰其形性㉔，潜之万物㉕，终身不反㉖，悲夫！

注释

①知士：指搞智谋的人。变：变换。②辩士：善于言谈的人。序：条理。③察士：善于洞察的人。凌谇：凌辱，责骂。④囿：局限。⑤招：通翘，翘秀，

出类拔萃。兴朝：振兴朝政。⑥中：中等人。荣官：营一官职，非以官显荣。荣：通营。⑦筋力：身体强壮有力。矜：自夸，自豪。难：困难。⑧奋患：奋力除患。⑨兵革：使兵器穿战袍。⑩枯槁之士：隐士。宿名：守名。⑪法律：精于法律的人。广治：以治术自广。⑫敬容：注重仪表。⑬贵际：重视交际。⑭草莱：开垦田地。比：亲和。⑮比：和乐。⑯旦暮之业：指一日之业。暮，通莫。劝：勉。⑰百工：指各种手工业。器械之巧：能尽其巧。壮：气壮。⑱尤：异，出众。⑲势物：权利，贪利。⑳遭时有所用：不埋没长处。㉑不能无为：舍不得短处，不能无所作为。㉒比：从。㉓物：外物控制。易：变化，变易。㉔形性：身心。㉕潜：犹没。之：于。㉖反：通返，返回本性。

译文

善用智谋的人没有思虑的变换就不高兴，善辩论的人没有言谈的条理就不高兴，善于苛求的人没有凌辱责骂之辞就不高兴，这些人都是为外物所局限的人。出类拔萃的人振兴朝政，中等的人只想营一官职，身强力壮的人以解难自豪，勇敢的人奋起除患。武装在身的人乐于征战，隐于山林的人喜好持守名誉，讲求法律的人希望推广法治，讲求礼乐的人注重仪表，施用仁义的人注重交际。农民没有开垦田地的事就不能安居乐业，商人没有经商的事也不能安居乐业。庶人有朝夕的事业就会自勉，百工有器械的技巧就会气壮。钱财不能积聚而贪图的人就会忧虑，权势不大却贪图虚名的人就会悲哀。迷于权势财物的人喜欢变乱，这些人遇到有所用时是不能无所作为的。这些人都是顺时投机，为一种事物束缚而不能变易。无限地使用他的形体和心性，沉没在万物之中，终生执迷不悟，真可悲啊！

古注

郭象："凡此诸士，用各有时，时用则不能自已也。苟不遭时，则虽欲自用，其可得乎！故贵贱无常也。"

今论

吴健雄："在庄子眼中，英雄、执政者之所以会迷乱，全因他们掉入了自己挖的迷宫里，自以为是英雄，老想找用武之地，老想表现自己。"

原典

庄子曰："射者非前期①而中，谓之善射，天下皆羿②也，可乎？"

惠子曰："可。"

庄子曰："天下非有公是③也，而各是其所是，天下皆尧也，可乎？"

惠子曰："可。"

庄子曰："然则儒、墨、杨、秉[4]四，与夫子为五，果孰[5]是邪？或者若鲁遽[6]者邪？其弟子曰：'我得夫子之道矣，吾能冬爨[7]鼎而夏造冰矣。'鲁遽曰：'是直以阳召阳，以阴召阴，非吾所谓道也。吾示子乎吾道。'于是为之调瑟，废一于堂，废一于室，鼓宫宫动，鼓角角动，音律同矣。

"夫或改调一弦，于五音无当也，鼓之，二十五弦皆动，未始异于声，而音之君已。且若是者邪？"

惠子曰：今夫儒、墨、杨、秉，且方与我以辩，相拂[8]以辞，相镇[9]以声，而未始吾非[10]也，则奚若[11]矣？"

庄子曰："齐人蹢（zhí）子于宋者[12]，其命阍也不以完[13]，其求钘钟[14]也以束缚，其求唐子也而未始出域[15]，有遗类[16]矣！夫楚人寄而蹢阍者，夜半于无人之时而与舟人斗，未始离于岑而足以造于怨也。"

注释

①前期：预定目标。②羿：人名，即后羿。③公是：共同认可的是非标准。④秉：公孙龙的字。⑤孰：谁。⑥鲁遽：人名，周初人。⑦爨：烧。⑧相拂：相互指责。拂，违戾。⑨镇：压。⑩吾非：非吾，非难我。⑪奚若：怎么样，如何。⑫蹢：通擿，投，放。一说通谪，责。子：儿子。宋：宋国。⑬命：命令，任命。阍：看守大门的人。不以完：不使他完其管钥。⑭钟：乐器。⑮唐子：失亡之子，丢掉的儿子。域：借为阈，门限之内。⑯遗类：遗失伦类，违反二般的道理。

译文

庄子说："射箭的人不按预定的目标而射中，把他称为善射，天下的人就都是后羿了，可以这样说吗？"

惠施说："可以。"

庄子说："天下没有共同认可的标准，而各自以为自己的正确，天下的人就都是尧了，可以这样说吗？"

惠施说："可以。"

庄子说："那么儒、墨、杨、公孙龙四家，和先生为五家，究竟谁正确呢？或者像鲁遽那样吗？他的弟子说：'我学到了先生的道理，我能冬天烧鼎而夏天造冰。'鲁遽说：'这是用阳气召阳气，用阴气召阴气，不是我所说的道理。我把我的道理给你看看。'于是给他们调试瑟弦，置一把在堂上，置一把在室内，弹奏宫宫音动，弹奏角角音也动，音律相同。

"如要改调一弦，五音不合，弹奏它，二十五根琴弦都动，在声调上没有差别，只是以音为主而已。你们都像这样吗？"

惠施说："现在儒、墨、杨、公孙龙，正在和我辩论，用言语相互指责，用声音相互压制，而未必是我的错误，怎么能和他们相像呢？”

庄子说：“齐国人把他的儿子放在宋国，让他像残废者一样守大门，他有个钘钟乐器却包起来，齐人寻找亡失的小孩却不出门限之内，这与各家争论类似！楚国有个寄居而守大门的人，在半夜无人的时候与船夫争斗，船还没有靠岸而足以造成怨仇了。”

古注

郭象：“齐楚二人所行若此，而未尝自以为非，今五子自是，岂异斯哉！”

原典

庄子送葬，过惠子之墓，顾谓从者曰：“郢人垩漫其鼻端若蝇翼①，使匠石斲（zhuó）之②。匠石运斤③成风，听而斲之，尽垩而鼻不伤，郢人立不失容④。宋元君⑤闻之，召匠石曰：‘尝试为寡人为之。’匠石曰：‘臣则尝能斲之。虽然，臣之质⑥死久矣。’自夫子之死也，吾无以为质矣！吾无与言之矣！”

注释

①郢人：是位泥水匠人。郢，楚国的国都。垩：白灰。漫：涂。②匠石：人名，木匠。斲：砍。③斤：斧。④失容：失色。⑤宋元君：宋国的国君。⑥质：质对，对象。

译文

庄子给亲朋送葬，经过惠施的坟墓，回头对随从说：“郢人在他的鼻尖上涂像苍蝇翅膀那样大小的白土子，让匠石把白点砍掉。匠石运斧如成风，声声作响地砍它，砍尽了白土子而没伤鼻子，郢人站立面不改色。宋元君听到此事，召匠石说：‘试试为我砍一次看看。’匠石说：‘我以前砍过，但是，我砍的对象已经死很久了。’自从先生死了后，我没有对手了，我没有辩论的对象了！”

古注

郭象：“瞑目恣手。非夫不动之质，忘言之对，则虽至言妙斲而无所用之。”

原典

管仲有病，桓公问之，曰：“仲父之病病矣①，可不讳云②，至于大病，则寡人恶乎属国而可③？”

管仲曰：“公谁欲与？”

公曰：“鲍叔牙④。”

曰：“不可。其为人洁廉⑤善士也，其于不己若⑥者不比之，又一闻

人之过，终身不忘。使之治国，上且钩⑦乎君，下且逆乎民⑧。其得罪于君也，将不久矣！”

公曰：“然则孰可？”

对曰：“勿已，则隰(xí)朋⑨可。其为人也，上忘而下畔⑩，愧不若黄帝而哀不已若者⑪。以德分人⑫谓之圣，以财分人⑬谓之贤。以贤临人⑭，未有得人者也；以贤下人⑮，未有不得人者也。其于国有不闻也，其于家有不见也。勿已，则隰朋可。”

注释

①仲父：桓公对管仲的尊称。病病：病重。②讳：忌讳。云：说。③恶：怎么，何。属：同嘱，托付，嘱托。国：指国政。④鲍叔牙：齐国的大夫。⑤洁廉：清白廉洁。⑥不己若：不若己，不如自己。⑦钩：拘束。⑧逆乎民：违逆民意。⑨隰朋：人名，齐国的公族大夫。⑩上忘：对上相忘不计较。下畔：对下友善不逆民意。⑪愧：惭愧。哀：怜爱。⑫以德分人：把美德分给别人。⑬以财分人：把才能分给别人。⑭以贤临人：以贤自居对待别人。⑮以贤下人：以贤能甘居人下。

译文

管仲有病时，桓公问他说：“仲父的病很重了，可以不避讳地说，达到病危，那么我把国政托付给谁才可以呢？”

管仲说：“你要给谁。”

桓公说：“鲍叔牙。”

管仲说：“不可以。他为人洁白清廉，是位善良之士；他对不如自己的人不亲近，并且一听到别人的过错，就终身不忘。让他治理国政，对上要拘束君主，对下要违逆民意。他获罪于国君，将不会有多长时间了！”

桓公说：“那么谁可以呢？”

管仲回答说：“不得已的话隰朋可以。他的为人，对上能够忘记权贵的荣位，而对下友善不叛离，他自愧不如黄帝，而怜爱不如自己的人。把美德分给别人称为圣人，把才能分给别人叫做贤人。以贤自居对待别人，没有能得人心的；以贤能甘居人下，没有不得人心的。他于国政有不亲自过问之处，他对家事有不亲自过问之时。不得已的话隰朋可以。”

古注

郭象：“若皆闻见，则事钟于己而群下无所措手足，故遗之可也。未能尽遗，故仅可也。”

原典

吴王浮于江[1]，登乎狙[2]之山。众狙见之，恂然弃而走[3]，逃于深蓁[4]。有一狙焉，委蛇[5]攫搔，见[6]巧乎王。王射之，敏给博捷矢[7]。王相者[8]趋射之，狙执死[9]。王顾谓其友颜不疑[10]曰："之狙也，伐[11]其巧、恃其便以敖予[12]，以至此殛（jí）[13]也。戒之哉！嗟乎！无以汝色骄人哉[14]！"颜不疑归而师董梧[15]，以锄[16]其色，去乐辞显[17]，三年而国人称[18]之。

注释

①吴王：吴国的君主。浮：泛舟。②狙：猕猴。③恂：恐惧。弃：弃地。走：跑，逃跑。④蓁：通榛。⑤委蛇：庄重而又从容自得的样子。⑥见：通现。⑦敏给：敏捷。博捷：接取。矢：箭头。⑧相者：随从打猎的人。⑨执死：抱树而死。⑩颜不疑：人名。⑪伐：夸，矜。⑫恃：依靠。敖：通傲。予：我。⑬殛：死。⑭汝：你。色骄：骄傲的态度。人：指别人。⑮董梧：人名，吴国的贤人。⑯锄：锄草一样。一本作助，通锄，除去。⑰去乐：去掉享乐。辞显：辞谢显贵。⑱称：称赞。

译文

吴王泛舟于江上，登上猕猴山。群猴看见他，恐惧地弃地跑掉，逃到榛树丛中。有一只猴子，从容自得地攀搏抓取，向吴王显示灵巧。吴王射它，敏捷地接取箭头。吴王命令随从者上前一齐射它，猕猴中箭抱树而死。吴王回头对他的朋友颜不疑说："这只猕猴，夸它的灵巧依靠它的灵便来傲视我，以至于这样死去！要引以为戒啊！唉！不要用你的骄傲态度对待别人啊！"颜不疑回去拜董梧为师，除去傲色，去享乐就贫苦辞显贵甘淡漠，三年而国人都称赞他。

古注

郭象："敏，疾也。给，续括也。捷，速也。"

原典

南伯子綦隐几而坐[1]，仰天而嘘[2]。颜成子[3]入见，曰："夫子，物之尤[4]也。形固可使若槁骸[5]，心固可使若死灰乎？"

曰："吾尝居山穴之中矣，当是时也，田禾一睹我[6]，而齐国之众三贺之[7]。我必先之[8]，彼故知之；我必卖之，彼故鬻（yù）[9]之。若我而不有之，彼恶乎得而知之？若我而不卖之，彼恶得而鬻之？嗟乎！我悲[10]人之自丧者，吾又悲夫悲人者，吾又悲夫悲人之悲者，其后而日远矣。"

注释

①南伯子綦：人名。隐：靠。②嘘：吐气。③颜成子：人名。④物之尤：人物之中出类拔萃的人。⑤形：形体，身体。槁骸：枯骨。⑥田禾：齐太公和。睹：看。⑦贺之：祝贺他。⑧我必先之：我的名声必先于他。⑨鬻：卖。⑩悲：悲伤，哀怜。

译文

南伯子綦靠几案坐着，仰天吐气，颜成子进来见到说："先生真是出类拔萃的人物。形体固然可以使它成为枯骨，心固然可以使它成为死灰一样吗？"

南伯子綦说："我曾隐居在山洞里。正在这个时候，齐国的国君田禾一来看我，而齐国的民众就再三祝贺他，我的名声一定先于他，所以他知道我；我一定卖了我的名声，所以，他才把我的名声贩卖出去。如果我没有名声，他怎么会知道我？如果我不贩卖名声，他怎么能贩卖我的名声呢？唉！我悲伤人的自我丧失，我又悲伤那些悲伤别人的人。我又悲伤那悲伤的悲伤，然后我就天天远离大道了。"

古注

郭象："綦知夫为之不足以救彼而适足以伤我，故以不悲悲之，则其悲稍去，而泊然无心，枯槁其形，所以为日远矣。"

原典

仲尼之[1]楚，楚王觞[2]之，孙叔敖[3]执爵而立，市南宜僚[4]受酒而祭曰："古之人乎！于此言已。"曰："丘也闻不言之言[5]矣，未之尝言，于此乎言之。市南宜僚弄丸而两家之难解[6]，孙叔敖甘寝秉羽而郢人投兵[7]，丘愿有喙三尺[8]！"

彼[9]之谓不道之道，此[10]之谓不言之辩，故德总乎道之一[11]。而言休[12]乎知之所不知，至矣。道之所一者，德不能同也；知之所不能知者，辩不能举[13]也，名若儒墨而凶矣[14]。故海不辞东流，大之至也；圣人并包天地，泽及天下，而不知其谁氏。是故生无爵，死无谥[15]，实[16]不聚，名[17]不立，此之谓大人[18]。狗不以善吠为良，人不以善言为贤，而况为大乎！

夫为大不足以为大，而况为德乎！夫大备[19]矣，莫若天地；然奚[20]求焉而大备矣。知大备者，无求，无失，无弃，不以物易己也。反己而不穷，循古而不摩[21]，大人之诚。

注释

①之：去，往。②觞：酒器。③孙叔敖：人名。④市南宜僚：即熊宜僚，是楚国的勇士。⑤不言之言：不说话的言论。⑥弄丸：玩弄丸铃，玩弄弹丸。两家之难：指楚白公胜要作乱，想杀令尹子西，去请勇士市南宜僚，宜僚不答应，使者用剑威胁他，他仍然玩弄弹丸，既不害怕，也不从命，于是白公胜欲作乱未成。⑦甘寝：安寝。秉：执。羽：羽毛扇。郢人：指楚人。郢，楚国的都城。投兵：投弃兵器，不用兵器，不打仗。⑧丘愿有喙三尺：孔子自己愿意有三尺长的嘴不能说话。⑨彼：指孙叔敖和市南宜僚。⑩此：指孔子。⑪总：归根结底。一：齐一。⑫休：停止，休止。⑬举：辩举，并举。⑭名：名声。凶：危险。⑮谥：谥号。⑯实：实质。⑰名：概念。⑱大人：指圣人。⑲大备：体现了大。⑳奚：何。㉑摩：揣摩。

译文

孔子去楚国，楚王请他喝酒，孙叔敖拿着酒器而站立，市南宜僚洒酒而祭祀，说："古代的人啊！在这里说说吧。"孔子说："我也听到过不说的言论了。未曾说过的话，在这里说说它。市南宜僚玩弄弹丸，而解决了两家的危难；孙叔敖安寝摇扇而卧，而使楚人停止用兵。我希望有三尺长的嘴不说话。"

他们所说的是不言之道，孔子所说的是不言之辩，故而归根到底是德与道的齐一，而言语停止在知的就是所不知的地方，就是极点了。道的同一，德不能同；知道所不能知道的，善辩的人也不能尽举。名声像儒墨，那就危险了。所以大海不制止河水东流，才能大到极点。圣人并不包容天地，恩泽到天下，而不知他姓谁名谁，所以，他活时无爵位，死后无谥号，实利不集聚，名声不建立，这就是大人。狗不因为善于叫唤便是好的，人不因为会说教便是贤人，何况成就大名的人呢！

大名，不足以成为大名，何况成德呢！最大而完备的，莫如天地，然而没有什么追求的，它却最大而完备了。知道大而完备的，是无所追求，无所丧失，无所舍弃，不用外物改变自己。返回自己的本性而不穷尽，因循常道行事而不矫饰，这就是大人的至诚无息。

古注

郭象："天地大备，非求之也。知其自备者，不舍己而求物，故无求无失无弃也。"

原典

子綦有八子①，陈②诸前，召九方歅（yīn）③曰："为我相吾子，熟为祥？"

九方歅曰："梱[4]也为祥。"

子綦翟然[5]喜，曰："奚若[6]？"

曰："梱也将与国君同食，以终其身。"

子綦索然[7]，出涕，曰："吾子何以至于是极也！"

九方歅曰："夫与国君同食，泽及三族[8]，而况于父母乎！今夫子闻之而位，是御[9]福也。子则祥矣，父则不祥。"

子綦曰："歅！汝何足以识之，而梱祥邪？尽于酒肉，入于鼻口矣，而何足以知其所自来？吾未尝为牧[10]，而牂（zāng）生于奥[11]；未尝好田，而鹑生于宎[12]，若勿怪，何邪？吾所与子游者，游于天地。吾与之邀[13]乐于天，吾与之邀食于地。吾不与之为事，不与之为谋，不与之为怪。吾与之乘天地之诚，而不以物与之相撄[14]；吾与之一委蛇[15]，而不与之为事所宜。今也，然有世俗之偿焉！凡有怪征者，必有怪行。殆乎！非我与吾子之罪，几天与之也。吾是以位也。"无几何，而使捆之于燕，盗得之于道，全而鬻[16]之则难，不若刖之则易，于是乎刖而鬻之于齐，适当渠公之街[17]，然身食肉而终。

注释

①子綦：即南伯子綦。这里是承上文南郭子綦说的。②陈：排列站着，列队站着。③九方歅：人名，伯乐的弟子，善于相面。④梱：人名，子綦的儿子名梱。⑤瞿然：惊喜的样子，兴奋的样子。⑥奚若：何如，为何。奚，你、怎么。⑦索然：空尽的样子，承前文瞿然而来，惊喜空尽。⑧三族：父族、母族、妻族。⑨御：抵制，拒绝。⑩牧：放牧，畜牧。⑪牂：母羊。奥：屋的西南角。⑫田：狩猎。宎：屋的东南角。⑬邀：要求。下同。⑭相撄：相搅扰。⑮委蛇：随顺。⑯鬻：卖。⑰渠公之街：街名。

译文

子綦有八个儿子，列队在面前，邀请九方歅说："给我儿子相面，谁有祥运？"

九方歅说："梱有祥运。"

子綦惊喜的说："何以如此呢？"

九方歅说："梱终生都将和国君同饮食。"

子綦喜色空尽，流出眼泪，说："我的儿子为什么达到这种程度呢？"

九方歅曰："和国君同饮食，恩泽到三族，何况父母呢！现在先生听到此事便哭泣，这是抵制福分。儿子有祥运了，父亲却没有祥运。"

子綦说："歅！你怎么知道，梱真有祥运吗？只是酒肉到口鼻而已，你怎么知道他的由来呢？我没有放牧而西南屋角却生出羊，没有狩猎而东南屋角却生出鹌鹑，你不觉得奇怪，为什么？我与他遨游的，是游于天地。我要求与他同乐于天，我要求与他同求食于地；我不和他追求事业，我不和他同谋共虑，不和他标新立异。我和他顺着天地的实情，而不使他和外物相搅扰；我和他顺随自然，而不和他选择事情合适再去做。现在，却没有世俗的报偿！凡是有奇怪征兆的，一定有奇怪的行为，危险啊！这不是我和儿子的罪过，是天给他的。我因此才哭泣的。”没有多久，梱被派到燕国去，强盗在途中捉到他，手足齐全拿去卖他很难，不如砍断了脚去卖容易，于是把他的脚砍掉后卖到齐国，正好被渠公任为门正，而吃肉终身。

古注

郭象：“今无怪行而怪徵，故知其天命也。夫为而然者，勿为则已矣。不为而自至，则不可奈何也，故泣之。”

原典

啮缺遇许由[①]，曰：“子将奚之[②]？”

曰：“将逃尧。”

曰：“奚谓邪？”

曰：“夫尧畜畜然[③]仁，吾恐其为天下笑。后世其人与人相食与[④]！夫民，不难聚也；爱之则亲，利之则至，誉之则劝，致其所恶[⑤]则散。爱利出乎仁义，捐[⑥]仁义者寡，利仁义者众。夫仁义之行，唯且无诚，且假乎禽贪者器[⑦]。是以一人之断制利天下也，譬之犹一覕(piē)[⑧]也。夫尧知贤人之利天下也，而不知其贼天下也，夫唯外乎贤者知之矣！”

注释

①啮缺：庄子假拟人名。许由：人名，尧时贤人。②子：你。奚：什么地方。之：去。③畜畜然：心爱勤劳的样子。④与：通欤。⑤恶：厌恶。⑥捐：舍弃。⑦禽贪：禽兽那样贪婪的人。器：工具。⑧覕：借为邲，宰割。一说借为瞥，作暂见解。

译文

啮缺遇见许由，说：“你要到哪里去？”

许由说：“要逃避尧的让位。”

啮缺说：“为什么呢？”

许由说：“尧心爱勤劳地为仁，我恐怕他被天下人所讥笑。后世将要人和人相食！民众，不难聚集；爱他们便亲近，有利给他们就来到，奖励他们就劝勉，致使他们厌恶就离散。爱和利都出于仁义，舍弃仁义的少，取利于仁义的多。仁义的行动，只要没有诚意，就会成为禽兽一样贪婪的工具。这是以一个人的独断专行来取利天下，就犹如宰割一样。尧只知道贤人有利于天下，而不知道他也会有害于天下，只有在贤人以外的人才能了解这事情！”

古注

郭象：“若夫仁义各出其情，则其断制不止乎一人。”

原典

有暖姝[①]者，有儒需[②]者，有卷娄[③]者。所谓暖姝者，学一先生之言，则暖暖姝姝而私自说[④]也，自以为足矣，而未知未始有物也，是以谓暖姝者也。濡需者，豕虱[⑤]是也，择疏鬣自以为广宫大囿[⑥]，奎蹏曲隈[⑦]，乳间股脚，自以为安室利处，不知屠者[⑧]之一旦鼓臂布草操烟火[⑨]，而已与豕俱焦也。此以域[⑩]进，此以域退，此其所谓儒需者也。

卷娄者，舜也。羊肉不慕蚁，蚁慕羊肉，羊肉膻[⑪]也。舜有膻行，百姓悦之，故三徙成都，至邓之虚而十有万家[⑫]。尧闻舜之贤，举之童土[⑬]之地，曰冀得其来之泽。舜举乎童土之地，年齿长矣，聪明衰矣，而不得休归，所谓卷娄者也。

是以神人恶众至，众至则不比[⑭]，不比则不利也。故无所甚亲，无所甚疏，抱德炀和[⑮]以顺天下，此谓真人。于蚁弃知，于鱼得计，于羊弃意。

以目视目，以耳听耳，以心复心。若然者，其平也绳[⑯]，其变也循[⑰]。古之真人，以天待人，不以人入天。古之真人，得之也生，失之也死；得之也死，失之也生。

药也，其实堇也，桔梗也，鸡痈[⑱]也，豕零也，是时为帝[⑲]者也，何可胜言！

注释

①暖姝：自美自得的样子。②濡需：苟且偷安。③卷娄：犹拘挛，腰弯背曲，劳形自苦所致。④说：通悦。⑤豕虱：猪身上的虱子。⑥择：选择。鬣：猪领上的长毛。广宫：大宫殿。大囿：大园子。⑦奎：两腿之间。蹏：同蹄。曲隈：猪身上皱折的深曲处。⑧屠者：屠夫，杀猪的人。⑨鼓：摇动。操：拿起。⑩域：界域，境域。⑪膻：羊肉气味。⑫邓：地名。虚：通墟。而：则。有：又。⑬童土：荒地。⑭不比：无不结党营私。⑮炀和：温和。⑯绳：直。⑰循：随顺。⑱鸡痈：鸡头草。⑲帝：指主药。

译文

有自美自得的，有苟且偷安的，有劳形自苦的。所谓自美自得的人，只学一位老师的言论，就非常自美自得而私自喜悦，自以为满足了，而不知道空虚无物，所以叫做自美自得的人。苟且偷安的人，像猪身上的虱子，选择稀疏毛长之处自以为广阔的宫殿和大的园圃，腿蹄皱折深处，乳间股脚的地方，自以为是安全居室有利住所，不知道屠夫一旦挥臂摆开柴草操持烟火，而自己和猪一起烧焦。这就是随境域而进，这就是随境域而退，这就是那种叫做苟且偷安的人。

大劳形自苦的人是舜。羊肉不羡慕蚂蚁，蚂蚁羡慕羊肉，因为羊肉味是膻的。舜有膻味的行为，百姓就喜欢他，所以三次迁都到邓的废墟而有十几万家。尧听说舜的贤能，推举他治理荒漠的土地，说是希望得到他来后的恩泽。舜治理这块荒漠的土地，年龄大了，耳目衰退了，而得不到回家休息，这就叫做形劳自苦的人。

因此神人厌恶众人到来，众人到来就无不结党营私，无不结党营私就是不利的。所以没有过分的亲近，没有过分的疏远，抱持德性去温人心以顺从天下，这就叫做真人。去掉像蚂蚁那样羡慕羊肉的一点智慧，像鱼那样忘掉江湖的自得其适，去掉像羊那样的有意之行。

用眼睛看眼睛能看见的，用耳朵听耳朵能听到的，用心灵领悟心灵能领悟的。像这样，他的心既平静又直率，他的行为既变化也因顺。古代的真人，以自然之道对待人事，不以人事之道对待自然。古代的真人。得到它就生，失掉它就死；得到它就死，失掉它就生。

药物，其实不过就是乌头、桔梗、鸡头草、猪苓根等，这些药物随时作为主药，怎么可以说尽呢！

古注

郭象："当其所须则无贱，非其时则无贵，贵贱有时，谁能常也！"

原典

勾践也以甲楯三千栖于会稽[①]，唯种[②]也能知亡之所以存，唯种也不知其身之所以愁[③]。故曰：鸱（chī）[④]目有所适，鹤胫有所节[⑤]，解之也悲。

故曰：风之过，河也有损焉；日之过，河也有损焉；请只风与日相与守河，而河以为未始其撄也，恃源而往者也。故水之守土也审[⑥]，影之守人也审，物之守物也审。

故目之于明也殆，耳之于聪也殆，心之于殉也殆，凡能其于府[7]也殆，殆之成也不给改。祸之长也兹萃[8]，其反也缘功，其果也待久。而人以为己宝，不亦悲乎！故有亡国戮民无已[9]，不知问是也。

故足之于地也践[10]，虽践，恃其所不蹍而后善博也[11]；人之于知也少，虽少，恃其所不知而后知天之所谓也。知大一[12]，知大阴[13]，知大目[14]，知大均[15]，知大方[16]，知大信[17]，知大定[18]，至矣！大一通之，大阴解之，大目视之，大均缘之，大方体之，大信稽之，大定持之。

尽有天，循有照，冥有枢，始有彼。则其解之也似不解之者，其知之也似不知之也，不知而后知之。其问之也，不可以有崖，而不可以无崖。颉滑[19]有实，古今不代[20]，而不可以亏，则可不谓有大扬搉[21]乎！阖不亦问是已，奚惑然为！

注释

①勾践：越国的国君。甲楯：披甲执盾，这里指士兵。会稽：山名，在今浙江省境内。②种：人名，即文种，越国大夫。③愁：忧愁。④鸱：猫头鹰。⑤胫：小腿。节：节度，分寸。⑥审：安定。⑦府：指心脏。⑧兹：通滋。萃：集。⑨无已：不止。⑩践：通浅。⑪蹍：践。善博：安善广博。⑫大一：贯通为一，绝对同一性。⑬大阴：绝对的静止。⑭大目：以认大道为眼目，大道的观点。⑮大均：大道的均衡作用。⑯大方：大道无所不包容。⑰大信：大道的本性不妄。⑱大定：大道安定。⑲颉滑：错杂。⑳不代：不相假贷。代，通贷。㉑大扬搉：大总持，大体轮廓。

译文

勾践以士兵三千栖身于会稽山，唯有文种能知道在即将灭亡中求得生存的谋略，也唯有文种不知道自身未来的忧患。所以说，猫头鹰的眼睛有所适用就无所适用，鹤的小腿长有所适宜，截短了就会悲哀。

所以说风吹过河水就有所损失，太阳照过河水也会有损失。如果说风和太阳相互一起吹晒河水，而河水不曾受它们干扰的话，这是由于依靠源头不断地往来。所以水流在土上的安定，影守住人就得以显现，物守住物就融合不离。

所以，眼睛过于求明就危险了，耳朵过于求聪就危险了，心思过于虑物就危险了。凡是智能藏于内心就会危险，危险的形成就来不及改悔。祸患的产生和滋长是集聚的，再返回来就需要修养功夫，它的成果就得时间持久。而人们自以为可贵，不也悲哀吗！因此有亡国杀人不止，是不知道问个根源呵。

所以脚踏地很浅，虽然很浅，还要依靠它所没踏到的而后才安善广博；

人所知道得很少，虽然少，依靠它所不知的而后才能知道所谓天道。知道绝对的同一，知道绝对的阴静，知道绝对的道观，知道大道的均衡作用，知道大道的包容，知道大道的取信不妄，知道大道的安定，就最好了。大一来贯通，大阴来化解，大目来观照，大均来遂顺，大方来体悟，大信来核实，大定来持守。

万物都有自然，遂顺有照头，冥默有枢机，初始有彼端。对其理解的像不理解的，像知道它又像不知道它，不知道而后才能知道它。要追问它，它是没有端绪的，而又不可以没有端绪。滑稽而有实理，古今不能更替，然而又不能缺少，这不也可以说是有个大略的轮廓吗！为什么不追问这个妙理，何必疑惑呢！以不疑惑来理解疑惑，返回到不疑惑，这还是个大不疑惑。

古注

郭象："若问其大摧，则物有至分，故忘己任物之理可得而知也，奚为而惑若此也！"

则阳

第二十五

原典

则阳游于楚①，夷节言之于王②，王未之见，夷节归。彭阳见王果③曰："夫子何不谭④我于王？"

王果曰："我不若公阅休⑤。"

彭阳曰："公阅休奚为者邪？"

曰："冬则擉⑥鳖于江，夏则休乎山樊⑦。有过而问者，曰：'此予宅⑧也。'夫夷节已不能⑨，而况我乎！吾又不若⑩夷节。夫夷节之为人也，无德而有知⑪，不自许⑫，以之神⑬其交固，颠冥乎富贵之地⑭，非相助以德⑮，相助消⑯也。夫冻者假衣于春⑰，暍（yē）⑱者反冬乎冷风。夫楚王之为人也，形尊而严；其于罪也，无赦如虎⑲；非夫佞人⑳正德，其孰能桡焉㉑！故圣人其穷也，使家人忘其贫；其达也，使王公忘爵禄而化卑㉒；其于物㉓也，与之为娱㉔矣；其于人㉕也，乐物之通而保己焉。故或不言而饮人以和㉖，与人并立㉗而使人化。父子之宜㉘，彼其乎归居㉙，而一闲其所施㉚。其于人心者若是其远㉛也。故曰：待公阅休。"

注释

①则阳：人名，姓彭，名阳，以下皆称彭阳。楚：楚国。②夷节：人名，楚国大臣。言：介绍。王：楚王。③王果：人名，楚国大夫。④谭：通谈，推荐。⑤公阅休：人名，姓公阅，名休，楚国的隐士。⑥擉：通戳，刺。⑦休：休息。樊：樊圃。⑧予宅：我的住处。⑨不能：不能用。⑩不若：不如。⑪知：通智。⑫不自许：不自暴自弃。⑬神：神奇，神化。⑭颠冥乎富贵之地：把富贵看成是什么也没有。颠冥，神情颠倒。颠，颠狂。冥，妄行。⑮非：不能。相助：帮助。⑯消：消除鄙贱吝惜的心意。⑰冻者：受冻的人。假：借助。春：春天的温暖。⑱暍：中暑，伤暑。⑲赦：赦免，宽恕。如虎：像虎一样

凶狠。⑳佞人：有才能的人。㉑桡：通挠，屈服，矫正。㉒化卑：与卑贱同化。㉓物：事物。㉔娱：快乐。㉕人：人事。㉖饮人以和：以中和之道对待人。㉗与人并立：与人相处不用多长时间。㉘父子之宜：父亲与儿子相处相宜。㉙彼其：叠词，即波，他。归居：隐居。㉚一闲：一切出于闲暇无事。施：为事，施物。㉛远：深远。

译文

则阳到楚国游历，夷节将这件事告诉楚王，楚王未接见，夷节只好回家。彭阳拜见王果时，说："先生为什么在楚王面前不推荐我呢？"

王果说："我不如公阅休。"

彭阳说："公阅休是干什么的？"

王果说："冬天在江中刺鳖，夏天在山上樊圃里休息，过客中有人问他，他说：'这是我的住宅。'夷节也不能做到这点，何况是我呢！我又不如夷节。夷节的为人，没有德行，而有巧智，不自暴自弃，以智巧神化自己的交结。早就把富贵之地看成什么也没有，不能以德相助别人，还能使别人消除吝啬的心意。像受冻的人盼天暖当衣服，中暑的人反求冬天的冷风散热一样。楚王的为人，形貌尊严，对于罪过，不宽恕犹如凶狠的老虎。不是有才能的人端正他的德行，谁能使他屈服呢！因此，当圣人在穷困时，能使家人忘掉自己的贫困；当他通达时，能使王公大人忘掉高官厚禄而与卑贱同化；他对于外物，共处为快；他对于事，快乐相处而保存自己的天性。所以，有时不言语而能以中和之道对待人，与人相处用不了多久就能使人同化。像父子相处相宜一样。他回去隐居了，而一味闲暇无所事事。他入于人心有这么深远，所以说还得等待公阅休。"

古注

王夫之注："以人思虑之绝，而测之曰'莫为'；以人之必有思虑，而测之曰'或使'；天下之测道者，言尽矣。"

今论

吴健雄："庄子借丘里之言说道，我们在此却看到了他对社会契约的定义：一定数量的人群，经历很长一段时间形成的为所有成员都接受的一些准则。"

原典

圣人达绸缪[①]，周尽一体[②]矣，而不知其然[③]，性也。复命摇作[④]，而以天为师[⑤]，人则从而命[⑥]之也。忧乎知[⑦]，而所行恒无几时[⑧]，其有止也若之何[⑨]！生而美者，人与之鉴[⑩]，不告则不知其美于人也。若知之，

若不知之，若闻之，若不闻之，其可喜也终无已，人之好之亦无已，性也。圣人之爱人也，人与之名，不告，则不知其爱人也。

若知之，若不知之，若闻之，若不闻之，其爱人也终无已，人之安之亦无已，性也。旧国旧都，望之畅然，虽使丘陵草木之缗⑪，入之者十九⑫，犹之畅然，况见见闻闻者也，以十仞之台县众闲者也⑬。冉相氏得其环中以随成⑭，与物无终无始⑮，无几无时⑯。日与物化⑰者，一不化者⑱也，阖⑲尝舍之！夫师天而不得师天⑳，与物皆殉㉑，其以为事也若之何？夫圣人未始有天，未始有人，未始有始，未始有物，与世偕行而不替㉒，所行之备而不洫㉓，其合之也若之何？汤得其司御门尹登恒㉔，为之傅㉕之，从师而不囿㉖，得其随成，为之司其名，之名嬴法㉗，得其两见㉘，仲尼之尽虑，为之傅之。容成氏㉙曰："除日无岁㉚，无内无外㉛。"

注释

①绸缪：纠葛、缠绵。②周尽一体：周遍万物为一体。③不知其然：不知道它的所以然，因出于自然。④复命：复归于无命。一说为"静"。摇作：摇动而作。⑤以天为师：以天为宗，即以道为大宗师，以自然为主。⑥命：命名。⑦忧乎知：忧虑自己所知的事怕别人知道。⑧恒无几时：没有少许间歇时间。⑨其有止也若之何：若之何其有止的倒文。⑩鉴：鉴别。⑪缗：合，混朦不清。⑫十九：十分之九，十人中有九人。⑬以十仞之台县众闲者：指圣人的德行就像十仞高台悬立在众人之间一样无人不闻不知。⑭冉相氏：传说中远古时代的帝王。环中：指虚空。随成：随道而成。⑮与物无终无始：指环中。⑯无几无时：指随成。⑰日与物化：指外物随时变化。⑱一不化者：指内心灵明不变化。⑲阖：通盍，何。⑳师天：效法自然。㉑殉：为追求而不惜殉身。㉒不替：无偏废。替，废。㉓不洫：无忧。洫，借作恤。㉔司御：官名，一说非官名，指主天下御万物。门尹：官名。一说人名。登恒：人名，一说登于恒道。㉕傅：师傅。㉖囿：局限，限制。㉗之名嬴法：名法是多余的东西。㉘得其两见：此指仲尼而言，两见犹两端。㉙容成氏：古代圣人，作历数的人。㉚除日无岁：除掉每一天就没有年。㉛无内无外：就像没有内就没有外一样。

译文

圣人通达纠葛，周遍万物为一体，但不知其所以然，是由本性决定的。复归于天命摇动而作，而以天为宗师，人们因此命名他为圣人。忧虑自己知道的事情怕别人知道，而其行为又恒常一会也不间断，有时或有停止将把它怎样呢！生来就美的人，得别人给他镜子才知道美，别人不告诉他美便不知道比别人美。像是知道，又像不知道，像听说过，又像没听说过，他的喜悦没有终止之时，别人喜欢他也没有终止之时，这就是自然本性。圣人的爱人，别人给他命名为圣人，别人不告诉他，就不知道他爱人。

像知道他，又像不知道他，像听说过他，又像没听说过他，他爱人没有终止之时，人们安于他的爱也没终止之时，这也是自然本性。对自己的祖国和故都，看到它就心情舒畅；即使丘陵草木的混朦不清，掩盖的有十分之九，心里还是特别舒畅。何况是亲身所见的见到而亲耳所听的听到了呢！圣人之德就像以十仞之台一样悬立于众人之间的，冉相氏得到了虚无之道，听任外物随顺而成长，所以能和万物无终无始、无时无刻地相处。虽然天天与外物一起变化，但是那内在的精神是不变的。何曾尝试离开过虚空呢！效法天而得不到效法天的效果，与外物变化皆牺牲自身，这样还怎能做到顺应人事呢？圣人不知道有天，不知道有人，不知道有开始，不知道有外物，与世道同行而不知偏废，所行完备而不知忧虑，他和自然契合又怎样呢？商汤得到司御门尹登恒，拜为老师，随师学习而又不受其局限，得到他的随顺成物的本性，称举老师的大名，而自己却不在意。孔子得其两端，像仲尼尽绝思虑的态度一样，作为汤的老师。容成氏说：“除掉每一天就没有年了，这就像离开内就没有外一样。”

古注

郭象：“其所施同天地之德，故间静而不二。”

今论

吴健雄：“识上要包容。如果我们要吸纳别人的意见，就要有自己的主见而不能有固执的成见；如果是自己感悟到的观念，就算是正确的，也不能因此而拒绝别人的意见。”

原典

魏莹与田侯牟约[①]，田侯牟背之。魏莹怒，将使人刺之。犀首公孙衍闻而耻之[②]，曰：“君为万乘[③]之君也，而以匹夫[④]从仇。衍请受甲[⑤]二十万，为君攻之，虏其人民，系[⑥]其牛马，使其君内热发于背[⑦]，然后拔[⑧]其国。忌[⑨]也出走，然后抶(chì)[⑩]其背，折其脊。”

季子[⑪]闻而耻之，曰：“筑十仞之城，城者既十仞矣，则又坏之，此胥靡[⑫]之所若也。今兵不起七年矣，此王之基也。衍，乱人也，不可听也。”

华子[⑬]闻而丑之，曰：“善言伐齐者，乱人也；善言勿伐者，亦乱人也；谓伐之与不伐乱人也者，又乱人也。”

君曰：“然则若何？”

曰："君求其道而已矣。"

惠子[14]闻之，而见戴晋人[15]。戴晋人曰："有所谓蜗[16]者，君知之乎？"

曰："然。"

"有国于蜗之左角者，曰触氏；有国于蜗之右角者，曰蛮氏。时相与争地而战，伏尸[17]数万，逐北旬有五日而后反[18]。"

君曰："噫！其虚言[19]与？"

曰："臣请为君实[20]之。君以意[21]在四方上下有穷乎？"

君曰："无穷。"曰："知游心于无穷，而反在通达之国，若存若亡乎？"

君曰："然。"

曰："通达之中有魏，于魏中有梁[22]，于梁中有王。王与蛮氏有辩[23]乎？"

君曰："无辩。"

客出而君惝然若有亡也[24]。客出，惠子见。君曰："客，大人也，圣人不足以当之。"

惠子曰："夫吹管也，犹有嗃(xiāo)[25]也；吹剑首[26]者，吷[27]而已矣。尧舜，人之所誉也。道[28]尧舜于戴晋人之前，譬犹一吷也。"

注释

①魏莹：魏惠王的名字。田侯牟：指齐威王。②犀首：武官名，相当于晋代的虎牙将军。公孙衍：人名，魏国人。③万乘：指大国。④匹夫：一般平民。⑤甲：士兵。⑥系：拴，引申为抢夺。⑦内热：内心的热火。发于背：指在背部生毒疮。⑧拔：攻克，消灭，吞并。⑨忌：田忌，齐国的将军。⑩抶：鞭打。⑪季子：魏臣，一说魏匠，又一说苏秦。⑫胥靡：一作縃縻，古代的奴隶，用绳索牵连着强迫他们劳动。⑬华子：魏臣。⑭惠子：惠施。⑮戴晋人：魏国贤人。⑯蜗：蜗牛。⑰伏尸：横尸。⑱逐北：追赶败兵。旬：十日。反：通返。⑲虚言：空话。⑳实：证实。㉑意：想。㉒梁：魏都。㉓辩：通辨，辨别，区别。㉔惝然：迷迷糊糊的样子。亡：亡失。㉕嗃：吹竹管的声音，声音大而长。㉖剑首：剑环上的小孔。㉗吷：小声。㉘道：说。

译文

魏莹与田侯牟订下盟约，田侯牟背约。魏莹大怒，要派人去刺杀他。公孙衍将军听了耻笑他，说："你是大国的君主，而用匹夫的手段去报仇。我请求受于甲兵二十万，为你攻打他，俘虏他的人民，掠夺他的牛马，使齐国的君主内心发火而发病于背，然后吞并他的国土。田忌一出走，然后鞭打他的脊背，折断他的脊梁骨。"

季子听了而耻笑公孙衍，说："建筑十仞高的城墙，城高既然已经高十仞了，则又毁坏它，这是筑城奴隶所苦的事。现在不打仗已经七年了，这是统治的基础。公孙衍是好乱的人，不可以听从他的主张。”

华子听到季子的主张后而羞辱他，说：“好说伐齐的是好乱的人，好说不伐齐的人也是好乱的人；说伐齐与不伐齐是好乱的人，又是好乱的人。”

君主说：“那么怎么办呢？”

华子说：“你追求其大道就行了。”

惠施听了，而引见戴晋人。戴晋人说：“有所谓蜗牛，君主你知道吗？”

魏惠王说：“知道。”

“有个国家在蜗牛的左角，叫触氏；有个国家在蜗牛的右角，叫蛮氏。时常相争地盘而战争，横尸数万，追逐败兵十五天而后返回。”魏惠王说：“唉！这是虚话吗？”说：“臣请为君证实它。君主你想在四方上下有穷尽吗？”君主说：“没有穷尽。”说：“知道游心于无穷的境域，而返于通达的国土，若有若无吗？”君主说：“是这样。”说：“通达的国土中有魏国，魏国中有梁都，在梁都中有君王，君王与蛮氏有区别吗？”君主说：“没有区别。”客人走了，惠施进见。国君说：“这位客人是位伟大人物，圣人也不足以敌得了他。”惠施说：“吹竹管的，还有洪亮的声音，吹剑环的，只有小声而已。尧、舜是人所称誉的。在戴晋人面前称道尧、舜，就好比一点小声了。”

古注

郭象：“仲尼曰：天下何思何虑！虑已尽矣，若有纤芥之虑，岂得寂然不动，应感无穷，以辅万物之自然也！”

今论

吴健雄：“大道是抽象的，是最高的抽象，没有一般名词所具有的确定称谓。”

原典

孔子之楚[①]，舍于蚁丘之浆[②]。其邻有夫妻臣妾登极[③]者，子路曰：“是稯（zōng）稯何为者邪[④]？”

仲尼曰：“是圣人仆[⑤]也，是自埋于民[⑥]，自藏于畔[⑦]。其声销[⑧]，其志无穷[⑨]，其口虽言，其心未尝言，方且与世违而心不屑[⑩]与之俱。是陆沉[⑪]者也，是其市南宜僚[⑫]邪？”

子路请往召之。孔子曰：“已矣！彼知丘之著于己也，知丘之适楚也，以丘为必使楚王之召己也，彼且以丘为佞人[⑬]也。夫若然者，其于佞人也羞闻其言，而况亲见其身乎！而何以为存[⑭]？”子路往视之，其室虚矣。

注释

①之：往，去。楚：楚国。②舍：止，住。蚁丘：山丘名。浆：卖浆的店铺。③登极：登上屋顶。④是：这。稯稯：一作总总。群众有秩序地聚集在一起。⑤仆：仆役、学徒。⑥自埋于民：甘愿隐居在民间，埋没为耕民。⑦自藏于畔：甘愿隐居在田间。⑧其声销：他的名声消失。⑨无穷：无穷大。⑩不屑：认为不值得，不愿意接受。⑪陆沉：在陆地上如沉在水中，指隐者。⑫市南宜僚：人名，姓熊，字宜僚，因居市南故称市南宜僚，楚国的隐者。⑬佞人：媚世的人，取巧的人。⑭而：汝，你。存：存问。

译文

孔子到楚国去，住在蚁丘的卖浆铺里。他的邻居有夫妻仆妾登上屋顶观望。子路说："这些人有秩序地集聚在一起是干什么的？"

孔子说："这些人是圣人的仆役，这位圣人是甘愿隐于民间，隐居于田园的人。他的声名消失，他的志向无穷，他嘴虽然说话，他的内心却不曾说话。他的行为和世俗相反，而内心不愿意与世俗同流。这是沉隐于陆地上的人，岂不是市南宜僚吗？"

子路请求去把他召来。孔子说："算了吧！他知道我会表彰他，知道我到楚国，以为我必定请楚王召见他。他正把我当成媚世人。如果是这样，他对于媚世的人的话是不愿意听的，何况亲自见面呢！你以什么去存问他呢！"子路去看他，他的住处空无一人了。

古注

郭象："与民同。进不荣华，退不枯槁。损其名也。规是生也。所言者皆世言。心与世异。人中隐者，譬无水而沈也。"

今论

吴健雄："我们可以用语言指称和意会事物，认为天地万物都是某个人创造和驱使的，就会得到实质性的观念；认为天地万物是自然而然，从来如此，没有造物主在背后遥控的，就能得到抽象的观念。"

原典

长梧封人①问子牢曰："君为政焉勿卤莽②，治民焉勿灭裂③。昔予为禾④，耕而卤莽之，则其实⑤亦卤莽而报予；芸⑥而灭裂之，其实亦灭裂而报予。予来年变齐⑦，深其耕而熟耰⑧之，其禾蘩以滋⑨，予终年厌飧⑩。"

庄子闻之曰："今人之治其形，理其心，多有似封人之所谓，遁⑪其天，

离其性，灭其情，亡其神，以众为。故卤莽其性者，欲恶之孽为性⑫，萑(huàn)苇蒹葭（jiā）始萌⑬，以扶⑭吾形，寻擢⑮吾性。并溃漏发⑯，不择所出，漂疽疥痈⑰，内热溲膏⑱是也。”

注释

①长梧封人：即长梧子。子牢：孔子弟子。②卤莽：草率。③灭裂：胡乱。④为禾：种庄稼。⑤实：果实。⑥芸：除草。⑦变齐：改变耕作方法。齐，通剂，制作、耕作方法。⑧熟耰：细致地反复除草。⑨繁：繁盛。滋：长势良好。⑩厌飧：吃得饱。飧，通餍。⑪遁：失。⑫欲：喜好。恶：厌恶。孽：通蘖，蘖生枝杈。⑬萑：一种草，似苇。苇：芦苇。蒹：没有出穗的荻草。葭：没有出穗的芦苇。⑭扶：抚养，保养。⑮擢：拔，助长。⑯并：通旁。溃：溃烂。漏：流脓不止的疮口。⑰漂：本作瘭，脓疮。疽：脓疮，疽疽皆疽类脓疮。疥：疥疮。痈：毒疮。⑱溲膏：排泄带有脂膏的尿。

译文

长梧封人问子牢说：“你处理政务不要卤莽，治理人民不要乱来。过去我种庄稼，耕作卤莽从事，则果实也因卤莽而报复我。除草乱来，其果实也因乱来而报复我。我第二年变更方法，深耕细作，禾苗繁盛滋壮，我得以终年饱食。”

庄子听到这件事说：“现在，人们对待自己的身体，修养自己的心神，很多像封人所说的，失掉天命，离开本性，灭绝真情，丧失精神，以从众俗行为。所以对本性卤莽的，喜好厌恶的孽生，就如同萑苇没有秀穗本性一佯，开始以此来抚养我的形体，渐渐地拔苗助长我的本性；四处溃烂漏发，不选择处所而流动，脓疮疥疽，心血发热，排泄带脂膏的尿，就是如此。”

古注

王夫之注：“未可以‘莫为’、‘或使’之两穷，而概之以‘不知其然’也。天地之心，天地之仁；圣人之仁，圣人之心也。”

今论

吴健雄：“《则阳》中的世界观、宇宙观在当时是一种进步。正因为这样，我们明白了生命中的轻不一定就是轻，重也不一定就是重；有不能承受的轻，也有无法抓住的重。”

原典

柏矩①学于老聃，曰：“请之天下游②。”

老聃曰：“已矣！天下犹是③也。”

又请之，老聃曰："汝[4]将何始？

曰："始于齐[5]。"

至齐，见辜人[6]焉，推而强之[7]，解朝服而幕[8]之，号天而哭[9]之曰："子乎子乎[10]！天下有大灾，子独先离之[11]，曰莫为盗！莫为杀人！荣辱立，然后睹所病[12]；货财聚，然后睹所争。今立人之所病，聚人之所争，穷困人之身使无休时，欲无至此，得乎！古之君人者[13]，以得[14]力在民，以失[15]为在己；以正[16]为在民，以枉[17]为在己；故一形有失其形者[18]，退而自责。今则不然。匿为物而愚不识[19]，大为难而罪不敢，重为任而罚不胜。远其途而诛[20]不至。民知[21]力竭，则以伪[22]继之，日出多伪，士民安取不伪！夫力不足则伪，知不足则欺，财不足则盗。盗窃之行，于谁责而可乎？"

注释

①柏矩：人名，姓柏，名矩，老子的学生。②请：请求。之：往。游：游历。③是：这里。④汝：你。⑤齐：齐国。⑥辜人：死刑人的尸体放在街上示众。⑦推而强之：尸体摆正。⑧幕：覆盖。⑨号天而哭：仰天号哭。⑩子：你，先生。⑪离：遭。⑫病：弊病。⑬君人者：统治人的人，指君主。⑭得：有所得，成功。⑮失：有所失，失败。⑯正：正确。⑰枉：错误。⑱一：一旦。形：通刑。⑲匿：隐匿，隐藏。愚：愚弄。不识：不懂。⑳诛：杀。㉑知：通智。㉒伪：虚伪。

译文

柏矩跟老子学习，说："请你允许我到天下去游历。"

老子说："算了吧，天下和这里没有什么区别。"

柏矩再次请求，老子说："你要从哪里开始？"

柏矩说："从齐国开始。"

到了齐国，看到一个死刑人的尸体放在街上示众，便摆正这具尸体，解下自己的礼服盖在尸体上面，仰天号哭，说："你呀！你呀！天下有大灾大难，唯独让你遭上了！人们天天说不要当盗贼，不要杀人！荣辱确立，然后会看出弊病；财货积聚，然后才看出争端。现在确立人的弊病，聚积人的争端，使人穷困到相互掠取，要想不走到这种地步，做得到吗？古代的君主，把所得归功给人民，把所失归罪于自己。把正确归于人民，把错误归于自己；所以，一旦有判错刑的就退而责备自己。现在不是这样，隐匿事物的真象而愚弄无知的民众，扩大困难而加罪胆小的人，加重任务而处罚不胜任的人，延长途程而诛杀走不到的人。民众智穷力竭，就以虚伪应付他，天天出现许多虚伪的事情，士民怎能不虚伪呢，能力不足便做假，智慧不足便欺骗，钱财不足便偷盗。盗窃的行为，要责备谁才可以呢？”

古注

王夫之注：“必不得已而欲知之，则于‘圣人之爱人’而知之。‘其爱人也’，何以‘终无已’，则疑乎‘或之使’也；其‘爱人也，人与之名，不告则不知’，则疑乎‘莫之为’也。”

今论

吴健雄：“人生苦短，万事不必太执著，苦苦相逼不如相忘江湖。”

原典

蘧伯玉行年六十而六十化①，未尝不始于是②之，而卒诎之以非也③。未知今之所谓是之非五十九非也。万物有乎生而莫见其根④，有乎出而莫见其门⑤。人皆尊其知之所知⑥，而莫知恃其知之所不知而后知，可不谓大疑⑦乎！已乎！已乎！且无所逃⑧。此所谓然与然⑨乎！

注释

①蘧伯玉：人名，姓蘧，名瑗，字伯玉，卫国的大夫。行年：历年。六十而六十化：指六十年之中每年都在变化。②是：肯定，正确，对的。③卒：最终，最后。诎：通黜。非：否定，不正确，不对的。④根：根本，万物的根源。⑤门：门径。⑥知之所知，前一“知”通智，后一“知”当知道讲。⑦大疑：极糊涂。⑧无所逃：无有能逃避得了的。⑨然与然：这样与那样。

译文

遽伯玉在经历六十年中有六十次修善德行的变化，开始肯定的，后来又否定它，很难说今天所认为是对的就不是五十九年来所认为是错误的。万物有它的生而看不见生它的根源，有它的出处却看不见它的门径。人们都重视他的智慧所能知道的，而不知道凭他的智慧也有不知而后道的情况，可不是所谓大疑惑吗。算了吧！算了吧！况且没有能逃避得了的，这就是你说这样他说那样吗！

古注

郭象：“各自得则无荣辱，得失纷纭，故荣辱立，荣辱立则夸其所谓辱而跂其所谓荣矣。奔驰乎夸跂之间，非病如何！”

今论

吴健雄：“物本原是无限深邃的，万物的未来也无法预计，都是追不到尽头的。”

原典

仲尼问于太史[①]大韬、伯常春、狶韦曰："夫卫灵公饮酒湛乐[②]，不听[③]国家之政；田猎毕弋[④]，不应诸侯之际，其所以为灵公者，何也[⑤]？"

大韬曰："是因是也。"

伯常骞曰："夫灵公有妻三人，同滥[⑥]而浴。史鰌[⑦]奉御而进所，搏币而扶翼[⑧]。其慢若彼之甚也[⑨]，见贤人若此其肃[⑩]也，是其所以为灵公也。"

狶韦曰："夫灵公也死，卜葬于故墓[⑪]，不吉；卜葬于沙丘[⑫]而吉。掘之数仞，得石椁[⑬]焉，洗而视之，有铭焉。曰：'不冯（píng）其子[⑭]，灵公夺而里[⑮]之。'夫灵公之为灵也久矣！之二人何足以识之[⑯]。"

注释

①太史：官名。②湛乐：过分地享乐。湛，通耽。③听：管理，处理。④毕：大网。弋：系绳的箭。⑤为灵公者，何也：谥号为什么称为灵公。⑥滥：大浴盆。⑦史鰌：人名，即史鱼，卫国的大夫。⑧搏币：接取币帛。扶翼：扶掖，即扶臂。⑨慢：傲慢，放纵。彼：指与三妻同沐那样的事。⑩肃：敬畏。⑪故墓：生前挖好的寿穴。⑫沙丘：地名，在盟津河北，即今河南孟津一带。⑬石椁：石造的棺椁。⑭不冯其子：其子不冯的倒装。冯，通凭，凭依。子，子孙。⑮里：居。⑯之：他们。人：指大韬、伯常春。

译文

孔子问太史大韬、伯常骞和狶韦说："卫灵公饮酒耽乐，不处理国家政务，狩猎网捕弋射兽鸟，不应承诸侯会盟，他却得到灵公的谥号，这是为什么呢？"

大韬说："就是因为这样才得到这样的谥号。"

伯常春说："灵公有三个妻子，他和三个妻子在一个大浴盆中洗澡。史鱼奉召来到灵公住所，灵公叫人接取他献的币帛而使人扶着他的臂膀。灵公放纵像与三妻同盆沐浴那样严重，然而他接见贤人又如此肃然起敬，这就是他所以称为灵公的道理。"

狶韦说："灵公死了，卜葬在寿穴，不吉利；卜葬在沙丘就吉利。掘墓穴之深达到数仞时，得到一个石造的棺椁，洗去泥土后看它，上面有铭文说：'不必依赖子孙，灵公可以取去而居在这里。'灵公的谥号称为灵公，已经很久了，大韬、伯常骞这两个人怎么能知道呢！"

古注

郭象："徒识已然之见事耳，未知已然之出于自然也。"

今论

吴健雄："道是阐释万物的最高原理，言语和缄默都不足以称述；既不说话也不缄默，评议有极限而大道却是没有极限的。"

原典

少知问于大公调曰[①]："何谓丘里[②]之言？"

大公调曰："丘里者，合十姓百名[③]而以为风俗也，合异以为同，散同以为异。今指马之百体而不得马，而马系[④]于前者，立其百体而谓之马也。是故丘山积卑而为高，江河合水而为大，大人合并而为公[⑤]。是以自外入[⑥]者，有主而不执；由中出[⑦]者，有正而不距。四时殊气，天不赐[⑧]，故岁成；五官[⑨]殊职，君不私，故国治；文武殊能，大人不赐，故德备；万物殊理，道[⑩]不私，故无名。无名故无为，无为而无不为，时有终始，世有变化。祸福淳淳[⑪]，至有所拂[⑫]者而有所宜；自殉殊面[⑬]，有所正者有所差。比于大泽[⑭]，百材皆度；观于大山[⑮]，木石同坛[⑯]，此之谓丘里之言。"

少知曰："然则谓之道，足乎？"大公调曰："不然。今计物之数，不止于万，而期[⑰]曰万物者，以数之多者号而读之也。是故天地者，形之大者也；阴阳者，气之大者也；道者为之公。因其大以号而读之则可也，已有之矣，乃将得比哉！则若以斯辩，譬犹狗马，其不及远矣。"

少知曰："四方之内，六合之里，万物之所生恶起？"

大公调曰："阴阳相照相盖相治[⑱]，四时相代相生相杀[⑲]，欲恶去就，于是桥起[⑳]，雌雄片合[㉑]，于是庸有。安危相易，祸福相生，缓急相摩[㉒]，聚散以成。此名实之可纪[㉓]，精微之可志[㉔]也。随序之相理，桥运之相使[㉕]，穷则反，终则始。此物之所有，言之所尽，知之所至，极物而已。睹[㉖]道之人，不随其所废，不原其所起，此议之所止。"

少知曰："季真[㉗]之莫为，接子[㉘]之或使，二家之议，孰正于其情，孰偏于其理？"

大公调曰："鸡鸣狗吠，是人之所知；虽有大知，不能以言读[㉙]其所自化，又不能以意其所将为。斯[㉚]而析之，精至于无伦[㉛]，大至于不可围，或之使，莫之为，未免于物而终以为过。或使则实，莫为则虚。有名有实，是物之居；无名无实，在物之虚。可言可意，言而愈疏，未生不可忌[㉜]，已死不可徂[㉝]。死生非远也，理不可睹。或之使，莫之为，疑之所假。吾观之本，其往无穷；吾求之末，其来无止。无穷无止，

言之无也，与物同理；或使莫为，言之本也，与物终始。道不可有，有不可无。道之为名。所假而行[34]。或使莫为，在物一曲[35]，夫胡[36]为于大方？言而足[37]，则终日言而尽道；言而不足，则终日言而尽物。道物之极，言默不足以载[38]；非言非默，议有所极。”

注释

①少知、大公调：庄子虚构的人物。②丘里：乡里。③十姓百名：群众。④系：悬。⑤大人：有道的人。合并：合并众人。⑥自外入：听别人的言论。⑦由中出：出于自己的意见。⑧赐：偏私。⑨五官：司徒、司马、司空、司士、司寇。⑩道：大道，天道。⑪淳淳：茫昧难测的样子。⑫拂：违背。⑬殉：逐。面：向。⑭泽：通宅。⑮大山：太山。⑯坛：太山上封禅之坛。⑰期：要，限。⑱相照：相照应。相盖：相害。相治：相克。⑲相代：相代谢，更换。相生：相孕育。相杀：相消除。⑳欲恶：爱好厌恶。去就：疏远亲近。桥起：轩起。车轩前高后低，高为轩起或为翘起。㉑片合：异性交配。㉒相摩：相互摩擦。㉓此：指上述对立统一的现象。纪：记。㉔志：记。㉕桥运：如桔槔一样起伏运动。相使：相互作用。㉖睹：目睹，认识。㉗季真：人名，齐人。稷下学者。㉘接子：人名，齐人。稷下学者。㉙读：称，表达。㉚斯：如此。㉛精：精细。无伦：无与伦比。㉜忌：避。㉝徂：通阻，止。㉞假：借。行：运行。㉟一曲：一方面、一个侧面。㊱胡：何，怎么。㊲言而足：言谈之多。㊳言默：语言沉默。载：载道。

译文

少知问大公调说：“什么叫丘里之言？”

大公调说：“所谓丘里之言，就是集合群众而形成的风俗，聚合不同形成相同，分散相同形成不同。现在，专指马的各个部分而不得称为马，而将马像悬于面前，人人看到马的各个部分组成马体才可称为马。所以，丘山之高是自低卑处积累而成的，江河是汇合许多支流而成为大川的，得道的人是合并众人的意见才成为公正的。所以，道理从别人那里吸收到自己心中，有主见而不固执成见；道理由自己内心说出，虽正确而不拒绝别人的意见。四时有不同的气候，天不偏私某个季节，所以岁序形成；五官有不同的职责，君主不偏私某一官职，所以国家才能得到治理；文武有不同的才能，大人不偏私某一方，所以文治武功之德齐备。万物有不同的规律，天道不偏私某物，所以没有名状。无所名状就无所作为，无所作为也就无所不为。时间有终始，世事有变化，祸福转化难测，有所违背就有所适宜，各自追求有不同的方向，有正确的就有错误的。比如盖大宅，各种树木都有它的用途。再看看太山，树木和石头同做封禅的祭坛。这就是所谓丘里之言。”

少知说："那么就把它称为道可以吗？"大公调说："不可以，现在计算物的数量，不止于一万，而限称万物，是以数目中最多的而号称它。所以，天地是形体中最大的，阴阳是气体中最大的；道包括形气的共有，因为它大这样称呼是可以的，已经有称呼了，还怎能去比拟呢！如果以那样来区别，就好像狗和马相比较，其间相差就太远了。"

少知说："四方之内，六合之中，万物怎样产生的？"

大公调说："阴阳相互照应，相互侵害，四时相互代谢，相互产生，相互消灭。欲求、厌恶有去有来，于是有起有落。雌雄交配，于是常有。安危相互更替，祸福相互转化，缓急相互摩擦，聚散相互依存而成。这是有名实可记的，有精微可载的，随时序相治理，按桔槔起伏相作用，物极则返，物终则始，这是万物的共有的规律。言论的穷尽，知识的所达，只限于物的范围而已。识道的人，不追随物的消失。不探求物的起源，使议论停止在这里。"

少知说："季真主张的莫为，接子主张的或使，这两家的议论，谁符合事物的实情，谁偏离了事物的真理呢？"

大公调说："鸡鸣狗吠，是人所共知的。虽然有大智大慧的人，也不能用语言说出它们所以自然变化的原因来，又不能用心意推测出还会有什么动作。由此分析它，精微达到无与伦比，大到无法围量。说或有所使，称莫有所为，都未免在物上立论，而终究是过而不当的。或使的主张则大实而不虚，莫为的主张则太虚而不实。有名有实，是物实体的所在；无名无实，是物的虚无大道。可以言论可以意会，愈言说离道愈远：未生的不可回辟，已死的不可阻止。死生相隔不远，道理不可认识。或有所使莫之所为的主张，都是疑惑的假说。我看它的本源，它过往无穷；我求它的迹象，它的未来没有终止。没有穷尽没有终止，是语言无从表达的，与物具有相同的规律；'或使'、'莫为'既为言论所本，又和物同终始。道不可以有形来形容，有不可以用无来形容。道的名称，是假借而运用。'或使'、'莫为'的主张，只限物的一个方面，怎能符合于大道呢！言论足，则终日言说的尽是道；言论不足，则终日言论的尽是物。道是物的极点，言论沉默不足以表达它，不用言论，不用沉默，这是议论的极点。"

古注

郭象："物有自然，非为之所能也。由斯而观，季真之言当也。皆不为而自尔。物有相使，亦皆自尔，故莫之为者，未为非物也。物云云，皆由莫为而过去。"

今论

吴健雄："没有穷尽又没有限止，言语的表达不能做到，许多物象具有同一的规律。"

外物 第二十六

原典

外物不可必[1]，故龙逢[2]诛，比干戮，箕子[3]狂，恶来[4]死，桀[5]纣亡。人主莫不欲其臣之忠，而忠未必信，故伍员[6]流于江，苌弘[7]死于蜀，藏其血三年而化为碧[8]。人亲莫不欲其子之孝，而孝未必爱，故孝己忧而曾参悲[9]。木与木相摩则然[10]，金与火相守则流。阴阳错行，则天地大絯(hài)[11]，于是乎有雷有霆，水中有火[12]，乃焚大槐[13]。有甚忧两陷而无所逃[14]，螴蜳不得成[15]，心若悬[16]于天地之间，慰暋沉屯[17]，利害相摩，生火甚多[18]，众人焚和[19]，月[20]固不胜火，于是乎有僓然而道尽[21]。

注释

①不可必：不能有必然的标准。②龙逢：关龙逢，夏代的贤臣。③箕子：殷纣王的庶叔，曾劝谏纣王，纣王不从，箕子因而佯狂。④恶来：人名，殷纣王的媚臣。⑤桀：夏代的最后一个君主，名履癸，是个暴君，后为商汤所灭。⑥伍员：人名，即伍子胥，吴王夫差的大夫，后因劝谏夫差拒赵求和，停止伐齐，被夫差赐剑自刎。并被抛尸江中。⑦苌弘：人名，周景王、周敬王时刘文公的大夫。⑧三年而血化碧：经过三年血变成了玉石，指苌弘的精诚。碧：青绿色的玉石。⑨孝己：殷高宗的儿子，受后母虐待，忧苦而死。曾参：字子舆，孔子弟子。⑩然：通燃。⑪絯：通骇，惊动。⑫水中有火：指雨中有电。⑬焚：焚烧。大槐：大树。⑭甚：过分。忧：忧伤。两陷：陷于阴阳，指人心陷于阴阳。⑮螴蜳：如虫的不安宁。螴，不安。蜳，亦作莌，忧虑。⑯悬：一作县。⑰慰：通郘。暋：闷。沈：沉。屯：难。⑱生火甚多：指心火甚多。⑲众人焚和：众人焚烧心中的和气。⑳月：人心的清明。㉑僓：通隤，败坏。道尽：天性丧失，中途夭折，不能尽天年。

译文

外在的事物不能有必然的标准，所以关龙逢被斩，比干被杀，箕子佯狂，恶来身死，桀纣灭亡。君主没有不希望他的臣子尽忠的，而尽忠未必能取信，所以伍子胥浮尸江上，苌弘屈死蜀地，他的血保藏三年而化为碧玉。父母没有不希望子女尽孝的，而孝顺未必就是爱，所以孝己忧苦而曾参悲伤。木与木相摩擦则燃烧，金与火相炼守则熔化。阴阳交错而行，则天地惊动，于是雷霆发作，雨中带电，殛焚大树。有人过分忧虑陷入阴阳而无所逃辟，螴蜳不安而无所成，心像悬在天地之间，忧郁沉闷，利害相摩擦，内心焦灼甚多，众人焚烧了和气。心静不能战胜心火，于是精神败坏而道不能享尽天年。

古注

郭象："善恶之所致，俱不可必也。精诚之至。是以至人无心而应物，唯变所适。所谓错行。苟不能忘形，则随形所遭而陷于忧乐，左右无宜也。"

今论

吴健雄："广阔的森林里，植物繁密而错落有致；我们的内心也要有空虚，因为有空虚方能容物，方能排忧解难。"

原典

庄周家贫。故往贷粟于监河侯①。监河侯曰："诺。我将得邑金②，将贷于三百金，可乎？"

庄周忿然作色曰③："周昨来，有中道④而呼者。周顾视⑤车辙中，有鲋鱼⑥焉。周问之曰：'鲋鱼来！子何为者邪？'对曰：'我，东海之波臣⑦也。君岂有斗升之水而活我哉？'周曰：'诺，我且⑧南游吴越之王，激西江之水而迎子⑨，可乎？'鲋鱼忿然作色曰：'吾失我常与⑩，我无所处。吾得斗升之水然活耳，君乃⑪言此，曾不如早索我于枯鱼之肆⑫！'"

注释

①贷：借贷。粟：谷子，亦粮食的通称。监河侯：监理河道的官。②邑金：一邑租赋的收入。③忿然：不高兴的样子。作色：变色。④中道：道中。⑤顾视：回头看。⑥鲋鱼：鲫鱼。⑦波臣：波荡之臣，波荡冲来而失水的水族臣仆。⑧且：将要。⑨激：引。西江：指蜀江。⑩常与：恒常共处，指水。⑪乃：竟。⑫曾：乃，就。索：寻找。枯鱼之肆：干鱼市场。

译文

庄周家庭贫穷，所以向监河侯借粮。监河侯说："行。等我得到一邑租赋，借你三百金，可以吗？"

庄周很不高兴，脸色一沉说：“我昨天来时，在中途有喊叫我的，我回头向车辙中一看，有条鲫鱼，我问它说：‘鲫鱼呀！你在这里做什么？’鲫鱼回答说：“我是东海波荡冲来而失水的水族仆臣，你难道不能用升斗的水来救活我吗？’我说：‘行。等我游历吴越说服两国的国王，请他们把西江的水引来迎接你，可以吗？’鲫鱼不高兴地改变脸色说：‘我失去与我常处的水而没有容身之所，我得到一升斗的水就可活命，你竟这样说，还不如早点到干鱼市场去找我！’”

古注

郭象：“此言当理无小，苟其不当，虽大何益。”

原典

任公子为大钩巨缁①，五十犗(dàn)②以为饵，蹲乎会稽③，投竿东海，旦旦④而钓，期年⑤不得鱼。已而⑥大鱼食之，牵巨钩，錎⑦没而下，骛⑧扬而奋鬐(qí)⑨，白波若山，海水震荡，声侔⑩鬼神，惮⑪赫千里。任公子得若鱼，离⑫而腊之，自制河⑬以东，苍梧⑭以北，莫不厌⑮若鱼者。已而后世辁才讽说之徒⑯，皆惊而相告也。夫揭竿累⑰，趣灌渎⑱，守鲵鲋⑲，其于得大鱼难矣，饰小说以干县令⑳，其于大达㉑亦远矣，是以未尝闻任氏之风俗㉒，其不可与经世㉓亦远矣。

注释

①任公子：任国的公子。缁：黑绳。②犗：阉牛。③会稽：山名，在今浙江省中部。④旦旦：天天。⑤期年：一周年。⑥已而：不久，以后。⑦錎：通陷，陷没。⑧骛：奔驰，乱驰，一本作惊。⑨鬐：鱼脊、腹之鱼鳍。⑩侔：齐。⑪惮：通怛，震撼。⑫离：剖开。⑬制河：浙江。⑭苍梧：山名。在今广西省。⑮厌：通餍，饱食。⑯辁才：小才，才浅。辁，无辐的车轮。讽说：诵说，传说。⑰揭：举。累：细绳。⑱趣：通趋。灌渎：灌溉的沟渠。⑲鲵鲋：小鱼。⑳小说：闲言碎语，即小言詹詹。县令：功令。㉑大达：显达。㉒风俗：传闻。㉓经世：治理社会。

译文

任国的公子做个黑绳的大鱼钩，用五十头阉牛做鱼饵，在会稽山上蹲着，投鱼竿于东海，天天去钓鱼，一年也钓不到鱼。不久大鱼食饵，牵动大钩深陷水中，没而向下奔驰，上翻而奋鳍，白色波涛如山，海水震荡不已，声音等齐鬼神，震撼显赫千里。任公子钓到这条鱼，剖开而做腊干，从浙江以东，苍梧以北，没有不饱食这条鱼的，后世那些小才传说的人们，都惊讶而奔走相告，要是举着细绳的小鱼竿，到灌溉的小水沟，垂钓小鱼，那要想钓到大鱼就困难了，粉饰闲言碎语以求悬赏功令的高名，那就和大智明达也相距太远了，所以没有听到过任氏的传闻的人，离开善于治理社会的目标也相差太远了。

古注

王夫之注："可流、可死，可忧、可悲，忠孝无待于物，流死忧悲，而和未尝焚也。"

今论

吴健雄："只要这种境界持续下去，处于这种境界的人就可以自称为幸福，而这不是一种人们从生活乐趣中取得的不完全的、可怜的、相对的幸福，而是一种在心灵中不会留下空虚之感的充分的、完全的、圆满的幸福。"

原典

儒以诗礼发冢①。大儒胪（lú）传曰②："东方作矣③，事④之何若？"

小儒⑤曰："未解裙襦⑥，口中有珠。《诗》固有之曰：'青青之麦，生于陵陂⑦。生不布施⑧，死何含珠为！'"

"接其鬓⑨，压⑩其岁，儒以金椎控其颐⑪，徐别其颊⑫，无伤口中珠！"

注释

①儒：指盗墓的儒士。发：发掘。冢：古墓。②大儒：盗墓的大儒士。胪传：按礼的规定有秩序地向下传话。胪，从上向下传话。③东方作矣：天要亮了。④事：指盗墓的事。⑤小儒：盗墓的随从者。⑥裙襦：指衣裙。⑦陵陂：山坡。⑧布施：施舍，把财物送给别人。⑨接：接引，拖曳。鬓：鬓角，鬓发。⑩压：按。⑪颐：通哕，面颊的下部，腮。⑫徐：慢。别：别开，撬开。

译文

儒士用诗礼盗墓。大儒士传话说："东方亮了，事办得怎样了？"

小儒士说："衣裙还没有脱下来，口中含有珍珠。古诗中有一首说：青青的麦苗，生在山坡上。活时不接济别人，死后何必含珍珠！"

"拖住他的鬓发，按住他的下巴，你用铁锤敲他的面颊，慢慢地别开他的两腮，不要损伤口中的珍珠！"

古注

王夫之注："苟尽于己而责于物，逢其'错行'则'大絯'。雷霆怒发而阴火狂兴，皆己与物'相摩'之必致者矣。"

今论

吴健雄："在庄子看来，仁义是要不得的，是无用的。在此文中，庄子对无用与有用有了具体形象的解释。"

原典

老莱子之弟子出薪[①]，遇仲尼，反[②]以告，曰："有人于彼[③]，修上而趋下[④]，末偻而后耳[⑤]，视若营四海[⑥]，不知其谁氏之子。"

老莱子曰："是丘也。召而来。"

仲尼至。曰："丘！去汝躬矜与汝容知[⑦]，斯为君子矣。"

仲尼揖而退，蹙然[⑧]改容而问曰："业[⑨]可得进乎？"

老莱子曰："夫不忍一世之伤而骜[⑩]万世之患，抑固窭(jù)邪[⑪]，亡其略弗及邪[⑫]？惠以欢为[⑬]，骜终身之丑，中民[⑭]之行进焉耳，相引以名，相结以隐[⑮]。与其誉尧而非桀，不如两忘而闭其所誉。反[⑯]无非伤也，动[⑰]无非邪也。圣人踌躇[⑱]以兴事，以每成功。奈何哉其载[⑲]焉终矜尔！"

注释

①老莱子：人名。楚国的贤人、隐者。与老聃分别为两个人。出薪：打柴。②反：通返。③彼：那里。④修上：上身长。趋下：下肢短。⑤末偻：背微曲。后耳：耳朵后贴。⑥视：目光。营：充满。四海：指高远，天下。⑦汝：你。躬矜：矜持的态度。容知：智者的容貌。知，通智。⑧蹙然：局促不安的样子。⑨业：学业。⑩骜：通傲，轻视。⑪抑：抑或，还是。窭：陋，不足。⑫亡其：亦作妄其，还是，或是。略：谋略。⑬惠以欢为：以欢为惠，以媚悦为施惠。⑭中民：中人，中等人。⑮隐：私。⑯反：反己，违反本性。⑰动：用世。⑱踌躇：不得已而为之。⑲载：从事，有意从事。

译文

老莱子的学生出去打柴，遇见孔子，回来说："那里有个人，上身长下肢短，背微曲而耳朵向后，目光如充满天下，不知道他是什么人？"

老莱子说："这是孔丘。召唤他来。"

孔子来了。老莱子说："丘，除去你矜持的态度和你的智者的容貌，就可以成为君子了。"

孔子揖让而退，局促不安地变色而问道："我的学业可以得到长进吗？"

老莱子说："不忍受一世的伤害而轻视了万世的祸患，是固陋还是谋略不及呢？以媚悦施惠于人，而是轻视终身的耻辱，只是中人所达到的地步！以名声相招引，以隐私相结纳。与其赞誉尧而非议桀，不如把两者都忘掉而停止那种赞誉。违反自己的本性无非是损伤，扰动用世的心灵无非是邪念。圣人不得已而兴起事业，所以往往成功。为什么你总是有意地骄矜于自己的行为呢！”

古注

郭象：“惠之而欢者，无惠则丑矣。然惠不可长，故一惠终身丑也。”

今论

吴健雄：“庄子提议不用把对错归类，只需让世人根据本性去生存，生活简单点，思想单纯点。”

原典

宋元君夜半而梦人被发窥阿门①，曰：“予自宰路之渊②，予为清江使河伯之所③，渔者余且得予。”

元君觉，使人占④之，曰：“此神龟也。”

君曰：“渔者有余且乎？”左右曰：“有。”君曰：“令余且会朝。”

明日，余且朝，君曰：“渔何得？”

对曰：“且之网得白龟焉，其圆五尺。”

君曰：“献若之龟。”

龟至，君再欲杀之，再欲活之，心疑，卜之，曰：“杀龟以卜吉。”乃刳（kū）⑤龟，七十二钻⑥而无遗策。

仲尼曰：“神龟能见⑦梦于元君，而不能避余且之网；知⑧能七十二钻而无遗策，不能避剖肠之患，如是，则知有所困，神有所不及也，虽有至知，万人谋之。鱼不畏网而畏鹈（tí）鹕（hú）⑨。去小知而大知明，去善而自善矣。婴儿生无石⑩师而能言，与能言者处也。”

注释

①宋元君：宋国国君宋元公，名佐。被：通披。阿门：偏门。②予：我。自：从。宰路：渊名。③为：做。清江：与浊江对比而言。④占：占梦。⑤刳：剖空。⑥钻：占卜。⑦见：通现。⑧知：通智，下同。⑨鹈鹕：捕鱼的鸟。⑩石：匠名，即匠师。

译文

宋元君半夜梦见一个披散头发的人在偏门窥视，说：“我来自宰路的深渊，我做清江的使者到河神那里，被打鱼人余且捉到了。”

宋元君醒来，使人占梦，说：“这是神龟。”

宋元君说："打鱼的有余且这个人吗？"左右说："有。"宋元君说："令余且来朝见。"

第二天，余且来朝，宋元君说："捕鱼得到了什么？"

回答说："网得一白龟，周圆五尺。"

宋元君说："献上你的龟。"

龟送到，宋元君要想杀了它，又想养活它，心里犹豫，叫人占卜，说："杀龟来卜卦吉。"于是剖空龟占卜，钻七十二孔而没有不应验的。

孔子说："神龟能托梦于宋元君，而不能逃避余且的鱼网；智能钻七十二孔而无不应验，不能逃避刳肠的祸患。如此看来，智能也有穷困的时候，神也有不灵的地方。虽然有最高的智慧，也要上万人谋划它。鱼不怕网而怕鹈鹕。除掉小知而大知明，去掉善而自善了。婴儿生来没有匠师而能说话，这是与会说话的人在一起的缘故。"

古注

王夫之注："以忠孝与世'勃溪'，心有余而自'塞其窦'，名节之士所以怨尤而不安于道。"

原典

惠子谓庄子曰："子言无用。"

庄子曰："知无用而始①可与言用矣。夫地②非不广且大也，人之所用容足耳。然则厕③足而垫之，致黄泉④，人尚有用乎？"

惠子曰："无用。"

庄子曰："然则无用之为用也亦明矣。"

注释

①始：才。②夫地：一本作天地。③厕：通侧。④致：到。黄泉：本为地下水，又为人死葬地，或阴间。

译文

惠施对庄子说："你的言论无用处。"

庄子说："知道无用才能和他谈论有用。大地并非不广大，人所用的只是立足之地。然而把立足之侧的地方挖下去，挖到黄泉，人立足之地还有用吗？"

惠施说："无用。"

庄子说："那么无用的用处也就明显了。"

古注

郭象："圣应其内，当事而发；己言其外，以畅事情。情畅则事通，外明则内用，相须之理然也。"

今论

吴健雄："自然的真性贯穿万物，日夜不停，可人们常常堵塞自身的孔窍。内心不能游于自然，那么人体官能就会出现纷扰。"

原典

庄子曰："人有能游①，且得不游②乎？人而不能游，且得游乎？夫流遁③之志，决绝④之行，噫，其非至知厚德之任与⑤！覆坠⑥而不反，火驰而不顾⑦，虽相与为君臣⑧，时⑨也，易世而无以相贱⑩。故曰至人不留行焉⑪。夫尊古而卑今⑫，学者⑬之流也。且以狶韦氏⑭之流观今之世，夫孰能不波⑮？唯至人乃能游于世而不僻⑯，顺人而不失己，彼教不学⑰，承意不彼⑱。目彻⑲为明，耳彻为聪，鼻彻为颤⑳，口彻为甘，心彻为知，知彻为德㉑。凡道不欲壅㉒，壅则哽㉓，哽而不止则跈(jiān)㉔，跈则众害生。物之有知者恃息㉕，其不殷㉖，非天之罪。天之穿㉗之，日夜无降㉘，人则顾塞其窦㉙。胞有重阆(làng)㉚，心有天游㉛。室无空虚，则妇姑勃谿㉜；心无天游，则六凿相攘㉝。大林丘山之善于人也，亦神者不胜。德溢乎名，名益乎暴，谋稽乎誸(xián)㉞，知出乎争，柴㉟生乎守，官事果乎众宜，春雨日时，草木怒生，铫鎒㊱于是乎始修，草木之到植者过半，而不知其然。

注释

①能游：能优游自乐。②不游：不能自得自适。③流遁：流亡逃遁。④决绝：弃绝尘世。⑤至知：真智。厚德：大德。任：以天下为己任。⑥覆坠：陷落，沉溺。⑦火驰：火急，火速。顾：返顾。⑧虽：虽然。相与为君臣：相互换置君臣的位置。⑨时：一时间。⑩易世：世代更替。相贱：相互轻贱。⑪至人：得道的人，境界至高无上的人。不留行：游行而不停留，随世变而行。⑫尊古而卑今：尊崇古代而鄙视当今，指不知世代变化的人。⑬学者：指当时儒墨学派的学者等。⑭狶韦氏：三皇以前的帝号。⑮波：偏波。⑯游于世：与世俗同游。僻：偏僻。⑰彼教不学：他们作为教者不知学。彼，指学者，狶韦氏。⑱承意不彼：学者承受教者的意见而不敢违背他们。⑲彻：通，贯通，透彻。下同。⑳颤：通膻。㉑知：这句中两个"知"均通智。㉒壅：壅阻，阻塞。㉓哽：哽咽，哽塞。㉔跈：通掺，违背。㉕息：天地自然的气息。㉖其：若，假使。殷：中，正。㉗穿：通。㉘无降：无减。㉙顾：回看。窦：孔穴。㉚胞：胎胞。重：多。阆：空、旷。㉛天游：游天，游于自然。㉜妇：儿媳。姑：婆婆。勃谿：争吵而责骂。㉝六凿：六孔，实指耳、目、口、鼻、

身、意。作喜、怒、哀、乐、爱、恶六情解实误。相攘：相争夺。㉞謚：急。㉟柴：通寨，防守的篱障。㊱铫鎒：除草的农具。

译文

庄子说："人若能优游自乐，哪有得不到自得自适的呢？人如果不能优游自乐，哪能得到自得自适呢？人流亡逃遁的心志，弃世绝尘的行为，唉，那都不是真智大德以天下为己任的人！陷落而不返，火急而不顾，虽然相互易置君臣的位置，只是一时之间的事情。世代更替而不能因此相互轻贱。所以说，得道的人是能随世而行不固执的人。尊崇古代而鄙视当今是学者之流的短见。况且用豨韦氏的观点观察当今时代，谁能不偏颇呢？唯有得道的人才能游心于世而不偏，顺乎人情而不丧失自己的本性。他们作为教者不知学，学者承受教者的意见不敢违背他们。眼力通彻为明，耳朵通彻为聪，鼻子通彻为膻，口舌通彻为甘，心灵通彻为智，智慧通彻为德。凡是通道不能阻塞，阻塞就哽咽，哽咽而不止就违背，违背就产生众害。有知觉的物类靠天然气息，如果气息不中和，不是天的过失。天然气息贯通孔窍，日夜不减，却是人为反而阻塞了自己的孔窍。胎胞里都有许多空隙，心灵当游于自然。居室没有空地，婆媳相处就会争吵而责骂；心灵不游于自然，则六孔穴必然相互凌夺。大林丘山之所以善于留住游人，也是因为人们心神非常舒畅。德行过度因为好名，名声过度在于残暴，计谋在于急迫，机智出于争端，闭塞生于保守，官事取决于众人适宜。春雨及时，草木奋生，整治农具锄草剪枝，而后草木又生长到过半，却不知道它是什么缘故。

古注

郭象："夫名高则利深，故修德者过其当。夫禁暴则名美于德。謚，急也。急而后考其谋。"

今论

吴健雄："森林山丘之所以适宜于人，也是由于人们内心促狭不爽比较出来的。简单来说，修身养性，摆脱驰世逐物的困局，要学习森林。"

原典

"静然[①]可以补病，眦[②]摵可以沐老，宁可以止遽[③]。虽然，若是[④]，劳者之务也[⑤]，佚者之所[⑥]未尝过而问焉。圣人之所以駴（xiè）[⑦]天下，神人未尝过而问焉；贤人所以駴世，圣人未尝过而问焉；君子所以喊国，贤人未尝过而问焉；小人所以合时[⑧]，君子未尝过而问焉。

演门[⑨]有亲死者，以善毁爵为官师[⑩]，其党人[⑪]毁而死者半。尧与许

由[12]天下，许由逃之；汤与务光[13]，务光怒之，纪他[14]闻之，帅弟子而踆于窾水[15]，诸侯吊之，三年，申徒狄因以踣河[16]。

荃者所以在鱼，得鱼而忘荃[17]；蹄者所以在兔，得兔而忘蹄[18]；言者所以在意[19]，得意而忘言。吾安[20]得夫忘言之人而与之言哉！

注释

①静然：人静，心静的样子，一本作默然。②眦：眼角。③宁：安宁，安定。遽：剧变。④若是：指以上三者。⑤劳者：劳神劳形。务：从事。⑥佚者：佚通逸，安闲的人。所：所为。⑦駴：通骇，惊骇，震动。⑧合时：顺应时令。⑨演门：宋城门名。⑩毁：哀毁。爵：封爵。官师：官长。⑪党人：是党中的人，五百家为党。⑫许由：上古的贤人、隐士，尧的老师。⑬务光：夏朝的贤人。⑭纪他：人名，夏朝贤人。⑮帅：带领。踆：通遁，隐。窾水：地名。⑯申徒狄：夏朝贤人。踣：仆倒。⑰荃：诸本多作筌，捕鱼工具。⑱蹄：捕兔的网。⑲言：语言。意：思想意识。⑳安：怎么，哪里。

译文

“心静可以补养疾病，按摩可以防止衰老，安定可以平息剧变。虽然这样，劳碌的人还要去做，而心里安闲的人不去过问。圣人之所以惊震天下，而神人却不去过问；贤人所以惊震天下，而圣人不去过问；君子所以惊震国家，贤人不去过问；小人所以顺应时令，君子不去过问。

演门有双亲死了的人，以善于哀毁而封显官师，他的邻里人也学哀毁而死的过半。尧把天下让给许由，许由逃避；汤把天下让给务光，务光发怒投水而死；纪他听到这些事，带着弟子到窾水隐居，诸侯都去安慰他，过了三年，申徒狄因仰慕纪他而投河。

竹笼是用来捕鱼的，捕到鱼就遗忘了竹笼；兔网是用来捕兔的，捕到兔就遗忘了兔网；语言是用来表达思想意识的，掌握了思想意识就忘了语言。我到哪里去寻找遗忘语言的人来和他交谈呢！”

古注

王夫之注：“知然，则道靖于己，而无待于物，刀锯水火，且得不游乎？而奚足以为忠孝病！”

寓言第二十七

原典

寓言十九[①]，重言十七[②]，卮言日出[③]，和以天倪[④]。寓言十九，藉外论之[⑤]。亲父不为其子媒[⑥]。亲父誉之[⑦]，不若非其父者也；非吾罪[⑧]也，人[⑨]之罪也。与己同则应[⑩]，不与己同则反[⑪]；同于己为[⑫]是之，异于己为非之。重言十七，所以已[⑬]言也，是为耆艾[⑭]，年先[⑮]矣，而无经纬本末以期年耆者[⑯]，是非先也。人而无以先人，无人道[⑰]也；人而无人道，是之谓陈人[⑱]。卮言日出，和以天倪，因以曼衍[⑲]，所以穷年[⑳]。不言则齐[㉑]，齐与言不齐[㉒]，言与齐不齐也，故曰“无言”。言无言[㉓]，终身言，未尝言；终身不言，未尝不言。有自[㉔]也而可，有自也而不可；有自也而然，有自也而不然。

恶乎[㉕]然？然于然。恶乎不然？不然于不然。恶乎可？可于可。恶乎不可？不可于不可。物固有所然，物固有所可；无物不然，无物不可。非卮言日出，和以天倪，孰得其久[㉖]！万物皆种[㉗]也，以不同形相禅[㉘]，始卒若环[㉙]，莫得其伦，是谓天均。天均者，天倪也。

注释

①寓言：寄托他人说的话，如各篇中诸多人物的对话皆为寓言，寓言并非文学故事之类，其中有真有假，广为说明道理。十九：十分之九。②重言：慎重的言论，一说借重先哲的言论。十七：十分之七。③卮言：无有成见的言论。卮，漏卮，古代盛酒的器皿。日出：随时而出现，天天说出来。④和：合。天倪：自然的分际。⑤藉：通借。外：外人，别人。⑥亲父：亲生的父亲。不为其子媒：不为自己的儿子做媒人。⑦誉之：称赞儿子。⑧罪：罪过，过错。⑨人：别人，他人。⑩应：赞同。⑪反：反对，反驳。⑫为：则，不同。⑬已：通已。一说已为止。⑭耆艾：六十为耆，五十为艾，泛指老年人。⑮先：长。⑯经

纬本末：皆指学习而言。经纬，纵横。本末，始终。期，期待。⑰无人道：缺乏人道。⑱陈人：陈死的人，陈腐的人。⑲曼衍：发展变化。⑳穷年：尽年，终其天年。㉑不言则齐：不说话就齐一而无是非。㉒齐：不言的齐。不齐：不同。㉓言无言：说了没有说的话。㉔自：由。㉕恶乎：怎么。下同。㉖久：恒。㉗种：种子。㉘形：形式、形态。相禅：新陈代谢。禅，代替。㉙始卒若环：首尾相接象环。

译文

寓言十分之九，重言十分之七，卮言天天讲，总合自然的分际。寓言十分之九，借别人论说。父亲不为自己的儿子做媒。父亲称赞儿子，总不如让别人称赞更可信服；别人说就不是自己的过错，而是别人的过错。与自己意见相同就应和，不与自己意见相同的就反驳；同于自己的意见就肯定它，不同于自己的意见就否定它。重言十分之七，因为是自己的言论，这是年长者的言论。年长了，而没有纵横始终的期待长者，就不算是年长才智。做人而没有先人的才智，就是无道的人；人没有人道，就是那称陈腐的人。卮言天天讲，合于自然的分际，因此发展变化，因而享尽天年。人都不说话就齐一，齐一的无言与有言不同，说话与齐一无言也不同，所以说“无主见的言论”。说无主见的言论，就是终身在说话，却如没有说话；即使终身不说话，却也未尝不说话。可有可的原因，不可有不可的原因；对有对的原因，不对有不对原因。

怎样才算对的？对的就是对的。怎样才算不对的？不对的就是不对的。怎样去肯定？肯定那些肯定的。怎样去否定？否定那应当否定的。万物本来就有对，万物本来就有肯定，没有什么事物不对，没有什么事物不可肯定。不是卮言天天讲，合于自然，还有什么能如它那样永恒持久呢！万物皆由种变化来的，以不同的形态相代替，始终像个圆环一样，不了解它的道理，这是所谓自然的变化。自然的变化就是自然的分际。

古注

郭象：“夫卮，满则倾，空则仰，非持故也。况之于言，因物随变，唯彼之从，故曰日出。

今论

方勇：“通过标举寓言、重言、卮言来论述本书文体特征的，所以常被人们视为全书的凡例。”

原典

庄子谓惠子曰：“孔子行年六十而六十化①，始时所是，卒而非之，

未知今之所谓是之非五十九年非也。”

惠子曰：“孔子勤志服知也[②]。”

庄子曰：“孔子谢之[③]矣，而其未之尝言[④]。孔子云，‘夫受才乎大本[⑤]，复灵以生[⑥]。’鸣而当律[⑦]，言而当法[⑧]。利义陈[⑨]乎前，而好恶是非，直[⑩]服人之口而已矣。使人乃以心服，而不敢蘁(wù)[⑪]立，定天下之定。已乎已乎！吾且不得及彼[⑫]乎！”

注释

①六十化：六十次变化，六十次修善。②勤志：勤行励志。服：役使心智。③谢之：犹过之。④未之尝言：未尝言之。⑤大本：指天道。⑥复灵：复为恢复，灵为灵善。生：生气。⑦鸣：声。而：通则。当：符合。律：乐律。⑧法：法度。⑨陈：摆。⑩直：只是。⑪蘁：违逆。⑫彼：指孔子。

译文

庄子对惠施说：“孔子六十年中有六十次修善德行，开始肯定的，后来又否定它，很难说今天所认为是对的就不是五十九年来所认为是错误的。”

惠施说：“孔子励志勤行用智学道吗？”

庄子说：“孔子已经过于用智了，他未尝多言。孔子曾说：‘人的才智是禀受于天的，恢复灵善而生。’发出声音符合乐律，说出言论而符合法度，利义摆在面前，而好恶是非的辨别，只能是服人之口罢了。要使人心服而不敢违逆，这样才算确立了天下的定则。算了吧，算了吧！我还赶不上他呢！”

古注

郭象：“统而言之，则无可无不可，无可无不可而至也。”

今论

方勇：“在《庄子》一书中，寓言、重言、卮言其实是‘三位一体’，浑不可分的，它们互相辅助，互相映衬，构成了《庄子》‘洸洋自恣’的艺术特色。”

原典

曾子再仕而心再化[①]，曰：“吾及亲[②]仕，三釜[③]而心乐；后仕，三千钟[④]而不少洎，吾心悲。”

弟子问于仲尼曰：“若参者，可谓无所悬其罪[⑤]乎？”

曰：“既已悬矣。夫无所悬者，可以有哀乎？彼[⑥]视三釜三千钟，如观乌雀蚊虻相过乎前也。”

注释

①曾子：曾参，孔子弟子。再仕：第二次做官。化：变化，指道德修养

变化，心情的变化。②及亲：父母双亲在世。③釜：六斗四升。④钟：六斛四斗。⑤悬其罪：受其罪，指不受利禄的拖累。悬，系。⑥彼：指心无系于荣禄的人。

译文

曾子再做官时心情又有变化，他说："我父母双亲在世时，做官只有三釜俸禄而很快乐。后来做官得三千钟俸禄而不能奉养双亲，我心里却感到悲伤。"

弟子问孔子说："像曾参那样，可以算是没把心悬系在俸禄上的过错了吧？"

孔子说："还是心有悬系。如要心无所悬系，会有悲哀吗？那种心无所悬系于俸禄的人看三釜、三千钟，就像看鸟雀蚊虻飞过眼前一样。"

古注

郭象："縣，係也。谓参仕以为亲，无係禄之罪也。"

今论

方勇："也正如寓言、重言、卮言三者本身不可截然分开一样，《寓言》篇作者对三者功用的区分也是相对的。"

原典

颜成子游谓东郭子綦曰[1]："自吾闻子之言，一年而野[2]，二年而从[3]，三年而通[4]，四年而物[5]，五年而来[6]，六年而鬼入[7]，七年而天成[8]，八年而不知死，不知生[9]，九年而大妙[10]。生有为，死也。劝公[11]以其死也有自[12]也，而生阳也无自也[13]。而果然乎[14]？恶乎其所适[15]？恶乎其所不适？天有历数[16]，地有人据[17]，吾恶乎求[18]之？莫知其所以终[19]，若之何其无命也？莫知其所始[20]，若之何其有命也？有以相应也[21]，若之何其无鬼邪？无以相应也，若之何其有鬼邪？"

注释

①颜成子游：复姓颜成，名偃，字子游。南郭子綦的弟子。②野：粗野，语言放肆。③从：顺从。④通：通于一，通达为一。⑤物：物化，与物混同。⑥来：神明大来。⑦鬼入：归根深藏。⑧天成：合于自然，独成其天。⑨不知死，不知生：进入不死不生的境界，生死齐一。⑩大妙：大道的神妙。⑪劝：劝勉。公：天道，即道通为一的一。⑫有自：有生而后有死为有自。自，由、因。⑬生：生长，生成。阳：阳气。⑭而果然乎：设问引起下文。⑮恶：何。适：适意。⑯历数：有命无命的历数。⑰人据：人所占据之地，有鬼无鬼之论。⑱恶乎求：无所追求。⑲终：指死。⑳始：指生。㉑以：与之。相应：相感应。

译文

颜成子游对东郭子綦说："自从我听你讲道，一年而粗野，二年而顺从，三年而通达，四年而化物，五年而神明大来，六年而归根深藏，七年而合于自然，八年而生死齐一，九年而达到神妙境界。人生有为就走向死亡，劝勉大道为一，人的死亡有因，而人生是阳气运转，没有由来。你果然是这样吗？什么地方你感到适意，什么地方你感到不适意，天有有命无命的节数，地有人物有鬼无鬼的依据，我还有什么可追求的呢？不知道它的死，怎能断定没有命运，不知道它的生，怎能断定有命运呢？有与之相感应，怎能断定无鬼神？没有与之相感应，怎能知道有鬼神呢？"

古注

郭象："理自相应，相应不由于故也，则虽相应而无灵也。"

原典

众罔两问于景曰①："若向也俯②，而今也仰；向也括③，而今也被发④；向也坐，而今也起；向也行，而今也止，何也？"景曰："搜搜⑤也，奚稍问也⑥！予⑦有而不知其所以。予，蜩甲⑧也？蛇蜕也⑨？似之而非也⑩。火与日⑪，吾屯⑫也；阴与夜⑬，吾代⑭也。彼⑮，吾所以有待⑯邪？而况乎以有待者乎！彼来则我与之来，彼往则我与之往，彼强阳则我与之强阳⑰。强阳者，又何以有问乎！"

注释

①众罔两：多个影外的微影。景：通影。②若：汝，你。向：从前，过去。俯：低头。③括：指发，束发。④被：通披。⑤搜搜：又作叟叟，摇动的样子，指众罔两。⑥奚稍问：为什么贸然发问。奚，何。稍，借作屑。⑦予：我。⑧蜩甲：蝉蜕。蜩，蝉。⑨蛇蜕：蛇皮。也：通邪。⑩似之而非也：影生于形与甲出于蜩、蜕出于蛇相似，但影无实而甲、蜕有实，所以虽相似而不同，影子并无实体存在。⑪火：指火光。日：指日光。⑫吾屯：我顿聚。⑬阴：阴天，无阳光。夜：黑天，无日、月光之时。⑭代：消失。⑮彼：指形。⑯有待：有依赖。⑰强阳：运动不止。

译文

众多影子的影子问影子说："你过去低头，而今仰头；过去束发，而今披发；过去坐着，而今站起；过去行走，而今停步。为什么呢？"影子说："你们嗖嗖地摇动，为什么贸然来问我？我活动而不知道为什么这样。我，像蝉壳吗？

像蛇皮吗？像是而又不是，火光和阳光，使我顿聚；阴天和黑夜，使我消失。形体，是我所依赖的吗？何况那有依赖的东西呢！形体来我就随它来，形体去我就随它去，形体运动不止我就随它运动不止。运动不息，又有什么问的呢！”

古注

郭象：“而极之，则今之（所谓）有待者卒于无待，而独化之理彰（矣）。直自强阳运动，相随往来耳，无意，不可问也。”

原典

阳子居南之沛[①]，老聃西游于秦[②]，邀[③]于郊，至于梁[④]，而遇老子。老子中道仰天而叹曰：“始以女为可教，今不可也。”

阳子居不答。至舍，进盥漱巾栉[⑤]，脱屦(jù)[⑥]户外，膝行[⑦]面前，曰：“向[⑧]者弟子欲请夫子，夫子行不闲，是以不敢。今闲矣，请问其过。”

老子曰：“而睢睢盱(xū)盱[⑨]，而谁与居[⑩]？大白若辱[⑪]，盛德若不足[⑫]。”

阳子居蹴然[⑬]变容曰：“敬闻命[⑭]矣！”其往也，舍者迎将其家[⑮]，公[⑯]执席，妻[⑰]执巾栉，舍者避席，炀(yàng)[⑱]者避灶。其反[⑲]也，舍者与之争席矣。

注释

①阳子居：杨朱。之：往。沛：指彭城，今江苏徐州。②秦：秦国。③邀：通要，要截。④梁：沛郊的地名。⑤盥：洗脸，洗手。漱：漱口。巾：毛巾。栉：梳子。⑥屦：葛麻做的鞋子。⑦膝行：跪着走，表示尊敬。⑧向：刚才。⑨睢睢：仰目而视，骄傲。盱盱：张目而视，亦指傲慢。⑩居：相处。⑪大白若辱：引自《老子》四十一章。若，似。辱，污。⑫盛德若不足：《老子》四十一章：广德若不足。⑬蹴然：紧迫的样子。蹴，通蹙。⑭命：教。⑮迎将：迎送。家：旅店。⑯公：旅店男主人。⑰妻：旅店女主人。⑱炀：烘。⑲其反：送老子走后再来时。

译文

阳子居南下到沛去，老子西行去秦国，要截于郊野，到梁地，而会见老子。老子在半途中仰天而叹说：“起初我以为你是可以教导的，现在看来不可以了。”

阳子居没有答话。到了旅馆，阳子居送进洗漱用品，把鞋脱在门外，跪着爬行向前，说：“刚才弟子想请教先生，先生却行走没有闲空，因此没敢请教。现在有闲空了，请指出我的过错。”

老子说："你仰目而视张目而望，十分傲慢，而谁能与你共处呢？清白的人像是污浊的，尚德的人像是不足的。"

阳子居蹙然变化说："敬听先生的教诲了！"他来时，旅舍的人都迎送他，男主人安排坐席，女主人给他拿梳洗用具，先坐的人让出席位，烤火的人回避炉灶。他回去时，旅舍的人就与他互争席位而不分彼此了。

古注

郭象："睢睢盱盱，跋扈之貌。人将畏难而疏远。"

今论

方勇："此篇凡六段，意旨不尽一致。其中首段是通过标举寓言、重言、卮言来论述本书文体特征的，所以常被人们视为全书的凡例。"

让王

第二十八

原典

尧以天下让许由①，许由不受。又让于子州支父，子州支父②曰："以我为天子，犹③之可也。虽然，我适有幽忧之病④，方且治之⑤，未暇⑥治天下也。"

夫天下至重也，而不以害其生⑦，又况他物乎！唯无以天下为者，可以托天下也。舜让天下于子州支伯。子州支伯曰："予适有幽忧之病，方且治之，未暇治天下也。"

故天下大器⑧也，而不以易生⑨，此有道者之所以异乎俗者也。舜以天下让善卷⑩，善卷曰："余⑪立于宇宙之中，冬日衣皮毛，夏日衣葛絺(chī)⑫；春耕种，形足以劳动；秋收敛，身足以修食；日出而作，日入而息，逍遥于天地之间而心意自得。吾何以天下为哉！悲夫，子之不知余也！"

遂不受。于是去而入深山，莫知其处。舜以天下让其友石户之农⑬，石户之农曰："捲捲(quán)⑭乎后之为人，葆⑮力之士也！"以舜之德为未至也，于是夫负妻戴⑯，携子以入于海，终身不反也⑰。

注释

①许由：见《逍遥游》注。②子州支父：人名，姓子州，字支父。③犹：还。④适：刚才。幽忧：隐忧。病：患。⑤方：刚。治：治疗，医治。⑥未暇：没有闲暇。⑦生：性。⑧大器：贵重器物。⑨生：性。⑩善卷：人名，姓善，名卷。⑪余：我。⑫葛絺：细葛布。⑬石户：地名。农：农民。⑭捲捲：同卷卷，用力的样子。⑮葆：通宝，珍视。⑯负：背着。戴：顶着。⑰入于海：隐居海上。反：通返。

译文

尧要把天下让给许由，许由不接受。又让给子州支父，子州支父说："让我做天子，还可以。虽是这样，但我正有隐忧之患，刚要治疗它，没有闲暇时间去治理天下。"

天下的地位最贵重，而不以这种地位危害本性，何况是其他的事物呢！只有不把治理天下当作一回事的人，才可以把天下委托给他。舜要把天下让给子州支伯。子州支伯说："我正有隐忧之患，刚要治疗它，没有闲暇时间去治理天下。"

治理天下的权位是大器物，而不以本性来换取它，这是有道的人之所以和世俗不同之处。舜要把天下让给善卷，善卷说："我站在宇宙之中，冬天穿皮毛，夏天穿细布；春天耕田种地，身体足可以负担这种劳动；秋天收获足可以休养安食；太阳出来去劳动，太阳落了就休息，逍遥自在于天地之间而心情悠然自得。我何必去治理天下呢！可悲啊，你是不了解我的！"

便没有接受。于是离开舜而进入深山，没有人知道他的去处。舜要把天下让给他的朋友名叫石户的农民，名叫石户的农民说："真用力啊！国君的为人，是保持勤劳的人！"认为舜的德还没达到最高的境界，于是丈夫背着东西，妻子顶着东西，携带子女隐居大海之中，终生没有返回。

古注

郭象："孔子曰：士志于仁者，有杀身以成仁，无求生以害仁。"

今论

吴健雄："从物质上分析，没有比天下大权更为重要的东西了，但从子州支父的角度出发却并非如此，他的当务之急是治病，如果连命都没了，掌管天下大权又有什么用呢？"

原典

大王亶父居邠(bīn)①，狄人②攻之；事之以皮帛而不受③，事之以犬马而不受，事之以珠玉而不受，狄人之所求者土地也。大王亶父曰："与人④之兄居而杀其弟，与人之父居而杀其子，吾不忍也。子皆勉居矣⑤！为吾臣与为狄人臣奚以异⑥！且吾闻之：'不以所用养害所养⑦。'"因杖策⑧而去之，民相连而从之，遂成国于岐山⑨之下。夫大王亶父，可谓能尊生⑩矣。能尊生者，虽贵富不以养伤身⑪，虽贫贱不以利累形⑫。今世之人居高官尊爵者，皆重失之⑬，见利轻亡其身⑭，岂不惑⑮哉！

注释

①大王亶父：是周文王的祖父。邠：亦作豳，在陕西省邵县（即彬县）。②狄人：北方的少数民族。③事：侍奉。皮帛：皮市。④人：指狄人。⑤子：你们，指臣民。勉居：勉强留下。⑥奚：什么。异：不同。⑦所用养：指土地。所养：指人，即臣民。⑧杖策：执鞭。杖，通仗、执、持。策，马鞭。⑨岐山：山名。

⑩尊生：贵生。⑪以：因。养：供养。⑫累形：牵累形体。⑬重：重视。失：失掉。之：指高官尊爵。⑭轻：轻易。亡：伤亡。⑮惑：迷惑，胡涂。

译文

大王亶父住在邠地，狄人攻打他。他拿皮帀侍奉他们而不接受，拿犬马侍奉他们也不接受，拿珍珠宝玉侍奉他们还不接受，狄人所要求的是土地。太王直父说："和人家的哥哥住在一起而杀掉他的弟弟，和人家的父亲住在一起而杀掉他的儿子，我不忍心这样做。你们都勉强留下吧！做我的臣民和做狄人的臣民有什么不同呢！况且我听说过：'不要因为养活人的土地而危害所养活的人民。'"于是拿起马鞭而离开邮地。人民接连不断地跟着他，于是便在歧山下成立了新的国家。大王直父，可以说是贵生的人了。能贵生的人，虽然在富贵之中也不用养生的东西伤害身体，虽然在贫贱之中也不用利禄牵累形体。现今社会上的人，身居高官尊爵，都重视他们的地位，见到利禄就轻易地丧失自己的生命，岂不是糊涂吗！

古注

郭象："夫志尚清遐，高风邈世，与夫贪利没命者，故有天地之降也。"

今论

吴健雄："一个地大物博的国家里内乱不断，一个相对较小的国家里人人安居乐业，一般人会选择哪个呢？人民的利益才是国家的根本。"

原典

越人三世弑其君①，王子搜②患之，逃乎丹穴③。而越国无君，求王子搜不得，从之丹穴。王子搜不肯出，越人熏之以艾④。乘以王舆⑤。王子搜援绥登车⑥，仰天而呼曰："君乎，君乎，独不可以舍我乎！"王子搜非恶为君也，恶为君之患也。若王子搜者，可谓不以国伤生矣！此固越人之所欲得为君也。

注释

①越人三世弑其君：指越王翳被他的儿子杀掉，越人又把他的儿子杀掉，立元余为国君，无余又被杀掉，无颛继而被立。弑，封建社会臣杀君、子杀父，称弑。②王子搜：指无颛。③丹穴：山洞名。一作南山洞。④熏之以艾：用艾蒿烟熏丹穴。⑤王舆：王一本作玉，玉舆，亦称玉格、玉辇，国君坐的车子。⑥援：拉，攀。绥：上车时拉的绳子，拉手。

译文

越人三代杀掉自己的国君，王子搜忧患此事，逃到丹穴中。越国没有国君，寻找王子搜没有找到，一直找到丹穴。王子搜不肯出来，越人用艾蒿烟熏丹穴，让他乘坐玉辇。王子搜攀着拉手上车，仰天呼号说："王位呀！王位呀！难道不肯放过我吗！"王子搜并不是厌恶做国君，而是厌恶做国君的祸患。像王子搜这样的人，可以说是不以国君的地位伤害生命了，这正是越人想要得到的国君。

古注

郭象："论语曰：伯夷叔齐饿于首阳之下，不言其死也。"

原典

韩魏相与争侵地[①]。子华子见昭僖侯[②]，昭僖侯有忧色。子华子曰："今使天下书铭[③]于君之前，书之言曰：'左手攫(jué)之则右手废[④]，右手攫之则左手废，然而攫之者必有天下。'君能攫之乎?

昭僖侯曰："寡人不攫也。"

子华子曰："甚善！自是观之，两臂重于天下也，身亦重于两臂。韩之轻于天下亦远矣，今之所争者，其轻于韩又远。君固愁身伤生以忧戚不得也！"

僖侯曰："善哉！教寡人者众矣，未尝得闻此言也。"子华子可谓知轻重矣。

注释

①韩：韩国。魏：魏国。侵地：侵夺地盘。②子华子：华子，道家学派的学者，魏国的贤人。昭僖侯：指昭侯，韩国的国君。③铭：誓约。④攫：取，夺。废：废弃，砍掉。

译文

韩国和魏国相互争夺侵占土地。子华子见昭僖侯，昭僖侯面带忧色。子华子说："现在使天下人在你面前写个誓约，誓约写道：'左手夺取它就砍掉右手，右手夺到它就砍掉左手，然而夺取它的就可以得到天下。'你愿意去夺取它吗？"

昭僖侯说："我不愿意夺取。"

子华子说："很好，这样看来，两臂比天下重要，身体又比两臂重要。韩国远比天下还轻，现在所争夺的，又远比韩国还轻，你何必愁苦身体来伤害生命而忧虑得不到土地呢？"

昭僖侯说："好啊！开导我的人很多，还没有听到过这样的话。"子华子可以称得上认识轻重了。

古注

郭象："而此云死焉，亦欲明其守饿以终，未必饿死也。"

今论

吴健雄："对让自己不快乐的事情、不喜欢的事情，不要勉强自己去做。"

原典

鲁君闻颜阖得道之人也①，使人以币先焉②。颜阖守陋闾③，苴布之衣而自饭牛④。鲁君之使者至，颜阖自对之。使者曰："此颜阖之家与⑤？"

颜阖对曰："此阖之家也。"

使者至市，颜阖对曰："恐听谬而遗使者罪⑥，不若审之⑦。"

使者还，反审之，复来求之，则不得已。故若颜阖者，真恶富贵也。故曰，道之真以治身，其绪余⑧以为国家，其土苴（zhā）⑨以治天下。由此观之，帝王之功，圣人之余事也，非所以完身养生也。今世俗之君子，多危身弃生以殉物⑩，岂不悲哉！凡圣人⑪之动作也，必察其所以之与其所以为⑫。今且有人于此，以随侯之珠⑬弹千仞之雀，世必笑之。是何也？则其所用者重而所要⑭者轻也。夫生者，岂特随侯⑮之重哉！

注释

①鲁君：一本作鲁侯，鲁哀公。颜阖：人名，鲁国的隐者。②币：币帛，钱币。先：致意。③守：居、住。陋闾：陋巷，穷巷。④苴布：直麻布，粗麻布。饭牛：喂牛，饲牛。⑤与：通欤。⑥恐听谬：恐怕听错。遗使者罪：使使者获罪。⑦审：审核，复查。之：指鲁君的命令。⑧绪余：余，残余。⑨土苴：槽粕。⑩殉物：追逐名利权势。殉，逐。⑪圣人：指得道的人。⑫所以之：所以往，所追求的目的。所以为：所以这样做的原因。⑬随侯之珠：随侯的珍珠。⑭要：取得，求得。⑮随侯：指随侯的珍珠。

译文

鲁国国君听说颜阖是得道的人，派人带着币帛去致意。颜阖住在简陋的巷子里，穿着粗麻布的衣裳自己在喂牛。鲁君的使者来了，颜阖亲自接待他。使者说："这是颜阖的家吗？"

颜阖回答说："这是颜阖的家。"

使者送上币帛，颜阖又说："恐怕听错了而给你带来罪过，不如回去把鲁君命令再审核个明白。"

使者回去，反复核实，再来找他，却找不到了。所以像颜阖这样的人，才真是厌恶富贵的人。所以说，道的精髓可以用来修身，它的残余可以用来治国，它的糟粕可以用来平天下。由此可见，帝王的功业，是圣人的余事，并不是用来全身养生的。现在世俗的君子，多是危害身体抛弃生命以追求物欲，难道不可悲吗！凡是圣人的行动和作为，一定要观察它所追求的目的和这样做的原因。现在如果有这样一个人，用随侯的珍珠做弹丸去射千仞高的雀鸟，世人一定会嘲笑他。这是为什么呢？这是因为他所用的是贵重的东西而要求取的则是非常轻贱的东西。生命这东西，怎么能赶不上随侯的珍珠贵重呢！

古注

郭象："此篇大意，以起高让远退之风。故被其风者，虽贪冒之人，乘天衢，入紫庭，犹时慨然中路而叹，况其凡乎！"

今论

吴健雄："在现实生活中人各有志，没必要人云亦云，别人适合的你不一定适合。对自己不适合的，非不甘心，非要跟别人一样，最终只会身心疲惫。选择一种符合自己情绪的生活方式，快乐比财富更重要。"

原典

子列子穷①，容貌有饥色②。客有言之于郑子阳③者，曰："列御寇④，盖有道之士也，居君⑤之国而穷，君无乃为不好士乎⑥？"郑子阳即令官遗⑦之粟。子列子见使者，再拜而辞⑧。使者去，子列子入，其妻望之而拊心曰⑨："妾闻为有道者之妻子，皆得佚乐⑩，今有饥色。君过而遗先生食⑪，先生不受，岂不命邪！"

子列子笑，谓之曰："君非自知我也。以人之言而遗我粟，至⑫其罪我也又且以人之言，此吾所以不受也。"其卒，民果作难而杀子阳⑬。

注释

①穷：穷困，困难。②容貌有饥色：穷困到极点，饥饿的颜色已表现在面貌上。③子阳：人名，郑国的宰相。④列御寇：人名，亦称列子，道家先驱人物之一。⑤君：你，指子阳。⑥好士：爱好人才，重视人才。好，爱好。⑦遗：送，给与。⑧辞：辞退，辞谢，不接受。⑨拊心：搥胸，表示愤惋。拊，拍、击、搥。⑩佚乐：安逸享乐。佚，通逸。⑪君：指子阳，即指相国。过：过问。一说作错解，亦通。⑫至：等到。⑬民果作难而杀子阳：《吕氏春秋·适威》、《淮南子·记沦训》记载子阳为左右人所杀，《史记·郑世家》记载郑公子杀其相子阳。

译文

列子穷困，面有饥色。有人告诉郑相子阳说："列御寇是位有道的人才，住在你的国里很穷困，你不是很重视人才吗？"郑相子阳便下令让官员赠送米粟给他。列子见到使者，再三拜谢辞退不接受。使者离去，列子进入屋里，他的妻子望着他抚着胸口说："我听说有道人的妻子，都能得到安逸的享乐。现在你面有饥色，相国过问此事而赠送给你粮食，你不接受，难道是命该如此吗！"

列子笑着对她说："相国并不是自己了解我，而是听别人说才送我米粟的，等到他要加罪于我时，也会是因听信别人的话，这就是所以不接受的原因。"后来，民众果然发难而杀了子阳。

古注

郭象："夷许之徒，足以当稷契，对伊吕矣。夫居山谷而弘天下者，虽不俱为圣佐，不犹高于蒙埃尘者乎！"

原典

楚昭王失国①，屠羊说走而从于昭王②。昭王反③国，将赏从者，及④屠羊说。屠羊说曰："大王失国，说失屠羊。大王反国，说亦反屠羊。臣之爵禄已复⑤矣，又何赏之有。"

王曰："强之⑥！"

屠羊说曰："大王失国，非臣之罪，故不敢伏其诛⑦；大王反国，非臣之功，故不敢当其赏。"

王曰："见之⑧！"

屠羊说曰："楚国之法，必有重赏大功而后得见，今臣之知不足以存国而勇不足以死寇。吴军入郢，说畏难而避寇，非故随大王也。今大王欲废法毁约而见说，此非臣之所以闻于天下也。"

王谓司马子綦⑨曰："屠羊说居处卑贱而陈义⑩甚高，子綦为我延之以三旌(jīng)之位⑪。"

屠羊说曰："夫三旌之位，吾知其贵于屠羊之肆也；万钟之禄⑫，吾知其富于屠羊之利也。然岂可以贪爵禄而使吾君有妄施⑬之名乎！说不敢当，愿复反吾屠羊之肆。"遂不受⑭也。

注释

①楚昭王：名珍，平王的儿子，前515年立国。失国：失去国土，指吴伐楚，楚昭王逃到随、郑。②屠羊：指宰羊人。说：通悦，屠羊者的名字。③反：通返。④及：到。⑤复：恢复。⑥强之：强令赏他。⑦伏其诛：伏案受诛，甘心被杀。⑧见之：引见他，让他来见我。⑨司马子綦：楚国的将军。又作司马子其。⑩陈义：陈说议论，说道理。⑪三旌之位：三卿之位。⑫万钟之禄：卿禄万钟。⑬妄施：行赏不当。⑭遂不受：终不受。

译文

楚昭王逃离国土，屠羊说也跟着昭王出走。楚昭王返回国土，要赏赐跟随的人，赏到屠羊说。屠羊说说："大王丧失国土，我丧失了宰羊的工作。大王返回国家，我也回来宰羊。我宰羊的爵禄已经恢复了，又有什么可赏赐的呢。"

昭王说："强令赏他。"

屠羊说说："大王逃离国土，不是我的罪过，所以不敢伏案就杀；大王返回国家，也不是我的功劳，所以不敢受赏。"

昭王说："我要见他。"

屠羊说说："楚国的法令规定，必有重赏大功的人而后才得接见，现在我的智慧不足以保存国家而勇敢不足以战死敌寇，吴国的军队侵入郢都，我畏惧危难而逃避敌寇，并不是有意追随大王。现在大王要不顾楚国约法的规定而接见我，这不是我所愿传闻天下的事。"

昭王对司马子綦说："屠羊说身处地位卑贱而陈说义理很高明，你为我请他任卿的职位。"

屠羊说说："卿的职位，我知道它贵于屠羊的职业；万钟的俸爵，我知道它富于屠羊的利益。但是我怎么可以贪图爵禄而使我的君主有行赏不当的名声呢？我不敢接受这高官厚禄，还是愿意恢复我宰羊的职业。"终于没有接受奖赏。

古注

郭象："其事虽难为，然其风少弊，故可遗也。"

原典

原宪[①]居鲁，环堵[②]之室，茨以生草[③]；蓬户[④]不完，桑以为枢而瓮牖[⑤]；二室褐以为塞[⑥]，上漏下湿，匡坐而弦歌[⑦]。子贡乘大马[⑧]，中绀而表素[⑨]，轩车不容巷[⑩]，往见原宪。原宪华冠縰（xǐ）履[⑪]，杖藜而应门[⑫]。

子贡曰："嘻！先生何病？"

原宪应之曰："宪闻之，无财谓之贫，学而不能行谓之病。今宪贫也，非病也。"

子贡逡巡[⑬]而有愧色。原宪笑曰："夫希世而行[⑭]，比周[⑮]而友，学以为人，教以为己，仁义之慝(tè)[⑯]，舆马之饰[⑰]，宪不忍为也。"

注释

①原宪：人名，字思，鲁人，一说宋人，孔子的弟子。②环堵：一丈为堵。③茨：房盖。草：青草。④蓬户：蓬草编的门户。⑤桑：桑条。枢：门轴。瓮牖：简陋的窗户。⑥褐：粗布衣服。一说毡。塞：蔽。⑦匡坐：正坐。弦歌：边

弹琴边诵诗歌。⑧子贡：孔子弟子，姓端木，名赐。乘大马：坐四头大马拉的车。⑨中绀：里边穿青红色衣服。表素：外面穿白色衣服。⑩轩车：古代大夫乘的车。不容巷：车大巷小不容出入。⑪华：通烨。华冠：用桦树皮做的帽子。縰：通展，无限。縰履：无后跟的鞋。⑫杖藜：撑着藜草茎的手杖。应门：接应在门前，说明有准备。⑬逡巡：进退不得，进也不是退也不是。⑭希世而行：观望世俗的好恶而行事。希，通睎，观望。⑮比周：结党营私。⑯慝：借作忒，失掉。⑰饰：装饰。

译文

原宪住在鲁国，方丈的居室，青草盖顶；蓬蒿门户不完整，用桑条作门轴而窗户简陋；以破毡间隔两个居室，屋顶漏雨地上潮湿，他端坐而弹琴诵诗。子贡乘坐四头大马拉的车子，里边穿的青红色衣服而外面穿着白色衣服，大夫用的车子小巷不能出入，走去见原宪。原宪戴着桦皮帽，穿着无跟草鞋，拄着灰菜茎的手杖而接应在门前。

子贡说："唉！先生你有什么病了？"

原宪回答他说："我听夫子说过，没有钱财叫做贫困，学而不能实践叫做病。现在我是贫困，并不是有病。"

子贡进退两难而有愧色。原宪笑着说："要是观望世俗好恶而行事，结党营私而交友，学习不务本而显誉于人，教育不善导别人而自专为己，失掉了仁义，装饰了车马，我不忍心这样去做的。"

古注

郭象："曰：夷许之弊安在？曰：许由之弊，使人饰让以求进，遂至乎之哙也。"

今论

吴健雄："爱江山更要爱民。民在，江山在。"

原典

曾子居卫[①]，缊袍无表[②]，颜色肿哙[③]，手足胼(piān)胝(zhī)[④]。三日不举火[⑤]，十年不制衣，正冠而缨绝[⑥]，捉衿而肘见[⑦]，纳屦而踵决[⑧]，曳縰而歌《商颂》[⑨]，声满天地，若出金石。天子不得臣，诸侯不得友。故养志者忘形，养形者忘利，致道者忘心矣。

注释

①曾子：人名，姓曾，名参，字子舆，鲁人。孔子弟子。卫：卫国。②缊袍：用麻絮充丝棉作的袍子。无表：没有外罩。③肿哙：浮肿，肿而有病色。④胼胝：老趼。⑤不举火：不举烟火，不做饭。⑥冠：帽子。缨：帽缨子。绝：断绝。

⑦捉：抓、拉。衿：领子。见：通现，露。⑧纳屦：穿的麻鞋。踵决：后跟裂开。⑨曳縰：拖拉着鞋。曳，拖。商颂：商代的音乐。

译文

曾子住在卫国，衣服无罩，脸上浮肿，手脚长满老茧。三天不做饭，十年不做衣，整理帽子而帽缨断绝，提起领子而袖裂露肘，穿着麻鞋而后跟裂开，趿着鞋唱《商颂》，声音洪亮满天地，如出自金石那样清脆。天子不能使他为臣子，诸侯不能和他交朋友。所以养志的人忘了形体，养形的人忘了利禄，求道的人忘了心思了。

古注

郭象："伯夷之风，使暴虐之君得肆其毒而莫之敢亢也。"

今论

吴健雄："人民要选择一个畏惧群众力量的人当国君。天下由千万人民构成，天之子亦是人民之子，天子必定也要为民请命。"

原典

孔子谓颜回曰："回，来！家贫居卑[1]，胡不仕乎[2]？"

颜回对曰："不愿仕。回有郭[3]外之田五十亩，足以给飦(zhān)粥[4]；郭内[5]之田十亩，足以为丝麻；鼓琴足以自娱；所学夫子之道者足以自乐也。回不愿仕。"

孔子愀然[6]变容，曰："善哉，回之意！丘闻之：'知足者，不以利自累也；审自得者[7]，失之而不惧；行修于内者[8]，无位而不怍[9]。'丘诵之久矣，今于回而后见之，是丘之得也[10]。"

注释

①居卑：地位卑下贫贱。②胡：何。仕：做官。③郭：外城。④给：供给。飦粥：粘粥，稠粥。⑤郭内：城内。⑥愀然：一本作"欣然"，神色变得欣然。⑦审自得者：审视自己得失清楚的人。⑧行修于内者：进行内心修养的人。⑨无位：没有官位。不怍：不惭愧。⑩得：获得，收获。

译文

孔子对颜回说："颜回，你过来！你家庭贫困处境卑贱，为什么不去做官呢？"

颜回回答说："不愿意做官。我有城外的五十亩地，足够供给稠粥；城内的十亩土地，足够穿丝麻；弹琴足以自求娱乐，所学先生的道理足以自己感到快乐。我不愿意做官。"

孔子欣然改变面容，说："好啊，你的意愿！我听说：'知足的人，不以利禄自累；审视自得的人，损失而不忧惧；进行内心修养的人，没有官位而不惭愧。'我诵读这些话已经很久了，现在在颜回身上才看到它，这是我的心得啊！"

古注

郭象："伊吕之弊，使天下贪冒之雄敢行篡逆。"

今论

吴健雄："三思而后行，做事前要想清楚你的动机是否淳良。"

原典

中山公子牟谓瞻子曰①："身在江海②之上，心居乎魏阙③之下，奈何？"

瞻子曰："重生④。重生则利轻。"

中山公子牟曰："虽知之，未能自胜⑤也。"

瞻子曰："不能自胜则从⑥，神无恶乎⑦？不能自胜而强不从者，此之谓重伤⑧。重伤之人，无寿类矣。"

魏牟，万乘⑨之公子也，其隐岩穴也，难为于布衣⑩之士；虽未至乎道，可谓有其意矣！

注释

①中山公子牟：即魏公子。瞻子：瞻通詹。②江海：指江湖，广阔天地。③魏阙：宫殿高大的门庭，指朝廷。④重生：重视生命。⑤自胜：自我克制。⑥从：顺从，任从。⑦神：精神。无：毋。恶：厌恶。⑧重伤：双重伤害。⑨万乘：本为天子之称，战国时诸侯大国也称万乘。⑩布衣：平民。

译文

中山公子牟对瞻子说："身在江湖之上，而心念念不忘朝廷，怎么办呢？"

瞻子说："重视生命。重视生命就轻视利禄。"

中山公子牟说："虽然知道，但是不能克制自己。"

瞻子说："不能克制自己就任从去做，精神不厌恶吗？不能克制自己而勉强不任从做事的人，这就叫受双重伤害。受双重伤害的人，就不能与长寿的人并列了。"

魏牟是万乘大国的公子，他隐居岩穴，比平民更为困难；虽然没有得道，可以说有了得道的心意了。

古注

郭象："唯圣人无迹，故无弊也。"

今论

吴健雄："大道的真谛可以用来养身，大道的剩余可以用来治理国家，而大道的糟粕才是用来统治天下的。"

原典

孔子穷于陈蔡之间①，七日不火②食，藜羹不糁③，颜色甚惫④，而弦歌于室。颜回择⑤菜，子路、子贡相与言曰："夫子再逐于鲁，削迹于卫；伐树于宋，穷于商周，围于陈蔡。杀夫子者无罪，藉夫子者无禁⑥。弦歌鼓琴，未尝绝音，君子之无耻也若此乎⑦？"

颜回无以应，入告孔子。孔子推琴，喟然⑧而叹曰："由与赐⑨，细人⑩也。召而⑪来，吾语之。"

子路、子贡入。子路曰："如此者，可谓穷矣！"孔子曰："是何言也！君子通于道之谓通，穷于道之谓穷。今丘抱仁义之道以遭乱世之患，其何穷之为⑫，故内省（xǐng）⑬而不穷于道，临难而不失其德，天寒既至⑭，霜雪既降，吾是以知松柏之茂⑮也。陈蔡之隘⑯，于丘其幸乎！"孔子削然反琴而弦歌⑰，子路挖（xì）然执干而舞⑱。

子贡曰："吾不知天之高也，地之下⑲也。"古之得道者，穷亦乐，通亦乐，所乐非⑳穷通也，道德㉑于此，则穷通为寒暑风雨之序矣。故许由娱于颍阳㉒，而共伯得乎共丘首㉓。

注释

①穷：困。陈蔡：陈国蔡国。②或以为无火字。③藜：灰菜。糁：米粒。④惫：疲惫，疲乏。⑤择：选择。一本作释。⑥藉：欺凌、凌辱。无禁：没有人禁止。⑦君子：指孔子。无耻：没有羞耻之心。⑧喟然：叹气的样子。⑨由：即子路。赐：子贡。⑩细人：见识浅的人。⑪而：通尔，这里指"他们"。⑫何穷之为：何谓之穷。为，通谓。⑬内省：反省，自己检查。⑭天寒既至：即《论语·子罕》中的"岁寒"。⑮知松柏之茂：即《论语·子罕》中的"知松柏之后凋也"。⑯隘：危险，迫隘，穷。⑰削然：一作俏然。削、俏皆悄的借字，悄然即安然的样子。反：通返。反琴：返回到琴边又弹琴。⑱挖然：威武的样子，一说喜悦的样子。干：盾，古代的兵器。⑲地之下：地之深。⑳非：无关。㉑德：高山寺本德作得。㉒颍阳：颍水之阳。㉓共伯：即共伯和，食封于共而得名。首：山根。

译文

孔子被困于陈国蔡国之间，七天没有烧火煮饭，喝不加米粒的灰菜汤，面色疲惫不堪，然而还在室中弹琴唱歌。颜回择菜，子路和子贡互相议论说：“先生一再被驱逐于鲁国，不让居留在卫国，于宋国遭受伐树之辱，穷困于商周，围困于陈、蔡之间。要杀先生的没有罪过，凌辱先生的不受禁止。他还在唱歌弹琴，乐声不能断绝，君子的羞耻之心就是这样的吗？”

颜回在旁没有应声，进屋告诉孔子。孔子推开琴，唉声叹气地说：“子由和子贡，都是见识浅的人。叫他们进来，我告诉他们。”

子路、子贡进入。子路说：“像现在这样，可以说是穷困了！”孔子说：“这是什么话！君子能通达道理的叫做通，不通达道理的才叫做穷。现在我孔丘坚守仁义的道理而遭到乱世的祸患，怎能说是穷困呢！所以，自我反省不是穷困于道，而是面临灾难不失自己的德行。寒天来到，霜雪降落，我这才知道松柏的茂盛。陈蔡被围困的危险，对我孔丘来说正是自己的幸运啊！”孔子又安然地继续弹琴唱歌，子路威武兴奋地手拿盾牌跳起舞来。

子贡说：“我不知天高，也不知道地深。”古时得道的人，穷困时快乐，通达也快乐，所欢乐的原因并不是穷困通达。明白了这种道理，那么穷困通达就变成为寒暑风雨的规律了。所以许由能自娱于颍水之上，而共伯可自得于共丘山之下。

古注

郭象：“若以伊吕为圣人之迹，则伯夷叔齐亦圣人之迹也；若以伯夷叔齐非圣人之迹邪？”

原典

舜以天下让其友北人无择[①]，北人无择曰：“异哉后[②]之为人也，居于畎亩[③]之中，而游尧之门[④]。不若是而已[⑤]，又欲以其辱行漫我[⑥]。吾羞见之。”

因自投清泠[⑦]之渊。汤将伐桀[⑧]，因卞随而谋[⑨]，卞随曰：“非吾事也。”

汤曰：“孰[⑩]可？”

曰：“吾不知也。”

汤又因瞀光[⑪]而谋，瞀光曰：“非吾事也。”

汤曰：“孰可？”

曰：“吾不知也。”

汤曰：“伊尹[⑫]何如？”

曰：“强力忍垢[⑬]，吾不知其他也。”汤遂与伊尹谋伐桀，克[⑭]之。以让卞随，卞随辞曰：“后之伐桀也谋乎我，必以我为贼[⑮]也；胜桀而让我，

必以我为贪也。吾生乎乱世，而无道之人再来漫我以其辱行[16]，吾不忍数闻也[17]！”

乃自投椆水[18]而死。汤又让瞀光，曰：“知者谋之[19]，武者遂之[20]，仁者居之[21]，古之道也。吾子胡不立乎[22]？”

瞀光辞曰：“废上[23]，非义也；杀民[24]，非仁也；人犯其难[25]，我享其利，非廉也。吾闻之曰：‘非其义者，不受其禄；无道之世，不践其土。’况尊我[26]乎！吾不忍久见也。”乃负石而自沉于庐水。

注释

①北人无择：人名，姓北人，名无择。②后：指君主。③畎亩：指田间。④游尧之门：游于天子之门。⑤若：但，不如。是：如此，这。已：止。⑥辱行：可耻的行为。漫：污弄。⑦清泠：江中的渊名。⑧汤：商汤。桀：夏桀。⑨因：就，从事。卞随：人名，姓卞名随，当时的隐者。⑩孰：谁。⑪瞀光：即务光，夏人。⑫伊尹：商初的大臣，名伊，尹是官名，奴隶出身。⑬强力：自勉顽强。忍垢：忍受耻辱。⑭克：胜。⑮贼：残忍。⑯辱行：耻辱的行为。⑰数：屡次。闻：搅扰。⑱椆水：即桐水，在颍川。⑲知：通智。知者，指伊尹。⑳遂：完成。武者：指汤自己。㉑居之：居天子的地位。仁者：指瞀光。㉒吾子：你。胡：何。立：古位字。㉓废上：指汤放桀。㉔杀民：指汤用兵。㉕人犯其难：别人冒险。㉖尊我：推我为君。

译文

舜把天下让给他的朋友北人无择，北人无择说：“奇怪啊，国王的为人，处于田亩之中，而游历于尧帝之门。不就是如此而已，还要用他的耻辱行为来玷污于我。我见到他感到羞耻。”

因而自己投入清泠之渊而死。商汤要讨伐夏桀，就这件事与卞随商量，卞随说：“这不是我的事情。”

商汤说：“跟谁说可以？”

说：“我不知道。”

商汤又就此事同务光商量。务光说：“这不是我的事情。”

商汤说：“跟谁说可以？”

说：“我不知道。”

商汤说：“伊尹怎样？”

曰：“他能勉强己力而忍受耻辱，我不知道他别的了。”汤就和伊尹策谋讨伐夏桀，战胜了夏桀。汤让位给卞随，卞随推辞说：“君主伐桀时找我谋划，一定以为我是残忍的人；战胜了夏桀而让位给我，一定认为我是个贪婪的人。

我生活在乱世，而无道的人一再用耻辱的行为来玷污我，我不能忍受屡次的搅扰！”

于是自投椆水而死。商汤又让位给务光，说：“有智慧的人策谋之，武勇的人完成之，仁义的人来就位，这是自古以来的道理。你为什么不即位呢？”

务光推辞说：“废黜君上，不是义；杀害人民，不是仁；别人犯难，我享其利，不是廉。我听说：‘不合于义的，不接受它的利禄；无道的社会，不踏它的土地。’何况是把我尊奉君位呢！我不忍心长久地目睹这种情况。”于是背负石头而自沉于庐水。

古注

郭象：“夫圣人因物之自行，故无迹。”

今论

吴健雄：“要注重精神生活。人要有追求，绝不能放弃精神上的修养，行尸走肉是猪狗不如的。”

原典

昔周①之兴，有士二人处于孤竹②，曰伯夷、叔齐③。二人相谓曰：“吾闻西方有人④，似有道者⑤，试往观焉。”

至于岐阳⑥，武王⑦闻之，使叔旦⑧往见之。与盟曰：“加富⑨二等，就官一列⑩。”

血牲而埋之⑪。二人相视而笑，曰：“嘻，异哉！此非吾所谓道也。昔者神农之有天下也，时祀尽敬而不祈喜⑫；其于人也，忠信尽治而无求焉⑬。乐与政为政，乐与治为治。不以人之坏⑭自成也，不以人之卑自高也⑮，不以遭时自利也⑯。今周见殷之乱而遽⑰为政，上谋而下行货⑱，阻兵⑲而保威，割牲而盟以为信，扬行以说众⑳，杀伐以要利㉑。是推乱以易暴也。吾闻古之士，遭治世不避其任，遇乱世不为苟存。今天下暗㉒，殷德衰，其并乎周㉓以涂吾身也，不如避之，以絜㉔吾行。”二子北至于首阳之山，遂饿而死焉。若伯夷、叔齐者，其于富贵也，苟可得已，则必不赖㉕，高节戾㉖行，独乐其志，不事于世。此二士之节也。

注释

①周：周朝。②孤竹：商代国名。③伯夷、叔齐：孤竹国君长子和次子。④西方有人：指周。⑤似有道者：指周文王。⑥岐阳：岐山之阳。⑦武王：周武王，姬发。⑧叔旦：指武王的弟弟周公旦。⑨富：俸禄。⑩就：任。一

列：一品位。⑪血牲而埋之：用盟誓的牲畜血涂在盟约上埋在盟坛的地下祭神。⑫祈：求。喜：通禧，福。⑬尽治：尽心治理。无求：无求利禄报答。⑭坏：失败，败坏。⑮卑：卑下。自高：抬高自己。⑯遭时：遇到时机。自利：自谋私利。⑰遽：急速。⑱上谋：高尚的什谋。上，通尚。行货：用爵禄收买人心。⑲阻兵：靠武力。⑳说众：取得民众的欢心，哗众取宠。说，通悦。㉑要利：追求利益。㉒暗：昏暗。㉓周：周朝社会。㉔絜：通洁。㉕赖：恃。㉖戾：通厉。

译文

过去周朝兴起时，有两个国君的子弟住在孤竹，叫伯夷、叔齐。二人商量说：“咱们听说西方有个人，好像是有道的人，是不是去看一看。”

到了岐阳，武王听说，派周公旦去接见他们，和他们立盟说：“追加俸禄二级，授官一等行列。”

用牺牲血涂盟约埋在盟坛地下。二人相视而笑，说：“咦，奇怪啊！这不是我们所说的道。从前神农氏治理天下时，四时祭祀竭尽诚敬而不求福；对于民众，以忠信尽心治理而没有什么祈求。乐意正的人就同他同正，乐于治的人就同他同治。不以别人的失败来显示自己的成功，不以别人卑下而抬高自己，不以逢好时运而谋图私利。现在周朝看到殷朝的混乱而急速夺取政权，崇尚计谋用爵禄收买人心，专靠武力而保持威势，杀牺牲立盟作为信誓，宣扬自己的美行哗众取宠，屠杀攻伐来追求利益，这是推行乱政来代替暴政。我们听说古代的贤士，时逢治世不逃避自己的责任，时遇乱世不苟且偷生。现在，天下昏暗，殷德衰败，与其和周朝并存玷污我们，不如避开它，以洁净我们的德行。”二人向北到首阳山，便饿死在那里。伯夷叔齐这样的人，对于富贵，如果可以得到，那么一定不去获取，而表现高尚的气节和不平凡的行为，独乐自己的志向，不用于世事。这就是二位贤士的节操。

古注

郭象：“然则所谓圣者，我本无迹，故物得其迹，迹得而强名圣，则圣者乃无迹之名也。”

今论

吴健雄：“要克制对功名的无尽欲望，重视生命。”

盗跖 第二十九

原典

孔子与柳下季[1]为友，柳下季之弟，名曰盗跖[2]。盗跖从卒[3]九千人，横行天下，侵暴诸侯，穴室枢户[4]，驱人牛马，取人妇女，贪得忘亲，不顾父母兄弟，不祭先祖。所过之邑，大国守城，小国入保[5]，万民苦之。孔子谓柳下季曰："夫为人父者，必能诏[6]其子；为人兄者，必能教其弟。若父不能诏其子，兄不能教其弟，则无贵父子兄弟之亲矣。今先生，世之才士也，弟为盗跖，为天下害，而不能教也，丘窃为先生羞之。丘请为先生往说之[7]。"

柳下季曰："先生言：'为人父者必能诏其子，为人兄者必能教其弟。'若子不听父之诏，弟不受兄之教，虽今先生之辩[8]，将奈之何哉！且跖之为人也，心如涌泉[9]，意如飘风[10]，强足以拒敌[11]，辩足以饰非，顺其心则喜，逆其心则怒，易辱人以言，先生必无往。"孔子不听，颜回为驭[12]，子贡为右[13]，往见盗跖。盗跖乃方休卒徒大山[14]之阳，脍人肝而铺(bū)之[15]。

孔子下车而前，见谒者[16]，曰："鲁人孔丘，闻将军高义，敬再拜谒者。"谒者入通。盗跖闻之，大怒，目如明星，发上指冠，曰："此夫鲁国之巧伪人孔丘，非邪？为我告之：'尔作言造语，妄称文武，冠枝木之冠[17]，带死牛之胁，多辞缪说，不耕而食，不织而衣，摇唇鼓舌，擅生是非，以迷天下之主，使天下学士不反其本[18]，妄作孝弟，而侥幸于封侯富贵者也。子之罪大极重，疾走归！不然，我将以子肝益昼脯之膳[19]！'"孔子复通曰："丘得幸于季，愿望履幕下。"谒者复通，盗跖曰："使来前！"

孔子趋[20]而进，避席反走[21]，再拜盗跖。盗跖大怒，两展其足，案剑瞋目[22]，声如乳虎，曰："丘，来前！若所言，顺吾意则生，逆吾心则死！”孔子曰：“丘闻之：‘凡天下有三德：生而长大，美好无双，少长贵贱见而皆说[23]之，此上德也；知维天地，能辩诸物，此中德也；勇悍果敢，聚众率兵，此下德也。’凡人有此一德者，足以南面称孤矣。今将军兼此三者，身长八尺二寸，面目有光，唇如激丹[24]，齿如齐贝[25]，音中黄钟[26]，而名曰盗跖，丘窃为将军耻不取焉。将军有意听臣，臣请南使吴、越，北使齐、鲁，东使宋、卫，西使晋、楚，使为将军造大城数百里，立数十万户之邑，尊将军为诸侯，与天下更始[27]，罢兵休卒，收养昆弟[28]，共祭先祖。此圣人才士之行，而天下之愿也。”

盗跖大怒曰：“丘，来前！夫可规以利而可谏以言者，皆愚陋恒民[29]之谓耳。今长大美好，人见而悦之者，此吾父母之遗德也。丘虽不吾誉，吾独不自知邪？且吾闻之：‘好面誉人者，亦好背而毁之。’今丘告我以大城众民，是欲规我以利而恒民畜[30]我也，安可久长也！城之大者，莫大乎天下矣。尧、舜有天下，子孙无置锥之地；汤、武立为天子，而后世绝灭；非以其利大故邪？且吾闻之：‘古者禽兽多而人少，于是民皆巢居以避之，昼拾橡栗，暮栖木上，故命之曰有巢氏之民。古者民不知衣服，夏多积薪，冬则炀[31]之，故命之曰知生之民。神农之世，卧则居居[32]，起则于于[33]，民知其母，不知其父，与麋鹿共处，耕而食，织而衣，无有相害之心，此至德之隆也。然而黄帝不能致德，与蚩尤战于涿鹿之野[34]，流血百里。尧、舜作，立群臣，汤放其主，武王杀纣，自是之后，以强陵弱，以众暴寡。汤、武以来，皆乱人之徒也。’今子修文、武之道，掌天下之辩，以教后世，缝衣浅带，矫言伪行，以迷惑天下之主，而欲求富贵焉，盗莫大于子。天下何故不谓子为盗丘，而乃谓我为盗跖？子以甘辞[35]说子路，而使从之。使子路去其危冠，解其长剑，而受教于子，天下皆曰：‘孔丘能止暴禁非。’其卒之也，子路欲杀卫君，而事不成，身菹[36]于卫东门之上，是子教之不至也。子自谓才士圣人邪？则再逐于鲁，削迹于卫，穷于齐，围于陈、蔡，不容身于天下。子教子路菹，此患，上无以为身，下无以为人。子之道岂足贵邪？世之所高，莫若黄帝，黄帝尚不能全德，而战涿鹿之野，流血百里。尧不慈，舜不孝，禹偏枯[37]，汤放其主，武王伐纣，文王拘羑里，此六子者，世之所高也。孰论之，皆以利惑其真而强反其情性，其行乃甚可羞也。世之所谓贤士，伯夷、叔齐。

“伯夷、叔齐辞孤竹之君，而饿死于首阳之山，骨肉不葬；鲍焦饰行非世[38]，抱木而死；申徒狄谏而不听，负石自投于河，为鱼鳖所食；

介子推[39]至忠也，自割其股，以食文公，文公后背之，子推怒而去，抱木而燔死[40]；尾生[41]与女子期于梁下，女子不来，水至，不去，抱梁柱而死，此六子者，无异于磔(zhé)犬流豕操瓢而乞者[42]，皆离名轻死，不念本养寿命者也。世之所谓忠臣者，莫若王子比干、伍子胥。子胥沉江，比干剖心，此二子者，世谓忠臣也，然卒为天下笑。自上观之，至于子胥、比干，皆不足贵也。丘之所以说我者，若告我以鬼事，则我不能知也；若告我以人事者，不过此矣，皆吾所闻知也。今吾告子以人之情，目欲视色，耳欲听声，口欲察味，志气欲盈。人上寿百岁，中寿八十，下寿六十，除病瘦、死丧、忧患，其中开口而笑者，一月之中，不过四五日而已矣。天与地无穷，人死者有时，操有时之具而托于无穷之间，忽然无异骐骥之驰过隙也。不能说其志意，养其寿命者，皆非通道者也。丘之所言，皆吾之所弃也，亟去走归，无复言之！子之道，狂狂汲汲[43]，诈巧虚伪事也，非可以全真也，奚足论哉！"

孔子再拜，趋走出门，上车，执辔(pèi)[44]三失，目茫然无见，色若死灰，据轼低头，不能出气。归到鲁东门外，适遇柳下季。柳下季曰："今者阙然数日不见，车马有行色，得微往见跖邪[45]？"孔子仰天而叹曰："然。"柳下季曰："跖得无逆女意若前乎？"孔子曰："然。丘所谓无病而自灸也，疾走料虎头[46]，编虎须，几不免虎口哉！"

注释

①柳下季：鲁国的大夫，封地于柳下而称柳下季，溢号惠，亦称柳下惠。②盗跖：春秋末年的人民起义领袖。③从卒：随从起义的人。④穴：做动词，凿穿。枢：做动词，破。⑤入保：进入小城守备。保，通堡，小城。⑥诏：诏示，教导。⑦说之：说服他。⑧辩：善于雄辩。⑨涌泉：水向上冒。⑩意如飘风：意境像暴风一样难以测度。飘风，暴风。⑪拒敌：用语言与盗跖对抗。拒，一本作距，抗拒。⑫驭：同御，驾驭，驾车，赶车。⑬右：古代乘车在车右的人，即骖右。⑭大山：即泰山。⑮脍：细切。铺：食，吃。⑯谒者：官名，掌管传达使命，亦泛指传达和通报的奴仆。⑰冠枝木之冠：前冠为戴，后冠为帽子。枝木，形容帽子上的装饰品像树枝一样。⑱反：通返。本：本真，本性。⑲益：增加。膳：饭食，膳食。⑳趋：速行，急走。㉑避席：离开席位，指站起来。反走：退着走，表恭敬。㉒瞋目：瞪大眼睛，怒目而视。㉓说：通悦。㉔激丹：鲜红的丹砂。激，鲜明。㉕齐贝：排列的贝珠。㉖中：合，符合。黄钟：十二律中的首律，引申为洪亮。㉗更始：除旧布新，变更，变化一新。㉘昆弟：指兄和弟，包括近、远房的弟兄。㉙恒民：

一本作顺民，常人。㉚畜：养，对待。㉛炀：焚烧，烧火。㉜居居：安静的样子。㉝于于：行动舒缓自得的样子。㉞蚩尤：人名，古代部落首长。涿鹿：地名。在今河北省涿县境内。㉟甘辞：一作甘言，甜言蜜语。㊱菹：剁成肉酱。㊲偏枯：亦作半枯，偏瘫，半身不遂。㊳鲍焦：人名，周朝的隐者。饰行：粉饰行为。非世：对社会不满。㊴介子推：人名。《左传》作介之椎。又作介推。㊵燔死：烧死。㊶尾生：人名。一作微生，《战国策》作尾生高。㊷磔：分尸，裂体。流豕：飘流于江河的死猪。㊸狂狂：狂妄无度，形容诈巧。汲汲：心情急切，形容虚伪。㊹辔：驾驭牲口为缰绳。㊺得微：莫非。微，无。㊻疾走：急跑。料：通撩，挑弄。

译文

孔子和柳下季结成朋友，柳下季的弟弟，名字叫盗跖。盗跖随从的士卒有九千人，横行天下，侵袭诸侯，穿室破户，赶走人家的牛马，掳夺人家的妇女，贪得无厌忘却亲友，不顾忌父母兄弟，不祭祀祖先；所到过的地方，大国严守城池，小国坚守城堡，亿万民众都感到痛苦。孔子对柳下季说：“做父亲的一定教导儿子，做兄长的一定教育弟弟。如果做父亲的不能教导儿子，做兄长的不能教育弟弟，就没有人看重父子兄弟的亲属关系了。现在，先生是当世的才智之士，而弟弟却是盗跖，成为天下的祸害，你不能教育他，我私下为你感到羞愧！我请你允许我为你前去进行说服他。”

柳下季说：“先生说：‘做父亲的一定能教导儿子，做兄长的一定能教育弟弟。’如果儿子不听从父亲的教导，弟弟不受兄长的教育，虽然现在有先生的辩才，又能把他怎样呢？况且，跖的为人，心境像涌泉一样不可抑制，意境像暴风一样不可测度，强悍足以使之对抗，雄辩足以掩饰过错，顺从他的心意就高兴，违逆他的心意就发怒，轻易地用语言污辱别人，先生一定不要前去。”孔子不听柳下季的劝说，让颜回驾车，子贡陪乘，去会见盗跖。盗跖正在大山的阳面休整士卒，切碎人肝而食之。

孔子下车走上前，看见传命官，说：“鲁国人孔丘，听说将军高尚正义，敬请传令官传达。”传令官入内通报。盗跖听到此事，大怒，眼像明星，怒发冲冠，说：“这个人是不是鲁国的巧伪人孔丘？替我告诉他：‘你做花言造巧语，虚妄地称道文王、武王，头戴装饰如树枝般的贵冠，腰缠死牛胁的皮带，余辞缪论，不耕而食，不织而衣，摇唇鼓舌，专生是非，用以迷惑天下的君主，使天下的书生不务正业，装作孝悌，而侥幸得到封侯富贵。你的罪恶严重，快滚回去吧！不然，我要用你的肝当作午餐。’”孔子再一次通报说：“我幸运地得到柳下季的介绍，希望到帐幕下拜见。”传令官又通报。盗跖说：“让他到前面来！”

孔子快步而进，避开席位退步快跑，再拜盗跖。盗跖大怒，叉开两脚，握剑瞪眼，声如母虎，说："孔丘，你往前来！你要说的，顺着我的意思就活，违逆我的心思就死！"孔子说："我听说，凡天下的人有三种美德：生而就身躯魁梧，容貌美好无双，不分老幼贵贱，见到都喜欢他，这是上德。智慧能包容天地，才足以辨别各种事物，这是中德。勇猛、强悍、果敢，聚众率兵，这是下德。凡是人具有这一种德的，就足以南面称帝了。现在，将军兼有这三种德行，身高八尺二寸，面目有光泽，嘴唇犹如鲜红的丹砂，牙齿像排列的贝珠，声音宏亮，而名字叫盗跖。我孔丘私下替将军感到羞耻不可取。将军有意听我的意见，我请求向南出使吴国和越国，向北出使齐国和鲁国，向东出使宋国和卫国，向西出使晋国和楚国，给将军建造周围数百里的大城，设立数十万户的采邑，尊奉将军为诸侯，和天下的诸侯共同除旧布新。停战休兵，收养众弟兄，共祭祖先。这是圣人才士的行为，也是天下人的愿望。"

盗跖大怒说："孔丘，你往前来！凡是可以用利禄来规劝的，可以用语言来谏正的，都可以把他们叫做愚陋的平民。现在，身体高大，面目美好，人人见到都喜欢，这是我父母所遗留的德性。孔丘你虽然不赞美我，难道我自己不知道吗？况且，我听说：'好当面赞美人的人，也是好背后毁谤人的人。'"现在孔丘你告诉我有大城民众，想用利禄规劝我，而言养我当顺民，怎么可以长久呢！城再大，也没有比天下更大的了。尧、舜虽然有天下，但子孙没有立锥的地方；商汤和周武王立为天子，而后代灭绝，不正是他们贪大利的缘故吗？况且，我还听说：'古代禽兽多而人少，于是人民都住在树巢中以躲避禽兽，白天捡橡栗充饥，夜晚栖于树上，所以叫他们为有巢氏。古代人不知穿衣服，夏天积蓄薪材，冬天就用来烧火取暖，所以叫他们是只知生存的民众。神农时代，躺下时安静，起来时舒缓，人只知自己的母亲，不知道自己的父亲，和野兽共同相处，耕地吃饭，织布穿衣，没有相害的心，这是道德的极盛时代。然而黄帝不能达到这种德，与蚩尤交战于逐鹿的郊野，流血百里。尧、舜做天子，设群臣，商汤流放他的君主，周武王杀殷纣。自此以后，以强大欺凌弱小，以势众侵暴寡少。商汤、周武王以来，都是害人之徒。'现在你修习周文王、武王治国之道，掌握天下的舆论，用来教化后代，宽大的衣裳，浅薄的腰带，矫揉的言论，虚伪的行为，用以迷惑天下的君主，而想求取富贵，强盗之中再也没有比你更大的了。

"天下人为什么不把你叫做盗丘，而把我叫做盗跖呢？你以甜言蜜语说服子路，而使他跟随你。让子路摘掉他的高冠，解掉他的长剑，而受你教育，天下人都说：'孔丘能制止强暴禁止非礼行为。'其最终结果，子路想要杀死卫的国君，而事情没有成功，在卫国的东城门之上身躯被剁成肉酱，这是你教育的不成功。你不是自称才士圣人吗？然而一再被赶出鲁国，在卫国被铲平足迹，在齐国穷途末路，在陈国和蔡国之间被围困，天下没有容身之处。你教育子路身躯被剁成肉酱，这样的祸患，对上无法保护自己身体，对下无法做人，你的道哪里有什么可贵的呢？世上所推崇的，没有超过黄帝的。黄帝尚且不能全备德行，而战于涿鹿郊野，流血百里。尧不慈爱，舜不孝顺，禹半身偏瘫，汤流放他的君主，武王讨伐纣王，文王被囚禁在羑里。这六个人，都是世上所推崇的。仔细地讨论这些事，都是用利禄迷失其本真而强迫违反其性情，他们的行为乃是特别可耻的。世上所说的贤士：伯夷、叔齐。

"伯夷、叔齐辞去孤竹国的君主地位，而饿死在首阳山上，尸骨得不到埋葬；鲍焦行为矫饰非议当世，抱着树木而死；申徒狄谏正国君而不听，背着石头投河自尽，为鱼鳖所食；介子推是最忠贞的，自己割下自己大腿上的肉，给晋文公吃，文公回国后却背弃他，子推一怒之下离开，抱着树而被烧死；尾生和女子相约在桥下，女子没来，河水来到，尾生也不离开，抱着桥柱而死。这六个人，与分尸的狗、飘流的死猪和持瓢乞丐没有什么区别，都是重于名而轻于死，不惦念本真保养寿命的人。世上所说的忠臣，莫如王子比干、伍子胥。伍子胥被杀死，尸体沉入江中，比干被挖心而死，这两个人，是世上所谓的忠臣，然而最终遭到天下人的耻笑。从上述来看，伍子胥、比干，都是不足推崇的。孔丘你用来说服我的，如果告诉我鬼的事情，则我不知道；如果告诉我人事，不过如此而已，都是我所听过的，现在我告诉你人的性情：眼睛要看颜色，耳朵要听声音，嘴巴要品味道，志气要得到满足。人生上寿一百岁，中寿八十岁，下寿六十岁，除了疾病、死丧、忧患，其中张嘴而笑的，一月之中，不过四五天而已。天地无穷尽，人死有时限，持有时限的生命，而寄托于无穷尽的天地之间，迅速得和骏马奔驰过缝隙一样。不能悦其意志、保养寿命的人，都不是通达道理的人。孔丘你所说的话，都是我所抛弃的，赶快回去，不要再说了！你的道理，狂妄无度，心情急切，是诈巧虚伪的事情，不可以保全真性，还有什么值得讨论的呢！"

孔子再次叩拜，急忙跑出门外，上车，缰绳三次脱手，眼睛茫然不见，面色如同死灰，按着车轼低头，喘不过气来。回到鲁国东门之外，正好遇见柳下季。柳下季说："怎么好几天没见到你，车马有出发的样子，莫非去见跖了吗？"孔子仰天而叹说："是的。"柳下季说："跖是不是像我从前所说的违背了你的意愿呢？"孔子说："是的。我此举是没病而自己针灸，急跑去挑弄虎头，编织虎须，几乎不能免于虎口啊！"

古注

郭象："此篇寄明因众之所欲亡而亡之，虽王纣可去也；不因众而独用己，虽盗跖不可御也。"

今论

方勇："圣人与盗贼尚且不可区别，要想衡量是非就更难了。"

原典

子张[①]问于满苟得曰："盍不为行[②]？无行则不信[③]，无信则不任[④]，不任则不利。故观[⑤]之名，计之利，而义真[⑥]是也。若弃名利，反之于心，则夫士之为行，不可一日不为乎！"满苟得曰："无耻者富[⑦]，多信者显[⑧]。夫名利之大者，几在无耻而信。故观之名，计之利，而信真是也。若弃名利，反之于心，则夫士之为行，抱[⑨]其天乎！"子张曰："昔者桀、纣贵为天子，富有天下。今谓臧聚曰[⑩]：'汝行如桀、纣。'则有怍色[⑪]，有不服之心者[⑫]，小人所贱也。仲尼、墨翟（dí）[⑬]，穷为匹夫，今谓宰相曰：'子行如仲尼、墨翟。'则变容易色[⑭]，称不足者，士诚贵[⑮]也。故势为天子，未必贵也；穷为匹夫，未必贱也。贵贱之分，在行之美恶。"满苟得曰："小盗者拘[⑯]，大盗者为诸侯。诸侯之门，义士存焉。昔者桓公小白杀兄入嫂[⑰]，而管仲为臣；田成子常杀君窃国[⑱]，而孔子受币[⑲]。论则贱之，行则下之，则是言行之情悖[⑳]战于胸中也，不亦拂[㉑]乎！故《书》曰：'孰恶孰美，成者为首[㉒]，不成者为尾。'"子张曰："子不为行，即将疏戚无伦[㉓]，贵贱无义，长幼无序。五纪六位[㉔]，将何以为别乎？"满苟得曰："尧杀长子，舜流母弟[㉕]，疏戚有伦乎？汤放桀，武王杀纣，贵贱有义乎？王季为适[㉖]，周公杀兄[㉗]，长幼有序乎？儒者伪辞[㉘]，墨子兼爱[㉙]，五纪六位，将有别乎？"且子正为名[㉚]，我正为利。名利之实，不顺于理，不监[㉛]于道。吾日与子讼于无约[㉜]，曰：'小人殉[㉝]财，君子殉名，其所以变其情，易其性，则异矣；乃至于弃其所为[㉞]而殉其所不为，则一也。'故曰，无为小人，反殉而天；无为君子，从天之理。若枉[㉟]若直，相而天极[㊱]。面观四方[㊲]，与时消息。若是若非，执而圆机[㊳]；独成而意[㊴]，与道徘徊。无转而行[㊵]，无成[㊶]而义，将失而所为[㊷]。无赴[㊸]而富，无殉而成[㊹]，将弃而天[㊺]，比干剖心，子胥抉眼[㊻]，忠之祸也；直躬证父[㊼]，尾生溺死，信之患也；鲍子立干[㊽]，申子不自埋[㊾]，廉之害也；孔子不见母[㊿]，匡子不见父[51]，义之失也，此上世之所传，下世之所语，以为[52]士者，正[53]其言，必其行，故服其殃，离其患也[54]。"

注释

①子张：人名。②盍：通曷，何不。为行：进行品行修养。③无行：没有品行。不信：不被信用，不取信。④不任：不被任用。⑤观：观察，考虑。⑥真：真实。⑦富：富有。⑧显：显贵，显达。⑨抱：一作拂，保持。⑩臧：奴仆。聚：更夫。⑪怍色：一本作色，愤怒变色。⑫者：也。⑬墨翟：人名，墨家的创始人。⑭变容易色：形容不安的样子。⑮贵：尊重，推崇。⑯拘：被拘囚。⑰小白：齐桓公名。杀兄：杀掉他的哥哥子纠。入嫂：将嫂嫂纳为妻子。⑱田成子常：人名。窃国：窃取国君的地位。⑲孔子受币：孔子接受陈恒钱币。⑳言行之情悖：言论和行为相反。㉑拂：乱。㉒成者为首：成功者居上。㉓疏戚：疏亲，亲疏。伦：伦次。㉔五纪：即五伦，把君臣、父子、夫妇、兄弟、朋友。六位：指诸父、兄弟、族人、诸舅、师长、朋友。㉕流：流放。母弟：舜一奶同胞的弟弟，名象。㉖王季为适：周太王传位给第四子历当作嫡子。季，古代四排行伯、仲、叔、季，季为最小。伯为嫡，季非嫡。㉗周公杀兄：周公因管叔叛乱而杀之，管叔是周公的哥哥。㉘伪辞：巧辞。㉙兼爱：墨子爱无差等的主张。㉚名：功名。㉛监：本作鉴，明，察。㉜日：昔日，异日。讼：争论，断是非。无约：假托人名，意指无拘束。㉝殉：死，牺牲，追求名利而不顾其身。㉞所为：本所当为。㉟枉：曲。㊱相：视。而：你。天极：天则，自然规律。㊲面观：面向。四方：东西南北。㊳圆机：天体圆而运行不息。圆，圆转。机，枢机。㊴独成：独自顺遂。意：主意，意愿。㊵无：毋。下三“无”字同。转：通专。㊶成：一成不变。㊷失：失去，失掉。所为：所实践的自然之道，即本能。㊸赴：奔赴，追求。㊹成：成功。㊺将弃而天：将舍弃你的天性。㊻抉眼：剜出眼睛。㊼直躬：人名。证父：证实父亲偷羊。㊽鲍子：即鲍焦。立干：站立枯死。㊾申子：即申徒狄。自埋：自投于河而死。㊿孔子不见母：孔子不去见母亲。51匡子：匡章，齐人。不见父：不去看父亲，52以为：认为。53正：端正。54服其殃：受其祸。离其患：遭其害。离，通罹。

译文

子张问满苟得说：“为什么不修养品行？没有品行就不会取信于人，不能取信于人就不能被任用，不被任用就得不到利禄。所以观察名，计较利，而义才是真实的。如果抛弃名利，反心自问，那么士大夫的作为行事，不可以一天不实行仁义！”满苟得说：“不知羞耻的人富有，多讲信誉的人显贵。名利大的人，几乎都是无耻又善言信的人。所以观察名，计较利，而信才是真实的。如果抛弃名利，反心自问，那么士大夫的作为行事，只好保持其天性了。”子张说：“过去桀、纣尊贵到做了天子，富有到占据天下。现在对奴仆和更夫说：‘你们的行为像桀、纣。’他们就会愤怒变色，就会产生不服的心理，因为小人也轻贱桀纣。孔丘、墨翟，穷困得成为一般人，这时要对宰相说：‘你的行为像孔丘、墨翟。’他就会改容变色，自称赶不上，士大夫真是可贵。所以，位重为天子，未必可贵；穷困为一般人，未必低贱。贵贱的区别在于品行的好坏。”满苟得说：“小偷被囚禁，大盗却成为诸侯，只要在诸侯那里，就有了仁义。从前齐桓公小白杀了哥哥纳嫂嫂为妻，而管仲却做他的臣子；田常杀掉君主窃取国家政权，而孔子却接受他的钱币。言谈认为下贱的，而行动却去做这种下贱的事情。这样言论和行动在心中矛盾，岂不是很乱吗！所以《书》说：‘谁好谁坏，成功的居上，不成功的居下。’”子张说:“你不修养品行，将会亲疏没有伦常，贵贱没有准则，长幼没有等次，五伦六位，将如何区别呢？”满苟得说：“尧杀掉大儿子，舜流放亲弟弟，亲疏有伦常吗？汤放逐桀，武王杀纣有贵贱的标准吗？王季代替嫡位，周公杀掉哥哥，长幼有序吗？儒者的虚伪言辞，墨子的兼爱，五伦六位还有区别吗？况且你正在求名，我正在求利。其实名利，既不顺于理，又不明于道。我过去和你在无约面前争论，说：‘小人为财而死，君子为名而死，他们之所以改变自己的真情，变更自己的本性则不相同；乃至于抛弃自己所应当做的而殉难自己所不应当做的却是相同的。’所以说：‘不要做小人，要反求于自然;不要做君子，要顺从自然的规律。是曲是直，看其自然规律。’面向四方，随时变化，是是非非，保持你的圆转枢机。独自顺遂你的意愿，与道周旋。不要专执你的行为，不要成就你的仁义，这将会失掉你的本能，不要追求你的富贵，不要用殉难换取你的成功，这样将会舍弃你的天性。比干被剖心，伍子胥被挖眼，这是忠的祸患；直躬证实父亲偷羊，尾生被水淹死，这是守信用的祸患；鲍焦站立枯死，申徒狄投河自杀，这是清廉的祸患；孔子见不到母亲，匡子见不到父亲，这是义的过失。这些事情从上代传下来，下代还要传下来，以此为士大夫，端正言论，必定实行，所以才遭到它的灾殃，受到它的祸患。”

古注

郭象：“此章言尚行则行矫，贵士则士伪，故蔑行贱士以全其内，然后行高而士贵耳。”

今论

方勇:“对他的外貌描写也具有很大的夸张性,如‘目如明星’、‘发上指冠’、‘唇如激丹’等等，皆不在于其外在的逼真，而务求于内在精神实质的把握和主观精神情趣的寄托。”

原典

无足问于知和曰[1]："人卒[2]未有不兴名就利者。彼富则人归[3]之，归则下[4]之，下则贵之。夫见下贵者，所以长生安体乐意之道也。今子独无意焉，知不足邪，意[5]知而力不能行邪，故推正不忘邪[6]？"

知和曰："今夫此人[7]以为与己同时而生，同乡而处者，以为夫绝俗过世[8]之士焉；是专无主正[9]，所以览古今之时，是非之分也。与俗化世[10]，去至重，弃至尊，以为其所为也。此其所以论长生安体乐意之道，不亦远乎！惨怛[11]之疾，恬愉之安[12]，不监[13]于体；怵惕[14]之恐，欣欢之喜，不监于心；知为为而不知所以为，是以贵为天子，富有天下，而不免于患也。"

无足曰："夫富之于人，无所不利，穷美究势[15]，至人之所不得逮[16]，贤人之所不能及，侠[17]人之勇力而以为威强，秉人之知谋以为明察[18]，因[19]人之德以为贤良，非享国而严若君父[20]。且夫声色滋味权势之于人，心不待学而乐之，体不待象[21]而安之。夫欲恶避就[22]，固不待师，此人之性也。天下虽非我[23]，孰能辞之[24]！"

知和曰："知者之为，故动以百姓，不违其度[25]，是以足而不争，无以为故不求。不足故求之，争四处[26]而不自以为贪；有余故辞之，弃天下而不自以为廉[27]。廉贪之实，非以迫外也，反监之度[28]。势为天子，而不以贵骄人；富有天下，而不以财戏人[29]。计其患，虑其反[30]，以为害于性[31]，故辞而不受也，非以要名誉也。尧、舜为帝而雍[32]，非仁天下也，不以美害生也；善卷、许由得帝而不受[33]，非虚辞让也，不以事害己。此皆就其利，辞其害[34]而天下称贤焉，则可以有之，彼非以兴名誉也。"

无足曰："必持其名[35]，苦体绝甘[36]，约养[37]以持生，则亦久病长厄[38]而不死者也。"

知和曰："平为福，有余为害者，物莫不然，而财甚者也。今富人，耳营钟鼓管籥[39]之声，口嗛(qiè)于刍豢醪醴之味[40]，以感其意[41]，遗忘其业[42]，可谓乱矣；侅溺于冯气[43]，若负重行而上也，可谓苦矣；贪财而取慰[44]，贪权而取竭[45]，静居则溺[46]，体泽则冯[47]，可谓疾矣；为欲富就利[48]，故满若堵耳而不知避，且冯而不舍，可谓辱矣；财积而无用，服膺[49]而不舍，满心戚醮[50]，求益而不止，可谓忧矣；内则疑劫请之贼，外则畏寇盗之害，内周楼疏[51]，外不敢独行，可谓畏矣。此六者，天下之至害也，皆遗忘而不知察，及其患至，求尽性竭财，单以反一日之

无故而不可得也[52]。故观之名则不见[53]，求之利[54]则不得，缭意绝体而争此[55]，不亦惑乎！”。

注释

①无足：假托人名，不知足的人。知和：假托人名，知道适于清廉的人。②人卒：人们，人众。③归：归附。④下：甘为人下。⑤意：通抑。⑥忘：借为妄。邪：不正当。⑦此人：这种人，指兴名就利的人。⑧绝俗过世：超越世俗的时代。⑨专：专一。主：主见。正：取正。⑩与俗：同俗。化世：世化。⑪惨怛：痛楚，悲痛。⑫恬：安静。愉：和悦，喜悦。⑬监：表现。⑭怵惕：戒惧，惊慌。⑮势：勇势。⑯逮：及。⑰侠：通挟，挟持。⑱秉：把握。知：通智。⑲因：用。⑳享国：掌握政权。严：尊严。君父：君主。㉑象：模仿。㉒恶：厌恶。避：回避。就：就近。㉓非我：不独有我，不独我。㉔孰：谁。之：代声色、滋味、权势。㉕度：节度，分寸。㉖四处：指声、色、味、权。㉗弃天下：放弃帝位。廉：清廉。㉘反监之度：反过来察看有度无度。㉙戏人：戏弄人，侮人。㉚反：反面。㉛性：本性。㉜雍：和。㉝善卷：人名。帝：帝位。㉞害：有害于本性。㉟名：名声。㊱苦体：身受劳苦。绝甘：拒绝美味。㊲约养：节约营养。㊳厄：危险。㊴管籥：乐器。㊵嗛：通慊，满足，快意。刍豢：食草的牛羊为刍，食谷的狗猪为豢。醪：醇酒。醴：带滓的甜酒。㊶感：撼的借字，动摇。意：心意。㊷业：事业。㊸侅：噎住。溺：便溺。冯气：盛气，气满。㊹取：带来。慰：通蔚，病。㊺竭：精神疲竭。㊻溺：沉溺。㊼泽：肥，一说污垢。冯：满。㊽就利：求利。㊾服膺：谨记在心，衷心信服。㊿戚醮：忧伤焦急。(51)内：在家。周：周备。楼疏：楼窗。(52)单：通直，独，但。一说冈殚，尽。反：通返。故：事。(53)观：观察。名：名声。(54)利：利禄。(55)缭意：缠绕意志，苦劳心思。绝体：残形伤生，牺牲身体。

译文

无足问知和说：“众人没有不兴名求利的。他富有别人就依附他，依附他就于心居他之下，居下就对他尊敬。有人居下就显出尊贵的人，是长寿、体安、快乐之道。现在，难道你没有这种想法吗？是智慧不足呢？还是认识到而力不从心呢？还是故意推行正道而不妄为呢？”

知和说：“现在有这样一种人，自以为和自己同时代生，同乡而处，就认为是个超过世俗的人。这是一种内心无主见取正，不能观察古今时间的差别和是非的区别。与世俗同化，离开自重，抛弃自尊，做自己兴名就利的事情。这样论到延长生命、安适身体、愉悦心意之道，不是太远了吗？悲痛的疾病，安静的喜悦，不视其形体；惊慌的恐惧，欣欢的喜悦，不视其内心。只知道去做而不知道为什么去做，所以地位贵到天子，富有占据天下，却不能免除祸患。”

无足说：“富有对于人，无所不利。穷尽完美和究尽权势，至人不能得到，圣人也不能达到。挟持别人勇敢和力量来增加威势，拿别人的智谋来增强观察问题的能力，用别人的品德当作贤良，不享有国土而威严如君主。况且声色、滋味、权势对于人，心不等学习就爱好它，身体不等模仿就感到安适。欲求、厌恶、避害、就利，本来不用老师教导，这是人的本性。天下人虽然非难我，谁能失掉这些呢！”

知和说：“有智慧的人做事，行动以百姓为基础，不违背民众为原则，因此知足而不相争，无所作为，所以不贪求。不知足，所以才贪求它，争夺声、色、味、权，而自己却不认为是贪求。有剩余，所以有辞让，抛弃占据的天下之财而自己也不认为是清廉。清廉和贪求的实质，并不是受迫于外物，反过来要察看内心是否有度。权势达到天子，而不拿权贵作为资本，骄傲地对待别人；财富占有天下，而不拿财富戏弄人。计算其祸患，考虑其反面，认为有害于本性，所以推辞而不接受，并不是要以此追求名誉。尧、舜做帝王而和睦，并不是在天下推行仁政，而是不以追求美而损害性；善卷、许由可得帝位而不接受，并不是虚伪地对待辞让，而是不以政事损害自己。这些都是趋利避害，而天下人称赞他们是贤人，就是说他们虽然有趋利避害的思想，他们并不是以兴名沽誉为目的。”

无足说：“一定要保持其名声，身受苦累拒绝美味，节约营养以维持生命，就像久病危险而不死的人。”

知和说：“平均是福，多余是害，凡物没有不这样的，而财富更是如此。现在的富人，耳朵要听钟鼓管籥的声音，嘴巴要尝牛羊狗猪甜酒的滋味，以感受他的情意，遗忘他的事业，可以说是昏乱了；沉溺盛气之中，好像负重走向上爬，可以说是劳苦了；贪财而带来敝病，贪权而带来竭尽精神，居静则沉溺，体肥则骄满，可以说有疾病了。为了求富趋利，所以积累财富高过墙也不知足，并且骄满而不舍，可以说是耻辱了；积累财富而无用，衷心信服而不知舍弃，满心忧伤着急，追求增多而不知止，可以说是忧虑了；在家里就疑虑盗贼来窃取财物，在外面就畏惧寇盗的伤害，在家周备楼窗严防，在外不敢单独行动，可以说是畏惧了。这六种，是天下的最大祸害，大家都遗忘掉而不知明察，等到祸患来到，想尽心思竭尽财产，只求像过去过一天好日子，也达不到了。所以，想看那种名声看不到，想求得利禄得不着，缠绕意志牺牲身体去争夺名利，不也是迷惑吗！”

古注

郭象："此章言知足者常足。"

今论

方勇："作品这种在情节上的大起大落，多设巧合，变幻莫测，使人产生了强烈的惊奇感，是服从于显示盗跖这一英雄形象雄伟、刚健、粗犷、豪放之美需要的。"

说剑

第三十

原典

昔赵文王喜剑，剑士夹门而客[1]三千余人，日夜相击于前，死伤者岁百余人，好之不厌。如是三年，国衰。诸侯谋之。太子悝(kuī)[2]患之，募左右曰[3]：“孰能说王[4]之意止剑士者，赐之千金。”

左右曰：“庄子当能。”

太子乃使人以千金奉[5]庄子。庄子弗受[6]，与使者俱，往见太子，曰：“太子何以教周，赐周千金？”

太子曰：“闻夫子明圣，谨奉千金以币从[7]者。夫子弗受，悝尚何敢言。”

庄子曰：“闻太子所欲用周者，欲绝王之喜好也。使臣上说大王而逆王意[8]，下不当太子[9]，则身刑而死，周尚安所事金乎[10]？使臣上说大王，下当太子，赵国何求而不得也！”

太子曰：“然，吾王所见，唯剑士也。”

庄子曰：“诺。周善为剑。”

太子曰：“然吾王所见剑士，皆蓬头突鬓[11]，垂冠[12]，曼胡之缨[13]，短后之衣[14]，瞋目而语难，王乃说之。今夫子必儒服而见王，事必大逆[15]。”

庄子曰：“请治剑服[16]。”治剑服三日，乃见太子。太子乃与见王，王脱白刃[17]待之。庄子入殿门不趋[18]，见王不拜。

王曰：“子欲何以教寡人，使太子先[19]？”

曰：“臣闻大王喜剑，故以剑见王。”

王曰：“子之剑何能禁制[20]？”

曰：“臣之剑，十步一人[21]，千里不留行。”

王大悦之，曰：“天下无敌矣。”

庄子曰："夫为剑[22]者，示之以虚[23]，开之以利[24]，后之以发[25]，先之以至。愿得试之。"

王曰："夫子休[26]，就舍[27]待命，令设戏[28]请夫子。"王乃校剑士七日，死者六十余人，得五六人，使奉剑于殿下，乃召庄子。王曰："今日试使士敦剑[29]。"

庄子曰："望之久矣！"

王曰："夫子所御杖[30]，长短何如？"

曰："臣之所奉[31]皆可。然臣有三剑，唯王所用，请先言而后试。"

王曰："愿闻三剑。"

曰："有天子剑，有诸侯剑，有庶人剑。"

王曰："天子之剑何如？"

曰："天子之剑，以燕溪石城为锋[32]，齐岱为锷[33]，晋卫为脊[34]，周宋为镡[35]，韩魏为夹[36]，包以四夷，裹以四时，绕以渤海，带以常山[37]，制以五行，论以刑德[38]，开[39]以阴阳，持[40]以春夏，行以秋冬。此剑直之无前[41]，举之无上，案之无下，运之无旁。上决[42]浮云，下绝地纪。此剑一用，匡[43]诸侯，天下服矣。此天子之剑也。"

文王芒然自失，曰："诸侯之剑何如？"

曰："诸侯之剑，以知勇士为锋，以清廉士为锷，以贤良士为脊，以忠圣士为镡，以豪桀士为夹。此剑直之亦无前，举之亦无上，案之亦无下，运之亦无旁。上法圆天，以顺三光[44]；下法方地，以顺四时；中和民意，以安四乡[45]。此剑一用，如雷霆之震也，四封之内，无不宾服而听从君命者矣。此诸侯之剑也。"

王曰："庶人之剑何如？"

曰："庶人之剑，蓬头突鬓，垂冠，曼胡之缨，短后之衣，瞋目而语难。相击于前，上斩颈领，下决肝肺。此庶人之剑，无异于斗鸡，一旦命已绝矣，无所用于国事。今大王有天子之位而好庶人之剑，臣窃为大王薄[46]之。"王乃牵[47]而上殿，宰人上食[48]，王三环[49]之。

庄子曰："大王安坐定气，剑事已毕奏[50]矣！"于是文王不出宫三月，剑士皆服毙[51]其处也。

注释

①夹门而客：客居宫门左右。②悝：赵惠文王的太子名悝。③募：募集，召募。左右：指左右幕僚。④王：赵惠文王。⑤奉：送给，给予。⑥弗受：不接受。⑦以币从：用币以为劝侑。⑧臣：庄子自称，我。逆：违逆。⑨不

当太子：有负太子的委任。当，合。⑩尚：还。安：何。事：用。⑪蓬头：蓬乱的头发。突鬓：鬓毛突出。⑫垂冠：即重冠，表示威武。垂，同唾，重。⑬曼胡：同模糊，不分明，不清楚。缨：冠缨，盔缨。⑭短后之衣：后身短便于起坐的衣服。⑮事必大逆：此事必然不顺。⑯治剑服：制作剑士的服装。⑰脱白刃：拔出利剑。⑱殿门：宫殿的门。不趋：不快走。⑲使太子先：通过太子先容禀。⑳禁制：制服。㉑十步一人：十步置一人。㉒为剑：用剑。㉓示之以虚：示人以虚空不能测。㉔开之以利：用剑叫人不及提防。㉕后之以发：发动在后。㉖休：休息。㉗就舍：住在旅馆。㉘戏：试剑术。㉙敦剑：对剑。㉚所御杖：所用剑。杖，与仗同，兵器的总称。㉛所奉：所用的剑。奉，通捧。㉜燕溪：燕国中的地名。石城：北方的山名。锋：剑端。㉝岱：泰山。锷：剑刃。㉞脊：剑背。㉟镡：剑环，剑鼻。㊱夹：通侠，剑把。㊲常山：恒山。㊳刑德：生杀的意思。㊴开：指开合变化。㊵持：把握。㊶直：伸。无前：前面无挡的。㊷决：通抉。㊸匡：正。㊹三光：日、月、星。㊺四乡：四方。㊻薄：鄙薄。㊼牵：带，引。㊽宰人：主管家务的人。上食：奉上食物。㊾环：环绕。㊿毕奏：奏已毕。51服毙：伏剑自杀。服：同伏。

译文

过去，赵惠文王喜欢剑术，住在宫门左右的剑客有三千余人，日夜相互击剑于文王面前，死伤的一年有一百多人。而赵文王仍然喜好剑术而不厌恶。如此下去三年，国势衰危，诸侯必图谋攻取它。太子悝感到忧患，召募左右臣僚，说："谁能说服国王使他停止剑士的活动，便赐他千金。"

左右臣僚说："庄子能做到。"

太子于是派人将千金送给庄子。庄子不接受，和使者一起前往拜见太子，说："太子叫我做什么，赐我千金？"

太子说："听说先生明达圣哲，谨奉上千金以为劝侑。先生不接受，我还怎么敢说。"

庄子说："听说太子之所以用我，是要杜绝国王的喜好。假使我向上劝说大王而违逆了国王的心意，下又有负太子的委任，那就会遭到刑戮而死去，我还怎么使用千金呢？假如我对上说服大王，对下能完成太子交给的任务，那么我向赵国要求什么会得不到呢！"

太子说："是这样。我们大王所接见的，只有剑士。"

庄子说："好吧。我善于使用剑。"

太子说："但是我们大王所接见的剑士，都是蓬头突鬓，戴着重冠，冠缨模糊，穿后身短的衣服。怒目瞪眼而相互诘难，大王就高兴。现在，先生一定要穿上儒士的服装去拜见大王，此事必然不顺当。”

庄子说：“请制作剑士的服装。”制作剑士服装用了三天，就去拜见太子。太子便和庄子一起去拜见国王。国王拔剑等待他。

庄子进入宫殿大门不急步上前，见国王也不跪拜。国王说：“你打算用什么来开导我，是想让太子给你做介绍？”

庄子说：“我听说大王喜欢剑术，所以以剑术拜见大王。”

国王说：“你的剑术怎么能制服对手？”

庄子说：“我的剑术是十步置一人，千里无阻挡。”

国王非常高兴，说：“天下无敌了。”

庄子说：“用剑术的方法，示人以空虚莫测，用起来叫人不及提防，发动在后，竟先击至。希望试一试。”

国王说：“先生休息，到馆舍等待命令，待我下令设剑术比赛再请先生。”于是国王使剑士较量七天，死了六十多人，选出五六个人，让他们捧剑在宫殿下，于是召请庄子。国王说：“今天请与剑士对剑。”

庄子说：“期待很久了。”

国王说：“先生所使用的剑，长短怎么样？”

庄子说：“我用什么剑都可以。然而我有三种剑，听凭大王使用，请允许我先谈谈而后再进行比武。”

国王说：“愿意听到三剑。”

庄子说：“有天子剑，有诸侯剑，有庶人剑。”

国王说：“天子的剑什么样？”

庄子说：“天子的剑，把燕溪、石城当作剑端，把齐国的泰山当作剑刃，把晋国和卫地当作剑背，把周地、宋国当作剑环，把韩国、魏国当作剑把，用四夷包着，用四时裹着，用渤海缠着，用恒山做带，用五行制衡，用生杀论断，用阴阳开变，用春夏扶持，用秋冬运行。这种剑，直伸无前，举它无上，按它无下，运行无旁。向上可以决断浮云，向下可断绝地基。这种剑一旦使用，就可以匡正诸侯，使天下顺服了。这是天子的剑。”

文惠王惘然自失，说：“诸侯的剑怎样？”

庄子说：“诸侯的剑，以知勇之士做剑端，以清廉之士为剑刃，以贤良之士做剑背，以忠圣之士做剑环，以豪杰之士做剑把。这种剑直伸去也无前，举它无上，按它也无下，运转亦无旁。在上效法圆天，以顺应日月星三光，在下效法方地，以顺应四时；在中间和顺民意，来安顿四方。这种剑一旦用起来，犹如雷霆般震撼，四境之内，没有不听从国君的命令的了。这是诸侯的剑。”

国王说："庶人的剑怎样？"

庄子说："庶人的剑，蓬头突鬓，戴着重冠，冠缨模糊，穿后身短的衣服，怒目瞪眼而相互诘难，在人们面前相互袭击，上断人头，下决肝肺。这种庶人的剑，跟斗鸡没有不同，性命死于一旦，对于事务没有什么用处。现在，大王拥有天子的位置而喜好庶人的剑术，我私下为大王鄙薄它。"国王于是引他上殿，主管家务的人端上饭菜，国王绕着饭食走三圈。

庄子说："大王安静坐下来，平定气息，关于剑术的事情我已上奏完了！"于是文惠王三个月没出宫门，剑士都伏剑自杀在他们的住处。

古注

郭象："赵谏议本贤良作贤圣，世德堂本及赵本忠圣作忠胜。"

今论

吴健雄："在'囚徒困境'中我们清楚地看到了博弈论的两大前提：一、人是理性的，即人人都会在约束条件下最大化自身的利益；二、人们在交往合作中有冲突，他们的行为互相影响，而且信息不对称。"

渔父

第三十一

原典

孔子游乎缁帷之林①，休坐乎杏坛之上②。弟子读书，孔子弦歌③。鼓琴奏曲未半，有渔父者，下船而来，须眉交④白，被发揄袂（mèi）⑤，行原⑥以上，距陆而止⑦，左手据⑧膝，右手持颐⑨，以听。曲终，而招⑩子贡、子路，二人俱对⑪。客指孔子曰："彼何为者也⑫？"

子路对曰："鲁之君子也。"

客问其族⑬。子路对曰："族孔氏。"

客曰："孔氏者何治⑭也？"

子路未应，子贡曰："孔氏者，性服忠信⑮，身行⑯仁义，饰⑰礼乐，选人伦⑱，上以忠于世主⑲，下以化于齐民⑳，将以利天下㉑。此孔氏之所治也。"

又问曰："有土之君与？"

子贡曰："非也。"

"侯王之佐与㉒？"

子贡曰："非也"。

客乃笑而还行㉓，言曰："仁则仁矣，恐不免其身。苦心劳形，以危其真㉔。呜呼，远哉其分㉕于道也！"

注释

①游：游玩。缁帷之林：林名。缁，黑色。帷，帷幕。②休：休息。杏坛：鲁东门外多杏树的土坛。③弦歌：犹弦诵，弹琴瑟唱诗歌。④交：皆，全。⑤被发：散发。被，通披。揄：挥，摇。袂：衣袖，袖子。⑥行原：先走水边的平原。⑦距：至。陆：高于原的平地。⑧据：按，扶，捂着。⑨持：主，撑。颐：面颊。⑩招：呼唤，招呼。⑪俱对：一齐对话。⑫彼：他，指孔子。

为：做。⑬其：你，指孔子。族：氏族，指姓。⑭治：从事。⑮性：心性。服：守。⑯行：践履，践行。⑰饰：修饰。⑱选：通撰，制作。人伦：道德规范。⑲世主：当世的君主。⑳化：教化。齐民：犹平民。㉑将：要。利：利益，谋利。㉒侯王：诸侯。佐：辅佐，指权臣。㉓还行：反行，向回走。㉔危：危害。真：本性，天性。㉕分：一本作介，分界，间隔，离。

译文

孔子到缁帷林中游玩，坐在杏坛上休息。弟子们读书，孔子弹琴瑟唱诗歌，弹琴奏曲不到一半，有位老渔翁，下船而来，胡须和眉毛皆白，披散头发，摇着袖子，从水边的平原向上走，走到高的地方停下身来，左手捂着膝盖，右手拄着面颊，听孔子弹琴。曲子奏完，便呼唤子贡子路二人来酬对。渔翁指着孔子问道：“他是做什么的？”

子路回答说：“鲁国的君子。”

渔翁问姓氏。子路回答说：“姓孔。”

渔翁说：“孔氏从事什么职业？”

子路没有回答。子贡回答说：“孔氏这个人，心性守忠信，亲身践履仁义，修饰礼乐，撰定道德规范，对上效忠于当世君主，对下教化平民，要以此谋利天下。这就是孔氏的从业。”

又问说：“是有领土的君主吗？”

子贡说：“不是。”

“是诸侯的辅臣吗？”

子贡说：“不是。”

渔翁笑着往回走，自言自语说：“仁也就是仁了，恐怕难免其身之累；用心良苦而操劳形体，以危害他的本性。唉！他离道太远了！”

古注

王先谦：“希望意气，导达其言。”

今论

方勇：“主人公渔父从逍遥泽畔、抚颐听琴、笑而还行，到连讽带刺地戏弄孔子，却表现得那样悠闲自得。”

原典

子贡还，报孔子。孔子推琴而起曰：“其圣人与①！”乃下求之，至于泽畔，方将杖拏而引其船②，顾见③孔子，还乡而立。孔子反走④，再拜而进。

客曰："子将何求？"

孔子曰："曩(nǎng)者先生有绪言而去[5]，丘不肖[6]，未知所谓[7]，窃待于下风[8]，幸闻咳唾[9]之音，以卒相丘也[10]！"

客曰："嘻！甚矣，子之好学也！"孔子再拜而起曰："丘少而修学[11]，以至于今，六十九岁矣，无所得闻至教，敢不虚心！"

客曰："同类相从，同声相应，固天之理也。吾请释吾之所有而经子之所以[12]。子之所以者，人事也。天子诸侯大夫庶人，此四者自正，治之美也，四者离位[13]而乱莫大焉。官治其职，人忧其事，乃无所陵[14]。故田荒室露，衣食不足，征赋不属[15]，妻妾不和，长少无序，庶人之忧也；能不胜任，官事不治[16]，行[17]不清白，民群下荒怠，功美[18]不有，爵禄不持[19]，大夫之忧也；廷[20]无忠臣，国家昏乱，工技不巧，贡职不美，春秋后伦[21]，不顺天子[22]，诸侯之忧也；阴阳不和，寒暑不时，以伤庶物[23]，诸侯暴乱，擅相攘伐[24]，以残民人，礼乐不节，财用穷匮[25]，人伦不饬[26]，百姓淫乱，天子有司[27]之忧也。今子既上无君侯有司之势而下无大臣职事之官，而擅饰[28]礼乐，选人伦，以化齐民，不泰[29]多事乎！且人有八疵[30]，事有四患，不可不察也。非其事而事之，谓之揔(zǒng)[31]；莫之顾而进之，谓之佞(nìng)[32]；希意道言[33]，谓之谄[34]；不择是非而言，谓之谀[35]；好言人之恶，谓之谗[36]；析交离亲，谓之贼[37]；称誉诈伪以败恶人[38]，谓之慝(tè)[39]；不择善否，两容颊适[40]，偷拔其所欲[41]，谓之险。

"此八疵者，外以乱人，内以伤身，君子不友，明君不臣。所谓四患者，好经大事[42]，变更易常，以挂功名[43]，谓之叨[44]；专知擅事[45]，侵人[46]自用，谓之贪；见过不更，闻谏愈甚，谓之很[47]；人同于己则可，不同于己，虽善不善，谓之矜[48]。此四患也。能去八疵，无行四患，而始可教已。"

注释

①其：犹殆，恐怕，大概。与：同欤。②杖：拄。拏：通予，指船桨。引：引去。③顾见：回头看见。④反走：退着走。⑤曩：以往，以前，过去的。绪言：开头语。⑥丘：孔子自称。不肖：愚昧无知。⑦所谓：所教导的话。⑧窃：犹言私，我，表示个人意见的谦词。待：等待。下风：拜于膝下。⑨咳唾：比喻谈吐，议论。⑩卒：终。相：助。⑪修学：进修学业。⑫释：告诉，解释。吾之所有：我的主张，我的道。经：经理，经营，分析。以：用。⑬离位：离开本位。⑭无所陵：不相陵犯。陵，陵犯。⑮不属：不逮，不及时收到。属，逮。⑯官事：职务之内的事情，职务之内的工作。不治：没有做好。⑰行：行为。⑱美：善，精美。⑲不持：不保持。⑳廷：官廷。

㉑春秋后伦：春秋朝觐时后见天子。㉒不顺天子：不顺从天子。㉓庶物：众物，农作物畜牧物等。㉔擅相攘伐：擅自相互攻伐。㉕穷匮：贫穷匮乏。㉖不饬：不正。㉗天子有司：指天子有司牧民的责任。㉘饰：整顿，修饰。㉙泰：同太。㉚疵：毛病。㉛捴：通总。㉜佞：惯于用花言巧语谄媚人。㉝希意：迎合人意。道言：顺着人说话。道，通导。㉞谄：谄媚，用卑贱的态度向人讨好。㉟谀：阿谀奉承。㊱谗：在别人面前说某人的坏话。㊲贼：害，毁坏。㊳诈伪：奸诈虚伪。败：败坏。恶：憎恶。㊴慝：邪恶。㊵两容：兼容。颊适：两种面孔投合他人。㊶拔：助长。欲：追求的私欲。㊷好经大事：喜欢经营大事。㊸以挂功名：来网取功名。㊹叨：通饕，贪，不应占有而占有。㊺专知擅事：独断专行。专知，专逞其智，独断。知，通智。擅事，擅自行事。㊻侵人：陵驾于人。㊼很：拗，执拗，不听从。㊽矜：自夸，自尊自大。

译文

子贡回来，告诉孔子。孔子推开琴站起来说："渔翁可能是圣人！"于是走下来去寻找他，到了泽边，渔翁正在拄桨引去他的船只，回头看见孔子，又转过脸去站着。孔子倒退着走过来，再叩拜前进。

渔翁说："你要有什么事相求？"

孔子说："刚才，先生的话只开个头没说完就离开，我不聪敏，不了解你的意思，我甘拜下风，希望听到你的议论，以便最终使我受到帮助。"

渔父说："唉！你真是太好学了！"孔子再叩拜而站起来说："我从小就修习学问，直到现在，六十九岁了，没有听到过至理的教导，怎敢不虚心呢！"

渔翁说："同类相求，同声相知，这本来是自然规律，我愿意告诉我知道的道理来帮助你的所用。你所从事的是人事。天子、诸侯、大夫、庶人，这四种人能自己端正，是治道的美德，这四种人离开本位就会产生莫大的混乱。官吏各管其职，人民各虑其事，不相陵犯。所以田地荒芜，房屋破漏，衣食不足，赋税不收，妻妾不和睦，长幼没次序，这是庶人的忧虑；能力不能胜任，职务之内的事没有做好，行为不清白，下属疏荒怠惰，功绩不有，爵禄不保，这是大夫的忧虑；朝廷没有忠臣，国家昏乱，工技不精巧，贡事不完美，春秋朝觐无伦次，不顺从天子，这是诸侯的忧虑；阴阳不调和，寒暑不按时令，以伤害众物，诸侯暴乱，擅自相互攻伐，以残害人民，礼乐没有节制，财用穷困匾乏，人伦不正规，百姓淫乱，这是天子有司牧民的忧虑。现在你既上面没有君主诸侯执政的权势而下面又无大臣掌管事务的官职，而擅自修饰礼乐，撰制人伦，以教化平民，不是太多事了么！

“况且人有八种毛病，事有四种祸患，不可以不加明察。不是他应当做的事情而去做它，叫做总揽；人家不理睬还要去进言相劝，叫做佞言；迎合人意去导言，叫做谄媚；不辨是非而附和，叫做阿谀；好说别人的坏话，叫做谗言；离间亲友，叫做贼害；奸诈虚伪败坏别人，叫做邪恶；不辨善恶，两种面孔投合他人，暗中助长私欲，叫做阴险。这八种毛病，对外扰乱别人，对内伤害自身，君子不和他交朋友，明君不用他做大臣。所谓四种祸患：好管理大事，变更常规，一心网取功名，叫做叨贪；独断专行，凌驾人上自以为是，叫做贪夺；有错不改，愈听劝谏愈甚，叫做执拗；人附和自己的意见就肯定，人不附和自己的意见就否定，叫做自矜。这就是四种祸患。能够除去八种毛病，不行四种祸患，才可以教育了。”

古注

王先谦：“成功可见者甚多，故不一其事积。”

今论

方勇：“它们的情节主要是通过对话来推进的，似乎显得议论之味有余，而小说之味略嫌不足。”

原典

孔子愀(qiǎo)然①而叹，再拜而起曰：“丘再逐于鲁，削迹于卫，伐树于宋，围于陈、蔡。丘不知所失，而离此四谤者何也②？”

客凄然变容曰：“甚矣，子之难悟也！人有畏影恶迹而去之走者，举足愈数③而迹愈多，走愈疾而影不离身，自以为尚迟，疾走不休，绝力而死，不知处阴以休影④，处静以息迹⑤，愚亦甚矣！子审仁义之间，察同异之际⑥，观动静之变，适受与之度⑦，理好恶之情，和喜怒之节，而几于不免矣。谨修而身，慎守其真，还以物与人，则无所累矣。今不修之身而求之人，不亦外乎！”

孔子愀然曰：“请问何谓真？”客曰：“真者，精诚之至也。不精不诚，不能动人。故强哭者，虽悲不哀；强怒者，虽严不威；强亲者，虽笑不和。真悲无声而哀，真怒未发而威，真亲未笑而和。真在内者，神动于外，是所以贵真也。其用于人理也，事亲则慈孝，事君则忠贞，饮酒则欢乐，处丧则悲哀。忠贞以功为主，饮酒以乐为主，处丧以哀为主，事亲以适为主，功成之⑧美。无一其迹矣⑨；事亲以适，不论所以⑩矣；饮酒以乐，不选其具⑪矣；处丧以哀，无问⑫其礼矣。礼者，世俗之所为⑬也；真者，所以受于天⑭也，自然不可易⑮也。故圣人法天⑯贵真，不拘于俗。愚

者反此[17]。不能法天而恤于人[18]，不知贵真，禄禄而受变于俗[19]，故不足。惜哉，子之蚤湛于人伪而晚闻大道也[20]！”

孔子又再拜而起曰：“今者丘得遇也，若天幸[21]然。先生不羞而比之服役而身教之[22]。敢问舍所在，请因受业而卒学大道。”客曰：“吾闻之，可与往[23]，民与之至于妙道；不可与往者，不知其道。慎勿与之，身乃无咎[24]。子勉之，吾去子矣，吾去子矣！”乃刺船[25]而去，延缘苇间[26]。

注释

①愀然：形容神色变得严肃或不愉快的样子。②离：一本作罹，遭。四谤：指上文逐于鲁、削迹于卫、伐树于宋，围于陈蔡。③数：屡次，频繁。作快解牵强。④处阴：在阴暗无光的地方。休影：止影，没有影子。⑤处静：处在静止不动的状态。息迹：灭绝足迹，没有足迹。⑥际：界际，分际。⑦适：调适、调和。受与：取舍。度：分寸，适度。⑧之：则，就。⑨无：通毋。不拘：不需。一：一定，一种。迹：途径。⑩以：用。⑪具：器具，酒具。⑫无问：不讲究。⑬所为：所造成。⑭受于天：禀受于自然。⑮不可易：不可以改变。⑯法天：效法自然。⑰愚者：愚蠢的人。反此：与此相反。⑱恤：体恤，周济。人：人事。⑲禄禄：同碌碌，平凡的样子。受变于俗：受世俗影响而变化。⑳蚤：同早。湛：通耽，逸乐无度。人伪：世俗的礼乐。㉑天幸：天赐幸运。㉒比：置，当作。役：弟子。㉓往：去，前去。㉔无咎：没有罪过。咎，过失，罪过。㉕刺船：撑船。㉖延：迟缓，缓慢。缘：沿着。苇：芦苇。

译文

孔子神色愧变而叹息，再叩拜而起说：“我两次被鲁国驱逐，在卫国被削平足迹，在宋国被砍伐讲学遮荫的树木，在陈国和蔡国之间被围困。我不知道所犯的过失，为何遭到这四种毁谤？”

渔翁凄凉地改变面孔说：“严重啊，你太难觉悟了！有人畏惧自己的影子、厌恶自己的足迹想离开它而跑，举足愈频繁而足迹愈多，跑得愈快而影子却不离开身形，自以为还慢，快跑不止，绝尽力气而死。他不知道到阴暗的地方影子自然消失，处于静止状态足迹自然消灭，愚蠢到极点了！你审视仁义之间，分辨同异之际，观察动静的变化，调适取舍的分寸，调理好恶的情感，调和喜怒的节度，你几乎不免于祸患了。你要谨慎修养身心，慎重保持自己的本性，使物与人归还自然，就无所牵累了。现在，你不修养自身而求助他人，不也是追求外物吗！”

孔子凄凉地说：“请问什么叫做真？”渔翁说：“真是精诚的极点。不精不诚，就不能感动人。所以勉强哭泣的人，虽然悲痛而不哀伤；勉强发怒的人，虽然严厉而不威严；勉强亲热的人，虽然发笑而不和蔼。真正的悲痛没有声音而哀伤，真正的愤怒没有发作而威严，真正的亲热没有笑容而和蔼。真性在内心，神情流动于外表，这就是珍重精诚的道理，把这种道理运用于人伦，事奉父母就孝顺，事奉君主就忠贞，饮酒就欢乐，处丧就悲哀。忠贞以功名为主，饮酒以欢乐为主，处丧以悲哀为主，事亲以顺适为主。功名成就是完美，不需要一种途径。事父母以安适，不论什么方法；饮酒以欢乐，不选择器具；处丧的哀伤，不讲究什么礼仪。礼仪是世俗所做的，真性是享受于天的，自然是不可以改变的，所以，圣人效法天道珍视真性，不拘泥于世俗。愚蠢的人与此相反。不能够效法天道而体恤于人事，不懂得珍视真性，平凡而受世俗的影响来变化，所以不知满足。可惜啊！你过早地逸乐无度于世俗的礼乐之中而听到大道太晚了！”

孔子再一次叩拜而起说：“现在我有机会遇到先生，真是天赐幸运。先生不嫌羞辱把我当做弟子而亲身教导我，请问住在哪里，让我受业而学到大道。”渔翁说：“我听说，可以传授的，传授达到妙道；不可以传授的，不懂得其道理。谨慎不授给它，自身也就没有什么罪过了。你自勉吧，我要离开你了，我要离开你了！”于是撑船而离开，沿着芦苇之间的水路缓慢地走了。

古注

王先谦：“以，用也。啜菽饮水，亦可尽欢，故不问所以。”

今论

方勇：“《渔父》篇，论亦醇正，但笔力差弱于庄子，然非读《庄子》熟者，亦不能辨。此篇较《盗跖》、《说剑》诸篇颇胜。”

原典

颜渊还车，子路授绥[①]，孔子不顾，待水波定，不闻拏音[②]而后敢乘。子路旁车而问曰[③]：“由得为役久矣[④]，未尝见夫子遇人如此其威[⑤]也。万乘之主[⑥]，千乘之君[⑦]，见夫子未尝不分庭伉礼[⑧]，夫子犹有倨傲[⑨]之容。今渔父杖拏逆立[⑩]，而夫子曲腰磬折[⑪]，言拜而应[⑫]，得无太甚乎！门人皆怪夫子矣，渔人何以得此乎？”

孔子伏轼[⑬]而叹，曰：“甚矣，由之难化也！湛于礼仪有间矣[⑭]，而朴鄙之心至今未去。进，吾语汝：夫遇长不敬，失礼也；见贤不尊，不仁也。彼[⑮]非至人，不能下人[⑯]。下人不精[⑰]，得其真，故长伤身。惜哉！不仁之于人也，祸莫大焉，而由独擅之。且道者，万物之所由[⑱]也。庶物[⑲]失之者死，得之者生。为事逆之则败，顺之则成。故道之所在，圣人尊之。今渔父之于道，可谓有矣，吾敢不敬乎！”

注释

①授绥：将上车时用的拉绳交给孔子。②拏音：桨声。③旁车：依靠车子。旁，通傍，依傍，靠着。④由：子路自称。为役：做弟子。⑤威：威严起敬。⑥万乘之主：指天子。⑦千乘之君：指诸侯。⑧分庭伉礼：古代宾主之礼。⑨倨傲：傲慢。⑩逆立：以背对面而立。⑪曲腰：弯腰。腰，一作要。磬折：形容腰弯的象磬那样曲折。⑫言拜而应：对话时先叩拜而后才回答。⑬轼：古代车厢前面用做扶手的横木。⑭湛：通沉，沉溺。有间：有一段时间。⑮彼：指渔父。⑯下人：使人谦下。⑰精：精诚。⑱由：生，产生。⑲庶物：万物，各种生物。

译文

颜渊调转车子，子路将上车时用的拉绳交给孔子，孔子连看也不看，等到水波平静，听不到划桨的声音，然后才赶上车子。子路依靠车子而问说："我侍奉先生很久了，从未见过先生待人如此威严起敬。天子、诸侯，见到先生没有不行礼的，而先生还有傲慢的面色，现在渔翁拄桨背立，而先生弯腰如磬，对话总是先叩拜而后回答，不是太过分了吗？弟子们都怪先生了，一个打鱼的人为什么要这样对待呢？"

孔子扶着车扶手横木而感叹说："严重啊！子由，你实在难以教化！你沉溺在礼仪之中有一段时间了，而粗疏鄙陋之心至今还没有去掉。走近点，我告诉你！遇到长者不恭敬，是失礼；见到贤人不尊重，是不仁。他要不是至人，就不能使人谦下。使人谦下不精诚，就不能达到本真，所以长期伤害自己。可惜啊！用不仁对待人，没有比这祸害更大的了，而子由偏偏有这种毛病。况且，道是万物产生的根源，万物失去它就要死掉，得到它就会生存，做事逆着它就会失败，顺着它就会成功。所以，道的所在，圣人尊重它。现在渔翁对于道，可以说掌握了，我敢不敬吗？"

古注

王先谦："若非至德之人，则不能使人谦下。"

今论

方勇："此篇主旨同样是在'诋訿孔子'。但全篇只是一个完整的故事，也可看成是一篇早期的小说作品。"

列御寇第三十二

原典

列御寇之齐[1]，中道而反[2]，遇伯昏瞀人[3]。伯昏瞀人曰："奚方而反[4]？"

曰："吾惊[5]焉。"

曰："恶乎惊？"

曰："吾尝食于十浆[6]，而五浆先馈[7]。"

伯昏瞀人曰："若是[8]，则汝何为惊已[9]？"

曰："夫内诚不解[10]，形谍[11]成光，以外镇[12]人心，使人轻乎贵老[13]，而齑(jī)[14]其所患。夫浆人特[15]为食羹之货，多余之赢[16]，其为利也薄，其为权也轻，而犹若是，而况于万乘之主[17]乎！身劳于国而知尽于事[18]，彼将任我以事而效我以功[19]，吾是以惊。"

伯昏瞀人曰："善哉观[20]乎！女处已[21]，人将保[22]女矣！"

无几何[23]而往，则户外之屦(jù)[24]满矣。伯昏瞀人北面[26]而立，敦杖蹙之乎颐，立有间[27]，不言而出。

宾[28]者以告列子，列子提履，跣[29]而走，暨乎[30]门，曰："先生既来，曾不发药乎[31]？"

曰："已矣，吾固告汝曰人将保汝，果保汝矣。非汝能使人保汝，而汝不能使人无保汝也，而焉用之感豫出异也[32]！必且[33]有感，摇而本才[34]，又无谓也，与汝游者又莫汝告(gù)也[35]，彼所小言[36]，尽人毒[37]也。莫觉莫[38]悟，何相孰[39]也！巧者劳而知者忧，无能[40]者无所求，饱食而敖游，泛[41]若不系之舟，虚[42]而敖游者也。"

注释

① 列御寇：人名，人称列子，郑国人，列子贵虚，为先秦道家学派的先驱。之：往，去。齐：齐国。② 中道：中途。反：通返，返回。③ 伯昏瞀人：

人名，楚国的贤人，隐者。④方：刚，才。作道术、方向、事，借为妨解实误。⑤惊：惊异。⑥浆：米汤，指卖米汤的店铺。十浆：十家浆铺。⑦五浆：五家浆铺。馈：馈赠，赠给。⑧若是：如此，这样。⑨已：通矣。⑩内诚：内心真诚。不解：有症结没有融化。⑪形谍：指没有融化的症结从外表上流露出来。谍，同深，泄。⑫镇：镇服。⑬贵：指爵位高。老：指年老。⑭齑：招致。⑮特：只是。⑯赢：赢利，赚钱。⑰万乘之主：古代皇帝。⑱劳：操劳。知：通智。⑲彼：指国君。效：责效。⑳观：观察。㉑已：旧读已实误，当为已，语助词，作止解。㉒保：归附，依附。㉓无几何：没多久，不几天。㉔屦：麻葛鞋。㉕北面：面北。㉖敦杖：以杖顿地。敦，作顿。蹷之乎颐：拄他的面夹。蹷，迫。㉗立有间：站一会。㉘宾：同傧，傧相，接引客人的人员。㉙跣：光着脚。㉚暨：及。乎：于。㉛曾：乃，发药，比喻治病救人的言论。㉜而：通尔，你。用：因。豫：通偷，愉快。㉝必且：必将。㉞摇：动，摇动。而：你。才：一作性。㉟莫汝告：莫告汝。告，上告下。㊱小言：琐碎的言论，作甜言蜜语解亦通。㊲尽人毒：尽是害人的东西。㊳莫：不。㊴孰：古熟字，成。㊵无能：无所能而能，指无为而得道。㊶泛：飘流不定，漫无目的。㊷虚：内心空虚无目的，指无应无不应。

译文

列御寇去齐国，中途返回来，遇到伯昏瞀人。伯昏瞀人说："为什么刚去就返回来呢？"

列御寇说："我很惊异。"

伯昏瞀人说："为什么惊异？"

列御寇说："我曾在十家浆铺饮浆，而有五家先馈赠。"

伯昏瞀人说："如此，你为什么惊异？"

列御寇说："内心真诚而有症结不化，由外表流露出来形成光彩，以此镇服人心，使人轻视权贵和老人，从而招致祸患。卖浆人只是做些饮食买卖，多余的赢利，得的利润甚少，所得权势也轻微，还要如此，何况是君主呢？身躯操劳于国事而智慧耗尽于政事，他将委任我以政事而要我达成功效，因此我感到惊异。"

伯昏瞀人说："观察得很好呀！你在家等着吧，人们会归附你了！"

没过几天又到列子住处，门外的鞋摆满了。伯昏瞀人面北站着，手杖顿地拄着面颊，站了一会儿，没有说话就走了。

接待宾客的人告诉列子，列子提着鞋，光着脚走出来，到门口，说："先生既然来了，却不说点药石之言吗？"

回答说："算了吧，我本来告诉你说人们要归附你，果然归附你了。不是你能使人归附你，而是你不能使人归附你，你何必因为这种事感到愉快而显出与众不同呢！一定要使人们感动，就会动摇你的本性，又是无所谓的事。与你一起交游的人又不告诉你，他们所说的琐碎的言论，都是害人的。不相互提高觉悟，又怎能相互成熟呢！技巧的人操劳而智慧的人忧虑，无所能而能的人无所追求，吃饱饭的人而不受外物拘束地遨游，飘飘然如没有拴住的船只，内心空虚而遨游。"

古注

郭象："若镇物由乎内实，则使人贵老之情笃也。"

今论

王世舜："庄子通过列子说明要达到自忘、忘我、'虚而遨游'的思想境界。"

原典

郑人缓也①，呻吟裘氏之地②，抵(zhī)三年而缓为儒③，河润九里④，泽及三族⑤，使其弟墨⑥。儒墨相与辩，其父助翟⑦。十年而缓自杀。其父梦之曰⑧："使而子为墨者予也⑨。阖胡尝视其良⑩，既为秋柏之实矣⑪？"

夫造物者之报⑫人也，不报其人而报其人之天⑬。彼故使彼⑭。夫人以已为有以异于人⑮，以贱其亲⑯。齐人之井饮者相捽(zuó)也⑰。故曰："今之世皆缓也自是⑱。"有德者以不知⑲也，而况有道者乎！古者谓之遁天之刑⑳。圣人安其所安㉑，不安其所不安㉒；众人安其所不安，不安其所安。

注释

①缓：郑国一个人的名字。②呻吟：微弱的诵读声。裘氏：郑地名。③抵：适，正好。为儒：学儒而成为儒。④河：河水。润：滋润，灌溉。九：多数，概数，非指八、九之九。⑤泽：恩泽。三族：父族、母族、妻族。⑥墨：学墨家的学说。⑦翟：本为墨子名，此以墨子名做缓之弟弟名字。有双关的意思。⑧之曰：指缓托梦说。之，代缓。⑨而：你。予：我，指缓自己。⑩阖胡：何不。尝：试。其：缓目宿。良：一作壤，坟墓。⑪秋柏：皆为良材。秋，借作楸。实：指学术的成就。⑫报：报答，对待，给予。⑬天：天性，自然本性。⑭第一彼指缓弟，第二个彼指成墨者的事。⑮夫人：指缓。异于人：不同于别人。⑯贱其亲：指责他的父亲，贱侮他的父亲。⑰齐人：齐国的民众。相捽：抓着头发互相殴打。⑱自是：自以为是。⑲不知：不知自以

为是，即不知有德。⑳遁天之刑：违背自然的刑罚。㉑安其所安：安于自然无为。㉒不安其所不安：不安于人为。

译文

郑国有一个名叫缓的人，在裘氏的地方读书。正好三年便成为儒者，像河水一样滋润九里，恩泽三族，又让他的弟弟学墨。兄弟二人以儒墨观点相互辩论，他父亲帮助翟。十年后缓气愤自杀了，给他父亲托梦说：“让你儿子成为墨者的是我，为什么你不来看看我的坟墓，我已经变成楸柏结成果实了。”

造物者给予人的，不是给予人力而是给予人的天然本性。翟的天性使他成为墨者。缓以为自己与众不同而贱侮他父亲，就像齐民凿井以为造泉而相互殴打一样。所以说，“现在社会上的人都像缓那样自以为是”。有德的人不认为有德，何况是有道的人呢！古时候认为缓这样自以为是的人是违背自然刑罚的人。圣人安于自然天性，不安于人为自是；一般人安他所不安的人为自是，不安于他所当安的自然天性。

古注

郭象：“夫圣人无安无不安，顺百姓之心也。所安相与异，故所以为众人也。”

今论

王世舜：“肯定了朱评漫的天而不人的无用之用的观点，否定了郑人缓的人而不天的自以为是的思想。”

原典

庄子曰：“知道易，勿言难①。知而不言，所以之天②也；知而言之，所以之人也；古之人天而不人③。”朱泙曼学屠龙于支离益④，单千金之家⑤，三年技成而无所用其巧⑥。圣人以必不必⑦，故无兵⑧；众人以不必必之⑨，故多兵；顺⑩于兵，故行有求⑪。兵，恃之则亡⑫。小夫之知⑬，不离苞苴竿牍⑭。敝精神乎蹇浅⑮，而欲兼济道物⑯，太一形虚⑰。若是者，迷惑于宇宙，形累不知太初⑱。彼至人者，归精神乎无始⑲，而甘冥乎无何有之乡⑳。水流乎无形㉑，发泄乎太清㉒。悲哉乎汝㉓为，知在毫毛㉔，而不知大宁㉕！

注释

①勿言难：默不作声而成之者困难。②之天：合于自然。之，向，往。③古之人：古时的至人、真人、圣人。天：天道自然。不人：不合人为。④朱泙漫：人名。屠龙：喻为道。支离益：人名。⑤单：借为殚，尽。家：指家产。⑥技：技术。巧：技巧。⑦必不必：必可用而不用。⑧无兵：无事。

兵，争。⑨不必必之：不必可用而必用它。⑩顺：顺从，曲从。⑪求：贪求。⑫恃：依靠。亡：亡失，不得，作丧亡、灭亡解实误。⑬小夫：指匹夫，世俗之人，知：同智。⑭苞苴：馈赠人鱼肉用茅苇叶包着。竿牍：简牍，古书。竿，通简。⑮敝：消耗。蹇浅：浅陋，短浅。⑯兼：兼而有之。兼济道物：成道又成物。济，成。⑰太一形虚：指取形和虚而一贯。太一，一贯。⑱太初：指道的本体。⑲归：复，回。无始：万物还没产生的时代。⑳甘冥：甜睡。冥，通瞑，眠。无何有之乡：指虚无的境界。㉑水流乎无形：指水流是无所不到的。水流，以水比喻道。㉒太清：太虚清静无为的自然之道。㉓汝：指列子。㉔知：通智。毫毛：指小事。㉕大宁：大的宁静的境界。

译文

庄子说："认识道容易，默不作声而成道困难，认识道而默不作声，才合于自然；认识道而说出来，这是合于人为。古时候的至人合于天道自然而不合于人道人为。"朱泙漫跟支离益学屠龙，花尽了千金的家产，三年学成技术却无处使用这种技巧。圣人以必可用而不去用，所以没有争端；一般人以不必用而必去用它，所以引起许多纷争；顺从于争端，所以行为有贪求。面对纷争，依靠它就会什么也得不到。世人的智慧，离不开苞苴简牍，把精神消耗在短浅的小事上，而想成道又成物，一贯形虚。像这样，会为宇宙所迷惑，为形体劳累而不知道道的本体。那种至人，把精神归属于万物产生之前，而甜睡于虚无的境地。水流于无形，发泄于太虚清静的自然。可悲啊列子所为，把智慧放在毫毛的小事上，而不知道大的宁静的境界。

古注

郭象："小夫之知，而欲兼济导物，经虚涉远，志大神敝，形为之累，则迷惑而失致也。"

今论

王世舜："否定了曹商的追势得利的观点和孔子的'使民离实学伪'的观点，而肯定只有真人才能达到'负乎内外之刑'。"

原典

宋人有曹商①者，为宋王②使秦。其往也，得车数乘；王说③之，益④车百乘。反⑤于宋，见庄子曰："夫处穷闾厄巷⑥，困窘织屦⑦，槁(gǎo)项黄馘者⑧，商之所短⑨也；一悟万乘之主而从车百乘者⑩，商之所长⑪也。"

庄子曰："秦王有病召医，破痈溃痤者得车一乘⑫，舐(shì)痔者得车五乘[13]，所治愈下[14]得车愈多。子岂[15]治其痔邪，何得车之多也？子行矣[16]！”

注释

①曹商：人名。②宋王：宋君偃。③说：通悦。④益：增加。⑤反：通返。⑥穷闾：贫穷僻里。厄巷：狭巷。⑦困窘：贫苦。织屦：织鞋，做鞋。⑧槁项：干枯的脖子。馘：脸。⑨短：短处。⑩一：一旦。悟：使……觉悟。⑪长：长处。⑫痈：多个脓头的毒疮。痤：痤疮，粉刺。一说疽。⑬舐：舔。痔：痔疮。⑭下：卑下。⑮岂：难道。⑯子：你。行：走。

译文

宋国有个叫曹商的，为宋君偃出使秦国。刚去时，获得几辆车子。秦王喜欢他，增加车子百辆。返回宋国，见到庄子，说："住在穷里狭巷，贫苦地靠织鞋而生，搞得面黄肌瘦，这是我的短处；一旦使君主觉悟，而使随从的车子增加到百乘，这是我的长处。"

庄子说："秦王有病召请医生，破除痈疽溃散痤疮的可以得车一辆，舔痔疮的可以得车五辆，所医治的愈卑下得的车愈多。你难道治疗他的痔疮了吗？为什么你得到的车这么多呢？你走吧！"

古注

郭象："圾，危也。夫至人以民静为安。今一为贞干，则遗高迹于万世，令饰竟于仁义而雕画其毛彩，百姓既危，至人亦无以为安也。"

原典

鲁哀公问乎颜阖曰①："吾以仲尼为贞干②，国其有瘳（chōu）乎③？"

曰："殆哉圾乎仲尼④！方且饰羽而画⑤，从事华辞⑥，以支为旨⑦，忍性以视民而不知不信⑧，受乎心⑨，宰乎神⑩，夫何足以上民⑪！彼宜女与予颐与⑫，误而⑬可矣！今使民离实学伪⑭，非所以视民也⑮。为后世虑，不若休⑯之。难治⑰也！"施于人⑱而不忘，非天布⑲也，商贾不齿⑳，虽以事㉑齿之，神者弗齿㉒。为外刑㉓者，金与木㉔也；为内刑㉕者，动与过也㉖。宵人之离外刑者㉗，金木讯㉘之；离内刑者，阴阳食㉙之。夫免乎外内之刑者，唯真人能之。

注释

①鲁哀公：春秋末年鲁国国君。颜阖：鲁国的贤人。②贞干：古代筑墙的工具。贞，同桢。③瘳乎：可治吗。瘳，病愈。④殆：危险。圾：通岌，危。⑤饰羽而画：用画装饰有文彩的羽毛。羽，羽毛。⑥华辞：浮华的言词，花言巧语。⑦以支为旨：形容言辞不当。支，辞有枝叶。旨，美。⑧忍性：矫

饰性情。视民：指示民众。视，通示。知：通智。信：信实，诚。⑨受乎心：受心指使。⑩宰乎神：以精神为主宰。⑪上民：居民之上。⑫彼：指仲尼。宜：犹乃。女：指鲁哀公。予：颜阖自称。⑬而：犹则。⑭实：信，性。伪：华辞，忍性，即指礼。⑮非：不是。视民：教育民众。⑯休：止。⑰难治：不可以治。⑱施于人：施于民。⑲天布：天行布施。⑳商贾：买卖人，商人。不齿：不愿相提并论。㉑事：事务。㉒神：思想。弗：同不。㉓外刑：体外的刑罚。㉔金与木：金属与木制的刑具。㉕内刑：内心的刑罚。㉖动：妄动。过：过分。㉗宵：通小。离：通罹，遭受。㉘讯：刑讯，拷问，问罪。㉙食：通蚀，剥蚀，腐蚀，蚕食。

译文

鲁哀公问颜阖说："我要把仲尼作为辅相，国家可以得治吗？"

颜阖说："危险啊！危险！仲尼喜欢文过饰非，办事花言巧语，以枝叶代替旨美，矫饰性情以夸示民众而不智不诚。受心指使，以精神为主宰，怎能在民上呢！他如果适合你和我的养生，就是错了也是可以的！现在让民众离开朴实而学虚伪，不足以教育民众。为后世考虑，不如停止这件事。不可以让他治理国家！"施恩于民众而不忘其功，不是天然的布施，商人是人们不愿相提并论的，虽然因事务不得不与他们打交道，但思想上仍不愿与他们相提并论。体外刑罚的工具是金属与木制品，内心刑罚的工具则是轻举妄动所引起的过失。小人遭到体外的刑罚，用金木刑具拷问他；遭受内心的刑罚，则是用阴阳之气来蚕食他，能够免于外内刑罚的，只有真人才能做到。

古注

郭象："动而过分，则性气伤于内，金木讯于外也。自非真人，未有能止其分者，故必外内受刑，但不问大小耳。"

原典

孔子曰："凡人心险于山川，难于知天。天犹有春秋冬夏旦暮之期[①]，人者厚貌深情[②]。故有貌愿而益[③]，有长若不肖[④]，有慎懁(xuān)而达[⑤]。有坚而漫[⑥]，有缓而釬(hàn)[⑦]。故其就义[⑧]若渴者，其去义若热[⑨]。故君子远使之而观其忠[⑩]，近使之而观其敬[⑪]，烦使之而观其能[⑫]，卒然问焉而观其知[⑬]，急与之期而观其信[⑭]，委之以财而观其仁[⑮]，告之以危而观其节[⑯]，醉之以酒而观其则[⑰]，杂之以处而观其色[⑱]。九征至[⑲]。不肖人得矣[⑳]。

注释

①天：自然界。旦暮：早晚。期：限定的时间。②厚貌深情：貌虽忠厚而其情深藏难测。③愿：谨愿，指谦虚谨慎，端庄老实。益：通溢，骄溢自满。④长：善，指有良好的才智。不肖：指没才智。⑤慎：一作顺，温顺，柔顺。慑：性急，急躁。达：通达。⑥坚：坚强。缦：濡缓，涣散，软弱。⑦缓：和缓。釬：通悍，急。⑧就义：趋义，追求正义。⑨去义：逃避正义，抛弃正义。若热：如逃避热火一样快。⑩远使之：派到远处去做事。观：考察。忠：忠贞，不二。⑪近使之：派在身边做事。敬：恭敬不怠。⑫烦：烦杂，复杂。能：治乱的能力，不乱。⑬卒：通猝，突然。知：通智，此处指清醒与否。⑭急：急迫，紧迫。期：约。信：信用，指不背信弃义。⑮委：委托。财：钱财。仁：仁德，不贪。⑯危：危急，危险。节：节操。⑰则：一作侧，仪则，规则，规矩，指不失。⑱杂：混杂。色：面色不慌。⑲征：征验，检验。至：做到。⑳不肖人：指内外终始不如一的人。得：得到。

译文

孔子说："人心比山川险恶，比知天困难；天还有春夏秋冬早晚时间的限定，人却容貌敦厚而性情深沉。所以有的外貌谨慎而思想骄溢，有的外表有良好的才智而内心愚蠢，有的外貌温顺而内心暴躁，有的外表坚强而内心濡缓，有的外表和缓而内心急躁。所以他就义如饥渴，弃义又如避热。所以君子让他到远处做事考验他的忠诚，让他在近处做事考验他的恭敬，给他烦杂的任务考验他的能力，向他突然提出问题考验他的心智，把钱财委托他考验他的清廉，告诉他危险考验他的节操，让他酒醉看他的仪则，混杂相处而看他的面色。九种征验做到，不肖的人就可看得出来了。"

古注

郭象："而夫，谓凡夫也。唐，谓尧也；许，谓许由也。言而夫与考父者，谁同于唐许之事也。"

原典

正考父一命而伛[①]，再命而偻[②]，三命而俯[③]，循墙而走[④]，孰敢不轨[⑤]！如而夫[⑥]者，一命而吕钜[⑦]，再命而于车上舞[⑧]，三命而名诸父[⑨]，孰协唐、许[⑩]！贼莫大乎德有心[⑪]而心有睫[⑫]，及其有睫也，而内视[⑬]，内视而败[⑭]矣。凶德[⑮]有五，中德[⑯]为首。何谓中德？中德也者，有以自好也，而吡(bǐ)[⑰]其所不为者也。穷有八极[⑱]，达有三必[⑲]，形有六府[⑳]。美、髯、长、大、壮、丽、勇、敢，八者俱过人也，因以是穷[㉑]。缘循[㉒]，

偃佒[23]，困畏[24]不若人。三者，俱通达[25]。知慧外通[26]，勇动多怨[27]，仁义多责[28]。达生之情者傀(guī)[29]，达于知者肖[30]，达大命者随[31]，达小命者遭[32]。

注释

①正考父:孔子的七世祖。一命:指任命为士。命，任命，委任。伛:曲背。②再命:指任命为大夫。偻:弯腰。③三命:指任命为卿。俯:俯首，身子近地。④循墙而走:顺着墙根走路，不敢走正路。⑤孰:谁。不轨:不效法。轨，犹法。⑥而夫：你们这种人，指当时在位的人，贬辞。⑦吕矩：脊骨强大，指不能曲背弯腰，引伸为高傲自大。吕，通膂，脊骨。矩，通巨，强大。⑧于车上舞:指骄傲到极点而忘形，得意而忘形。⑨名诸父:直接叫伯父、叔父的名字，指无礼傲慢到极点。名，呼，叫。诸父，伯父、叔父。⑩协:同，比。唐:唐尧。许：许由。⑪贼：害。德：得。有心：私心。⑫心有睫：心有睫毛遮盖。睫，睫毛。⑬内视：主观意识。⑭败：失败。⑮凶：祸害。德：得。⑯中德：指心。⑰呲:訾，说人坏话，引申为责难。⑱穷:穷困。八极:指下文的"美、髯、长、大、壮、丽、勇、敢"。⑲达：通达顺利。三必：指下文的缘循、偃佒、困畏的必要条件。⑳形:通刑，即内刑、外刑的刑，危害。府:集聚处。形有六府:集聚六种危害的地方。㉑穷：穷困。即是穷有八极的穷。㉒缘循：因循，顺着。㉓偃佒:同偃仰，即俯仰从人，随俗应付。作偃蹇解非是。㉔困畏:懦弱。㉕通达:畅通无阻。㉖知:通智。外通:通外，通于外物。㉗勇动:勇猛妄动。多怨：多结怨恨。㉘仁义：行仁施义。多责：多责求。㉙傀：傀伟，不平凡。㉚肖：小，渺小。㉛大命：天命。随：随顺自然。㉜小命：人命。遭：遭遇。

译文

正考父一命为士时曲背，再命为大夫时弯腰，三命为卿时俯身，顺着墙根走路，谁敢不效法！要是你们这种人，一命为士就会自高自大，再命为大夫就会在车上跳舞，三命为卿就会叫他叔伯父的名字，谁能与唐尧、许由相比呢！祸害莫过于私心求得，而心有睫毛遮盖，到了心有睫毛遮盖，而产生了主观成见，有了主观成见就导致败坏了。凶恶得之有五种，内心私欲为首。什么叫做中德？所谓中德，就是自以为是，而责难自己所认为不是的。穷困有八个极端，通达有三项必要条件，刑有六种集聚点。美姿、长须、身高、形大、体壮、艳丽、勇猛、果敢，这八种都超过别人，便因此而穷困。因循自然，随俗应付，懦弱谦下，这三项都可畅通无阻。智慧表露通于外物，勇猛妄动多结怨恨，行仁施义多遭责难，通达生命实情的心胸傀伟，通达智慧的就心地渺小，通达天命的顺随自然，通达人命的委于遭遇。

古注

郭象："循，杖物而行者也。偃佒，不能俯执者也。困畏，怯弱者也。此三者既不以事见任，乃将接佐之，故必达也。"

今论

王世舜："列御寇，郑人，道家学派的先驱者，人称列子，主张贵虚。"

原典

人有见宋王[1]者，锡[2]车十乘，以其十乘骄稚[3]庄子。庄子曰："河上有家贫恃纬萧而食者[4]，其子没[5]于渊，得千金之珠。其父谓其子曰：'取石来锻之[6]！夫千金之珠，必在九重之渊而骊龙颔下[7]。子[8]能得珠者，必遭[9]其睡也。使骊龙而寤[10]，子尚奚微之有哉！'今宋国之深[11]，非直[12]九重之渊也；宋王之猛[13]，非直骊龙也。子能得车者，必遭其睡也；使宋王而寤，子为赍(jī)粉[14]夫！"

或[15]聘于庄子，庄子应其使曰："子见夫牺牛[16]乎？衣以文绣[17]，食以刍叔[18]。及其牵而入于大庙[19]，虽欲为孤犊[20]，其可得乎！"

注释

① 宋王：指宋剔成或宋君偃。② 锡：赐。③ 稚：骄。④ 恃纬萧而食者：靠荻蒿编织畚蒉为生的人。纬，编。萧，荻蒿。⑤ 没：沉没，潜入水中。⑥ 锻：锤破。之：代珠。⑦ 重：层。骊龙：黑龙。颔：下巴。⑧ 子：你。⑨ 遭：遇。⑩ 使：假使。寤：醒。⑪ 宋国之深：宋国危机的深重。⑫ 非直：不但，不止。⑬ 猛：凶猛。⑭ 赍粉：粉身碎骨。⑮ 或：有人，指楚成王使使厚币聘庄子为相。⑯ 牺牛：祭祀用的纯色牛。⑰ 衣以文绣：穿的衣服绣以花纹。⑱ 食：喂养。刍：草。叔：大豆。⑲ 大庙：帝王的祖庙。大：通太。⑳ 孤犊：无人豢养的牛犊。

译文

有个人拜见宋王，恩赐十辆车子，他用这十辆车子向庄子夸耀。庄子说："河边有个家庭贫困靠编织芦苇为生，他的儿子潜入深渊，得到价值千金的珍珠。他的父亲对他的儿子说：'拿石头来锤破它！这值千金的珍珠，一定在九重深渊骊龙的颔下，你能得到珍珠，定遇到龙在睡觉。假使龙醒着，你还能得到什么呢！'现在宋国危机的深重，不止于九重的深渊；宋王的凶猛，不止于骊龙；你能得到车子，一定遇到他在睡觉，假使宋王醒着，你就要粉身碎骨了！"

楚国有人来聘请庄子。庄子回答使者说："你见过祭祀的牛吗？披着纹彩锦绣，喂着饲草大豆，等到把它牵入太庙去，要想做只无人豢养的牛犊，怎能办得到呢！"

古注

郭象："夫取富贵，必顺乎民望也，若挟奇说，乘天衢，以婴人主之心者，明主之所不受也，故如有所誉，必有所试，于斯民不违，佥曰举之，以合万夫之望者，此三代所以直道而行之也。"

今论

王世舜："技巧的人操劳而智慧的人忧虑，无所能而能的人无所追求，吃饱饭的人而不受外物拘束地遨游，飘飘然像没有拴住的船只，内心空虚而遨游。"

原典

庄子将死，弟子欲厚葬之。庄子曰："吾以天地为棺椁，以日月为连璧①，星辰为珠玑②，万物为赍③送。吾葬具岂不备④邪？何以加此！"

弟子曰："吾恐乌鸢之食夫子也⑤。"

庄子曰："在上为乌鸢食，在下为蝼蚁⑥食，夺彼与此⑦，何其偏⑧也！"以不平平⑨，其平也不平；以不征征⑩，其征也不征。明者唯为之使⑪，神⑫者征之。夫明之不胜⑬神也久矣，而愚者恃其所见入于人⑭，其功⑮外也，不亦悲乎！"

注释

①连璧：两块并连起来的玉璧。②珠玑：珍珠。珠，圆的为珠。玑，珠不圆的为玑。③赍：通齐，一作济。送葬品。④备：齐备。⑤吾：我们。恐：恐怕。乌：乌鸦。鸢：老鹰。⑥蝼蚁：蝼蛄和蚂蚁。⑦彼：指乌鸦和老鹰。此：指蝼蛄和蚂蚁。⑧偏：偏心，私心。⑨平：公平。⑩征：征验，引申为可信。⑪明：聪明。之：它，指天道。⑫神：神人。⑬不胜：不及。⑭所见：偏见。入于人：溺于人事。⑮功：功劳。

译文

庄子将要死时，弟子们打算厚葬。庄子说："我把天地当作棺椁，把太阳和月亮当作连璧，把星星当作珍珠，把万物当作陪葬品。我的丧葬用品还有什么不齐备的呢？还有什么比这更好的呢！"

弟子们说："我们害怕乌鸦和老鹰吃掉你呀！"

庄子说："天葬让乌鸦和老鹰吃，土葬让蝼蛄和蚂蚁吃，从乌鸦老鹰那里夺过来给蝼蛄蚂蚁，为什么这样偏心呢！"用不公平来公平，这种公平不能公平；用不征验来征验，这种征验不能征验。自认聪明的人唯有被人支使，神人可以验证。聪明人不及神人很久了，而愚蠢的人还依靠他的偏见溺于人事，他的功劳建筑于外物，不也是可悲吗！"

古注

郭象："明之所及，不过于形骸也，至顺则无远近幽深，皆各自得。夫至顺则用发于彼而以藏于物，若恃其所见，执其自是，虽欲入人，其功外矣。"

今论

王世舜："圣人安于自然天性，不安于人为自是；一般人安他所不安的人为自是，不安于他所当安的自然天性。"

天下

第三十三

原典

天下之治方术[①]者多矣，皆以其有为不可加矣[②]！古之所谓道术[③]者，果恶乎在？曰："无乎不在[④]。"曰："神[⑤]何由降？明[⑥]何由出？""圣有所生，王有所成，皆原于一[⑦]。"

不离于宗[⑧]，谓之天人[⑨]；不离于精[⑩]，谓之神人[⑪]；不离于真[⑫]，谓之至人。以天为宗[⑬]，以德为本[⑭]，以道为门[⑮]，兆[⑯]于变化，谓之圣人；以人为恩[⑰]，以义为理[⑱]，以礼为行[⑲]，以乐为和[⑳]，熏然[㉑]慈仁，谓之君子[㉒]；以法为分[㉓]，以名为表[㉔]，以参为验[㉕]，以稽为决[㉖]，其数一二三四是也[㉗]，百官以此相齿[㉘]；以事为常[㉙]，以衣食为主，蕃息畜藏[㉚]，老弱孤寡为意，皆有以养，民之理[㉛]也。

古之人其备乎[㉜]！配神明，醇天地[㉝]，育万物，和天下，泽及百姓，明于本数[㉞]，系于末度[㉟]，六通四辟[㊱]，小大精粗[㊲]，其运[㊳]无乎不在。其明而在数度者，旧法、世传之史尚多有之；其在于《诗》、《书》、《礼》、《乐》者，邹鲁之士、搢(jìn)绅[㊴]先生多能明之。《诗》以道志，《书》以道事，《礼》以道行，《乐》以道和，《易》以道阴阳，《春秋》以道[㊵]名分。其数散于天下而设于中国[㊶]者，百家之学时或称而道之。

天下大乱[㊷]，贤圣[㊸]不明，道德不一。天下多得一察焉以自好[㊹]。譬如耳目鼻口，皆有所明[㊺]，不能相通。犹百家众技也，皆有所长，时有所用。虽然，不该不遍[㊻]，一曲之士[㊼]也。判[㊽]天地之美，析万物之理[㊾]，察[㊿]古人之全。寡[51]能备于天地之美，称神明之容[52]。是故内圣外王之道[53]，闇(yīn)[54]而不明，郁[55]而不发，天下之人各为其所欲焉以自为方[56]。悲夫！百家往而不反[57]，必不合矣！后世之学者，不幸不见天地之纯，古人之大体，道术将为天下裂。

注释

①方术：一方之术，道术的一部分。②其有：其所得。为：以为。③道术：普遍之术，引申为真理。④无乎不在：指道理贯通万事万物。⑤神：指天，所以说降。⑥明：指地，所以说出。神明：指天道、地道。《老子》“圣人之道为而不争”。⑦皆原于一：指神明圣王即天道地道人道的作用皆原于一。⑧不离：不分离为二。宗：指道。⑨天人：指天人不分离为二的道理。⑩精：指道，即《老子》二十一章中的道，“其中有精”的精，指不杂而言。⑪神人：见《逍遥游》。⑫真：纯真不伪。⑬以天为宗：指至人即天人。宗，主宰。⑭以德为本：指圣人即真人。本，本根。⑮以道为门：门指天门，万物生死的出入门户。⑯兆：指变化兆端是深而难测的。⑰以仁为恩：用仁来恩惠人民。恩，恩惠。⑱以义为理：用义来治理人民。理，治理。⑲以礼为行：用礼来教化人民的行为。行，行为。⑳以乐为和：用音乐来调和人民的性情。乐，音乐。和，调和。㉑熏然：温和的南风可以化物的样子。㉒君子：指辅佐圣王的贤者。㉓法：法度。分：分守。㉔名：职称。表：标志。㉕参验：比较，考验，验证。参，一作操，比较，检验。验，验证。㉖稽：考查，考核。决：断定。㉗数：等次。一二三四：指上文的法、名、参、稽。㉘百官：指能者。齿：序列。㉙事：指耕、织、工、商的职业。常：恒常，不变。㉚蕃：繁殖。息：生息。畜：积蓄。藏：储藏。㉛民之理：犹民之为道，即民之常情。㉜古之人：指古代的圣人。备：完备。㉝配：匹配、合。神明：指神圣明王。醇天地：以天地为准则。醇，通准。㉞明：表明。本数：指道德仁义。㉟末度：指法度为道的末节。㊱六通：指六合，即上下四方通达。四辟：指春夏秋冬四时通畅。㊲小大精粗：指万物不论小大精粗。㊳其运：指帝道圣道运行而天所积。运，运行。㊴搢绅：即搢笏而垂绅的儒服。㊵道：指言，以上五个道字同。㊶中国：指鲁齐卫宋的地区。㊷大乱：指战国。㊸贤圣：指孔子与其弟子。㊹一察：一际，指不全。察，通际。自好：自意不知变，主观自信不变。㊺明：知道。㊻该：通赅，完备。遍：普遍。㊼一曲之士：看问题片面的人。㊽判：分割。㊾析：离析，割裂。理：常理。㊿察：放散。51寡：少。52容：包容。53内圣：将道藏于内心的是圣人。外王：将道显露于外的是王。54闇：同暗。55郁：抑郁。56方：方术。57反：通返。

译文

天下研究特殊学术的人很多，都以为自己的所得无以复加了。古时所谓普遍的道术，究竟何在呢？回答说：“是无所不在的。”问说：“天道从哪里降临？地道从哪里产生？”回答说：“圣有所生，王有所成，都来源于道。”

不离开道的人，称做天人；不离开道的精髓的人，叫做神人；不离开道的本真的人，叫做至人。以天为主宰，以德为根本，以道为门径，能预见变化兆端的叫做圣人；用仁恩惠人民，用义治理人民，用礼教化人民的行为，用乐来调和人民的性情，表现温和而仁慈的叫作君子；以法度作为分守，以职称作为标志，以比较为验证，以会计作断定，它们的等次分一二三四，百官以这些相为序列，百姓以耕、织、工、商的职业为常务，以衣食为主，繁殖生息，积蓄储藏，老弱孤寡放在心上，都有所养，这是治理人民的道理。

古时的圣人是很完备的了，他们配合神圣明王，以天地为准则，养育万物，调和天下，恩泽百姓；不仅通晓道的根本，而且维系于法度的末节，上下四方通达，春夏秋冬四时通畅，小大精粗，帝圣之道的运行无所不在。那些明显表现于制度的，旧时法规世代相传，史官还记载很多。那些保存在《诗》、《书》、《礼》、《乐》的，邹鲁的士绅儒者先生们大多能明白了。《诗经》是表达志向的，《书经》是记载政事的，《礼》是规范道德行为的，《乐》是陶冶情操的，《易经》是预测阴阳变化的，《春秋》是讲述名分的。这些数度散布于天下而设置于中国，百家学说时常宣扬它。

战国天下大乱，贤圣不能明察，道德规范不能统一，天下的学者多是各得一偏而自以为是。就像耳口鼻都有它的知觉功能，而不能相互通用。就像百家众技一样，都有所长，时有所用。虽然如此，但不完备又不普遍，是看问题片面的人。分割天地的完美，离析万物的常理，放散古人的全理，很少具备天地的完美，不能相称于天道地道的包容。所以内圣外王的道理，幽暗不明，抑郁不发，天下的人各自以自己的想法为自己的方术。可悲啊！百家皆各尽迷途而不知返，也就不能合于大道了！后世的学者，不幸在于不能看到天地的纯真，不能看到古圣人的全貌，道术将要为天下所割裂。

古注

郭象：“为其所有为，则真为也，为其真为，则无为矣，又何加焉！”

原典

不侈于后世[①]，不靡于万物[②]，不晖于数度[③]，以绳墨自矫[④]，而备世之急。古之道术有在于是者，墨翟、禽滑厘闻其风而说之[⑤]。为之大过[⑥]，已之大顺[⑦]。作为《非乐》[⑧]，命之曰《节用》[⑨]；生[⑩]不歌，死无服[⑪]。墨子泛爱[⑫]、兼利而非斗[⑬]，其道不怒[⑭]；又好学而博，不异[⑮]，不与先王[⑯]同，毁古之礼乐。

黄帝有《咸池》，尧有《大章》，舜有《大韶》，禹有《大夏》，

汤有《大濩》，文王有辟雍之乐，武王、周公作《武庐》[17]。古之丧礼，贵贱有仪[18]，上下有等，天子棺椁七重[19]，诸侯五重，大夫三重，士再重。今墨子独[20]生不歌，死不服，桐[21]棺三寸而无椁，以为法式[22]。以此教人，恐不爱人；以此自行，固不爱己。末败墨子道[23]，虽然，歌而非歌，哭而非哭，乐而非乐，是果类乎？其生也勤[24]，其死也薄[25]，其道大觳（què）[26]；使人忧，使人悲，其行难为也，恐其不可以为圣人之道，反天下之心，天下不堪。墨子虽独能任，奈天下何！离（lì）[27]于天下，其去王[28]也远矣！

墨子称道曰："昔禹之湮[29]洪水，决江河而通四夷九州也[30]。名川三百，支川三千，小者无数。禹亲自操橐（tuó）耜（sì）[31]，而九杂天下之[32]；腓无胈（bá）[33]，胫[34]无毛，沐甚雨[35]，栉（zhì）[36]疾风，置万国[37]。禹大圣也，而形劳[38]天下也如此。"使后世之墨者多以裘褐[39]为衣，以跂（qí）[40]为服，日夜不休，以自苦为极，曰："不能如此，非禹之道也，不足谓墨。"相里勤[41]之弟子，五侯[42]之徒，南方之墨者苦获、已齿、邓陵子[43]之属，俱诵《墨经》而倍谲[44]不同，相谓别墨[45]，以坚白同异之辩相訾[46]，以觭（jī）偶不仵之辞相应[47]，以钜子[48]为圣人，皆愿为之尸[49]，冀[50]得为其后世，至今不决[51]。

墨翟、禽滑厘之意则是[52]，其行者非也。将使后世之墨者，必自苦以腓无胈、胫无毛，相进[53]而已矣。乱之上也，治之下也。虽然，墨子真天下之好[54]也，将求之[55]不得也，虽枯槁不舍[56]也，才士[57]也夫！

注释

①不侈句：不以奢侈教育后世。侈，奢侈。②不靡句：不浪费万物。靡，浪费。③不晖句：指墨家的非乐、薄葬而言。晖，目光，炫耀。数度，数指法律条文。度，法度。④自矫：自己勉励自己。矫，励。⑤墨翟：战国初年鲁国人，墨家学派的创始人。禽滑厘：墨子的弟子。风：风教。说：通悦。⑥大：同太。⑦为之大过：指泛爱、兼利而言。已：止，停止而不为。顺：一作循，不及。已之大顺，指非乐、节用。⑧非乐：墨子提倡非乐，作《非乐》篇。⑨命：叫做，称为。节用：墨子提倡节用，作《节用》篇。⑩生：活着。⑪无服：不穿礼制上规定的丧服。死无服丧。⑫泛爱：即兼爱，爱一切人。⑬兼利：使一切人都得到利益。非斗：指非攻，反对非正义的进攻。⑭怒：怨怒。⑮不异：指尚同而言。⑯先王：指黄帝尧舜禹夏商周诸帝王。⑰《咸池》至《武》：皆为五帝三王时的乐曲。⑱有仪：有度。⑲椁：外棺。重：层。⑳独：唯独。㉑桐：桐木。㉒法式：效法的样式，榜样。㉓末：同莫，各本作未误。败：同毁。㉔勤：勤劳。㉕薄：瘠薄。

㉖大：通太。觳：刻。㉗离：通丽，依附。㉘王：指外王之道。㉙湮：同堙，塞。㉚四夷：四方边远的少数民族地区。九州：冀、兖、青、徐、扬、荆、豫、梁、雍。㉛橐：盛土的器具。耜：掘土工具。㉜九杂：聚合。九，本作鸠，聚集。杂，同匝，合。㉝腓：腿肚子。胈：汗毛。㉞胫：小腿。㉟沐：沐浴，淋雨。甚雨：暴雨。㊱栉：梳头发。㊲置：建立，设立。万国：许多地方。㊳形劳：身体劳苦。㊴裘褐：粗衣。裘，兽皮。褐，粗布。㊵跂：通屐，木鞋。㊶相里勤：墨子后学，为南方之墨学的代表。㊷五侯：墨家弟子姓五名侯。㊸苦获、已齿、邓陵子：皆墨家后学。㊹倍：通背，背离。谲：矛盾，相反。㊺别墨：墨家中的非正统的派别。㊻坚白：见《齐物论》注。訾：诽谤，非议。㊼觭：通奇，单数。偶：双数。仵：通伍，合、同。应：应对，对答。㊽钜子：后期墨家团体的首领。钜，同巨。㊾尸：尽死。㊿冀：希望。51决：决定。52意则是：用意是对的。53相进：相互争进。54天下之好：爱天下。55求之：救助天下。56舍：舍弃。57才士：指贤能之士，即国家的有用人才。

译文

不以奢侈教育后世，不浪费万物，不炫耀等级制度，用规矩勉励自己而备于当世之急务，古代的道术存在于这方面的。墨翟、禽滑厘听到这种治学风气就喜欢它。但是他们实行得太过分，局限性太大了。作《非乐》篇，讲《节用》篇，活时不唱歌，死时无丧服。墨子泛爱一切人，使一切人都得到利益而反对侵略战争，他讲对人不怨怒；他又好学而博闻，主张人人平等，也不求与先王相同，主张毁弃古代的礼乐。

黄帝时有《咸池》，尧时有《大章》，舜时有《大诏》，禹时有《大夏》，汤时有《大濩》，文王时有“辟雍”的乐章，武王、周公时作《武》乐。古代的丧礼，贵贱有不同的制度，上下有不同的等次，天子的棺椁七层，诸侯五层，大夫三层，士二层。现今墨子唯独主张生时不唱歌，死时无丧服，桐木棺材只三寸而无外椁，作为效法的样式。用这种主张教人，恐怕不是爱人；用这种主张自行其是，当然也不是爱护自己。莫毁墨子的学说。虽然如此，当唱歌时而反对唱歌，当哭泣时而反对哭泣，当奏乐时而反对奏乐，这样果真合乎人的感情吗？人活着时勤劳，死后那样薄葬，他的学说太苛刻了，使人忧伤，使人悲哀。他的主张难以实行，恐怕这种主张不可以成为圣人之道，违反天下的人心，天下人不堪忍受。虽然墨子能独自实行，然而他把天下人又能怎样呢！背离于天下的人，这种做法离开外工之道也太远了。

墨子宣扬说：“过去大禹堵塞洪水，疏通江河，而沟通四夷九州，大川三百，支流三千，小沟无数。禹亲自拿着盛土的器具和掘土的工具，而聚合于天下的河流，累得腿上没有肉，小腿上没有汗毛，暴雨淋身，疾风梳发，安定了万国。禹是个大圣人，他身体为民劳苦到如此地步。”使后代的墨者，多用粗布做衣服，穿着木屐草鞋，日夜不息，以吃苦耐劳为准则，有人却说：“不能这样，不是禹的道，不足以把他称为墨者。”北方墨者相里勤的弟子，伍侯的门徒，南方的墨者苦获、已齿、邓陵子一派，都诵读《墨经》，然而却相互背离相互矛盾意见不相同，相互指责对方是“别墨”；以坚白同异的辩论相互诽谤非议，用奇偶不合的言论相互应对；把巨子当作圣人，都愿意为他尽死，希望为他的后世继承人，但至今没有决断。墨翟、禽滑厘的心意是好的，但他们的作为却是错的。他使后代的墨者必定要刻苦自励，搞得腿上没有肉，小腿上没有汗毛，相互争进罢了。这样乱天下有余，治天下不足。虽然这样，墨子是真想把天下治理好的人，即使求之不得，虽然累得形容憔悴不堪也不弃自己的主张，真是一位治国的贤能之士啊！

古注

王夫之注：“患莫大于‘治方术’，心莫迷于‘闻风而说’，害莫烈于‘天下之辨者相与乐之’。”

今论

方勇：“所谓‘方术’，就是拘于一方，对大道的某一方面所‘闻’的学问，所以它只能反映出宇宙间全部真理中的某一个小的方面。”

原典

不累[1]于俗，不饰[2]于物，不苟[3]于人，不忮(zhì)[4]于众，愿天下之安宁以活民命[5]，人我之养，毕足而止[6]，以此白心[7]。古之道术有在于是者，宋钘、尹文[8]闻其风而悦之。作为华山之冠[9]以自表，接万物以别宥[10]为始；语心之容[11]，命之曰“心之行”，以聏(ér)合欢[12]，以调海内，请欲置之[13]以为主。

见侮不辱，救民之斗，禁攻寝兵，救世之战。以此周行天下，上说下教[14]，虽天下不取，强聒[15]而不舍者也，故曰上下见厌而强见也。虽然，其为人太多，其自为太少，曰：“请欲固置，五升之饭足矣。”先生恐不得饱，弟子虽饥，不忘天下，日夜不休，曰：“我必得活哉！”图傲[16]乎，救世之士哉！曰：“君子不为苛[17]察，不以身假物。”以为无益于天下者，明之不如已[18]也，以禁攻寝兵为外，以情欲寡浅为内。其小大精粗，其行适至是而止。

注释

①累：牵累。②饰：掩饰。③刘师培、章炳麟谓苟作苛，不可从，不苟于人：指下文的“强聆而不舍”而言。不苟：不苟从。④忮：违逆，刚愎。即《齐物论》“大勇不忮”之忮，亦即下文的“以聏合欢，以调海内”。⑤安宁：没有战争。活民命：保住人民的性命。愿天下句，指的是禁攻寝兵的意思。⑥人我之养，毕足而止：指的是情欲寡浅的意思。⑦白心：纯洁内心，指扫除欲念，抱虚守静，修养内心。⑧宋钘：即宋荣子，详见《逍遥游》注。尹文：姓尹名文，齐国人，稷下派人物，著有《尹文子》上下篇。⑨华山之冠：像华山那样上下均平的帽子。⑩别宥：解蔽，丢掉成见。别，指别而去之。宥，同囿、蔽。始：始端。⑪语心之容：心之用能包容。⑫聏：崔本作胹，同软，柔、和。欢：欢心。⑬之：指心之容，心之行。⑭上说下教：上指人主，统治者，下指百姓臣民。⑮强聒：人家不愿听的话，说个不停。⑯傲：高大。⑰苛：不合理。⑱已：止。

译文

不受世俗所牵累，不以外物来掩饰，不苟从别人。不违逆众志，希望天下安稳宁静以保全人民的性命，别人和自己的奉养都知足就够了，以这种观点使内心纯洁，古时的道术，有属这方面的。宋钘、尹文听到这种治学风气就喜欢它。制作像华山上下均平那样的帽子来表明平等，应接万物，以除去成见为开端，称道内心的包容，称作内心的行为，以柔和态度应合别人的欢心，用来调和海内，请求以此作为建立学说的指导思想。

受欺侮不以为是耻辱，以解救人民的争斗；禁绝互相攻伐，停止战事用兵，平息社会战乱。以此周游天下，上劝君主下劝臣民，虽然天下的人不采取，还要说个不停而不舍弃其主张。所以说上下都显现厌烦却强求相见。虽然这样，他们为别人做得太多，为自己想得太少。说：“请给我们准备五升米的饭就够了。”宋尹先生恐怕不得吃饱，弟子们虽然在饥饿中，也不忘天下人。他们日日夜夜不知道休止。他们说：“我们必得活命呀！”多么高大的救世的人啊！他们还说：“君子不用不合理的观点明察万物，不使自身受外物的役使。”认为对天下没有益处的，阐明它还不如停止不做。他们把禁止攻伐停止战争作为对外的活动，以减少情欲作为内心的修养。他们的学说小大精粗，及其所述所行也就如此罢了。

古注

郭象：“不因其自化而强以慰之，则其功太重也。斯明自为之太少也。宋钘尹文称天下为先生，自称为弟子也。谓民（亦）必当报己也。挥斥高大之貌。务宽恕也。必自出其力也。所以为救世之士也。未能经虚涉旷。”

今论

方勇："'齐物'、'弃知'、'去己'的思想与古代的'道术'有某些相通的地方，但又指出这些思想有着'非生人之行而至死人之理'的毛病。"

原典

公而不党①，易②而无私，决然无主③，趣物而不两④，不顾⑤于虑，不谋于知⑥，于物无择⑦，与之俱往。古之道术有在于是者，彭蒙、田骈、慎到闻其风而悦之⑧。齐万物以为首⑨，曰："天能覆之而不能载之，地能载之而不能覆⑩之，大道能包之而不能辩之⑪。知万物皆有所可，有所不可，故曰选则不遍⑫，教则不至⑬，道则无遗⑭者矣。"

是故慎到弃知去己⑮，而缘⑯不得已。泠汰⑰于物，以为道理。曰知不知⑱，将薄知而后邻伤之者也⑲。謑(xī)髁(kē)无任，而笑天下之尚贤也⑳；纵脱无行㉑，而非天下之大圣；椎拍輐(wán)断㉒，与物宛转㉓；舍是与非，苟可以免，不师㉔知虑，不知前后，魏㉕然而已矣。推而后行，曳㉖而后往。若飘风之还，若羽之旋，若磨石之隧㉗，全而无非㉘，动静无过㉙，未尝有罪㉚。是㉛何故？夫无知之物㉜，无建己之患㉝，无用知之累㉞，动静不离于理㉟，是以终身无誉㊱。故曰："至于若无知之物而已㊲，无用贤圣。夫块不失道㊳。"豪桀相与笑㊴之曰："慎到之道㊵，非生人之行，而至死人之理㊶，适得怪焉㊷。"

田骈亦然，学于彭蒙，得不教㊸焉。彭蒙之师曰㊹："古之道人㊺，至于莫之是、莫之非而已㊻矣。其风窢(yù)然㊼，恶可而言㊽？"常反人㊾，不见观㊿，而不免于魭(yuán)[51]断。其所谓道非道[52]，而所言之韪[53]不免于非。彭蒙、田骈、慎到不知道。虽然，概乎皆尝有闻者也[54]。

注释

①党：一作当，偏党。②易：平易，平允。③决然：如水决于东则东流，决于西则西流的样子，引申为随和。无主：指没有自我偏见。④趣物而不两：随物而趋没有二意。趣，通趋。⑤不顾：指不顾于虑，不虑过去。⑥不谋于知：不用智慧，即指不谋其将来。⑦无择：无选择。⑧彭蒙：齐人。田骈：齐人。慎到：赵人。⑨齐：齐万物之齐。首：首要。⑩覆：遮盖，掩盖。⑪包：包容。辩：分辨。⑫选：选择。遍：全。⑬不至：不能达到，不能备至。⑭无遗：无遗漏。⑮去己：抛开自己成见。⑯缘：因循，因顺。⑰泠汰：听从自然，任其自然。⑱知不知：把知当作无知。⑲将：要。薄知：鄙薄知识。邻伤：毁伤。⑳謑髁：儿戏，随便的样子。无任：无能力。尚贤：推选贤能。㉑纵脱：放任。无行：

不修德行。㉒椎拍：推扑顺遂。輐断：即下文斬断，没有棱角。㉓物：指事。宛转：婉曲，相应变化。㉔师：用，任凭。㉕魏：通巍，独立不动。㉖曳：拖。㉗隧：转动，旋转。㉘全而无非：自全而入无非责。无非，无偏。㉙动静：运动静止。无过：没有过失。㉚未尝有罪：不曾有什么罪责。㉛是：这，此。㉜知：知觉，知识。物：物件，东西。㉝无建己之患：指没有建立自己而产生敌对的忧患，这是指去己的思想。㉞无用知之累：指不用知虑就没有牵累，用知则争，争则牵累，放弃知虑则无争，无争则无累。㉟理：指规律。㊱无誉：任何罪都从誉生，无誉就无罪过，这是去誉的思想。㊲故曰：指慎子说的话。至：到达，达到。若：象。已：罢了。㊳块：土块。道：规律。㊴笑：讥笑。㊵道：学说。㊶生人：活人。行：施行。理：道理。㊷适得：理当，应当。怪：责怪，批评。㊸不教：不言之教。㊹彭蒙之师曰：彭蒙对田骈说。彭蒙之师，犹彭蒙其师，指彭蒙自己。㊺道人：得道的人。㊻莫之非：无所谓事非。㊼其：指古代有道人的教化。窢然：风迅速刮过的样子。㊽恶：何。言：语言。㊾反人：违反人意。㊿不见观：不为人所欣赏。51斬：輐的借字。52其：代田骈、彭蒙等人。所谓道：所说的道术，即指莫之是莫之非的道。道：天道。下句道同。53韪：是。54概：概略。尝：曾，曾经。

译文

公正而不偏党，平易而无私欲，随和而无主见，随物而趋没有二意，不虑过去，不谋未来，对事物无选择，参与事物的变化，古代道术有属于这方面的。彭蒙、田骈、慎到听到这种治学风气而喜好它。齐同万物以为首要，说："天能覆盖万物而不能承载万物，地能承载万物而不能覆盖万物，大道能包容万物而不能分辨万物。他们认识到万物都有可以肯定的，也有可以否定的，所以说选择就不能周全，教化就不能备至，按照道就不会有遗漏了。"

所以慎到主张抛弃知识和主观成见，却因顺于不得已，任其自然，作为他的道理，说知识就是无知，要鄙薄知识然后把它毁掉。随随便便无能为力而讥笑天下的尚贤，放任解脱不修德行而非难天下的大圣；椎朴顺遂无棱无角，顺从事物婉曲相应变化；舍弃是与非，且可免于拖累。不用智巧谋虑，不知什么是前后，巍然独立不动就是了。推动而后前进，拖曳而后前往，如飘风的往还，如羽毛的旋转，如磨石的转动，自全而无非难，动静而无过失，未曾有什么罪责。这是什么原因呢？没有智慧的东西，也就没有树立自己之敌的忧患，没有使用智慧的拖累，运动和静止是离不开规律的，因此终身终生都要去掉名誉。所以说达到像没有智虑的东西罢了，用不着圣贤，那土块都有自己的规律。豪杰们都讥笑他说："慎到的学说，不是活人能施行的，却是死人道理，应该得到责怪。”

田骈也是这样，求学于彭蒙，学得不言之教。彭蒙说：“古代得道的人，达到无所谓是非罢了。好像风迅速刮过一样，哪还用得着说什么呢？”经常违反人的意愿，不为人欣赏，仍然不免于无棱无角。他们所宣扬的道并非是道，而所肯定的东西也不免于错误。彭蒙、田骈、慎到不知道道的实质是道。虽然如此，他们还是知道一些道的概要的。

古注

郭象：“不能知是之与非，前之与後，晤目恣性，苟免当时之患也。”

今论

方勇：“所有这些，都无不表明他是试图用比较客观公正的态度来评述各个学派的，而并不像本书其它篇章那样过分地否定他们，更不像孟轲‘辟杨墨’那样把他们破口骂倒。”

原典

以本①为精，以物②为粗，以有积为不足③，澹(dàn)然独与神明居④。古之道术有在于是者。关尹⑤、老聃闻其风而悦之。建之以常无有⑥，主之以太一⑦，以濡弱⑧谦下为表，以空虚不毁万物为实。

关尹曰:“在己无居⑨，形物自著。其动若水，其静若镜，其应若响⑩。芴乎若亡⑪，寂乎若清。同焉者和，得⑫焉者失。未尝先人而常随人。”

老聃曰：“知其雄⑬，守其雌⑭，为天下谿⑮；知其白⑯，守其辱，为天下谷。人皆取先⑰，己独取后⑱。曰‘受天下之垢⑲’，人皆取实，己独取虚。无藏也故有余。岿然而有余。其行身也，徐⑳而不费，无为也而笑巧㉑。人皆求福，己独曲全㉒。曰‘苟免㉓于咎’以深㉔为根，以约㉕为纪。曰‘坚㉖者毁矣，锐㉗则挫矣’。常宽容于物，不削㉘于人。可谓至极㉙。关尹、老聃乎，古之博大真人哉！”

注释

①本：指德。②物：具体的物。③有积：物有积。不足：天无积。④澹然：指不挂一物的样子。独：即指道，没有与它为对的。神明：造化灵明。居：共居，共处。⑤关尹：见《达生》注。⑥常无有：指常无，常有。⑦太一：指道。⑧濡：通嬬。弱：柔弱。⑨居：止。⑩应：回应。响：反响。⑪芴：同惚。亡：读无。⑫得：所得。⑬雄：雄性。⑭雌：雌性。⑮谿：沟壑。指虚而能受，能容纳一切。⑯白：清白，引申为光彩。⑰取先：争先。⑱取后：落后。⑲垢：辱。⑳徐：安舒，舒缓。㉑巧：技巧，机巧。㉒曲全：委曲求全。

㉓苟免：姑且免于。㉔深：指深藏。㉕约：指隐约。㉖坚：坚硬。㉗锐：锐利。㉘削：侵削。㉙至极：达到顶点。

译文

以无为的道为精微，把具体的物视作粗犷，把积蓄看作不足，无牵无挂的样子单独与神明共处一体，古代道术有属于这方面的。关尹、老聃喜欢这种治学风气。建立常有常无的观点，归之于道，以柔弱谦下为表现，以空虚不毁弃万物为实质。

关尹说："在主观上不囿于成见，有形的物体让其自行显露。其运动如水，其静止如镜，其反应如回声。恍惚如无有，寂郁如清虚。有得就等于有失。未曾争在人先，而经常随在人后。"

老聃说："认识雄性之强，不如坚守雌性之弱，成为天下的沟壑；认识光彩不如坚守黑暗，便能成为能虚怀天下的山谷。别人都争先，自己独居后，叫作'甘受天下的垢辱'。别人都求实际，独有自己求空虚，没有储藏因而就是有余。高大独立而充实，他全身行事，舒缓而不浪费，无所作为却讥笑机巧；别人祈求福佑，自己独委曲求全，叫作'苟且免于祸害'。以深藏为根本，以隐约为纲纪，叫作'坚硬就是毁坏，锐利就会受挫折'。经常宽容对待事物，不损害别人，可以说达到最高境界了。关尹、老聃啊真是古代的博大真人呀！"

古注

郭象："夫至顺则虽金石无坚也，迕逆则虽水气无软也。至顺则全，迕逆则毁，斯正理也。"

今论

方勇："庄子的言说已脱离了一般言说的常规，话语的悠远难稽，言论的空大无实，辞说的不着边际，谈论的恣纵任意，语意的隐晦难解等等，都使他的文章几乎成了一座语境迷宫。"

原典

芴漠[①]无形，变化无常，死与生与[②]，天地并与[③]，神明[④]往与！芒[⑤]乎何之？急乎何适[⑥]？万物毕罗[⑦]，莫足以归[⑧]，古之道术有在于是者。庄周闻其风而悦之。以谬悠[⑨]之说，荒唐[⑩]之言，无端崖[⑪]之辞，时恣纵而不傥[⑫]，不以觭（jī）见[⑬]之也。以天下为沉浊[⑭]，不可与庄语[⑮]，以卮言为曼衍[⑯]，以重言[⑰]为真，以寓言[⑱]为广，独与天地精神往来，而不敖倪[⑲]于万物，不谴是非，以与世俗处。其书虽瑰玮而连犿（fān）无伤也[⑳]。其辞虽参差而諔诡可观[㉑]。彼其充实，不可以已，上与造物

者游[22]，而下与外[23]死生无终始者为友。其于本[24]也，弘大而辟，深闳而肆[25]；其于宗也，可谓稠适而上遂矣[26]。虽然，其应[27]于化而解于物也，其理不竭，其来不蜕[28]，芒乎昧乎，未之尽者[29]。

注释

①芴漠：空虚广漠的道体。芴，同惚，指道体而言。②死与生与：承变化无常而言，变者从无到有为生，从有到无为死。③天地并与：指有形而言，即天地与我并生。④神明：指无形而言。⑤芒：通茫。⑥适：往。⑦万物毕罗：万物与我为一。罗，排列，罗列。⑧归：归宿。⑨缪悠：迂远。谬，通缪。⑩荒唐：虚诞，夸大。⑪无端崖：无头绪，无边际。⑫恣纵：无拘碍，恣意发挥。傥：指偏傥，片面。⑬不以觭见：不偏不倚。⑭沉浊：深沉污浊。⑮庄语：庄重。⑯卮言：无心的言论。曼衍：委曲遂顺，不拘常规。⑰重言：为人重视的言论，以上三言均见《寓言》篇。⑱寓言：寄托他人说的话。⑲敖倪：犹傲睨，指轻视。⑳瑰玮：奇伟，不平凡。连犿：随和。㉑参差：长短、高低、大小不齐。諔诡：奇异，变幻。㉒造物者：指天地。㉓外：超脱。㉔本：指道。㉕深闳：深邃。肆：显露。㉖稠适：相吻合。稠，本字为调。上遂：上达。㉗应：顺应。㉘蜕：蜕变。㉙芒：通恍。昧：暗昧。未之尽：言未尽其道。

译文

空寂广漠无形的道的本体，变化无常的道的运用，死呀生呀，与天地并存，与神明同位！惚惚恍恍向什么地方去，万物与我为一，不知哪里是归宿，古代的道术有属于这方面的。庄周听到这种治学风气就很喜好它。以迂远的说教，以荒唐的言论，以无头绪和无边际的言词，时常恣意发挥而不片面，从不以为标新立异。庄周以为天下是深沉污浊的，不能用庄重的语言交谈，而是以无心的言论委曲随顺，以为人所重视的言论使人信以为真，以寄寓他人他物的言论来广泛阐述道理，唯独与天地精神往来而不轻视万物，不谴责谁是谁非，以此和世俗相处。他的书虽然不平凡而随和无有伤害。书中的言辞虽然参差不齐而奇异变幻可观赏。他的书充实而无止境，上与造物者同游，而下与超脱死生无终始分别的人做朋友。书中对道的阐述既弘大而又透僻，深远而广阔；书中讲到道的主宰作用，可说是相吻合上达真理了。虽然如此，它在顺应变化和解释事物时，道理是讲不完的，它来不蜕变，恍惚暗昧，没有尽头。

古注

郭象：“累于形名，以庄语为狂而不信，故不与也。”

今论

方勇："庄子以体悟玄虚之'道'为最高目的，以'三言'为主要的言说方式，这些都必然使他的文章具有一种独特的艺术风格。"

原典

惠施多方，其书五车，其道舛驳①，其言也不中②。历物③之意，曰："至大无外④，谓之大一；至小无内⑤，谓之小一。无厚⑥，不可积⑦也，其大千里。天与地卑⑧，山与泽平。日方中方睨⑨，物方生方死。大同而与小同异，此之谓'小同异'；万物毕同毕异⑩，此之谓'大同异'。南方无穷⑪而有穷。今日适越而昔来⑫。连环⑬可解也。我知天之中央，燕⑭之北、越之南是也。泛爱万物，天地一体也。"惠施以此为大，观于天下而晓辩者⑮，天下之辩者相与乐⑯之。卵有毛，鸡有三足，郢⑰有天下，犬可以为羊，马有卵，丁子⑱有尾，火不热，山出口⑲，轮不蹍地⑳，目不见，指不至㉑，至不绝㉒，龟长于蛇，矩㉓不方，规㉔不可以为圆，凿不围枘㉕，飞鸟之景㉖未尝动也，镞矢之疾而有不行不止之时㉗，狗非犬㉘，黄马骊牛三㉙，白狗黑㉚，孤驹㉛未尝有母，一尺之捶㉜，日取其半，万世不竭㉝。辩者以此与惠施相应，终身无穷。桓团、公孙龙辩者之徒㉞，饰人之心，易㉟人之意，能胜人之口，不能服人之心，辩者有囿㊱也。

惠施日以其知与人之辩，特与天下之辩者为怪㊲，此其抵㊳也。然惠施之口谈，自以为最贤，曰："天地其壮㊴乎！"施存雄㊵而无术。南方有倚人焉，曰黄缭㊶，问天地所以不坠不陷，风雨雷霆之故。惠施不辞㊷而应，不虑而对，遍为万物说，说而下休，多而无已，犹以为寡，益之以怪㊸。以反人为实，而欲以胜人㊹为名，是以与众不适㊺也。弱于德，强于物，其涂坳矣㊻。由天地之道观惠施之能，其犹一蚊一虻之劳㊼者也。其于物也何庸㊽，夫充一㊾尚可，曰愈贵道㊿，几矣！惠施不能以此自宁[51]，散于万物而不厌，卒以善辩为名。惜乎！惠施之才，骀荡而不得[52]，逐万物而不反[53]，是穷响以声[54]，形与影竞走也[55]。悲夫！

注释

①舛：差错，错字。驳：杂乱。②中：不当于道，不中肯。③历物：分别观察万物，分析事理。④无外：无有外部，无限大。⑤无内：无有内部，无限小。⑥无厚：无有厚度。⑦积：重叠。⑧卑：低。⑨睨：偏斜的意思。⑩毕同：完全相同。毕异：完全不同，完全相异。⑪无穷：没有穷尽。⑫适：到。越：越国。昔：昨天。⑬连环：古时"连环"本不可解。⑭燕：燕国。⑮观：显示。

晓：引导。⑯乐：愿意。⑰郢：楚国的都城。⑱丁子：蛤蟆。⑲山出口：山谷可传声，声从口出，所以山有口。⑳轮不蹍地：车轮只跟地一部分，而不是地，所以轮没跟地。蹍，踩，压。㉑指：指物的概念。不至：感觉不到。㉒至不绝：指物不尽。㉓矩：画方的工具。㉔规：画圆的工具。㉕凿：卯眼，榫眼。枘：榫头。㉖景：影子。㉗镞矢：箭头。疾：疾速，快速。㉘狗：小狗，犬：大狗。㉙黄马骊牛三：黄马骊牛为一个概念。分则为两个概念，相加为三个概念。㉚白狗黑：白毛为白狗，眼珠黑为黑狗，所以白狗也是黑狗。㉛孤驹：母马死后称孤驹，所以没有母。㉜捶：通棰，亦作箠，指鞭子。㉝不竭：不尽。㉞桓团：先秦名家学派人物。公孙龙：先秦名家代表人物。㉟易：改变。㊱囿：局限。㊲特与：专与。为怪：造出怪论。㊳抵：通柢，大概。㊴壮：大。㊵雄：雄才。㊶倚：通奇，异人。黄缭：楚人。㊷不辞：不辞让，不谦虚。㊸益：更加。怪：怪诞。㊹胜人：辩胜别人。㊺不适：不适于用。㊻涂：道路。坳：深曲，狭隘。㊼劳：功劳，功能。㊽庸：用。㊾充一：充当一家之言。㊿愈：可以，宽愈。贵道：尊重道。51此：指充一。宁：安宁。52骀荡：使人舒畅。不得：不能得以正道。53不反：知迷不返。54穷响以声：以声音追逐回响。55形与影竞走：用形体和影子竞走。

译文

惠施懂多种学问，他的著作能装五车，他讲的道理错综驳杂，他的言辞不当于道。观察分析事理，说："达到没有外部的无限大，叫做大一，达到没有内部的无限小，叫做小一。没有厚度，不能积累，却可大到千里。天和地一样低，山泽一样平。太阳刚正中就偏斜，万物刚出生就死亡。大同与小同的差异，叫做'小同异'。万物全同全异，这叫做'大同异'。南方没有穷尽而又有穷尽，今天到越国去而昨天已经来到。连环是可解开的。我知道天下的中央，在燕的北方越的南方。广泛爱万物，大地是一个整体。"惠施把这些当作最大的真理，显示于天下而引导于辩者，天下的辩者都愿意和他争论。蛋有毛，鸡有三脚，楚国的郢城包容天下，大狗可以是羊，马有蛋，蛤蟆有尾巴，火是不热的，山是有嘴的，车轮碾不着地，眼睛看不见东西，概念感觉不到，即使感觉得到也不能达到穷尽，乌龟比蛇长，曲尺不能画方，圆规不能画圆，卯眼不能围住榫头，飞鸟的影子未曾移动过，箭头疾飞却有不能行进而停止的时候，狗不是犬，黄马骊牛是三个，白狗是黑的，孤马不曾有母亲，一尺长的鞭，一天截去一半，万世也截取不尽。辩者们用这些论题和惠施相辩论，终身辩论不完。桓团、公孙龙都是辩者一类的人，蒙蔽人的思想，改变人的意见，能辩胜别人的口舌，而不能折服人心，这是辩者的局限。

惠施每天以自己的智慧与人辩论，专门与天下的辩者创造怪论，这就是他们的概况。虽然惠施的口辩，自以为最高明，说："天地能比我更伟大吗！"但惠施有雄辩之才而不了解道术。南方有一个奇怪的人叫黄缭，问天地为什么不陷，风雨雷霆形成的原因。惠施不谦虚地回应，不加思索地对答，遍及万物加以解说，又说个不停，多而不止，还以为说得少，更加一些奇谈怪论。把违反人之常理的作为实情而要以辩胜别人取得名声，因而和众人的看法不协调，削弱德的修养，强调对外物的分析，他走的道路是深曲的。由自然规律来看惠施的才能，他就像一只蚊子一只牛虻的徒劳之功罢了。对于万物有什么用处！他充当一家之言还算可以，说他尊重大道，也差不多，但惠施不能够以此一家之言自安于道，分散心思追逐于万物而不厌烦，最终以善辩成名。可惜呀！惠施的才能，使人舒畅而无所得，追逐万物而知迷不返，实在是以声音止回响，以形体与影子竞走。可悲呀！

古注

郭象："昔吾未览庄子，尝闻论者争夫尺棰连环之意，而皆云庄生之言，遂以庄生为辩者之流。案此篇较评诸子，至于此章，则曰其道舛驳，其言不中，乃知道听塗說之伤实也。"

今论

方勇："庄子人生哲学的根本目的，就是要摆脱一切负累的束缚，从而实现心灵的无限超越。一言以蔽之，这就是要使主体超然尘世之外而'独与天地精神往来'。"

图书在版编目（CIP）数据

庄子全集：恣肆汪洋的修心智慧／(战国）庄子著．—苏州：古吴轩出版社，2013．10

（家藏御书房／刘乔周主编）

ISBN 978-7-5546-0140-2

Ⅰ．①庄… Ⅱ．①庄… Ⅲ．①道家②《庄子》—研究 Ⅳ．①B223.55

中国版本图书馆CIP数据核字（2013）第211959号

策　　划：禹成豪
责任编辑：王　琦
见习编辑：陆九渊
封面设计：视觉共振设计工作室

书　　名：**庄子全集：恣肆汪洋的修心智慧**
著　　者：（战国）庄子
出版发行：古吴轩出版社
地址：苏州市十梓街458号　　邮编：215006
Http://www.guwuxuancbs.com　E-mail：gwxcbs@126.com
电话：0512-65233679　　传真：0512-65220750
经　　销：新华书店
印　　刷：三河市兴达印务有限公司
开　　本：710×1000　1/16
印　　张：24.5
版　　次：2013年10月第1版 第1次印刷
书　　号：ISBN 978-7-5546-0140-2
定　　价：38.00元